一本
就懂

日本史

洪维扬——著

三 娃——绘

九州出版社

JIUZHOUPRESS

图书在版编目（CIP）数据

一本就懂日本史 / 洪维扬著；三娃绘 . -- 北京 ：
九州出版社，2017.12
ISBN 978-7-5108-5861-1

Ⅰ．①一… Ⅱ．①洪… ②三… Ⅲ．①日本－历史
Ⅳ．① K313

中国版本图书馆 CIP 数据核字（2018）第 006523 号

著作权合同登记号　图字：01-2017-8489

中文简体字版通过 CA-lINK International LLC 代理，经由好读出版有限公司独家授权，限在大陆地区发行。非经书面同意，不得以任何形式任意复制、转载。

一本就懂日本史

作　　者	洪维扬 著　三娃 绘
出版发行	九州出版社
地　　址	北京市西城区阜外大街甲 35 号（100037）
发行电话	(010)68992190/3/5/6
网　　址	www.jiuzhoupress.com
电子信箱	jiuzhou@jiuzhoupress.com
印　　刷	三河市华润印刷有限公司
开　　本	710 毫米 ×1000 毫米　16 开
印　　张	26.75
字　　数	320 千字
版　　次	2018 年 3 月第 1 版
印　　次	2018 年 3 月第 1 次印刷
书　　号	ISBN 978-7-5108-5861-1
定　　价	49.80 元

首章

(含旧石器·绳文·弥生时代) ▶

壹　古代大王篇

上古时期(含古坟·飞鸟时代) ▶
300年—710年

贰　天皇亲政篇

奈良时代 ▶
710—794年

平安时代 ▶
794—1185年

1

目录

大河剧人物介绍

首章

旧石器时代

距今约四万年前，日本列岛有人类生活居住，使用石器

绳文时代

距今一万一千年左右，冰河期结束

弥生时代

距今大概四千年前，出现水稻耕植，铁制农具传入
57 年，倭奴国王获东汉金印
100 年左右，倭国陷入大乱
184 年，卑弥呼立为女王，239 年向曹魏遣使

日本人的由来

◈ 原始时代

2009 年，岛根县出云市出土了旧石器时代中期的"砂原遗迹"，据考距今约十二万年前，是目前发现日本年代最早的遗址。当时正逢第四纪冰河期，海平面比现在低很多，而且日本与欧亚大陆有陆地相连，故"砂原遗迹"的住民极有可能是欧亚大陆上的住民为捕食草食动物来到日本。距今约一万四千年以前，为日本史上的旧石器时代。目前日本发现的旧石器时代遗迹大多是距今三万年，属于旧石器时代早期，三万年到一万四千年之间的旧石器时代晚期则较少发现。

据考证，当时气候宜人、资源丰富的东南亚呈现人口饱和状态，多余的人口为了生存大举北迁，一路沿着大陆北上到黄河中下游；一路则从中国沿海东进日本列岛，目前在日本发现的旧石器文化几乎都属于东南亚系统，这批人普遍被视为后来绳文时代日本人的祖先。旧石器时代主要使用的工具为敲打方式制作的打制石器，从目前出土的文物来看，打制石器是当时人类耕种、收获粮食的主要工具，过着狩猎、采集的生活。旧说认为绳文时代才有以研磨方式制作刀口锋利的磨制石器，然而随着野尻湖遗迹群（约距今五万年前到三万三千年前）多次发掘，证实在旧石器时代已出现磨制石器。

◈ 绳文时代

距今约一万五千年到一万三千年（即地质学上第四纪更新世晚期），冰河时期进入尾声，至一万一千四百年前左右结束，进入间冰期，气候变得温暖，海平面上升，日本附近的大陆架为海水淹没，日本因而脱离欧亚大陆。

由于气候变暖，动植物生态亦有明显转变。植物方面，寒冷地带的针叶林分布地区减少，温暖地带的阔叶林逐渐增加。动物方面，长毛象等大型草食性动物消失，代之以野猪等中型动物。

距今约一万五千年前至二千八百年，日本进入属于新石器时代的"绳文时期"。目前发现的绳文遗址大多有贝冢，也就是丢弃破损的陶器、工具以及鱼骨、兽骨、植物残渣的场所，研究贝冢化石有助于理解该时代饮食的种类。贝冢的出现表示绳文时代已有定居概念，"绳文"这一名称来自明治时代学者矢田部良吉将美国动物学者毛瑟（Edward Sylvester Morse）对大森贝冢（东京都品川区）出土土器的日译。

从北海道到冲绳县都有绳文遗迹的出土，1998年青森县青森市郊外出土的三内丸山遗址是目前发现规模最为庞大的绳文遗址，年代上相当于绳文中后期（距今约五千五百年到四千五百年）。其他遗迹中只是由竖穴式住居形成的小型或中型聚落，这里出土的却是超过五百五十座大型竖穴式住居、掘立柱建物及巨大建筑物（六本柱建物）遗迹，此外还有广场及墓地，再次显示出三内丸山遗址的规模并非一般聚落可比拟。

绳文人除狩猎和采集外，还有与其他聚落进行交易的商业行为，主要交易品有食物、石材和装饰品，值得一提的是目前发现的石材中有黑曜石、翡翠等物；日本黑曜石产地主要在北海道、关东、中部、山阴、山阳及北九州岛等地，三内丸山所在的青森县并非上述石材产地，由此不难看出绳文人贸易活动范围之广泛。绳文人不只以人力循陆路运送物品，据遗迹出土物来看，还有制造圆木舟通过水路进行交易。

各地发现的遗迹除冲绳县外几乎都有土偶出土，大多数以女性为模型，这与绳文时代仍为母系社会有关。由于女性具有生育能力，且农作物收成与生育相关，因此为祈求丰收而制作的土偶均强调体态丰满，并不符合女体真实比例。从土偶的出土可看出，绳文时代已有农业耕作及祈求丰收等宗教信仰。

◇ 弥生时代

公元前 3 世纪到公元 3 世纪，日本进入"弥生时代"。"弥生"名称的由来，是因为最初于 1887 年 3 月在东京府本乡向冈弥生町的贝冢发现土器，遂以发现地点命名。绳文时代主要以狩猎、采集为主，中后期从大陆经朝鲜半岛传入水稻（但亦有从长江中下游直接传入日本的说法），出现农耕，不过农耕需要大量人力，尚未成为绳文时代主要的生活方式。

进入弥生时代后出现灌溉设施及铁制农具的传入，水稻产量大增，渐成这个时代日本人的主食。大规模稻作生产不仅需要大量人力（部分弥生时代遗迹显示已有饲养家畜），人们也必须定居在固定土地上，以聚落形态经营以稻作为主的生活方式，因此弥生时代不仅出现聚落，久而久之更演变为小国。

不久，小国内部出现了贫富差距，为了生存，也就是追求水源地及肥沃土地的缘故，小国与小国之间出现战争。为能在作战中获胜，进而又出现统治者与被统治者。

1986 年九州岛佐贺县神埼郡吉野里町发现了形成于公元前 4 世纪的聚落，命名为"吉野里遗迹"，乃是目前已出土弥生时代规模最大的遗迹。吉野里遗迹显著特征是拥有内壕和外壕双重环壕，两环壕之间还有木栅、土垒等防范外敌入侵的设施，足见吉野里遗迹具有类似近代城郭的防卫功能。

吉野里遗迹除沿袭绳文时代**竖穴式住居**外，尚有存放食物的高床式仓库和贮藏穴，此外还有为数不少的瓮棺、石棺、土坑墓，埋葬方式采用膝盖弯曲的屈肢葬。出土物方面有多数土器、石器、青铜器、铁器、木器，甚至连勾玉、管玉、铜镜、铜剑、织物等装饰品和祭祀器物也都在遗迹出土品之列。吉野里遗迹所在位置与《**三国志·魏书·倭人传**》记述的"邪马台国"颇为吻合。吉野里遗迹是否就是卑弥呼女王建立的"邪马台国"一时间成为学界争论的焦点。

一般文明的演进是按阶段从石器向青铜器或铜器，再向铁器发展，大概耗时数千年到上万年，然而弥生时代却是青铜器与铁器并进，石器也未因此遭到淘汰，这在世界文明中是相当罕见的，一般认为与大陆先进文明

> **豆知识 》 竖穴式住居**
>
> 新石器时代世界各地文明常见的居住方式，在中国以仰韶文化的西安半坡遗址为典型代表，中文称为"半地穴式房屋"。从地表往下挖出方形或圆形穴坑，在穴坑中立一圆柱，四周以树枝捆绑出围墙，内外抹上草泥，之后架设屋顶便大功告成。屋内中央有坑，可生火烧煮、照明及取暖。

的传入有关。

　　原本青铜器作为武器使用，但青铜器没有铁器的坚固锐利，当铁制的武器和农具各因增加杀伤力、收成而普及后，青铜器就慢慢只用作祭祀礼器如铜镜、铜剑、铜铎了。礼器功用为祈祷及禳灾，乃由朝鲜半岛传来，故在九州岛北部出土最多。

弥生时代规模最大的吉野里遗迹

壹

这段期间尚未使用"天皇"名称，也尚未引进律令制及建立以天皇为中心的中央集权国家，相当于日本史上的古坟时代与飞鸟时代。

古代大王篇

古坟时代

4 世纪出现前方后圆坟，大和王权确立

421 年，倭五王派使者赴南朝宋朝贡

527 年，盘井之乱

飞鸟时代

538 年，佛教传入

603 年，厩户皇子摄政，制定冠位十二阶、宪法十七条

607 年，派遣隋使小野妹子

645 年，推动大化革新，爆发乙巳之变

663 年，白村江之战开打

672 年，壬申之乱

702 年，颁布《大宝律令》

公元前后的日本

◇ 神武天皇到阙史八代

日本历史开端于何时，至今在学术界依旧难获共识。第二次世界大战以前，《古事记》《日本书纪》两书中的神代史（称为"记纪神话"）被视为日本信史之始，广泛在中小学历史课本中当作授课内容。随着战后天皇神格地位解除，战前不能碰触的禁忌较能以客观立场和角度来看待，"记纪神话"记载的内容不再被奉为真实历史。神话虽不可尽信，却也非全然不可信，乍看荒诞不羁的内容反映出了部分事实，只不过从"记纪神话"时期到天皇统治日本为止，于文献上缺乏明确的年代记载；这点是各国神话的通病，不独日本神话。此外，神话时代和信史间亦缺乏明确承接。

据《日本书纪》记载，"神武东征"前后费时近七年，但神武的领域仅有今日奈良县一部分，与其说是"兼六合以开都，掩八纮而为宇"（《日本书纪》卷三《神武天皇即位前纪》）的天皇，倒不如说是势力较大的部落领袖。神武为日本史上首位天皇，即今日本皇室的祖先，也就是说神武的子孙后来统一了日本。

然从神武之后的二代天皇到九代天皇，是日本史所称的"**阙史八代**"。造成的原因，历来史学家有众多猜测，主张"神武天皇出场被提前四百多年，为弥补空窗而捏造出不存在的八代天皇"这一说法得到普遍认同。

◇ 亲魏倭王卑弥呼

神武天皇之后的日本，在中、日两国史籍上皆鲜有记载，无从得知这几个世纪日本局势的变化，不过根据

> **豆知识 阙史八代**
>
> 《古事记》《日本书纪》中从第二代天皇起至第九代为止，只记载天皇姓名、即位时的年龄、子女数、在位年数、享年及陵寝所在，总计八位天皇，在位近四百八十年。除天皇在位、驾崩外未发生任何大事，不符常理的情形，令许多研究者质疑这八位天皇是《记》《纪》的编纂者杜撰捏造，而非实际存在的天皇。

《后汉书·东夷列传》《**三国志·魏书·倭人传**》（以下简称《倭人传》）两书记载，日本原本有百余国，到汉武帝灭朝鲜时只剩三十余国，大倭王所在的最大一国叫作邪马台。约东汉桓、灵帝在位期间（146 至 189 年），邪马台大乱后陷入长年征讨，造成国无君主。此时有一名为卑弥呼的女子会鬼道（方术），具有通灵能力，加上年长未嫁，被共立为王，服侍她的侍婢虽有千人之众，却罕能见其真面目。只有一男子平时帮忙递送饮食，并传送她下达的命令。卑弥呼的居处、宫殿、楼观及城栅，都有兵员守卫。

曾有学者指出帮卑弥呼递饮食、传命令的男子是其王弟，认为当时邪马台国采用男（王弟）女（卑弥呼）共治，卑弥呼虽以巫女之尊成为邪马台国女王，实际上对臣下并不直接下达命令，而是透过王弟进行间接统治。

魏明帝景初二年（238 年）六月，卑弥呼似受到南边狗奴国入侵的威胁，派遣大夫难升米（音译）带着牲口、丝织品、金银前往中国北方，拜见当时魏国皇帝，盼能永世交好。魏明帝封卑弥呼为"亲魏倭王"，这是曹魏赐予外夷爵位最高称号之一，此外还给予相当丰厚的回赐，不难看出魏明帝想借机拉拢邪马台国，从东方海上威胁南方的孙吴。

齐王曹芳正始年间（240—249 年），魏国和倭国间有三次外交使节的往返。247 年，狗奴国与邪马台国交战，卑弥呼遣使向曹魏求援，使者于翌年抵达曹魏国内，唯卑弥呼已因不明原因逝去。据《倭人传》记载，卑弥呼死后，国人为其建造一巨冢，以百余名奴婢殉葬。

之后邪马台国立一男王，这位男王可能少了卑弥呼拥有的通灵特质难以服众，造成国内互相诛杀，只好改立卑弥呼的宗女壹与（《梁书》列传第四十八、《北史》列传第八十二写为"台与"）为王，让国内安定下来。

上述是《后汉书·东夷列传》和《倭人传》对二、三世纪倭国的记载内容，《晋书·四夷传》写到晋武帝泰始（265—274 年）初年，邪马台国曾复遣使入贡，此后便从中国史籍消失踪迹，待倭国再次入贡已是一个多世纪后的事了。

卑弥呼／三娃绘

002

神功皇后与倭五王

◇ 神功皇后及三韩征伐

199年，第十四代仲哀天皇即位后第八年，不顾皇后气长足姬尊（汉风谥号为"神功皇后"）同众大臣劝阻，执意远征盘据九州岛中南部的土著熊袭族，出师不克，翌年二月崩御（即驾崩之意）于九州岛北部的筑紫。神功皇后与大臣武内宿弥等人商定隐瞒天皇死讯返回都城，之后求神占卜，另觅吉日再度出征，熊袭不战而降。神功皇后未能以此为满足，召集船只聚集壹岐岛，渡海征讨朝鲜半岛南部的新罗，新罗王怯战求降。高句丽、百济两国惧，遣使向神功皇后表明"从今以后，永称西蕃，朝贡不绝"。

神功皇后返回九州岛筑紫后，诞下仲哀天皇遗腹子誉田别皇子（即十五代应神天皇），同时宣仲哀天皇死讯。天皇死讯引发议论，誉田别皇子的异母兄麛坂王、忍熊王认为神功皇后出于私心必将立初生皇子为太子，两位年长皇子遂起兵叛乱，旋遭神功皇后派遣的武内宿弥平定。年底，群臣尊神功皇后为皇太后，担任年幼皇子的摄政，是年为摄政元年，两年后

亲征朝鲜的神功皇后／月冈芳年画

誉田别皇子被立为皇太子。摄政四十六年，日本与朝鲜半岛上的卓淳国建立外交往来，摄政四十九年、六十二年时因新罗不遣使朝贡而两度出兵征讨。神功皇后崩于七年后的摄政六十九年。

以上为《日本书纪》第九卷的大致内容，可看出该卷对神功皇后的记载集中在征熊袭、征讨朝鲜半岛、平皇室叛乱三件事，对皇后摄政期间的内政毫无提及，她的汉风谥号"神功"二字与出兵朝鲜不无关系。"摄政"一词源于中国，但在日本首见于神功皇后，原意为幼君即位不能参与朝政，从皇族成员中择一具有政治资历的德高望重之辈作辅佐，待君主成年后归还政权。仲哀天皇逝世后，誉田别皇子褓褓之身自然不能参政，神功皇后以生母之尊，自是最合适的摄政人选。神功皇后摄政期间，权力等同于天皇，加上对外经营有成、武功高超，从《日本书纪》到江户时代前期的《本朝通鉴》（林罗山编纂），多将神功皇后列于本纪。

战后学术研究渐趋自由，不少学者对神功皇后的真实性存疑。且其摄政三十九年，与前述卑弥呼遣使中国接受"亲魏倭王"的年代一致，因此有学者提出**神功皇后与卑弥呼是同一人**或为其宗室的说法。

◇ 中国史书的倭五王

自晋武帝朝中最后一次入贡，经过大约一百五十年，五世纪初倭国再度出现在中国正史中，据《晋书·安帝恭帝本纪》载，倭王赞于413年向东晋安帝献上方物。此后九十年间，倭国历经五位王，共派出十二次使者向东晋及南朝朝贡。在交通极不便的5世纪，每隔不到八年便遣使者冒生

人物通　神功皇后与卑弥呼实为一人说

这种说法的有力佐证为摄政五十二年（252年）秋九月，百济王曾献给日本使者一把七支刀，刀上正面刻有铭文："泰四年月十六日丙午正阳造百练□七支刀"；背面则写道："先世以来未有此刀百济□世□奇生圣音故为倭王旨造□□□世"。从背面铭文来看，献刀给倭王应是确有其事，然而曹魏时期并无泰□的年号，有可能是晋武帝泰始四年（268年），也有可能是东晋废帝太和四年（369年，太与泰字相通），后说在战后得到普遍认同。

命危险渡海，次数不可谓不频繁。

《宋书·蛮夷传》详细提及遣使前来的倭国领袖，依出现次序分别是：赞、珍（或写作"珎"）、济、兴、武，此即所谓的"倭五王"。同卑弥呼，"倭五王"记载仅见于中国史书，未见于《古事记》《日本书纪》。那么"倭五王"究竟是日本史上哪几位天皇？"倭五王"十二次遣使中有九次集中于南朝宋，基本上可视之为5世纪时的倭国领袖。据《宋书·蛮夷传》记载，珍为赞之弟，兴为济之子，武为兴之弟，只有珍和济的关系并未提及。

据学者研究比对，"赞"有可能是应神（第十五代）、仁德（第十六代）或履中（第十七代）天皇；"珍"有可能是仁德或反正（第十八代）天皇。相较于"赞"和"珍"的不确定，"济""兴""武"已在学者间取得一致共识，"济"是允恭（第十九代）天皇，"兴"是安康（第二十代）天皇，"武"是雄略（第二十一代）天皇。"倭五王"时代，中国历经西晋短暂统一复陷南北分裂的局面，相较于北方长期征战，南方至少维持表面偏安，故此倭五王选择南朝作为朝贡对象。倭五王出于何种目的，向偏安江南的南朝朝贡呢？我们可从倭五王自称"头衔"中窥出端倪，除却赞、兴两位，珍、济、武皆自称使持节、都督倭百济新罗任那加罗秦韩慕韩等国诸军事、安东大将军、倭国王，以此身份遣使上贡。弄了一大堆头衔，无非希望南朝能予承认，这才是他们不惜冒海上风险遣使朝贡的主因。"使持节"即都督之意，等于地区性的军事首长，珍、济、武要的是支配倭、百济、新罗、任那加罗、秦韩、慕韩地区的军事支配权。

新罗、百济都是朝鲜三国时代（公元前1世纪至7世纪）半岛南边的国家。任那加罗，居新罗与百济之间，倭五王时代属日本领地。秦韩是辰韩，乃早期朝鲜半岛南部三韩之一；只有慕韩不清楚是今日何地，不过应该也在朝鲜半岛南部。可想而知倭五王向南朝朝贡，着眼于换得南朝

豆知识　**高句丽和倭的战争**

397年，百济违背向高句丽称臣的誓言，不惜送出王子为人质与倭通好。高句丽第十九代王广开土王（正式谥号为"国冈上广开土境平安好太王"，简称好太王）联合新罗于402、404年两次击退倭、百济联军，并趁军威旺盛进攻北边带方郡，威胁割据中国北方边境的后燕国。414年，广开土王之子长寿王于今吉林省留下"好太王碑"，成为这段史实的原始史料。

日本皇室世系略图

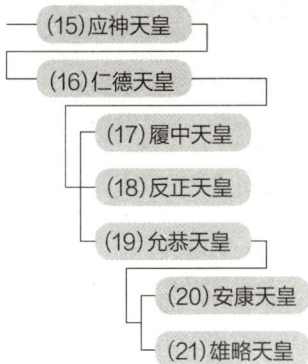

- (15)应神天皇
  - (16)仁德天皇
    - (17)履中天皇
    - (18)反正天皇
    - (19)允恭天皇
      - (20)安康天皇
      - (21)雄略天皇

皇帝承认他们在朝鲜半岛南部及倭国的军事统治权，借此挽回4世纪末**和北方高句丽作战**失利后岌岌可危的任那。可是在珍的时代南朝已封百济王为国王，百济的军事权自然不可能交给倭王，珍最后只得到"安东将军倭国王"的封号，此封号一直伴随到倭王兴。倭王武时，高句丽南下，百济、新罗首当其冲，任那同受高句丽威胁，倭王武亟需得到都督倭、百济、新罗、任那加罗、秦韩、慕韩等国诸军事的称号，以便率领半岛南部兵力对抗高句丽，故于478年向南朝宋末代皇帝顺帝上表文，前段夸耀统一倭国过程的英勇，后段则诉面临高句丽压迫之窘境，为在朝鲜半岛行使军事权，冀盼南朝皇帝能承认其所求"大将军"爵号，方便以此爵号之威权对抗高句丽。

003

五、六世纪倭国局势

◇ 皇室内斗

310 年，在位四十年的应神天皇驾崩，皇太子菟道稚郎子拒绝即位，坚持让位给贤能的异母兄大鹪鹩皇子，大鹪鹩皇子顽辞不受。两人互让之果，皇位因而空缺三年。后来菟道稚郎子逝去，大鹪鹩皇子在群臣拥护下即位，是为仁德天皇（313—399 年在位）。

据《日本书纪》记载，仁德天皇是个体恤民情的明君，曾因民宅的灶没有上升的炊烟而免除租税，居住的宫殿屋檐从未换过茅葺，无法遮风挡雨，因而死后追谥为"仁德"。仁德天皇崩后，葬于今大阪府堺市堺区大仙町，陵寝称为"百舌鸟耳原中陵"，是典型的 **前方后圆坟**，全长 840米，高度超过 35 米，总面积将近十二座甲子园球场，是目前世界上最大的皇陵。

仁德之后的几任天皇致力于国家统一，并加强与中国南朝交流，借由南朝皇帝册封官职以树立天皇在国内的统治权威及压制朝鲜半岛南部各国。天皇权力增大，使得皇位成为众皇子觊觎的目标。倭五王之一的"武"（雄略天皇）是"济"（允恭天皇）的第五皇子，本名大濑泊幼武尊，趁二皇兄"兴"（安康天皇）死去，迅速起兵消灭另两位皇兄，不只剪除直系兄弟，还将旁系堂兄弟一并消灭。

雄略天皇崩后，历经三任短命天皇，接着继位的是凶残不下雄略的武烈天皇，武烈天皇名小泊濑稚鹪鹩，为前任仁贤天皇唯一的皇子。当他被立为皇太子时，《日本书纪》形容他对法令相当娴熟，能辨是非善恶，明镜高悬。

武烈天皇在位八年，期间发

> **豆知识** ▶ **前方后圆坟**
>
> 古坟的一种形状。日本历史从 3 世纪末到 7 世纪惯称为"古坟时代"，这段期间，凡天皇驾崩便举全国之力建造巨大陵寝。最初为圆坟、方坟，后演变为前方后圆坟、双方中圆坟、双圆坟，最具代表性的是前方后圆坟。

"前方后圆坟"代表：大仙陵古坟／三娃绘

生之事于《古事记》毫无记载；《日本书纪》则记载了剖孕妇之腹查看胎儿、拔掉百姓指甲命其挖掘山芋等诸多暴行。武烈天皇多行不义，死时年仅十七八岁，未生下皇子皇女且未立皇太子，加上先前雄略天皇的嗜杀，皇统面临断绝。最后由朝中重臣**大连**大伴金村、物部麁鹿火，**大臣**巨势男人找到应神天皇五世孙男大迹王，立为天皇（继体天皇），皇统甫免于断绝，皇室谱系亦从继体开始逐渐明朗。

◇ 筑紫国造之乱

527 年发生的"筑紫国造之乱"（亦称"盘井之乱"）

> **人物通** ▶ **大臣、大连**
>
> "臣"和"连"皆为大和朝廷地位最高的"姓"（类似今日的官衔）。拥有"臣"头衔的氏族多是大和朝廷扩张过程中率先臣属的地方豪族，主要有苏我氏、纪氏、巨势氏、平群氏、葛城氏。至于"连"则为原本就效命于大和朝廷、扩张过程中立下功劳的豪族，如物部氏、中臣氏、大伴氏、土师氏、弓削氏。"臣"的豪族中势力最大者被称为"大臣"，主要指苏我氏，可左右国政；"连"的豪族中势力最大者被称为"大连"，主要由负责大和朝廷祭祀的物部氏、大伴氏担任，同样可左右国政。

可说是日本古代规模最大的地方叛乱，但不少日本史书却未提及，到底是怎么回事呢？

《古事记》对于"盘井之乱"只简单记载盘井不遵天皇之命且多无礼行为，因而派人平定。《日本书纪》记载复杂许多，涉及朝鲜半岛各国动向，由此观之，"盘井之乱"并非单纯的地方叛乱，应视为"国际事件"。

527年6月，继体天皇派遣近江毛野臣率众六万渡海前往朝鲜半岛南部的任那，在那里与被新罗击败的南加罗、喙己吞会师齐攻新罗。然而近江毛野臣正要从九州岛北部渡海前往朝鲜，筑紫**国造**盘井率火（肥前、肥后）、丰（丰前、丰后）二国之众掀起叛乱。天皇只得暂停渡海之举，依大连大伴金村、巨势男人之议，命物部麁鹿火率军讨伐盘井。

528年11月，物部麁鹿火于筑紫御井郡与盘井决战，将其斩杀，乱事平定。翌月，盘井之子恐受父亲之罪连坐，献糟屋屯仓，请求赦免死罪。

物部麁鹿火／菊池容斋绘

鉴于九州岛北部地理位置的重要性，大和朝廷将其纳入直辖领地，《大宝律令》颁布后，设"太宰府"作为与朝鲜诸国交涉的总窗口。

不过这场乱事在文字叙述上产生些许的疑问，《古事记》记载叛乱的是"筑紫'君'石井"，《日本书纪》则记为"筑紫'国造'盘井"。盘井若为"国造"，则为大和朝廷成员，掀起叛乱后天皇派人征讨乃合情合理。但若为筑紫君身份，盘井等于未归顺大和朝廷的地方豪族，继体天皇可能借其道征讨新罗，归途时趁势消灭，使筑紫君基于"唇亡齿寒"之理恃朝鲜援军为后盾起兵；从这角度来看，盘井之乱颇难视为叛乱。

对新罗而言，避免让大和朝廷登陆朝鲜半岛，在半岛上作战自然属上上之策，因此与北九州岛筑紫君同盟，由后者阻止近江毛野臣的渡海并非不可能。且依常理来看，若筑紫君是大和政权下的地方国造，新罗与之同盟未免奇怪，故此，筑紫国王说并非毫无根据。

佛教传入

◈ 日本势力退出朝鲜半岛

"盘井之乱"结束后，继体天皇有意渡海向新罗用兵，未能成行。531年2月，继体天皇驾崩，之后的安闲、宣化两位天皇在位时间过短，出兵征讨新罗之举亦未能成行。

早在512年，继体天皇即位之初，百济王就遣使朝贡日本，负责接待的大连大伴金村接受百济贿赂，同意割让出任那的上哆唎、下哆唎、娑陀、牟娄等四县，日本在朝鲜的势力由此大大衰退。

540年9月，钦明天皇欲征新罗，物部大连尾舆上奏告大连大伴金村擅自割让任那四县给百济，引得新罗怀恨日本，故不可轻易出征。大伴金村虽未被降罪，却自此失去大连之位趋于式微，大连一职为物部氏独占。翌年日本与百济圣明王联手建立"任那日本府"抵抗新罗，之后几年投入人力、物力经营任那日本府。

不过，新罗在日本做好出征准备前猛攻百济，迫使百济放弃北方领地。554年，圣明王在与新罗作战中战死，百济失去力量，两年后的556年，钦明天皇虽派千人欲驰援百济，终因故未能成行。562年，任那日本府遭新罗攻灭，日本失去了朝鲜半岛上的据点，钦明之后的历任天皇虽以重占任那为职志，但皆未能实现。

571年，钦明天皇驾崩，皇后所生的第二皇子渟中仓太珠敷尊继位，是为敏达天皇。

◈ 佛教公传及排佛之争

钦明天皇在位期间，重要大事除退出朝鲜半岛外，当数佛教的传入。佛教传入日本的时间历来有两种说法，一为538年，出处为《上宫圣德法王帝说》及《元兴寺伽蓝缘起》；一为552年，出处为《日本书纪》卷十九

《钦明纪》，以前者较具说服力。

创立于公元前 6 世纪的佛教，依其传播方向可粗分为北传佛教和南传佛教，北传佛教又分成汉传佛教、藏传佛教及日本佛教，此三支与南传佛教（亦称"上座部佛教"）构成佛教的四大系统。

佛教传入日本的时间虽有歧异，经由百济传入的途径则得到学术界一致公认。依《上宫圣德法王帝说》记载，538 年 10 月 12 日，百济圣明王始将佛像、经教与僧众，授于当时大和朝廷中对大陆先进文化接受度较高的苏我稻目宿弥大臣，令他推动佛教在日本兴盛。

钦明天皇听百济使者转述佛教在中国及朝鲜半岛盛行景况后大悦，问众臣是否也可在日本推行。苏我稻目宿弥大臣认为信奉佛教乃时势所趋，日本不能抗拒；物部大连尾舆、中臣连镰子则认为从日本固有之神祇改拜番神，将招致国神的愤怒而反对。钦明天皇只好让苏我稻目"试令礼拜"，为安置佛像，苏我稻目建置"向原寺"（后改名丰浦寺），为日本最早的佛寺。

苏我稻目礼佛后，非但未给日本带来好运，反而国内疫病大起，包括赞成崇佛的苏我稻目在内不少民众染上疫病死去。物部、中臣等人说是因为拜了番神之故，必须尽早丢弃番神方能平息国神的愤怒，因此苏我稻目安置的佛像被丢到河里，向原寺里的伽蓝、佛殿俱遭毁坏，这是日本佛教史上最初的法难。※

◇ 佛教的盛行

自从大伴金村失势，朝廷里只剩苏我氏可以和物部氏相抗衡。物部氏的祖先是神武东征时与之对抗的豪族，归顺大和朝廷后逐渐成为重要氏族，负责刑罚、警察、军事、呪术之职责，是"**盟神探汤**"的执行者；至 5 世纪末，与大伴氏成为执掌大和朝廷军事力量的大连。

> **豆知识 ▶ 盟神探汤**
>
> 古代在世界各地普遍行之有年的原始审判方式，是一种既不科学也不合理的审判。有嫌疑者在神或祭司之前宣誓清白，后将双手放入热锅或滚烫热水中，若是清白，双手完好如初；反之则难免烫伤。

苏我氏是神功皇后时期重臣武内宿弥的后裔，武内宿弥之孙掌管**三藏**后总管大和朝廷财政，势力遽增。苏我氏与**渡来人**关系甚厚，渡来人掌控最先进的技术，成为苏我氏能够在朝廷抬头的主要助力。

585 年敏达天皇崩，不从众多皇子中选出继任者，而立天皇的异母弟大兄皇子。之所以如此，与大兄皇子生母为苏我稻目之女不无关系，加上皇子本身并不排斥佛教。用明天皇即位（三十一代天皇，585—587 年在位），以苏我稻目之子马子为大臣，物部尾舆之子守屋为大连，接受佛教与否的议题依旧是争论重心。

用明天皇即位次年 4 月就病逝，继任者同样不从皇子中选择，苏我马子推举钦明天皇皇妃苏我小姊君所生泊濑部皇子，物部守屋则推举小姊君另一儿子穴穗部皇子，双方终于兵戎相见，欲以武力解决长久以来的矛盾。

6 月，苏我马子奉敏达天皇皇后炊屋姬之命，率兵先除去穴穗部皇子，接着包围物部守屋之宅邸，不少观望的皇子和群臣此时纷纷加入苏我军。用明天皇第二皇子厩户丰聪耳皇子年仅十四，用亲手刻的四天王木像置于军队前，祈愿此役若能获胜，将建四天王寺并大力推广佛教来还愿。7 月，物部守屋的盟友中臣胜海因病退出，孤军物部守屋兵败而死，物部氏一族灭亡。

获胜的泊濑部皇子被推举为天皇，是为崇峻天皇（第三十二代天皇，587—592 年在位）。苏我大臣马子以舅父之姿独揽朝纲，与同样笃信佛教的厩户丰聪耳皇子一起推广佛教，佛教从此在日本扎根，势力很快就超越传统的神道。

※ 作者按：为何苏我氏在采纳佛教与否的问题上，与物部氏有不同意见呢？表面
看似是针对佛教接纳与否抱持不同意见，背后实则暗藏着政治层面的斗争。

拥佛的圣德太子与苏我氏（左）和物部氏形成对立／三娃绘

005

圣德太子改革

◇ 首位女帝与十九岁摄政

崇峻天皇即位后以苏我马子宿弥为大臣，由于物部氏已遭消灭，大连一职空缺。换言之，苏我马子把持整个朝政，不仅架空其他朝臣，还架空由他和炊屋姬拥立的崇峻天皇，天皇因而怀恨在心。

592年10月有人献上山猪，天皇看着山猪，有感而发道："何时能像断此猪头般除去我心头所恨之人！"这句话不小心被左右听见，辗转传入苏我马子耳中，使马子决意除去天皇。11月，苏我马子以东国进贡贡品为由，邀天皇出席，并暗遣渡来人后裔东汉直驹于席中行刺，此为日本史上仅有一次天皇确定遭臣下所弑，当日即将天皇下葬。

继任皇位的第一顺位是敏达天皇第一皇子押坂彦人大兄皇子，然而他不具有苏我氏血统，故不为苏我马子所喜。其异母弟竹田皇子和用明天皇第二皇子厩户丰聪耳皇子虽皆出自苏我一族，但为避免皇子争位，苏我马子决定由外甥女炊屋姬（本名额田部皇女，敏达天皇皇后）为天皇，于是出现了日本史上首位女帝——推古天皇（592—628年在位）。

圣德太子向隋朝致上国书／三娃绘

女帝登基后，旋即任命时年十九岁的侄子厩户丰聪耳皇子为皇太子摄政，是日本史上第二位摄政，日后以"圣德太子"之称闻名。女帝和摄政都出于苏我家，推古和用明皆为钦明天皇的子女，他们的母亲为苏我稻目之女坚盐媛；摄政生母穴穂部间人皇女是用明天皇的皇后，其生母为苏我稻目另一女儿小姊君，坚盐媛和小姊君都是苏我马子的姊妹，即苏我马子是推古天皇的舅父，摄政圣德太子的舅公，同时也是太子的岳父。

◇ 日出处天子致书

　　《日本书纪》卷二十二为《推古纪》，顾名思义为"推古天皇本纪"，但该卷一半以上的内容俱与摄政圣德太子有关，对之后的日本而言，太子改革的重要性远比推古的政绩重要许多。太子生于马厩，出生时便能说话，年长后能同时听十人讲述不同案件并做出最精准的裁断。任摄政后，他进行的改革大抵可分为以下五方面：

　　一、**提倡佛教**：太子在与物部氏作战时曾许愿，若能战胜，愿兴建佛寺、推广佛教以还愿。就任摄政后便在今大阪市兴建四天王寺，翌年颁布兴隆佛教之诏。此外太子从 601 年起陆续于奈良盆地兴建斑鸠宫、法隆寺（原名斑鸠寺）、中宫寺、法兴寺、法起寺，晚年亲自为《法华经》《胜鬘经》《维摩经》三部佛经注释，统称"三经义疏"，经太子大力提倡，佛教在日本普传至一般平民，开启日本最初的文化高峰——飞鸟文化。

　　二、**制定冠位**：太子于 603 年 12 月间制定"冠位十二阶"，将儒家最高道德准则"德"置于首位，之后依序为五常"仁""礼""信""义""智"作为冠位名称，各分大小。各阶官员不仅冠位不同，冠服颜色及材质亦有差别，冠位虽由天皇授予，然用意在

法隆寺八角梦殿／三娃绘

于强调个人功勋，荣显仅及于一代而不能世袭。期使以姓氏为基础、强调血缘和裙带关系的社会，能够转变为能力至上，同时破除门第观念，以达成大权集中于天皇的目的。

三、**宪法十七条**：当时的宪法近似行为规范的道德教条。十七条宪法不仅采汉文书写，还引用中国经典（《孝经》《礼记》《论语》《尚书》《诗经》《春秋左氏传》《韩非子》《史记》《昭明文选》等），其思想以儒家为主，法家和佛教为辅，条文更明确指出君、臣、民三个不同阶级各自必须遵守的规范。

四、**对隋的外交**：太子对隋的外交始于 600 年，虽不见于《日本书纪》记载，然《隋书·东夷传》提到倭王姓阿每，字多利思比孤，号阿辈鸡弥，派遣使者前来。当时隋文帝派人向使者问及倭国风俗，使者答说：倭王以天为兄、以日为弟，天未亮便听政，采跏趺坐姿；日出后停止政务，说道就交由我弟办理。隋文帝听了不以为然。

"阿每·多利思比孤·阿辈鸡弥"极有可能是"天足彦大君"的音译，但并非指推古天皇，反有很大可能指圣德太子，《隋书》中未交代这次使者前来的使命。607 年，派遣大礼臣小野妹子赴唐，这一次的使节同时见于《日本书纪》《隋书》，可信度毋庸置疑。《隋书·东夷传》提到倭国使者告曰，我听闻海西菩萨天子振兴佛教，于是遣使前来朝拜，并派数十名沙门学习佛法，国书提到"日出处天子致书，日没处天子无恙"云云。隋炀帝看了大为不悦，对负责外交的鸿胪卿说道："若再有像此无礼的蛮夷国书，不用再拿给朕看。"

608 年，隋炀帝遣裴世清等十二人随小野妹子赴日，受到日本朝廷上下隆盛款待。裴世清返国，小野妹子为大使陪同，顺便带领倭汉直福因、奈罗译语惠明、高向汉人玄理、新汉人大国四名留学生，以及新汉人旻、南渊汉人请安、志贺汉人慧隐、新汉人广济四名学问僧前往隋朝留学，这是第一次遣隋使。这些人在中国三十余年，高向汉人玄理、新汉人旻、南渊汉人请安是三十余年后大化革新的主要推动者。《日本书纪》有记载这次国书的内容，写道"东天皇敬白西皇帝"。从"日出处天子"到"东天皇"，不难看出圣德太子在外交上不甘屈居中国之下，行文上处处要与天朝大国平起平坐，也许这才是太子对隋外交的主要目的。

五、编修国史：620 年，太子在苏我马子协助下编纂三部国史（《国记》《天皇记》《臣连伴造国造百八十部并公民等本记》）。随着太子于 622 年病逝斑鸠宫，史书的编纂可能因此停顿下来。后世学者多认为这三部史书并未完成，收藏于苏我家，在二十多年后苏我氏灭亡之际毁于兵火。

　　圣德太子改革的目的在于建立集权天皇一身的国家，欲达这目的必须削弱苏我氏的权力，冠位十二阶、宪法十七条皆为此颁布。而为能够顺利推动改革，太子不得不在某些方面对苏我马子妥协，以换取配合，故此削弱苏我氏权力的成效可说微乎其微。尽管如此，圣德太子一番改革带动日本真正进入文明之境，这点才是永不磨灭的功勋！

> **人物通**　　**圣德太子虚构说**
>
> 有学者质疑"宪法十七条"完成不应在圣德太子的时代，太子之世部分宪法里引用的汉籍尚未传入日本，由此认为"宪法十七条"可能与《日本书纪》成书年代相当，进而推断圣德太子乃是虚构出来的。

006

大化革新前后

◇ 苏我氏灭亡

圣德太子病逝后即废除摄政，大权独揽于大臣苏我马子，更显肆无忌惮。624年10月，苏我马子遣使者向天皇奏求赐予葛城县作为私人封地，推古天皇不允，说道："我出身苏我氏，大臣本为朕之舅父，大臣之言朕本应听从。然而若在朕之世失去葛城县，后世必批评因为朕这一愚痴妇人当上天皇，才会失去葛城县。如此一来不仅朕遭受辱骂，大臣也将被冠上不忠之名，岂非留恶名于后世？"短短一席话打消了苏我马子的贪得无厌。626年5月，苏我马子病逝，子虾夷（亦称毛人）继承其大臣之位。628年2月，推古天皇卧病在床，病榻上推古先后召见押坂彦人大兄皇子之子田村皇子以及圣德太子之子山背大兄皇子，推古最终未指定下任天皇人选而辞世，据《日本书纪》记载，她与先辞世的竹田皇子合葬。

于是群臣分裂为拥戴田村皇子和山背大兄皇子两派。苏我虾夷属意田村皇子，当他得知叔父境部摩理势有意立山背大兄皇子，出兵消灭叔父一家，群臣拥田村皇子即位，是为舒明天皇（629—641年在位）。舒明天皇以弟弟茅渟王的女儿宝姬王为皇后，生下中大兄、大海人两位皇子。

623年7月，遣唐留学僧归国，对亲眼所见的唐文化赞不绝口，向当时的推古天皇上奏说大唐是个法式备定之珍国，要经常派遣使者前往学习。舒明天皇即位第二年8月，派大仁犬上君御田锹、大仁药师惠日为大使前往唐朝学习，揭开中日文化史上为期二百多年的遣唐使序幕。

641年10月，舒明天皇去世，照理应由宝皇后生的长子中大兄皇子即位，苏我虾夷却中意庶出的古人大兄皇子。最后折中立宝皇后为帝，史上第二位女帝皇极天皇出现（642—645年在位）。

643年11月，虾夷之子入鹿派人包围山背大兄皇子宅邸，山背大兄全家尽遭屠戮，圣德太子血缘（上宫王家）就此灭绝。凡感念太子的民众，无不怨恨苏我入鹿。痛恨苏我氏专政的群臣纷聚集在中大兄皇子的核心伞下，主要包括中臣镰足，以及苏我入鹿的堂兄弟仓山田石川麻吕。两年后的6月，中大兄皇子趁苏我入鹿接待新罗、百济、高句丽三国来使，于太极殿上当众杀死入鹿，并发兵包围苏我家。最后苏我虾夷放火烧毁自宅，苏我氏灭亡。

◈ 中大兄推动大化革新

苏我氏灭亡后，皇极天皇大感震撼，旋即让位。主导消灭苏我氏的中大兄皇子本欲继皇极为帝，但受谋臣中臣镰足劝阻，镰足认为跳过庶兄古人大兄皇子而自立，难免招人非议，不如拥立舅父轻皇子为帝。于是轻皇子即位，是为孝德天皇（645—654年在位）。同时废除大臣，改设左、右、内三大臣，以阿倍内麻吕为左大臣、苏我仓山田石川麻吕为右大臣、中臣镰足为内大臣，高向汉人玄理、新汉人旻为国博士。而因辈分关系登基的

山背大兄遇害／三娃绘

天皇，就立中大兄皇子为皇太子，以"大化"作年号，这是日本最初的年号，此后除7世纪末期外，日本逢新帝登基便立年号，沿用至今。

接着以中大兄皇子和中臣镰足为主，展开一系列改革，称为"大化革新"。其目的乃要完成圣德太子未竟之志，即是将日本从氏族掌控的国家改变为一个天皇亲政的中央集权国家。

646年立舒明天皇之女间人皇女（中大兄皇子之妹）为皇后，同时颁布革新之诏。革新内容主要如下：一、废除部民制，改为公地公民制；二、整顿地方行政制度，改设畿内、国、郡、里等地方行政组织；三、造户籍，行**班田收授法**；四、罢除旧日赋役，采用"**租庸调**"等统一的新税制。此外还有关于薄葬令，习俗改革，伴造、品部的废止，大臣、大连废止，冠位制度的改订等革新之诏未提及的改革。

之后几十年陆续颁布律令，皆被视为是大化革新的延续，甚至到下个世纪《大宝》《养老》两律令颁布为止。透过这一连串的改革，日本总算从氏族制步入封建制，天皇逐渐成为国家的最高威权者。

插手朝鲜半岛

◇ 齐明天皇重祚

进行大化革新的同时，中大兄皇子也在暗自排除政敌。645 年，有人密报古人大兄皇子意图谋反，中大兄皇子趁机除去曾与他争夺皇位的皇兄。649 年，左大臣阿倍内麻吕病逝，右大臣苏我仓山田石川麻吕被密告谋反，遭中大兄皇子派兵包围宅邸，田石川麻吕全家（包含中大兄皇子的妃子在内）自尽。由于田石川麻吕反对大化革新，故密谋之说很有可能是中大兄皇子罗织的罪名，或是谋臣中臣镰足献策。有阿倍和田石川麻吕的支持，中大兄皇子方能消灭苏我氏，因此不得不委以左、右大臣之职；待二人逝后，中大兄皇子以心腹居此二职，逐渐掌控权柄。

650 年 2 月，穴户国（长门国）司献上白雉被视为祥瑞，于是改年号为白雉。651 年年底，孝德天皇下令**迁都**，离开飞鸟板盖宫（今奈良县明日香村）前往难波宫（今大阪市）。之后孝德天皇和中大兄皇子似因遣唐使问题出现严重不和（653、654 年再现不和），中大兄皇子于 654 年上奏迁回飞鸟板盖宫为天皇拒绝，带着生母宝皇女、皇妹间人皇女、皇弟大海人皇子与多数大臣返回飞鸟。被抛下的孝德天皇一病不起，是年十月病逝。

孝德崩后，身为皇太子且年近三十的中大兄皇子不继位，而让宝皇女再次登基，开日本史上天皇重祚之始，二度继位的宝皇女改称齐明天皇。中大兄此举颇可能也是中臣镰足背后献策。

658 年 10 月中大兄皇子与齐明天皇前往纪伊泡汤，未久，留守京城的苏我赤兄向孝德天皇之子有间皇子抨击中大兄皇子失政，挑起有间皇子的仇恨。就在有间皇子有所行动时，苏我赤兄派兵包围其宅邸，被捕的皇子送

> **豆知识 ▷ 迁都**
>
> 此时日本并无"定都"的概念，所谓的都城往往只限定一代，新君登基后便开始寻觅都城之地，像孝德天皇在位期间有两个以上的都城也很常见。由于无此概念，都城建筑并不牢靠。

到纪伊海边处以绞刑，此后放眼日本国内再无反对中大兄皇子的势力。

◈ 白村江之战

孝德初即位，为防范北方虾夷族入侵，曾于盘舟、淳足两地（俱在今日新泻县北部）设置城栅，划清国界。《日本书纪·齐明天皇卷》记载 655 年 7 月天皇在难波宴请北虾夷九十九人、东虾夷九十五人，并授予栅养虾夷九人、津刈虾夷六人冠位二阶。接着 658 年 4 月，越国守阿倍引田臣比罗夫率领一百八十艘船只征讨虾夷，腭田、淳代（分别为今秋田县秋田市、能代市）二郡望风归降，首领恩荷获朝廷授予官位。阿倍比罗夫在恩荷的帮助下，于有间滨接受从渡岛来归的虾夷众，双方尽欢而归。659、660 年阿倍比罗夫两度与肃慎（即隋唐时代的"靺鞨"）作战，特别是 660 年这次，阿倍的船队追击至今库页岛歼灭肃慎船队凯旋。

当时，日本已卷入朝鲜半岛战争，与大唐开战在即，为何还要派阿倍比罗夫前往他方，与虾夷人，甚至是与本土境外的肃慎作战呢？直接因素是肃慎与高句丽结盟，而与百济同盟的日本，击败肃慎便能断高句丽一臂。此外 659 年 4 月，第四次遣唐使中有两名随行的虾夷男女，抵长安后谒见唐高宗，借由与唐高宗的问答向唐朝及东亚各国展示：唐朝之外，还有"日本"这个也接受藩属朝贡的帝国。

660 年 7 月，百济在唐与新罗水陆两军夹击下灭亡，百济人质丰璋王子从日本返回，进行复国。次年 1 月，中大兄皇子偕齐明天皇循海路前往九州岛，此时齐明天皇已年近七十，长途跋涉下天皇七月病倒，逝于今福冈县境内；中大兄皇子密不发丧，到 11 月返回飞鸟才举行葬礼。为避免人心浮动，中大兄皇子在丧期结束后，以"**称制**"形态主政。

662 年中大兄皇子运送五千军前往百济，翌年 3 月加派二万七千军，双方开战在即，此时却发生了丰璋王

> **豆知识** 〉 **称制**
>
> 君主驾崩后，继任的皇太子或前代君主的皇后在不登基即位情况下执行君主政务而称之。此与"摄政"之别在于："摄政"与天皇同时存在，"称制"则否。日本史上称制仅有两例，一为中大兄皇子，另一为中大兄皇子之女，亦即天武天皇的皇后鸬野赞良皇后（后为持统天皇）。

子杀害百济将领鬼室福信的内哄事件。663年8月，唐、新罗联军包围周留城，另有一百七十艘战船列阵于白村江上；急于突围的日、百济联军遂于白村江口与之对战，历经四次战役皆败。日、百济军有四百艘船只被焚，丰璋王子逃往高句丽，余众皆降，百济复国无望。

之后新罗在唐朝的帮助下，往北攻陷平壤，高句丽灭亡，新罗统一了朝鲜半岛，成为唐朝在东北亚的屏障。败退的日本，转而致力于国内发展，长达九百多年不曾再觊觎朝鲜半岛。

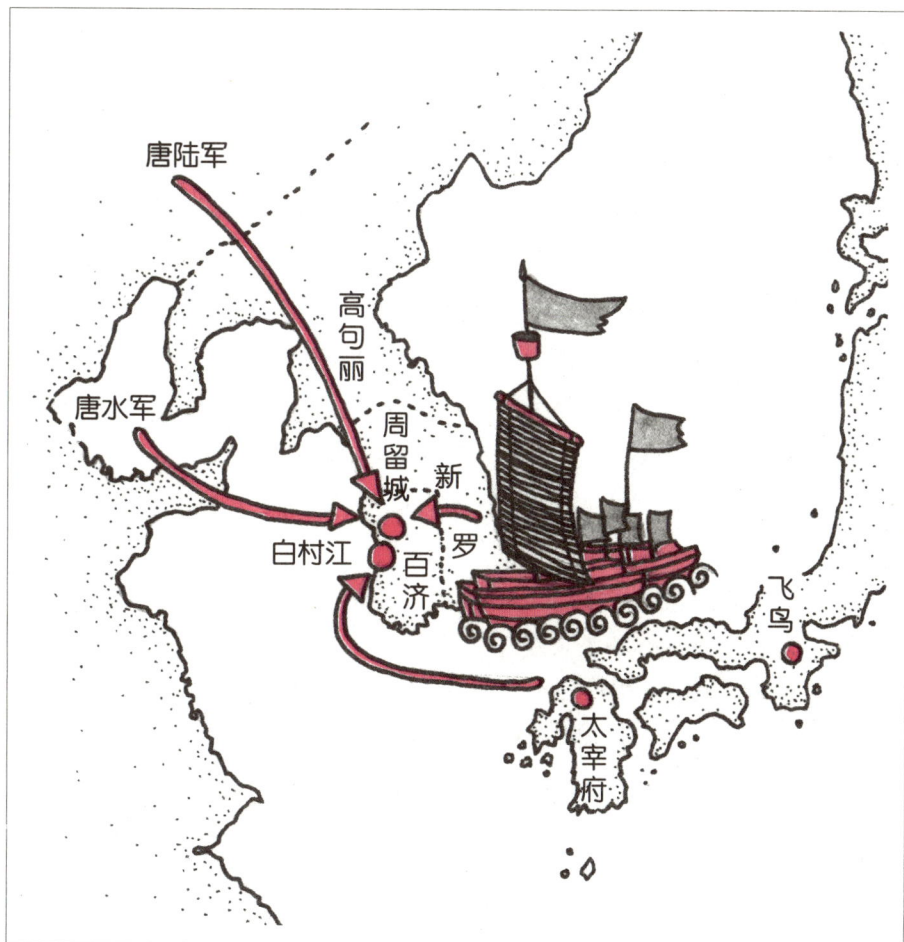

白村江之战示意图／三娃绘

中大兄与大海人皇子

◇ 中大兄皇子登基

白村江之役落败后，日本犹如惊弓之鸟，恐惧唐朝大军乘胜追击。中大兄皇子赶紧在对马、壹岐、筑紫等地配置**防人**及紧急联络用的烽火，并在筑紫筑大堤贮水，是为水城。665—667 年，先后于长门、筑紫、大和、赞岐等国筑城，逐渐完备从九州岛到大和的防御体系。中大兄皇子随后迁都至近江大津宫；668 年 1 月，见局势逐步稳定方始即位，是为天智天皇，同年 2 月以同母弟大海人皇子为皇太子，称皇太弟。

中大兄皇子即位前，鉴于大化革新时增设的"十九阶冠位"已难适应天皇制国家官僚的严密复杂情况，将冠位扩增到二十六阶（如右侧栏所示）。因冠位扩增而得拔擢的官吏，在天智天皇登基后必然拥护政权。

天智天皇即位这年，内大臣中臣镰足献上天皇下命编纂的律令，即二十二卷的《近江令》[1]。670 年，日本完成最早的全国性户籍《庚午年籍》，是一部涵括公民、奴婢在内以全国百姓为对象，涵盖范围西起九州岛、东至关东的户籍册。《近江令》《庚午年籍》的编纂和实施，象征大化革新事业已收到初步完成的功效。

然在 669 年，长年为天智天皇智囊、股肱的中臣镰足辞世。为感念友谊与功勋，天智天皇在中臣镰足逝世前，特地到其病榻前授予最高阶冠位"大织冠"

织 （大、小）
缝 （大、小）
紫 （大、小）
大锦 （上、中、下）
小锦 （上、中、下）
大山 （上、中、下）
小山 （上、中、下）
大乙 （上、中、下）
小乙 （上、中、下）
建 （大、小）

及新姓氏"藤原"。镰足之子不比等始以藤原为姓氏，他就是后来在平安时代成为皇室固定外戚的藤原氏之祖。

人物通 ▶ 防人

白村江之役后，为防范唐人入侵，配置于九州岛北部及对马、壹岐的边境防卫。防人来自东国，任期三年但经常被延长，须自行负责食物与兵器。被征召的防人任期内可减免赋税，但对被征召的家庭是极大负担，10 世纪后为各地武士团取代。

671 年，天智天皇立第一皇子大友皇子为太政大臣，由他负责实际政务，使得大海人皇子徒有虚名。同年 10 月天智天皇病笃，召弟弟大海人皇子前来，说欲以皇位相传，大海人皇子事先已从天皇近臣口中得知天皇有意试探，若他眼神中露出对皇位的眷恋，归途中便会遭到杀害。大海人皇子因此回

大友皇子和大海人皇子争权酿成"壬申之乱"／三娃绘

答自愿到吉野出家为天皇修功德，天智天皇允其所请并亲赐袈裟，不再存疑。672 年 1 月天智天皇病逝，大友皇子即位，随即发生乱事。

◇ "壬申之乱"

中大兄皇子兵援百济，与唐、新罗联军交战中败北；自大化革新以来，欲建立律令制国家所进行的改革也引起不少反对，为安抚守旧派的反感，不得不立与此派关系良好的大海人皇子为皇太弟。天智天皇晚年病笃时，对天皇改革素无好感的守旧派更是向大海人皇子靠拢，无不希望能拥立他继位天皇。

大友皇子即位后命美浓、尾张两国司征调民夫营建天智天皇陵寝（位于今日京都市山科区一带），为前代天皇营建陵寝乃自然不过的事，但这些民夫手中都握有兵器。消息传到吉野，大海人皇子猜测自己将受到攻伐，是年 6 月 24 日逃出吉野，经由伊势前往美浓，三日后控制东国进入畿内的关口**不破关**，随即在这里设置临时行宫，向近江朝廷进军。

此时大友皇子紧急向东国、吉备、筑紫等地征兵，当地国司和豪族多不响应，畿内豪族也泰半加入大海人皇子阵营。不出几天，旧都飞鸟宫为大海人皇子阵营攻下，7 月起大海人皇子从不破关往西进军，势如破竹一路取胜。7 月 22 日攻到濑田川，与琵琶湖对岸的朝廷军对峙。翌日，大友皇

位于滋贺县大津市的弘文天皇（即大友皇子）陵

子亲上战线，遭大海人皇子击败后自尽，为期一个月的"壬申之乱"（当年为壬申年）平定。❷

获胜的大海人皇子进入近江京，力劝大友皇子起兵的右大臣中臣连金被斩，然而杀戮仅此一人，其余止于流放。沦陷的近江京对大海人皇子来说非吉祥之地，自不会设为都城。673 年 2 月，新京飞鸟净御原宫竣工，大海人皇子方始即位，是为天武天皇。

❶《近江令》虽已失传，仍可确定是日本走向律令制的先驱，且对后来的《飞鸟净御原律令》《大宝律令》有着极深刻的影响。

❷《日本书纪》主要编纂者舍人亲王为天武天皇第六皇子，是以该书不见大友皇子即位的相关记载，此后史书在天智天皇后便接上天武天皇，大友皇子遂成为不存在的天皇。直到江户时代水户藩编修《大日本史》才将其纳入本纪，1870年由明治天皇追赠"弘文天皇"谥号，正式成为第三十九代天皇。

皇亲政治的高峰

◇ 天武朝政治

天武天皇获胜登基后，一并肃清在近江朝廷任职的畿内豪族，废除天智天皇设置的太政大臣、左大臣、右大臣、内大臣等官职，终天武天皇一世都未任命过大臣。他延续天智天皇时期的中央集权政策，更加强化天皇及皇室的地位，任何事情皆由天皇决策，文武官员被摒除在外，只负责传达、推动天皇决定的事项。

天武即位，立天智天皇之女鸬野赞良为皇后，并重用草壁皇子、高市皇子等皇族成员，纳入政权中枢，和天皇本人一同掌控政权，由此出现了日本史上极为罕见的皇亲政治。"壬申之乱"中，大海人皇子得到旧势力拥戴方能战胜大友皇子，即位后纵想改革也只能渐进，对旧势力仍须有相当程度的妥协。

天武天皇将大化革新期间为弥补收缴豪族私有土地和部民而给予的食封一律取消，并消灭由豪族管理的私有民，成为所谓"公地公民制"，有效防止地方势力壮大。在此之前日本君主的称号为"大王"，为建立君主权威，天武天皇沿用中国皇帝的称号之一"天皇"；严格来说，天武才是首位正式使用"天皇"称号的日本元首。

此外天武再将冠位扩张到四十八阶，前十二阶只能授予诸王以上的皇族。685年，下诏宣布更改诸氏之**族姓**，实行"八色之姓"，分别是：真人、朝臣、宿弥、忌寸、道师、臣、连、稻置。地位最高的"真人"仅授予血缘较疏远的皇族，"八色之姓"相当于明治时代《华族令》的公、侯、伯、子、男等爵位，天武天皇以新设

| 豆知识 | 日文与中文的"姓" |

日文与中文的"姓"意思极不相同，日文的"姓"代表出身以及在社会上的身份，在古坟、飞鸟时代，姓的重要性大于氏，更大于个人。奈良时代以后姓只剩源、平、藤（藤原）、橘四个，至安土桃山时代新增"丰臣"。中文的"姓"在日文中意思相近的词为"苗字"。

之爵位赐予功臣，取代了附有实权的官职和土地，这是十分有远见的。

为防止"壬申之乱"事件的再度发生，679年天武天皇与皇后及六位皇子（草壁、大津、高市、川岛、忍壁、志贵）在吉野宫立誓今后将互相帮助，孰料天皇驾崩后便出现违背誓言的行为。

◇ 迁都藤原京

686年天武天皇崩，生前未立继承人，鸬野赞良皇后以皇太后身份临朝称制。然出于私心，她先将呼声最高的大津皇子以谋判罪名处死，唯亲生的草壁皇子因体弱多病及人望不高之故，不得不与母后共同治理天下。689年4月，尚未即位的草壁皇子去世，留下七岁的珂留皇子。为确保珂留皇子将来能登大位，皇太后于690年即位，是为持统天皇。

持统天皇任命天武天皇第一皇子高市皇子为太政大臣，多治比岛为右大臣，皇亲政治开始出现缺口。持统朝可说是珂留皇子即位前的过渡时代，因此持统天皇在政事上无新举措，但她任期内仍有两项政绩值得一提，一是颁布《飞鸟净御原律令》，这是天武天皇于681年主持的新律令编纂工作；另一则为完成新都城藤原京的营造，这是天武天皇遗志，在676年进行，于690年告成。

藤原京位于**大和三山**内侧（今奈良县橿原市）。据20世纪90年代以来的发现，其规模更胜日后的平城京、平安京。它是日本最初的条坊制（东西向为"条"、南北向为"坊"）唐风都城，日本史上第一座拥有础石地基与瓦葺屋顶的都城，平城京、平安京均以藤原京为范本而加以改良。

在此之前，日本未有"定都"的概念，藤原京是日本第一个首都。自694年从飞鸟净御原宫迁都，历经持统、文武、元明三帝，迄于710年迁都平城京为止，藤原京共有十六年时间作为都城。

太政大臣高市皇子696年8月病逝，珂留皇子的继位出现变数，持统天皇只得再寻找有力奥援，她找上的是藤原不比等。697年，藤原不比等强行排除天

豆知识	大和三山

现今奈良县奈良盆地南部周围天香久山、亩傍山、耳成山的总称，飞鸟、奈良时代的都城多位于附近，是这两个时代政治的中心。

武天皇其他皇子，力拱珂留皇子登基，持统天皇于是让位成为太上皇（简称上皇），这是日本最初的上皇。珂留皇子继位，是为文武天皇，持统退而不隐，与儿孙共治天下。藤原不比等因拥立有功，成为文武天皇的辅佐。持统天皇感激藤原不比，将他女儿宫子送入宫内成为文武天皇妃（文武天皇未立皇后，妃相当于皇后），四年后宫子生下首皇子，藤原氏从此平步青云，直登龙门。

律令制国家形成

◇ 律令走向完备

《日本书纪》记载到 697 年持统天皇让位为止，自文武天皇进入《续日本纪》的记载年代。701 年 3 月，对马岛献上黄金，为庆祝这一祥瑞，遂以"大宝"为年号；故自 654 年（白雉五年）后中断近半世纪的年号至此恢复，年号从此成为日本历史的一部分，沿用至今❸。

同年 8 月，正三位朝臣藤原不比等与其他四位上层官僚完成《大宝律令》，翌年颁布。《大宝律令》分为"大宝令"和"大宝律"，"令"有十一卷，"律"有六卷，合计十七卷，皆参考大唐律令而来。《大宝律令》仿效唐朝的三省六部制，中央置二官八省一台和五卫府。

另将圣德太子以来增设的冠位制废除，改成位阶制，亲王由一品至四品，诸王由正一位至从五位下，群臣由正一位至太初位下共三十阶（分为正从，从正四位到从八位分为上下，从八位下之位称为"太初位"，也有正从、上下之分）。

地方官制废除旧日的国造，重编行政区分为五十八国三岛（平安时代改为六十六国二岛），称为"令制国"，依国之规模分为大国、上国、中

二官	神祇官	掌祭祀，长官为神祇伯。
	太政官	掌行政、立法、司法，是最高的国家机关。太政官的最高长官虽为太政大臣，但太政大臣并非常设官，泰半时期由左右大臣担当。
八省		相当于六部，分为左右弁官局，左弁官局有中务、式部、治部、民部四省，右弁官局有兵部、刑部、大藏、宫内四省，各省的长官为卿。中务省负责天皇的诏敕、宣旨、传奏等与朝廷相关的全部职务，是八省中地位最为重要者。
一台		弹正台，负责行政监察，和中国的御史台相似但多出警察功能，长官为尹。
五卫府		包括卫门府、左右卫士府和左右兵卫府，负责警卫宫城、夜间巡视京城内外，以及天皇到各地行幸的随身护卫，长官为督。

国、下国，各派有掌管该国的长官，称为国司。国司管辖的政厅，包括国衙和国府。每一国设有数郡，长官称为郡司，郡底下设有数里（或称为乡），长官为里长（乡长）。国郡司这一地方制度沿用至明治维新后才废除。

《大宝律令》的制定与施行，象征律令制国家正式形成，此后日本政权中心虽有所变动，但国家体制在《大宝律令》后大致固定下来。十余年后藤原不比等虽又编纂《养老律令》，但几乎承袭前者无所创新，《大宝律令》的历史定位是前后法令无法比拟的。

平城京传说有青龙·白虎·朱雀·玄武四神环绕／三娃绘

◈ 迁都平城京

707年6月文武天皇崩，七岁的首皇子不能即位，由文武天皇生母，也就是首皇子的祖母——草壁皇子妃阿部皇女（天智天皇之女，持统天皇异母妹）即位，是为元明天皇。她是第一个非皇后身份即位的女天皇。翌年1月，武藏国秩父郡献上和铜，据此祥瑞以之为天皇新年号，然后以铜铸造**"和同开珎"**货币。

文武天皇时有迁都难波之意，但随其辞世而搁置。708年2月，元明天皇下诏迁都，非迁往难波，而是藤原京北方的平城京。诏书中提及迁都的理由说平城京这个地方有青龙、白虎、朱雀、玄武四神环绕，群山镇护，

> **豆知识** 》 **和同开珎**
>
> 日本铸造的"皇朝十二钱"第一种，是日本最早的流通货币。其铸造使用的原料铜来自武藏国秩父，仿照唐朝玄宗时代的"开元通宝"，至760年"万年通宝"发行时通行。但不管"和同开珎"也好，还是后来的"皇朝十二钱"也好，几乎只在畿内一带而未流通到地方上。

平城京大极殿的复原模型

是绝佳的风水宝地。不过一般公认天皇实无意迁都，是出于藤原不比等的逼迫。

708年9月开始营造新都，710年3月下诏迁都，新都城平城京位于今日奈良县奈良市与大和郡山市的交界。平城京东西宽约4.3千米（含外京则为6.3千米）、南北长约4.7千米，格局同为条坊制。正中央南北轴为朱雀大路，两边各为左右京，各有一坊到四坊的大通；东西轴则为一条大路（包含北一条和南一条）到九条大路共十条，每一坊和每一条之间的间隔约为532米。

迁都时，当时已有的大安寺、兴福寺、元兴寺、药师寺纷纷迁入新都，加上原已在南边斑鸠町的法隆寺，平城京成为不折不扣的佛寺之都。从这一刻起，历史进入长达七十五年的"奈良时代"。

❸ 这段期间虽乏正式的官方年号，却有好几个私年号。私年号又称为"异年号""伪年号"，是朝廷正式规定的年号之外私下使用的年号，主要为站在当时王朝持反叛势力或批判势力的立场上使用居多。私年号使用时间多半不久，主要的私年号有天武天皇在位期间的白凤、朱雀。

贰

日本历经大化革新朝
建立以天皇为中心的体制，
同时
引进包含律令制在内的大陆先进制度，
相当于日本史上的奈良及平安时代。

天皇亲政篇

奈良时代

710 年，迁都平城京
729 年，长屋王之变

平安时代

794 年，迁都平安京
935 年，承平、天庆之乱
1016 年，藤原道长任摄政
1051 年，前九年之役
1083 年，后三年之役
1086 年，白河上皇开院政先例
1156 年，保元之乱
1159 年，平治之乱
1185 年，平氏败亡于坛浦战役，镰仓幕府成立

011

《古事记》和《日本书纪》编纂

◈《古事记》与《风土记》

天武天皇在位已命人编纂史书，唯当时非采文字记载。据《古事记》序记载，当时一位名叫稗田阿礼的聪明舍人诵习《帝皇日继》及《先代旧辞》，元明天皇时再由太安万侣将稗田阿礼诵习的内容以汉文字记载下来，于712年完成献给天皇，此即日本现存最早的史书《古事记》。《古事记》全书共三卷，上卷内容为序文和神话传说；中卷记述包含神武东征在内的初代神武天皇至十五代应神天皇事迹；下卷则为十六代仁德天皇到三十三代推古天皇间共十八代系谱传承。从上述可知《古事记》全书三分之一的篇幅为神话传说，有不少英雄征战、情爱悲恋故事及上百首歌谣，与之后的《日本书纪》甚至平安时代官方编纂的正史相比，《古事记》与其说是史书，倒不如说是叙述性较强的文学典籍。

713年，天皇又命**五畿七道**的各令制国国厅以汉文编纂各国地理志《风土记》。每一国《风土记》必须记载该国郡乡名称、产物、土地肥沃状态、地名起源、相传的旧闻异事等五部分。《风土记》现存出云、播磨、常陆、肥前、丰后五国，除出云国风土记较为完整外，其余四国均有部分缺失。

《古事记》和《风土记》虽均由汉文写成，实际上是借汉字的音混合汉字的音读和训读，有时甚至全用汉字训读的表达方式写成，这种写法本身并无太大的意义，不易阅读是其缺点。

◈《日本书纪》

由于《古事记》不易阅读，而奈良时代的日本需要一部对外

> **豆知识 ▷ 五畿七道**
>
> 律令制下的地方行政区划，《大宝律令》将大和、山城、摄津、河内、和泉五国画为畿内，是为"五畿"。"五畿"之外则分为东海、东山、北陆、山阴、山阳、南海、西海七道，各道与京都之间均有道路连接。

国人（特别是中国）展示日本国家建立发展过程的史书，因此714年天皇再度下诏以天武天皇之子舍人亲王监修，纪清人、三宅藤麻吕等人用汉文撰辑新一部国史。新国史撰辑费时七年，虽在政治上历经首皇子被立为皇太子（714年）、元明天皇让位冰高内亲王（文武天皇之姊，即位后为元正天皇，年号灵龟）、右大臣藤原不比等编纂《养老律令》（717年）等事件，却末中断，终于720年完成献给天皇，此即《日本书纪》（最初名为《日本纪》）。

　　《日本书纪》全书共三十卷，另有帝王系图一卷（已亡佚）。前两卷为神代，第三卷起以编年体方式撰写，除少数几卷外，大抵一卷一天皇，到第三十卷持统天皇为止。值得一提的是，该书第九卷为前文提过的神功皇后，将其置于《日本书纪》内独立一卷，等于认同她摄政期间犹如天皇般的地位与权力。

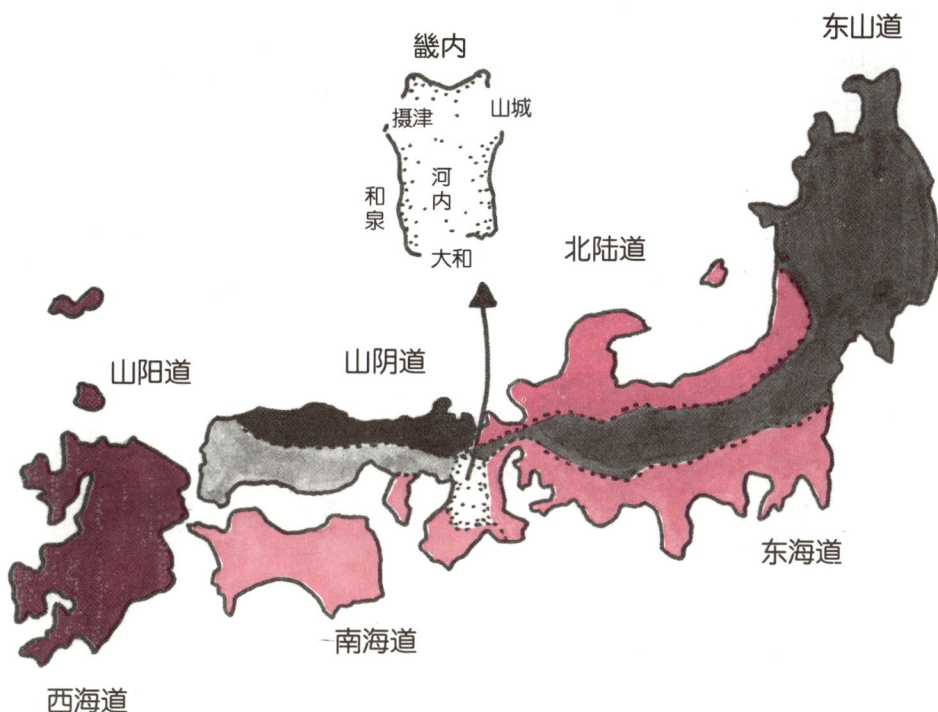

"五畿七道"分区图 / 三娃绘

与《古事记》相比，《日本书纪》涉及的史料范围更丰富，除了日本国内史料外，还延伸至朝鲜半岛上的相关记载，此外大量模仿中国经典更是其一大特色，光是知道出处的就有《史记》《汉书》《后汉书》《三国志》《东观汉记》《梁书》《隋书》《庄子》《楚辞》《昭明文选》《艺文类聚》《山海经》《穆天子传》《述异记》《搜神记》等书籍，不难看出编纂者对汉文典籍涉猎之广。《日本书纪》后，以汉文撰写的编年体体裁从此成为官修史书的典型，到平安时代中期为止，官修史书共有六部，统称"**六国史**"。《日本书纪》为"六国史"之首，比起《古事记》，《日本书纪》用流畅汉文书写，能深入历史事件之核心，更有资格被称为史书，成为"六国史"仿效的对象。

豆知识　六国史

继《日本书纪》后，平安时代初、中期贯彻官修史书的精神，陆续撰辑《续日本纪》《日本后纪》《续日本后纪》《日本文德天皇实录》《日本三代实录》五部史籍，连同先前的《日本书纪》统称为"六国史"。后因朝政纲纪紊乱，中止了官修史书。

圣武天皇与光明皇后

◇ 藤原氏权势窜升

中臣镰足病逝时，其子不比等年幼，即便藤原氏受天智天皇提拔，于"壬申之乱"立场倾向近江朝廷，天武天皇即位后也未追究。从藤原氏系谱来看，虽可上溯至中臣镰足，但他到临终前才为天智天皇赠授藤原之姓，因此一般视不比等为藤原氏之祖。

697年不比等力排众议，力拥文武天皇登基，得到持统、文武两帝的重用，文武天皇更以其长女藤原宫子为妃，诞下的首皇子立为皇太子。尽管文武天皇早逝，首皇子东宫地位却未动摇，只因年幼而暂由持统之妹元明天皇即位；不比等官居正二位右大臣，在朝廷的地位更趋稳固。

不比等之所以能够站稳朝廷，除外孙首皇子外，还得力于贤内助。不比等于708年，娶文武天皇乳母县犬养三千代为后妻。由于曾任天皇乳母之故，县犬养三千代极得元明、元正两位女帝信任，不比等连带受到庇荫。717年，首皇子元服，娶不比等与三千代之女，也就是藤原宫子的异母妹安宿媛为妃。不比等前后两位女儿成为天皇妃子，这是前所未有之事！

720年，不比等因编纂《养老律令》过度劳累不幸病逝，藤原氏未因不比等死去倒台。不比等的四个儿子（长子武智麻吕、次子房前、三子宇合、四子麻吕）皆分居朝廷要津，足以对他们构成威胁的仅有不比等死后任右大臣的长屋王。

长屋王为天武天皇第一皇子高市皇子的长子，辈分上为首皇子的伯父，纯正的皇室血统使他在政治上有凌驾藤原氏之地位；724年在首皇子即位为圣武天皇后升任左大臣，同时藤原武智麻吕不过身居中纳言。然

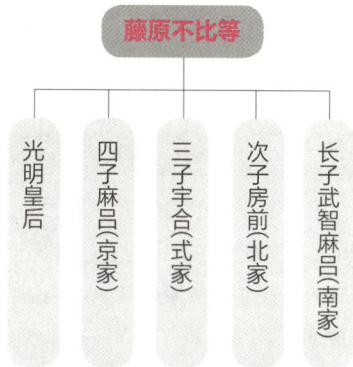

藤原不比等

- 光明皇后
- 四子麻吕（京家）
- 三子宇合（式家）
- 次子房前（北家）
- 长子武智麻吕（南家）

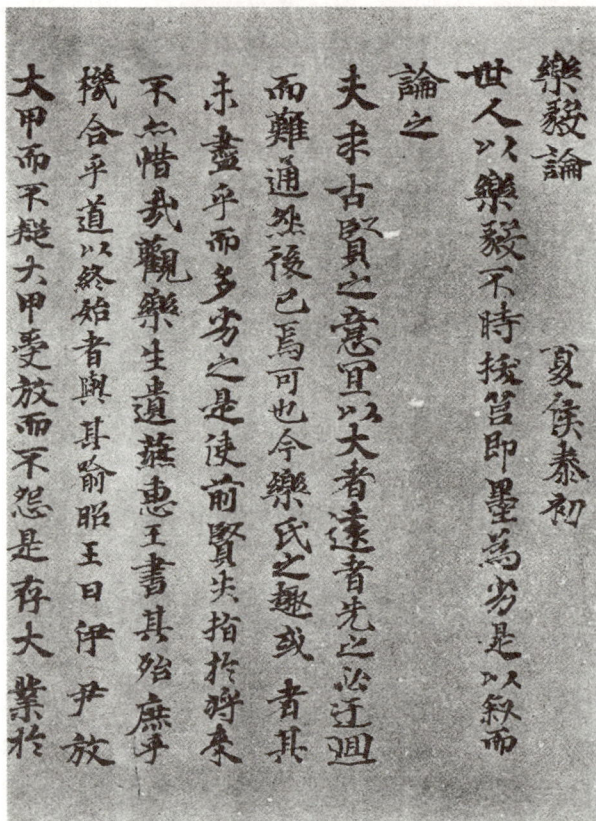

光明皇后御笔／正仓院藏

而长屋王的政治地位并非牢不可破，他与圣武天皇在是否立安宿媛为皇后这点上存有莫大歧见，长屋王认为传统只有皇族出身才有资格立为皇后，安宿媛虽给天皇诞下继承人仍不可破例。故此长屋王不仅对藤原氏，对圣武天皇来说也是碍眼的。

于是在729年，发生了长屋王欲谋叛乱的政变。长屋王在宅邸遭围时服毒自尽，乱事平靖后安宿媛被立为皇后，史称"光明皇后"，是日本史上第一个非皇族出身的皇后。藤原四兄弟也各有进展，武智麻吕成为大纳言，房前成为中务卿，宇合成为式部卿，麻吕也晋升参议，光明皇后和**藤原四兄弟**构筑出藤原氏最初的权势大网。

◇ 有天下之势者朕也

734年，武智麻吕晋升右大臣，追平其父不比等的藤原氏最高官阶纪录。然而737年间奈良爆发天花疫情，不少民众染病死去，包括藤

人物通　藤原四兄弟

长子武智麻吕为南家，次子房前为北家，三子宇合为式家，四子麻吕为京家。平安中期后，南家、式家、京家皆没落，唯独北家全盛，成为可担任摄政关白的"摄关家"。

原四兄弟。藤原氏一下子折损家族核心成员而暂别政治舞台，改由县犬养三千代前夫之子橘诸兄执掌权柄。

几年内先是失去圣武天皇的继承人，接着又失去四位兄长，连串的打击使得光明皇后将心思放在佛教上，连带影响到圣武天皇。741 年天皇下诏各令制国设置国分寺与国分尼寺，每座国分寺须建七重塔，须备有《金光明最胜王经》，以"金光明四天王护国之寺"为名，每座国分寺须有寺僧二十人，享有五十户、水田十町的待遇；国分尼寺须备有《妙法莲华经》，以"法华灭罪之寺"为名，每座国分尼寺有十位比丘尼、水田十町的待遇。国分寺和国分尼寺普遍而言，是建在各令制国国府的周边，以大和国东大寺为全国总国分寺，大和国法华寺为全国总国分尼寺。

当时日本国内处于极度不安定状况，先是天花等传染病造成大量人民死去，接着因传染病引起的饥荒遍及全国，再来又有**藤原广嗣之乱**。种种不安定因素助长了圣武天皇对佛教的信仰，希望借无边的佛法稳定国家的信念日益增长，遂于 743 年下诏建造东大寺卢舍那大佛。

圣武天皇在建大佛之诏中提到"夫有天下之富者朕也，有天下之势者朕也"，对照当时日本的情况未免言过其实，但是在实施律令的时代，圣武天皇是最有权势的。

人物通 ▶ **藤原广嗣之乱**

藤原四兄弟死后，圣武天皇在政治上重用光明皇后的异父兄橘诸兄，并起用留学大唐归国的吉备真备和僧玄昉，藤原式家出身的广嗣（宇合之长子）反因批评朝政而被左迁为太宰少贰。不满的广嗣遂于 740 年在太宰府叛乱，旋被圣武天皇派人平定。

长屋王遭藤原四兄弟挤对／三娃绘

土地私人集中化

◈ 班田制的崩坏

"班田收授法"源自646年的大化革新，待到《大宝律令》颁布后乃通行全国。其规定每六年班田一次，能否顺利班田，取决于户籍的完善与否；换言之，户籍不完备就无法顺利达成班田，班田收授法便不能顺利推行。

> **豆知识** ▶ **公地公民制**
>
> 大化革新后，废除以往土地和人民隶属各豪族的制度，搭配律令制构筑以天皇为中心，全国土地和人民皆为天皇所有，由其所支配的制度。到奈良时代中期因为班田的没落而式微，到平安时代终致崩坏。

大化革新废除以往的部民制，将全国土地收归国有，改行"**公地公民制**"，但为奖励有功臣子兼以巩固皇族统治，不免要进行赏赐。赏赐可分为官位、田地及封户，依《大宝律令》载，亲王的田地属于位田（亦称"品田"），其爵位和封户分级如下：一品位田八十町，封户八百户；二品六十町，封户六百户；三品五十町，封户四百户；四品三十町，封户三百户。

除亲王外，官位在三位以上者也有位田和封户。然三位以上若带官职，则另有职田和职封，位田、封户、职田、职封的收入统统属于私人，不用上缴国库。这还不算俸禄、春秋两季发放的季禄及其他津贴，若再加上某些功勋卓著的大臣额外被赐予的功田和功封，三位以上高官的收入几与皇族不相上下，而且完全不用缴纳税收。大化革新虽说改私地私民制为公地公民制，人民却未因此真正隶属天皇，而要负担的赋税和应尽的劳务（如警备宫城的卫士和为期三年戍守九州岛沿岸）一点也不轻松，《**万叶集**》中有名歌人山上忆良的《贫穷问答歌》最能反

> **豆知识** ▶ **万叶集**
>
> 日本现存最古老的和歌集，收录7世纪后半到8世纪后半从天皇、皇族、贵族到戍守边关的防人所作和歌共二十卷，超过四千五百首和歌，编纂者目前以大伴家持说最为有力。

国有分配制崩坏，改成开垦即可私人拥有，并由三代放宽到永世 / 三娃绘

映绝望又贫困的庶民之心声。

◇ 三世一身到永年私财

722 年，右大臣长屋王制定"百万町步开垦计划"，希望借由人民十日劳役，开垦百万町良田。国司、郡司对于不开垦者予以处分，收获达六千石的百姓给予勋位六阶的奖励，收获达千石者终身免除"租庸调"中"庸"的部分。但这项计划与现实脱节太多，最终没能够实现。

为了不成为政敌们攻击的目标，长屋王于 723 年再度提出改善土地问题的办法，说那时人口增加，然而口分田和灌溉水源不足，宜应鼓励开垦，凡是在未开垦之荒地设置灌溉设施，并将其开垦成良田，此田地允许拥有三代；若利用既有之灌溉设施开垦，则只适用开垦者一代，此即"三世一身法"。

"三世一身法"虽违背大化革新公地公民制的精神，但不失为权宜之计，一方面借此扩大良田面积，掌握更多先前未能纳入管理范围的荒地，另一方面虽说违背公地公民制，不过并非永久失去，而是让民众拥有三代，三代过后再行收回，比起强行班田毫无奖励方式让民众开垦，应是较为可行的办法。

不过只能持有土地三代，大大降低了开垦荒田的意愿，实际施行后收效甚微。加上圣武天皇建造东大寺卢舍那大佛也急需人力，天皇因而不得不下诏让人民能够永远拥有开垦的荒地以增加税收，并且方便征调民夫。该诏规定只要人民开垦荒地即能永为个人私产，但是规定私有垦田面积的上限：一品亲王和一位者五百町；二品亲王和二位者四百町；三品和四品亲王及三位者三百町；四位者二百町；五位者百町；六位到八位者五十町；

东大寺金堂大佛殿／刘恩绮提供

太初位以下至于庶人十町；至于郡司，大领、少领三十町，主政、主账十町。如果先前给地过多，必须归还国家，若有作奸隐瞒者，予以科罪。

由于承认土地私有，对班田收授法冲击甚深，班田的必要性不再，故从 723 年推行后，迟至 786 年才又再行班田，这也是文献记载的最后一次，此后日本全国广泛掀起开垦荒地的热潮。只是税收繁重，一般民众生活困苦，并没有能力自行开垦荒地，他们往往将田地献给贵族、寺院及地方有力豪族，为他们开垦田地以维持生活。即使圣武天皇规定私有垦田面积的上限，但只要巧妙变更名目，垦田就能变为位田、赐田、职田、功田等其他田地，因此贵族、寺院及地方有力豪族的田地日益增加，最终成为中世纪庄园的前身。至于抛弃田地的民众，则受到拥有广大田地的贵族、寺院及地方有力豪族们欢迎，从事开垦工作，成为平安中期以降地方武士团或僧兵的前身。

大化革新后推行的班田收授法和公地公民制等土地政策，到"垦田永年私财法"颁布，不到百年便已全盘崩坏，连带律令制也受危及，到藤原氏于平安时代以摄政关白之姿主导朝政后，律令制终于全面瓦解，成为明日黄花。

女帝时代

◎ 孝谦天皇

743 年圣武天皇建造东大寺卢舍那大佛时，光明皇后与皇太子阿倍内亲王连袂出席；到 749 年卢舍那大佛完工前夕，圣武天皇已让位给阿倍内亲王，自称上皇，阿倍内亲王即位后为孝谦天皇，年号为"天平感宝"，这是日本史上首度使用的**四字年号**。孝谦登基过程不怎么平顺，即便早早就被立为女东宫，可是圣武天皇和夫人县犬养广刀自生下的安积亲王很长时间内一直是她的竞争者，非仅如此，围绕在两人背后还有母方的家族：安积亲王的母方族人橘诸兄。744 年安积亲王罹患脚气病逝，几年后元正上皇也溘然长逝，圣武天皇遂于 749 年 7 月宣布让位，一波多折的阿倍内亲王终于即位。

孝谦即位后光明皇后母以女贵，开始重用娘家藤原氏的人，光明皇后特别信任外甥藤原仲麻吕，于是藤原四兄弟死后一时中衰的藤原氏，以仲麻吕为首，重返政坛核心。当时官位和声望都在藤原氏之上的橘诸兄是光明皇后同

豆知识 〉〉 四字年号

日本于 8 世纪中叶，起自圣武天皇，经孝谦、淳仁到称德约二十二年（749—770 年），这段期间的年号皆为四字，计有"天平感宝""天平胜宝""天平宝字""天平神护""神护景云"五个年号。

东大寺佛像

东大寺正仓院 / 洪维扬提供

母异父的兄长，然而光明皇后显然对藤原氏的感情更甚，在圣武天皇让位后橘氏地位很明显受到影响。

藤原四兄弟死去的那年，橘诸兄被擢为从三位大纳言，743年成为从一位左大臣，孝谦即位后擢升为正一位，孰料他失宠于新君；而由式部卿转任大纳言的藤原仲麻吕，在式部卿任期内积极将藤原家族成员安插至朝中，进而扩大与橘氏分庭抗礼的势力。

756年，圣武天皇病笃之际听信仲麻吕谗言，罢免了橘诸兄左大臣的职务，天皇驾崩后，失意的橘诸兄翌年病逝。橘诸兄之子奈良麻吕不满仲麻吕专权，于是拥立天武天皇的其他后嗣，起兵欲推翻孝谦天皇，结果为仲麻吕平定，橘氏因此退出政治核心，政权由仲麻吕一人独揽。758年，孝谦天皇生病，让位给舍人亲王七子大炊王，自称太上皇。大炊王即位，是为淳仁天皇，因娶藤原仲麻吕之子的寡妇为夫人而重用仲麻吕，甚至住进仲麻吕的宅邸。

◇ 称德天皇

淳仁天皇即位后，任命藤原仲麻吕为太保右大臣，赐唐名惠美押胜，这段时间惠美押胜也做出不少改革。760年，惠美押胜晋升为太师太政大臣，不仅是藤原氏的首位太政大臣，也是皇族以外的首位。然而也在这年，惠美押胜的权力来源光明皇后病逝，她的死对惠美押胜和淳仁天皇的命运起了决定性作用。

先前因病让位的孝谦上皇，在自称天智天皇后裔的僧侣弓削道镜的治疗下痊愈，道镜身怀医术而得上皇信任，后来更被任命为**少僧都**。同时淳仁天皇苦于当时流行的疫病，与惠美押胜商量后决定迁都至近江保良宫，以保良宫作为平城京的"北京"。惠美押胜及其父武智麻吕都曾担任近江国守，迁都近江等于巩固惠美押胜的势力，天皇下诏要孝谦上皇也迁徙至保良宫。

孝谦上皇行幸保良宫后，淳仁天皇及惠美押胜劝谏上皇勿过度宠幸道镜，孰料引起上皇反感。她返回平城京后不进宫城，反而搬进法华寺，草拟诏书打算废掉淳仁天皇，重新掌权。惠美押胜得知，先自任"都督四畿内三关近江丹波播磨等国兵事使"，在畿内一带练兵集结兵力。764 年 9 月 11 日，惠美押胜派人取回象征天皇地位的印信和驿铃，却被上皇事先取走，上皇宣布惠美押胜叛乱，追回其官职并没收财产，还派遣曾留学唐朝当时任参议的吉备真备率兵讨伐；13 日，惠美押胜在前往越前国途中兵败身死，余党多遭斩首和流放。10 月，在道镜的建议下，孝谦上皇废掉淳仁天皇，将其流放至淡路，史称淡路废帝，翌年十月废帝企图逃亡，被捕而死。孝谦重祚，称为称德天皇。

孝谦重祚后对道镜越加信任，765 年封他为太政大臣禅师，权力和地位仅次于天皇，觉得还不够的天皇再于次年加封道镜为法王，地位与天皇同等。既然与天皇平起平坐，法王被允许拥有独自的朝廷及官员。"天无二日，民无二主"，称德过度宠信道镜，使道镜的野心急速膨胀，反而为日本带来灾难。769 年，太宰府宫司为谄媚道镜，伪称宇佐八幡大神指示应让道镜即位，天下可得太平。天皇遂派和气清麻吕前往九州岛确认神明旨意，她本人也有意传位给道镜，然而和气清麻吕带回的旨意却是非皇室血统不得立为君。尽管和气清麻吕因触怒道镜被流放九州岛

人物通　少僧都

僧纲之一，也称为僧官，统辖全国僧尼及总管佛教法务之官。设置于 624 年，初分僧正、僧都、律师三阶，后来细分为大僧正、僧正、权僧正、大僧都、权大僧都、少僧都、权少僧都、大律师、律师、权律师十阶。

南部，但总算粉碎道镜篡位的野心。

之后，称德天皇的健康走下坡路，再也不曾顾及道镜即位之事，她于770年病逝，道镜旋即被流放至下野药师寺。尽管称德生前未立皇太子，但曾言及要传位给白壁王，于是众大臣便拥白壁王即位，是为光仁天皇。自672年"壬申之乱"天武天皇即位，至称德天皇驾崩为止，皇统皆出自天武天皇一系；光仁天皇其父志贵皇子为天智天皇之子，此后皇统重回天智天皇系。

天平文化

◈ 佛寺建筑与佛像雕刻

艺术史、文化史上的"天平文化"，上承飞鸟、白凤文化，下接弘仁、贞观等国风文化，前者是从大陆照搬过来的移植文化，后者则是日本的本土文化，因此处在两者中间的天平文化为两者之过渡，是对大陆文化的吸收消化时期。

整个奈良时代在位最久的天皇圣武天皇（724—749 年在位），其治世大部分时间以天平为年号，因此这一奈良时代的文化便以"天平文化"称之。天平文化是以平城京为中心的文化，属于贵族文化，它的内容离不开佛教，因此更是佛教文化！

天平文化主要包含文学、佛寺建筑和佛像雕刻三方面，文学方面前文已有提及，下面我们将以佛寺建筑和佛像雕刻两方面来谈及天平文化。

圣武天皇不只保护佛教，还希望能以佛教镇护国家，为此建造了以东大寺为首的"**南都七大寺**"等佛寺及伽蓝，现存今日的有唐招提寺金堂、法隆寺梦殿、东大寺法华堂（又称为三月堂）、东大寺正仓院，今日都是日本国宝。

佛像雕刻主要可分为塑像和干漆像两种。塑像是以黏土为素材捏制出大致的形状，细部再以雕刻方式完成。据说 6 世纪后半完成，位于奈良当麻寺金堂本尊的弥勒佛坐像为日本最早的塑像；塑像在奈良时代为全盛期，主要作品有位于奈良市新药师寺的十二神将立像、东大寺法华堂的执金刚神立像和日光、月光两座菩萨立像及东大寺戒坛院的四天王立像，皆为日本国宝。进入平安时代，木雕成为

> **豆知识** ▷ **南都七大寺**
>
> 南都为奈良的别称，七大寺为奈良最有名的七座佛寺，除法隆寺外大抵于圣武天皇在位前后完成，分别为：东大寺、元兴寺、兴福寺、药师寺、大安寺、西大寺、法隆寺。除法隆寺位于生驹郡斑鸠町外，其余六寺皆在今日奈良市境内。

佛像雕刻主流，塑像逐渐没落。

　　干漆像是将漆反复涂在麻布上，让漆和木粉因一再搅拌而密合。主要作品有唐招提寺的金堂卢舍那佛坐像、鉴真和尚坐像，兴福寺的八部众立像、十大弟子立像，及东大寺法华堂的不空索观音菩萨立像。奈良时代末期随着木雕的兴起，干漆像也由麻布改成木心，出现新的木心干漆像，主要作品有唐招提寺的千手观音立像和圣林寺的十一面观音立像。

◈ 东大寺正仓院瑰宝

　　奈良时代的官厅和大寺院通常会有一座存放税收的仓库，原本在律令制刚施行时以存放米谷和调布为主，称为"正仓"，数个正仓并排在一起称为"正仓院"。后来大寺院改将寺的什器宝物收藏在正仓，正仓的地位于是大为提高，前段提过的南都七大寺原本也都有各自的正仓院，到后来只剩东大寺的正仓院保存最为完整，以至于现在一提到正仓院只会想到东大寺。

　　圣武天皇于752年东大寺卢舍那大佛开眼时让位为太上皇，自称"三宝之奴"（三宝为佛、法、僧，泛指佛教）。756年圣武上皇驾崩，"七七忌"过后，光明皇后将圣武上皇生前喜用物品约六百五十种及药品六十种捐赠给正仓院，前后多达三次。

　　正仓院光是经过整理的文物就超过九千件，种类包含生活物品、绘画、墨宝、金工、漆工、木工、刀剑、陶器、玻璃、乐器、面具。正仓院文物的来源有三：一为唐代传入日本的中华精致文物；二为经由中国传入日本的西域文物；三为奈良时代日本模仿中华文物所做或创造之物。正仓院收藏品主要展示8世纪中华文化圈全盛期的文物，另还旁及印度、波斯、希腊、罗马，甚至远及于埃及，因此正仓院又被称为"丝绸之路东方终点"。

　　正仓院由于受到制度所限，不能随意开启，多数文物长时间处在密封状态。此外，宝库所处位置稍高，有效减低湿气侵蚀和蠹虫蚀害，把四季节气转变对文物收藏的影响降至最低程度，使收藏在宝库里的文物杜绝外在日光照射和空气的污染，

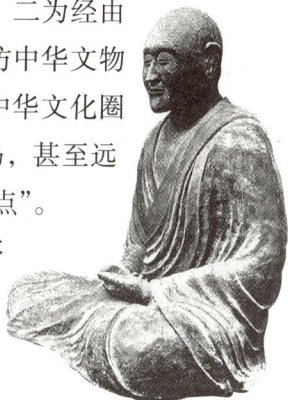

鉴真和尚坐像

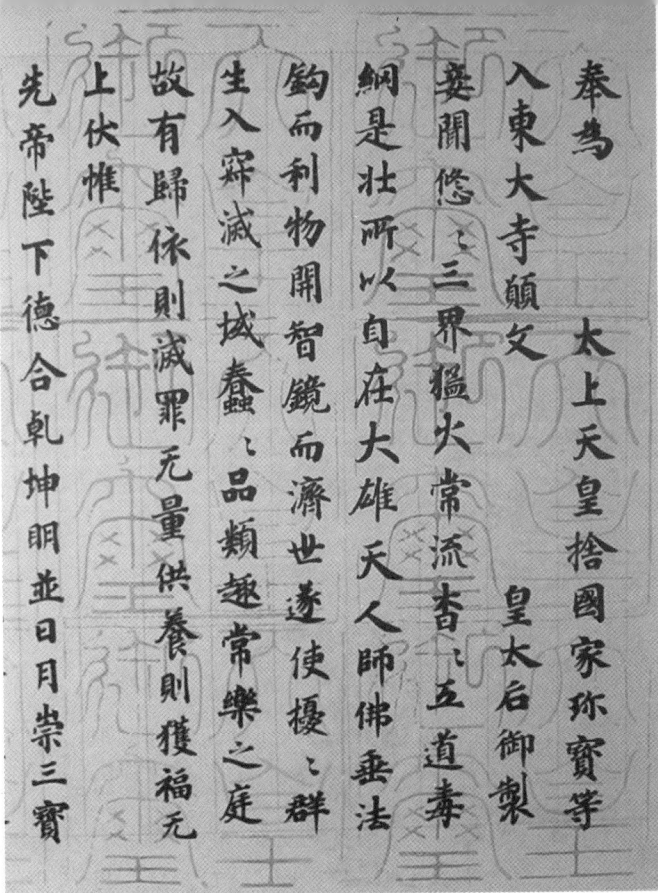

东大寺正仓院
献物账

延长文物本身的寿命。此外文物一入库就填写"献物账"（即献物的清单），这种犹如今日建档的概念来自大唐，献物账的内容往往与文物本身一样重要，极具研究价值。

唐朝初期国力鼎盛，受到四周各邦国的推崇，当时初具建国规模的日本也不例外。派出世界史上前所未有的遣唐使来大唐留学，不仅学习唐朝先进的文物制度和理念，将盛唐文化几乎原封不动地移植到日本，还带回大批无价的艺术珍品。东大寺正仓院是迄今为止保留最全面、最丰富、最具价值的唐朝艺术品宝库，要看真正的唐朝建筑，必须到日本奈良，要看最真实的唐朝艺术品，则要来东大寺正仓院。

1884年，正仓院脱离东大寺，改由宫内省管辖；现隶属宫内厅，1998年被联合国教育科学文化组织（简称UNESCO）列入"古都奈良的文化财"的世界文化遗产。

桓武天皇与平安京

◈ 长冈京到平安京

非天武系统的光仁天皇，被拥立的原因在于娶了圣武天皇之女，也就是称德天皇的异母姊井上内亲王为妃之故，所以一即位便马上立两人骨肉

平安京格局大图

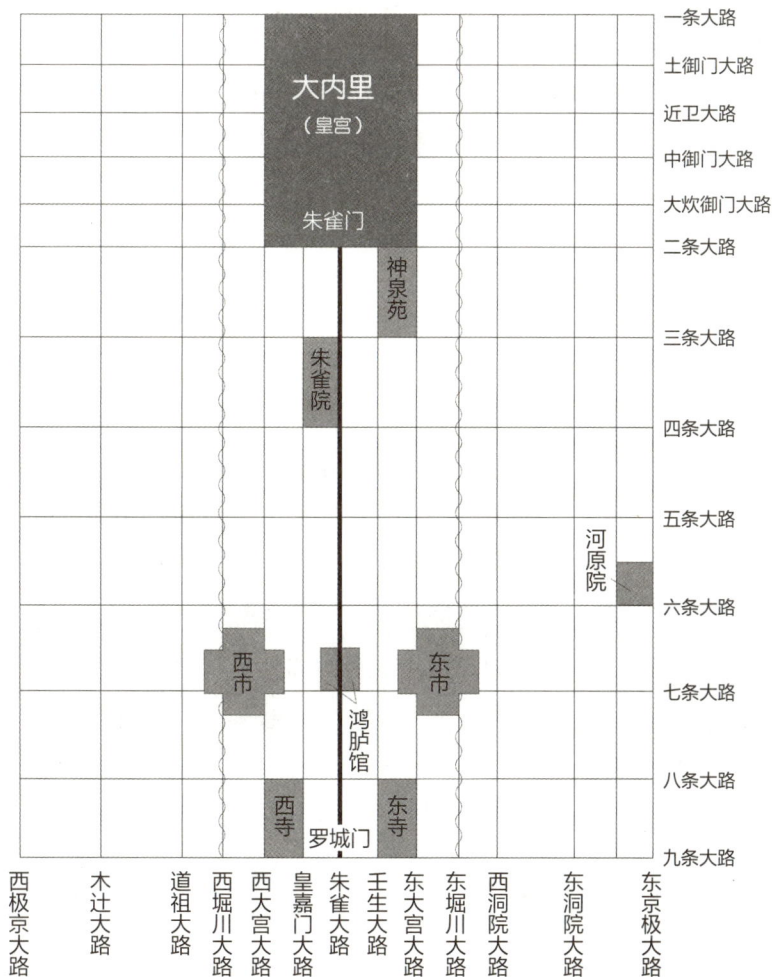

他户亲王为皇太子。772年，皇后井上内亲王诅咒天皇被废，他户亲王跟着遭黜，改立第一皇子山部亲王为皇太子。其实这出于藤原氏的阴谋，因为他户亲王无藤原氏血缘，即位后想必不会重用藤原氏，因此藤原式家出身的藤原良继、百川兄弟策划这场阴谋，好让光仁天皇废后、废太子，改立他们中意的山部亲王。

山部亲王被立为皇太子，773年以良继之女乙牟漏为妃。光仁天皇即位时年逾六十，登位数年间苦于疾病，于781年让位山部亲王。山部亲王正是日本史上有名的桓武天皇，即位后立同母弟早良亲王为皇太子，立乙牟漏为皇后，此是藤原氏出身的第二位皇后。

为脱离天武皇统势力范围的平城京，以及平城京内皇室难以统御的旧佛教势力，桓武天皇即位之初便有迁都打算。天皇派出心腹藤原北家、时任中纳言的小黑麻吕和式家的种继，选定山背国乙训郡长冈，此地是归化入秦氏的势力范围，秦氏与藤原种继和桓武天皇都有姻亲关系；再者长冈为桂川、宇治川、木津川的交会处，同时也是畿内通往东山、北陆、山阳、山阴等地的陆路要冲。

785年发生藤原种继巡视长冈京时遭杀害事件，包括《万叶集》编纂者

征夷大将军坂上田村麻吕建筑的清水寺／洪维扬提供

大伴家持在内的大伴氏、佐伯氏，甚至连皇太子早良亲王都被认定参与其中。早良亲王受到诬陷，饿死于流放淡路途中。

桓武天皇后来改立乙牟漏皇后生的长子安殿亲王为皇太子。之后数年，天皇夫人藤原旅子、生母高野新笠、皇后乙牟漏相继去世，皇太子也染上疾病。天皇让阴阳师占卜的结果是早良亲王怨灵作祟，桓武天皇先在平城京建崇道天皇社祭祀早良亲王，接着在长冈京以北另觅适当地方营建新都，794年迁都。800年再追赠早良亲王为崇道天皇，为其修建天皇规模的陵寝。

794年10月，新京尚未竣工，桓武天皇听取藤原种继的建议下诏迁都，离开长冈京这座遭怨灵诅咒的都城。11月下诏将山背国改名山城国，新都定名"平安京"。平安京除与长冈京同样位于水陆要冲外，兼有长冈京不具备的**"四神相应"**特点。

值得一提的是，桓武天皇迁都平安京的时候并未将京内众多寺院北迁，目的是不想让平城京庞大的佛教势力进入新都城，平安京定都初期的佛教寺院仅有南端罗城门两侧的东寺

> **豆知识　四神相应**
>
> 中国阴阳五行学说中，大地四方各有相应的神兽，背山面海（或河川、湖沼）的地势最好，背后为玄武、前方为朱雀、左侧为青龙、右侧为白虎这样的地势最具帝王之气。平安京正好符合这种理论，东侧青龙为鸭川，西侧白虎为山阴道，北边玄武为北山和船冈山，南边朱雀为巨椋池。

和西寺。此后直至1869年迁都东京为止，平安京有超过一千年以上的时间为日本首都，放眼世界也少有千年历史的都城，因此即便现在日本首都为东京，但在日本人心里，平安京才是不折不扣的都城。

◇ 桓武天皇的治世

桓武天皇在位二十六年（781—806年），整个平安时代只有醍醐、一条两位天皇可与之相比。桓武主要政绩除迁都平安京外，还表现在往东北地方扩张版图。

虾夷族是古代日本最大且为祸最久的外患，原本遍布于今日关东和东北地方，随着大和朝廷势力扩大，人数居于劣势的虾夷族逐渐往东、往北移动。齐明天皇时曾派遣阿倍比罗夫征讨虾夷，并在东北各地设置城栅作

为据点，征召无地可耕的农民前往东北垦荒。不过这种政策对虾夷人而言不甚公平，故从孝谦天皇起，虾夷族经常骚扰边境，到光仁天皇在位开始主动出击，然而几次发兵均无实质战绩。桓武天皇即位后，前后任命大伴家持、纪古佐美、大伴弟麻吕、坂上田村麻吕为征讨虾夷的将军率兵出击。征讨的头衔最初为持节征东将军或征东大将军，大伴弟麻吕时始用"征夷大将军"之名。此时的征夷大将军由天皇从朝臣中选出一位最具军事能力者，授予节刀为权力象征，持此节刀者有率领兵马的权力，待其击退虾夷凯旋，再将节刀归还给天皇，同时解除领兵之权。

大伴弟麻吕于791年年初任征夷大将军，与副将军坂上田村麻吕率军出击，历经四年征讨大胜而归；797年改由坂上田村麻吕任征夷大将军，历经五六年征战，他取得比大伴弟麻吕更辉煌的战绩，一举将朝廷在东北的版图推进到今日岩手县中部以北，为朝廷北方防务带来二百多年的和平。归来后田村麻吕于平安京东山地区建立清水寺，为他再增添一笔不朽功业。

最澄与空海

◇ 大唐留学僧

桓武天皇末期，804年的第十八次遣唐使是定都平安京以来的第一次，这次共有四艘船约五百人的规模，作为赴大唐留学僧的空海、最澄分乘第一、二艘船。六月从肥前松浦郡出海后，第三、第四两船沉没，只有第一、二艘船安然抵达目的地。

最澄俗名三津首广野，生于767年的近江国，幼年出家，不到二十岁便于东大寺受**具足戒**，并入比叡山修行，于该地建立供奉药师如来本尊的一乘止观院。在成为留学僧派往大唐之前，最澄得到桓武天皇的赏识，拔擢为内供奉，肩负着为天皇祈求安泰之责。

空海俗名佐伯真鱼，774年生于四国的赞岐国，十九岁入大学寮专攻明经道，研读《毛诗》《尚书》等汉籍，不到一年便退学，在山林中专心学习虚空藏求闻持法。

空海搭乘第一船前往长安，入西明寺，次年转投青龙寺拜惠果为师学习密宗，得胎藏界、金刚界灌顶，习得完整的密宗奥义。806年1月，他带着大批佛经与图像、法具踏上归途，在太宰府逗留至809年7月始进入平安京。最澄的第二船则直接前往浙江明州天台山学习天台宗，受大乘菩萨戒，除天台外并兼修禅宗和密宗，翌年5月归国。最澄回国时桓武天皇已卧病在床，然而天皇仍让最澄在京都神护寺进行日本最初的灌顶。

◇ 天台宗与真言宗

806年朝廷敕许最澄正式成立天台宗，偏偏最大奥援者桓武天皇病逝，

> **豆知识 具足戒**
>
> 出家成为比丘或比丘尼所应接受与遵行的戒律，又称为"波罗提木叉"。南传佛教和北传佛教的比丘、比丘尼的具足戒各有不同，受具足戒之前应如法恭请"三师七戒"。受了具足戒方能成为比丘、比丘尼。每逢初一、十五举行布萨忏悔诵戒，若有破戒者则逐出僧团。

豆知识 ➤ **南都六宗**

奈良时代以平城京为中心的六个佛教宗派，又称"奈良佛教"，分别为：法相宗（兴福寺·药师寺）、俱舍宗（东大寺·兴福寺）、三论宗（东大寺南院）、成实宗（元兴寺·大安寺）、华严宗（东大寺）、律宗（唐招提寺）。

继任的平城（安殿亲王）、嵯峨（神野亲王）两帝对最澄信任不深，再加上当时朝廷有意授给密宗镇护国家的地位以与奈良的**南都六宗**对抗，使得最澄的地位被大唐密宗传人空海取代。空海文才出众，又擅长书法，得到同样喜爱书法的嵯峨天皇的信任（两人与另一位遣唐使留学生橘逸势合称"三笔"）。在天皇大力支持下，原本由最澄主持灌顶的神护寺遂成为空海开宗真言密教的道场。810年，空海以《仁王经》《守护国界主经》为依据，为镇护国家举行盛大的密教修法仪式，由此声名大噪，甚至连最澄的弟子都转投到空海门下，为两位平安时代伟大佛僧的交恶埋下了祸根。

话说最澄留学大唐主修天台，对密教宗卷只是囫囵吞枣，经常借阅、转抄空海带回的密教经典，还得空海授予金刚界结缘灌顶和胎藏界结缘灌顶。虽然如此，最澄并不愿当面接受空海的面授。对空海而言，最澄若有意学习密教宗卷应当亲自前来，而非采借阅传抄方式，两人关系遂此逐渐交恶，最终绝交。

不过两人绝交的真正原因，恐还在于宗派立场的分歧。最澄认为天台与真言并无不同，都比南都六宗优越，因此他向空海学习密教只是想用密教思想充实天台宗的教义，使天台宗内容添加密教的成分；空海则认为密宗比显宗优越，天台宗虽较暮气沉沉的南都六宗优越，但真言宗显然在其之上。空海传授密教的目的在于建立独立的真言宗，故此反对学习密教只图附属在天台宗底下的最澄，而且要最澄彻底放弃天台宗，不然便不会把密教真髓相传。

822年6月4日，最澄病逝于比叡山中道院，终年五十六岁。七日后在藤原北家嫡系冬嗣的奔走下，嵯峨天皇敕许大乘戒坛院设立。最澄生前在比叡山上设立的一乘止观院以彼时桓武天皇年号"延历"为名，824年改名延历寺；一乘止观院即今日根本中堂部分，是天台宗总本山，又称为"北岭"。最澄殁后四十四年（866年），清和天皇追赠"传教大师"谥号，是日本佛教最初的大师号。

空海于816年请求嵯峨天皇赠予纪伊高野山，三年后建成金刚峯寺作为真言宗总本山。823年再蒙嵯峨天皇赐予平安京南部罗城门东的东寺（教王护国寺）作为真言密宗的道场，称为"东密"（相对于天台宗比叡山延历寺的"台密"）。

835年3月，空海病逝于高野山，享年六十二岁，醍醐天皇在921年追赠"弘法大师"。

大唐留学僧最澄与空海，互别苗头／三娃绘

层出不穷的宫廷政变

◎ 药子之变和承和之变

809 年 4 月，在位不满四年的平城天皇，因病让位给同母弟皇太子神野亲王（嵯峨天皇），自称太上皇，迁移到旧都长冈京养病。嵯峨立平城之子高岳亲王为皇太子。

平城天皇即位时曾宠爱式家藤原种继（营建长冈京被杀）之女药子，移居长冈京后，召药子及其兄仲成随侍左右。仲成与药子兄妹觉得让位的上皇没有实权，在旁怂恿逐渐复元的上皇重祚，上皇亦感嵯峨天皇大举推翻他在位时的种种政策而心生不满，局势大有演变为平安、平城两京的二元政治。

翌年九月，仲成兄妹假上皇名义发出迁都平城京的诏敕，天皇佯从之余却命人逮捕仲成兄妹。上皇大怒，欲前往东国兴兵征讨平安京，为前征夷大将军坂上田村麻吕阻挠。眼见征讨无望，上皇返回平城京遁入佛门，接着藤原仲成遭到射杀、药子仰药自尽，药子之变告平定。平乱后嵯峨天皇巩固政权，废掉未曾参与乱事的高岳亲王，改立异母弟大伴亲王为皇太子，815 年立橘嘉智子为皇后。嵯峨天皇在位十五年后让位给大伴亲王，是为淳和天皇。

淳和天皇立嵯峨之子正良亲王为皇太子，在位十一年让位，新皇称仁明天皇。仁明天皇依惯例立淳和之子恒贞亲王为皇太子，立藤原顺子为皇后，这是自桓武天皇乙牟漏皇后以来，有藤原氏血缘的女子再次被立为皇后。藤原顺子还是太子妃时就生下长子道康亲王，一旦成为皇后，其娘家自然希望道康亲王能成为皇太子。唯碍于惯例必须由淳和天皇子嗣担任皇太子，因此藤原氏希望借由未遂政变改变前例，遂有承和之变发生。

淳和上皇 840 年病逝，嵯峨上皇也于两年后的七月病逝。此时，效命皇太子的春宫坊带刀舍人伴健岑和橘逸势感到皇太子有危，计划让皇太子出宫前往东国，借东国兵力谋反，并告知平城天皇之子阿保亲王。孰知阿保亲王泄了密，天皇命皇后兄长中纳言藤原良房出兵捉住伴健岑和橘逸势。经过连夜拷问，两人供出皇太子，皇太子遂遭废黜，伴健岑、橘逸势等六十余人或被流放，或被贬官，是为承和之变。乱后道康亲王被立为皇太子，藤原良房晋升大纳言，藤原氏重返政坛指日可待。

◈ 令外官的设置

《大宝律令》施行后，很快暴露出实质上的缺点。律令制规定的官员定额过少，如掌管政治核心的太政官仅有太政大臣一人、左大臣一人、右大臣一人、大纳言四人（后减为二人）。这种配置名额要面对日趋繁杂、分工日细的政务委实勉强，因此《大宝律令》施行不久，出现律令制定规外的新官职，称为"令外官"。

由于"令外官"是额外官职，起先并无与律令制相对应的官位，尽管如此，这些令外官不是深得天皇信任，就是实权在握，久而久之反倒凌驾于律令制官职之上。

最早的令外官为705年设置的中纳言，职责为敷奏、宣旨、待问、参议，原则上与大纳言相同，差别在于大纳言可代行大臣职务，中纳言则不可。之后又陆续设置按察使、镇守府将军、参议、内大臣、征夷大将军、押领使、勘解由使、**藏人头、检非违使**、摄政关白、追捕使等令外官，此类令外官都曾在历史上发挥过重大作用。

这批令外官多数为藤原氏掌控，倚恃天皇信任，盘据着位阶不高但握有实权的官职，再借故发动政变排除其他氏族势力，又将女儿嫁给天皇成为皇室外戚，内外夹攻下最终架空天皇，成为9世纪中叶后日本实际的政权操控者。藤原氏——特别是藤原北家，掌控除征夷大

人物通　藏人头、检非违使

令外官除征夷大将军、摄政关白外，就数藏人头、检非违使在历史上占有一席之地。"藏人所"乃嵯峨天皇于810年设置，长官为"藏人头"，药子之变中天皇透过藏人头藤原冬嗣发布命令得以平乱，事后晋升藤原冬嗣为参议，藤原良房即其次子。"检非违使"亦由嵯峨天皇于816年设置，职掌都城的行政、司法、监察、治安等权责，深受天皇信任准许升殿，使原本掌控司法的刑部省和职掌监察、治安的弹正台权责弱化。

将军外的重要令外官，藤原四家中的南家在藤原仲麻吕之乱后式微，药子之变让藤原式家一蹶不振，京家早在藤原麻吕死后就已衰败，是藤原四家最不兴盛的一支。进入 9 世纪中叶，北家一支独大，长期霸占摄政关白这一令外官最高位，缔造长达三百年的"摄（政）关（白）政治"。

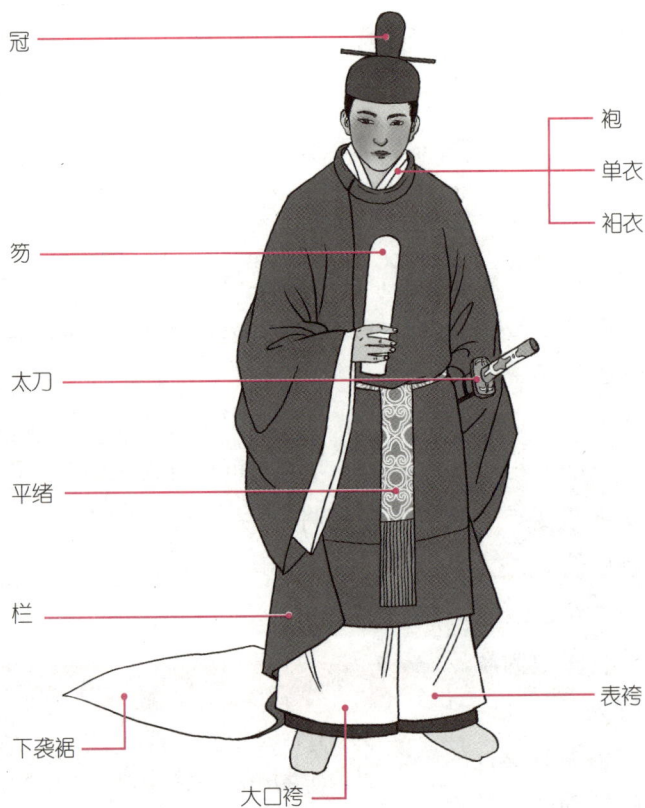

冠

袍
单衣
衵衣

笏

太刀

平绪

栏

表袴

下袭裾

大口袴

平安时代男性正式衣装（束带）/ 朱宝荣绘

藤原氏摄关专权

◇ 摄政关白与藤原北家

580年3月，在位十八年的仁明天皇病逝，由承和之变后被立为皇太子的道康亲王即位，是为文德天皇。5月太皇太后橘嘉智子接着病逝，在天皇岳父藤原良房威逼下，良房之女藤原明子所生第四子惟仁亲王跳过长幼被立为皇太子。

文德天皇勤于政事，唯体弱多病，在位九年便英年早逝，是年三十二岁。皇太子惟仁亲王冲龄即位（清和天皇），因年幼无法亲政，外祖父藤原良房遂以从一位太政大臣姿态担任摄政。在良房之前已有神功皇后和圣德太子摄政前例，然而两人皆出身皇族，因此藤原良房为人臣摄政的第一人。

清和天皇在位十九年中，藤原良房摄政长达十五年（858—872年），尽管位极人臣，却仅有一女明子。为维持与皇室的婚姻，他收长兄之女高子为养女，嫁与清和天皇，生下贞明、贞保亲王两位皇子。另为维护藤原北家政治上的优越地位，收长兄三子基经（高子之实兄）为养子以继承家族。

872年藤原良房年迈逝去，正三位右大臣兼左近卫大将藤原基经继任。876年，年方二十七的清和天皇突然宣布让位，贞明亲王九岁继位为阳成天皇。幼君即位无法亲理政事，摄政有必要继续存在，能担任摄政是良房继承人基经，他顺理成章地成为第二任人臣摄政，880年补任关白。

阳成天皇成年，不满基经专权而迭有冲突。883年，阳成天皇有杀害乳母之子嫌疑，真相不明。基经以此为由，翌年废掉阳成天皇，改立仁明天皇第三皇子时康亲王，即位为光孝天皇。光孝天皇幼年时聪颖又好读经史，然能登上皇位全靠基经力捧之故，因此即位后听命基经，甘愿当个傀儡。

光孝天皇在位三年而崩，基经再指定光孝第七皇子定省继任，是为宇多天皇，这是第一位由**降为臣籍**的皇族成员即位天皇。宇多天皇即位时已成年，不再适用摄政，这年便正式给予关白地位，说道诸事应先禀报基经，

仁和寺 / Leddy 提供

再由基经上奏天皇。此后摄政关白掌控日本实权，能够担任这两要职的只有藤原北家拥有"藤氏长者"称号的家长，称为"摄关家"，此时到平安时代结束的三百年称为"摄关时代"。

◇ 排除专权的绊脚石

866 年，平安京**大内里**的应天门突然着火，由于大内里着火可能危及天皇性命，火势扑灭后立即开始侦查起火原因。大纳言伴善男向太政大臣藤原良房密告左大臣源信纵火，但在良房、基经的审问下证实纵火者是伴善男。于是伴善男一族遭到流放，伴氏（大伴氏）被视为"积恶之家"，自 5 世纪后半以来的名门伴氏从此没落，后人称为"应天门之变"。至于左大臣源信虽被证实未牵连在内，可已如惊弓之鸟的他此后闭门不出，政治生涯形同结束。获益最大的藤原良房，正式得到清和天皇颁布的"摄天下之政"诏敕，代理已届成年的天皇掌政。

而当宇多天皇即位下诏"万机巨细皆关白于太政大臣（基经）"，基经基于人臣之礼推辞一番，天皇于是命亲信文章博士橘广相起草任命他为"阿衡"的诏敕。阿衡乃殷商贤相伊尹的尊称，命基经为"阿衡"，暗含使其位尊而无实权之意。素与橘广相不合的藤原佐世向基经解释后，基经直接质问天皇，忌惮基经威权的天皇只得含泪流放橘广相，志得意满的基经从此乘轿出入宫中，总揽万机处理政务，此一事件被称为"阿衡事件"。

891 年基经病逝，长子时平为参议，宇多天皇方始亲政。为制衡藤原氏干政，天皇任命赞岐守文章博士菅原道真为藏人头。897 年，三十一岁的宇多天皇让位给十三岁的皇太子敦仁亲王（醍醐天皇），且留下五十余条的《宽平御遗诫》给新天皇。醍醐即位，以藤原时平为左大臣，菅原道真为右大臣。让位的宇多上皇不久在御室仁和寺出家，是日本最早的"法皇"，自称宇多院。

菅原道真以右大臣之尊，在一定程度上遏止藤原氏专权，加上又是上皇钦点的新君辅佐大臣，藤原时平便无法像先祖那样轻易制造事件予以驱逐。于是时平以道真密谋拥立女婿齐世亲王（醍醐异母弟）为新君的政变为由，向醍醐进谗言。醍醐虽在后世被歌颂为明君，但当时只有十七岁的他，轻易地相信时平的谗言，于 901 年 1 月贬道真为太宰权帅，外放至九州岛太宰府。宇多法皇闻讯，连夜进京见天皇，但时平授意守卫京城的卫士关门，道真被贬到太宰府后不过一年多便抑郁而终，是为"昌泰之变"。

菅原道真像／月冈芳年画

天皇亲政成绝响

◇ 宽平之治

891 年藤原基经病逝后，宇多天皇亲政。为防止皇权旁落，天皇不再委任藤原北家的成员担任摄政关白，毕竟此时藤氏家长藤原时平仅二十一岁，年龄和声望都未达到可担任摄政关白的资格。尽管如此，藤原时平仍因家世庇荫补任参议，天皇另外提拔菅原道真为藏人头。

在没有摄政关白的干预下，宇多天皇任命源融、藤原良世为左右大臣，以他们为首进行政治改革，如 894 年菅原道真提议废止遣唐使的派遣、对造籍、私营田的抑制、对**泷口武者**的设置、实施三位以上官员称"公卿"并许可升殿的制度……等等。平安时代约与中国晚唐相当，尽管文化烂熟依旧，但日本在先前十余次遣唐使过程早

> **人物通　泷口武者**
>
> 9 世纪初原由近卫府护卫天皇起居的内里，宇多天皇起用菅原道真为藏人头后，这一权力转移至藏人所，没有直属武力的藏人所便从招募来的地方武士团加以汰选，合格者命其护卫天皇起居清凉殿东殿东北的泷口，称为"泷口武者"。10 世纪末叶，泷口武士成为唯一可以带刀剑弓矢进出宫中的武官，足见天皇信任之深。

已大量移植唐文化至国内，而安史之乱后的藩镇割据使得唐王朝国力式微，政局败坏；加上每一次遣唐使皆造成不少人力物力的损失，评估得失后，菅原道真上书建议废止遣唐使的派遣，使得平安时代实际只有两次遣唐使成行。

897 年 7 月，天皇与菅原道真商议，决定让位给时年十三岁的第一皇子敦仁亲王，留下《宽平御遗诫》要新君重用菅原道真，两年后更出家成为日本最初的法皇。敦仁亲王即位为醍醐天皇，拔擢菅原道真为权大纳言，藤原时平为春宫大夫，两人皆有"**内览**"的权力。

899 年 2 月，鉴于朝廷已空悬左、右大臣位一年多，分别拔擢二十九岁的藤原时平及五十五岁的菅原道真。醍醐天皇时完成《**延喜格式**》，被认为是将日本从"律令国家"朝"王朝国家"的转换准备期，习惯上有单独将醍醐天皇治世称为"延喜之治"，亦有将醍醐与之后的村上天皇治世"天历之治"合称"延喜·天历之治"。

尽管醍醐天皇在位初期，菅原道真便为藤原时平的谗言左迁太宰府，但天皇仍在藤原时平的辅佐下，大抵朝着抑制权门（有力贵族、寺院）侵占百姓田地宅舍的方向进行，致力于《庄园整理令》的颁布。此外也完成"六国史"最后一部《日本三代实录》，文学上命纪贯之、纪友则、壬生忠岑、凡河内躬恒编纂《古今和歌集》（简称《古今集》），开**敕撰和歌集**先河。

醍醐天皇在位三十四年期间没有任命摄政关白，虽有藤原时平、忠平兄弟前后担任左大臣，但是天皇的意志不为其左右，加上醍醐天皇本身能力卓越，颇有作为，因而开创出平安时代最长久的治世！

930 年 7 月，天皇因清凉殿落雷事件病笃，让位给藤原忠平之妹稳子生下的宽明亲王。宽明亲王即位为朱雀天皇，在位期间日本叛乱迭生，再之后的村上天

清凉殿落雷事件（右侧）图卷

皇除前几年为关白藤原时平把持政权外，大抵上犹维持天皇亲政。村上之后诸帝动辄为藤原北家的摄政关白废立，因此"延喜·天历之治"不仅是河清海晏的治世，更是天皇亲政的绝唱！

王朝式微

◇ 延喜之治的另一面

903 年 2 月，流放在外的**太宰权帅**菅原道真病逝太宰府，千里之外的平安京陷入严重的怨灵恐慌之中。数年后日本各地水旱灾频发，导致连年歉收，民间盛传是菅原道真冤魂作祟之故：909 年 4 月，构陷道真的藤原时平以三十九岁英年骤逝；923 年醍醐天皇的皇太子保明亲王病逝，哀恸的天皇改立保明亲王长子庆赖王（生母为藤原时平之女），然而庆赖王两年后夭折，朝廷始信怨灵作祟，下诏恢复道真右大臣官职、追赠正二位，10 世纪末再追赠正一位太政大臣。

朝廷特地在菅原道真死后埋骨的太宰府建立天满宫祭祀，亦在平安京建北野天满宫为总本社，大量栽植道真生前喜爱的梅树，封他为学问之神，后更追赠天神（雷神）。

930 年 6 月，天皇起居的清凉殿忽现落雷，登时有数人死去，醍醐天皇当下受到惊吓，一病不起，传位给十一皇子宽明亲王，数日后崩御。宽明亲王即位为朱雀天皇，由于年仅八岁，使得醍醐朝中断的摄政关白又告复活。藤原忠平以天皇舅父的身份当上摄政独揽政权，未久有位曾在其下任职的武士在坂东（关东）平原掀起平安时代最大规模的地方叛乱，西国旋即响应。

◇ 承平—天庆之乱

935 年 2 月，曾为藤原忠平麾下受其推荐担任泷口武士的平将门，起兵讨伐积

人物通　太宰权帅

太宰府的长官为太宰帅，管辖九州岛二岛（对马、壹岐）的外交和防卫之责，为朝廷镇西的总司令部。平安时代以后太宰帅由亲王出任，担任太宰帅的亲王称为"帅宫"，著名的帅宫有尊治亲王（后醍醐天皇）和幕末的有栖川宫炽仁亲王。然而并非每位亲王都愿意到太宰府就任，于是出现太宰权（权官）帅，通常为大纳言晋升大臣的过渡官，少数由被贬谪的大臣担任，如菅原道真、源高明。

怨颇深的常陆国**大掾**源护一家，为他日后反叛朝廷的行动揭开序幕。平将门系出皇族，乃桓武天皇之孙高望王后裔，在高望王这代降入臣籍，开始以"平"为姓，这支氏族是缔造过无数辉煌历史的"桓武平氏"。平将门之父平良将曾任陆奥镇守府将军，他本人也是泷口武士，累积相当的武功与声望。平将门起兵讨伐相当于常陆国次官的源护一家，又乘胜讨伐平时不睦的伯父平国香和平良兼。

初战告捷，常陆、下总、上总、下野各地对朝廷不满的武士团纷纷前来投靠，平将门羽翼日丰。他纳武藏国权守兴世王的建议，劫掠关东各国府仓，与各国国衙军队作战，击退后抢下各国国守的印绶，此举无异于公开反叛。后受部下将领拥戴，平将门于下总国正式掀起反旗，自称"新皇"。

平将门叛乱的消息传入平安京，朝廷以参议藤原忠文为征东大将军，结合平将门的堂兄弟平贞盛、清和源氏始祖源经基、下野国押领使藤原秀乡等将领，共同率兵前往坂东平乱。2月1日，平将门先败于平贞盛、藤原秀乡联军，14日再次与两人交战时身中流矢而死。首级割下后传送到平安京枭首，平将门的余党如兴世王、藤原玄明等人尽遭处死。平乱有功的平贞盛封为从五位上丹波守；同为皇族之后的源经基封为从五位下，不久马不停蹄赴西国平定另一场乱事；藤原秀乡封为下野、武藏二国国守兼陆奥镇守府将军。上述平乱三人的子孙，衍成平安时代为止有名的武士团。

当平将门称"新皇"的同时，濑户内海一带也发生了藤原纯友的叛乱，两者几于同时发生，故可称为"承平—天庆之乱"。

藤原纯友出身藤原北家，原本应非富即贵，其曾祖父藤原长良是房前的兄长，但自长良死后，纯友的祖父和父亲都早死，缺乏有力靠山的纯友只当上伊豫国掾，对现实不满成为他叛乱动机。适逢平将门在坂东称"新皇"，跃跃欲试的藤原纯友率军降服日振岛海贼后据该岛叛乱，不久，势力扩张到整个濑户内海。朝廷立刻命小野好古为追捕使，源经基（平定平将门之乱有功）为副使，941 年 5 月在博德与纯友的船队决战，纯友败逃到伊豫国被捕，下狱而死。

历时不久的"承平—天庆之乱"，却敲响了"延喜之治"的警钟。乱事平定后，朝廷依然沉溺享乐，吏治败坏、土地兼并盛行，藤原氏继续致力于弱化天皇权力，之后虽有昙花一现的"天历之治"，桓武初期的盛世已是一去不复返。

022
摄关时代

◇ 摄政关白成惯例

967 年 5 月，在位二十二年的村上天皇病逝，由第二皇子宪平亲王即位，是为冷泉天皇。新皇即位虽已十八岁，但自皇太子期间就有发狂恶习，且身体虚弱，想效法父祖亲政有实质上的困难。因此天皇即位前，藤原忠平的长子实赖以关白身份辅佐天皇，并立天皇同母弟为平亲王为皇太子，恢复村上天皇初期设置的摄政关白。

969 年 3 月，左马助源满仲等人密告右大臣源高明意图立女婿为平亲王为天皇，为平亲王因此被废，改立天皇另一同母弟守平亲王为皇太子，而源高明左迁太宰权帅，流放太宰府，史称"安和之变"。数年后源高明虽得赦免，但已永远失去政治影响力。

自 8 世纪初以降约两百五十年间，藤原氏不断制造子虚乌有的密告谋反，来排除政治上造成威胁的个人或氏族，从长屋王之变、承和之变、应天门之变、昌泰之变到安和之变，朝廷手握实权的氏族陆续被排挤出政权核心，而藤原氏始终屹立不摇。安和之变后，藤原氏终于完成独霸朝政的最后一块版图。不过藤原氏内部斗争也相当厉害，藤原不比等在世时的南家、北家、式家、京家，到 9 世纪初只剩北家独盛。藤原北家包办摄政关白，天皇年幼时称为摄政，天皇成年后称为关白，名称上虽不同，实无太大差别。从 967—1867 年"王政复古大号令"颁布为止，除少数几年外，摄政关白的存在成为常态。

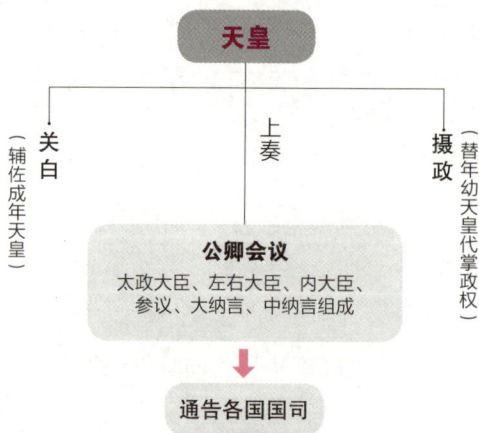

摄关政治运作模式

```
                    天皇
         ┌──────────┼──────────┐
        关白        上奏        摄政
    (辅佐成年天皇)          (替年幼天皇代掌政权)
                  │
              公卿会议
         太政大臣、左右大臣、内大臣、
         参议、大纳言、中纳言组成
                  │
                  ▼
             通告各国国司
```

然而就连藤原北家的成员，也为摄政关白人选竞争得异常激烈。970年5月藤原实赖病逝，由其弟师辅的长子伊尹继任，972年11月伊尹病逝，开始激烈竞争，计有伊尹二弟兼通、实赖长子赖忠、伊尹三弟兼家相争，兼通、赖忠曾短暂当上摄关。至986年6月兼家当上摄政，内部争斗方才结束，摄关之职由实赖一脉短暂转为伊尹、兼通，最终由兼家世系继承。

◇ 此世吾世　月满无缺

990年5月兼家病逝，摄关的争夺再起，先是兼家长子道隆顺理成章地成为一条天皇的摄政关白，为巩固政权起见，道隆将长女定子送入宫中成为天皇**中宫**。道隆以为从此可高枕无忧，然995年平安京爆发名为赤斑疮的传染病，不少公卿染上此病丧命，道隆亦在其中。该年4月道隆死后，长子伊周虽得"内览"权，却非正式关白，关白一职由其弟右大臣道兼担任，但道兼当时亦已染上赤斑疮，5月2日进宫就任，8日辞世，有"七日关白"之称。

道兼死后，官职最高的是道隆之子内大臣伊周，以及道隆、道兼之弟道长（时任权大纳言兼左近卫大将）。伊周虽为道隆长子，继承顺位高于道长，但风评不佳。道长之姊，即圆融天皇**女御**藤原诠子，以一条天皇生母东三条院的身份左右天皇意见，让道长晋升右大臣，并给予"内览"之权，道长遂成为藤氏长者，在与伊周的竞争中获最后胜利。

道长取得胜利，进一步打击伊周及其弟隆家，揭露伊周箭射花山法皇衣袖一事，派检非违使率兵包围伊周宅邸，伊周左迁为太宰权帅，隆家为出云权守，是为"长德之变"（996年）。与源高明的下场一样，数年后虽

> **人物通　中宫**
>
> 原为皇后、皇太后、太皇太后的居所，后来转指三后。奈良时代到平安初期专指皇太夫人（天皇生母），平安中期一度成为皇后代称。一条天皇元服后正是藤原道隆担任摄政之时，道隆以长女定子入宫成为天皇女御，后晋升中宫。不久道隆死去，改由其弟道长执政，道长亦将长女彰子送入宫中，于是定子成为皇后，彰子为中宫，两宫（后）并立成为定例。

得赦免，但在政治上已毫无影响力。事变后道长再升一级成为左大臣，他虽不染指摄政关白，但其权势、声望及地位却超出历任摄关，堪称藤原北家的全盛期。

道长掌权后仿效其兄道隆，将长女彰子送进宫中为女御，希能循以往惯例扶正为皇后。1000 年 2 月彰子晋升中宫，原来的中宫定子成为皇后，一时之间皇后、中宫并立，"一帝二后"成为此后惯例。次年 6 月一条天皇崩御，皇太子冷泉天皇第二皇子居贞亲王即位为三条天皇。道长比照长女彰子，送次女妍子入宫成为三条

平安时代贵族宅邸／朱宝荣绘

❶ 钓殿：垂钓
❷ 廊：长廊，通常指中门廊
❸ 透渡殿：南侧露空的檐
❹ 随身所：随侍休息处
❺ 藏人所：事务处
❻ 细殿：连接厢房的细长形走廊
❼ 寝殿

❽ 台盘所廊：放置食物餐台之处
❾ 北对殿
❿ 东北对殿
⓫ 东对殿
⓬ 侍廊：随侍休息的处所
⓭ 车宿：停辇车的地方

天皇中宫。1016 年 1 月天皇因眼疾退位，彰子皇太后立九岁的敦成亲王即位为后一条天皇，道长名正言顺地以天皇外祖父身份摄政。

1018 年 3 月道长送三女威子入宫为天皇女御，10 月升中宫。如此一来，道长成为朝臣口中"一家立三后，自古从未有"，同时还包办皇后（威子，后一条中宫）、皇太后（妍子，三条中宫）、太皇太后（彰子，一条中宫），日本史上无人可与其相比！道长在威子成为中宫这日宴请宾客，席间歌咏："此世即吾世，如月满无缺！"

后来，道长倾心净土信仰，出家致力兴建法成寺，竣工后入住，人称"御堂关白"。道长长期载述的日记称为《御堂关白记》，乃研究摄关政治的绝佳史料。1027 年岁末道长病逝，藤原氏的月亮立即出现盈缺，翌年关东再现乱事。

藤原道长
- 彰子 =（一条天皇）
- 妍子 =（三条天皇）
- 威子 =（后一条天皇）
- 嬉子 =（后朱雀天皇）

国风文化形成

◈ 假名文学兴盛

奈良时代以前日本并无文字，书写往往借用汉字的音写成文字，《万叶集》中最早使用这种书写方式，故又称为"万叶假名"。"万叶假名"借用汉字，但缺点是文字本身并无意义。平安初期从"万叶假名"演化出今日通用的平假名和片假名，民间盛传前者为空海发明，后者为吉备真备发明，不过可信度不高。

当时以学习唐朝风俗为时尚，想在官场上飞黄腾达，除家世外，犹须在汉学下功夫，不仅要熟读汉籍、熟稔大唐的典章制度，还要写得一手好字，甚至要会写汉诗。相较之下，假名对仕途晋升较无直接帮助，况且假名是采用汉字偏旁或是简化汉字，比起笔画复杂的汉字容易许多，因此通行后很快就风靡宫廷女官，成为女流文学的通用文字。

假名最适合表达的文学体裁为和歌，平安时代擅长和歌的文人相当多，有所谓"**六歌仙**"，也有前述之敕撰和歌集，还有所谓的"**歌物语**"，公卿之间更不时举办所谓的"歌合战"。平安时代以前执文坛主流的汉诗，在平安初期编纂《凌云集》《文华秀丽集》《经国集》等汉诗集后便无以为继。

除和歌外，假名也逐渐普及于各种体裁，像纪贯之在土佐守任期结束

人物通　六歌仙

纪贯之在《古今和歌集》序文（用假名写成）提到奈良时代以前的柿本人麻吕和山部赤人为"歌圣"，而近世以和歌闻名有六位歌人：在原业平、僧正遍昭、文屋康秀、喜撰法师、小野小町、大友黑主。不过，"六歌仙"的称呼是在纪贯之之后。

豆知识　歌物语

物语文学的一种，以文学史上撰有私人和歌集的人物为主人公，搭配大半虚构的故事内容。在原业平是真实历史人物，为平城天皇第一皇子阿保亲王五子，官至右近卫权中将，人称"在五中将"。《伊势物语》共分一二五段，每段都以在原业平写过的和歌展开虚构的故事内容。

宇治平等院 / 刘恩绮提供

后返回平安京的船上，假托女性以假名写下的《土佐日记》，开日记文学之先河。10世纪初期，日本出现最早的物语文学《竹取物语》也是以假名写成，此外还有以在原业平为主人公的歌物语《伊势物语》，以及《宇津保物语》《落洼物语》等作品。假名在文学上的成就逐渐超越汉文，表现出独有特色，因此遣唐使废止后到藤原道长主政前后一百多年间，消化了十几次遣唐使学习来的中国文化，融合日本自古以来的文化而诞生出新文化，称为"国风文化"。

◇ 女流文学与物语

藤原道长送彰子入宫，原本要与亡兄之女定子争夺后宫统治地位，因此双方属下才媛辈出，意外促成王朝最璀璨的女流文学。定子皇后属下最有名的才媛为撰写《枕草子》的**清少纳言**；彰子中宫底下则以著有《源氏物语》《紫式部日记》的**紫式部**最著，两人堪称王朝时代女流文学的双璧。其他还有和泉式部（《和泉式部日记》作者）、赤染卫门（《荣华物语》作者）、女

紫式部和清少纳言等宫中女流以假名创作，开启日本风格的物语文学 / 三娃绘

这个时代的女性本名多半没有留存在史籍上，紫式部也好、清少纳言也好，皆非本名，而是父亲的官职。紫式部本姓藤原，出自藤原北家的旁系，嫁给同为藤原北家旁系的堂兄宣孝，"紫"出自《源氏物语》一书的女主角"紫之上"。近年考证出其全名应为"藤原香子"，出仕彰子女官期间撰写《源氏物语》。清少纳言本姓清原，是歌人清原元辅之女，出仕定子皇后期间撰写《枕草子》，定子皇后殁后下落不明。

歌人伊势大辅、藤原道纲母（《蜻蛉日记》作者）、菅原孝标女（《更级日记》作者），女流文学在王朝时代绽放出最灿烂的果实！

《枕草子》是一部随笔，全书共三百多段，以寥寥数语的清淡文字表达对日常生活的观察与随想，取材范围包含四季变化和自然景象、身边琐事、宫中见闻、男女情爱、生活感触及个人好恶。这种写作方式对中世时期的连歌、俳谐、假名草子造成影响，与镰仓初期鸭长明的《方丈记》、室町初期吉田兼好的《徒然草》并称"日本三大随笔"。

《源氏物语》是王朝物语文学最高杰作，与之前整合民间传说加以改写的物语都不相同，是作者紫式部的创作。根据考证乃成书于1008年，是世界首部长篇小说，全书共五十四帖，前四十四帖的主人公为光源氏，论者认为光源氏很可能以"安和之变"左迁的源高明或藤原道长为原型，勾绘出理想的男子典范：降为臣籍的光源氏，凭着家世、容貌与谈吐，追求众多女性无往不利，过着神采飞扬的前半生。光源氏在女人堆中留下不少风流债，甚至私通国母生下继任天皇，在当上太政大臣、位极人臣的同时，嫁其为正室的王兄之女也与人私通，令光源氏后半生出现极大跌宕，最终遁入空门。

后十帖的故事舞台在宇治，故也称为"宇治十帖"，主人公改为光源氏正室与人私通后生下的薰大将。在对女性的追求以及个性上，薰大将均不能与其父相比。"宇治十帖"便围绕在薰大将和既是好友也是情敌的宫，以及他们所钟情的三位女性之间纠葛的爱情故事上。

末法思想与极乐净土信仰

◇ 对极乐净土的向往

佛祖释迦牟尼涅槃前曾告诉弟子，阿难佛灭后依序会进入正法、像法、末法三时期。佛灭后五百年内为正法时期，佛陀虽去世但法仪并未因此改变，说教仍可正确传布，僧侣依然刻苦修行，修行者可得正果；接着一千年为像法时期，有说教、有修行，但已无修得正果；像法时期后一万年为末法时期，此时期仅存听经说法而无修行，也无修得正果。根据佛经记载佛灭之年推算，末法时期始于1052年，时间越是接近则民众内心越恐慌。

此外吏治腐败导致盗贼四起，公卿贵族和有力寺院因法律的保护免缴赋税，国家财政重担落在人数虽众多但普遍贫困的平民身上。他们对沉重的赋税早已无法负荷，为了生存只好将辛苦开垦的农地捐给贵族或有力寺院，抛弃小地主自耕农的身份委身作佃农，为特权阶级们耕种以换得三餐温饱。

10世纪末起日本发生天灾异变，战乱、疫病、盗贼、火灾接踵而至，光是平安京流行的赤斑疮便夺走大批人命，繁华京城处处可见堆积如山的尸体。这些迹象让一般人相信末法时期到来便是世界末日，故对极乐净土的向往追求成为民众今生的心愿与希望。

于是佛教的极乐净土信仰与法华信仰同密教结合，作为祈愿个人现实利益和来世往生的拯救，不再像奈良时代、平安初期钻研深奥的佛经，而是打出只要口诵"南无阿弥陀佛"或"南无妙法莲华经"即可前往极乐净土的口号。如此简单的口号，即便目不识丁的文盲也能琅琅上口，比起穷究钻研佛经却拥有**僧兵**等寺院私人武力的奈良佛教，以及开始骄奢腐化的天台宗更能吸引人心，因此有越来越多的民众成为信徒。

◇ 宇治平等院的建立

位在宇治的平等院便是追求极乐净土信仰下的建筑。宇治一带原为宇

从平安中期以后到室町末期京都（延历寺、三井寺）、奈良（兴福寺、东大寺）一带大寺院的武装集团，为了同其他寺院抢夺庄园，经常以强行诉讼的手段向朝廷或摄关家抗争。当中兴福寺（南都）僧徒被称为"奈良法师"，延历寺（北岭）称为"山法师"，三井寺称为"寺法师"。平安末期白河法皇曾说过："天下不如朕意之事有三，鸭川之水、双六的点数以及山法师。"江户时代以降始以"僧兵"称之，当时被称为"恶僧"。

多天皇之孙源重信的领地，藤原道长成为藤氏长者后将之纳入领地，并于此地建筑别庄"宇治殿"。1027 年道长病逝，嫡长子赖通继任关白后于 1052 年即末法元年，将"宇治殿"改建成天台宗的寺院平等院，与兴福寺、极乐寺、法成寺（已烧毁）、春日大社、谈山神社、枚冈神社、大原野神社、吉田神社同为藤原氏的氏寺、氏社，接受藤原氏供奉。

平等院参照《观无量寿经》的一节经文"若欲至心生西方者，先当观于一丈六像在池水上"对西方极乐净土的描述而打造出净土式庭园，建于水池西边的阿弥陀堂（平等院本堂）象征西方极乐世界，代表未来；中央的"阿字池"引宇治川河水而建，象征现世；"阿字池"东边有一"朝日山"，象征太阳升起，是东方极乐世界的药师如来，象征过去。平等院是极乐世界代表性庭院，成为室町后期到江户时代建造日式庭院的参考指标，今日通行的日币十元硬币和万元纸钞背面，皆为平等院凤凰堂的图案，影响之大由此可见。

据说赖通建造的平等院规模宏大，几乎占今日宇治市面积的一半，但是镰仓幕府灭亡后的战乱和应仁之乱两次兵火的严重毁损，使平等院只剩凤凰堂周遭奇迹般幸存。凤凰堂内阿弥陀佛、壁画、供养菩萨像也都是按照《观无量寿经》经文的描述而绘，阿弥陀像出于佛像雕刻师定朝之手，乃定朝目前遗留的唯一之作，阿弥陀像的手印仿照密宗两界（胎藏界、金刚界）曼荼罗中的阿弥陀如来。所以平等院的外部建筑属净土式的极乐世界，内部佛像雕刻和绘画则分属净土宗和密宗。

阿弥陀堂屋顶南北两端各有一只金铜凤凰像，作展翅高飞状，象征飞往极乐净土。这两只金铜凤凰使得整栋阿弥陀堂远看也犹如飞翔般的凤凰，因此到江户时代阿弥陀堂便改名为"凤凰堂"。

1994 年，平等院凤凰堂获联合国教科文组织以"**古都京都的文化财**"之一部分，指定为"世界文化遗产"。

平安时代

奥州藤原氏崛起

◇ 前九年之役

1028 年 6 月，关东发生"**平忠常之乱**"，历时三年平定。然朝廷权贵并未因而振作，乱平后依旧耽溺于享乐和侵占庄园。1051 年，亦即末法降临前一年，奥州发生撼动朝廷的大乱，经过十二年才平定，最初称为"奥州十二年合战"，不过平乱关键人源赖义参与的时间只有九年，中世纪以后改称"前九年之役"，沿用至今。

平安初期坂上田村麻吕平定东北虾夷族后，奥州纳入大和朝廷版图，由于距离平安京过于遥远，统治不易，朝廷任命当地有力豪族安倍氏统治该地，再由陆奥守透过安倍氏进行间接统治。因此相安无事两个多世纪，这段期间历任陆奥守皆对安倍氏科繁重赋税，11 世纪中叶安倍赖时拒绝缴交赋税，陆奥守藤原登任发兵讨伐，但为安倍击败，1053 年朝廷改命源赖信之子赖义任陆奥守兼镇守府将军，源赖义曾与其父一起平定"平忠常之乱"，安倍赖时慑于其威名，主动求和。

未料 1056 年却发生安倍赖时偷袭源赖义阵营事件。此后源赖义的部属藤原经清转投安倍阵营（经清为安倍赖时的女婿）一事来看，很有可能是源赖义制造的事件，目的为借以讨伐安倍氏。翌年 5 月，赖时遭到埋伏而死，长子贞任继续领军；而源赖义为讨平安倍氏在陆奥守任期结束后拒绝回京，朝廷无奈只得同意延长其任期。翌年九月黄海之战，源赖义大败，长子义家只剩七骑幸存，源赖义只好联合出羽有力豪族清原氏族长清原光赖，

人物通 ▶ 平忠常之乱

平将门之乱后关东地方规模最大的叛乱。下总介平忠常为平将门叔父镇守府将军良文之孙，1028 年 6 月因不明原因杀害上总国守，据房总半岛叛乱。朝廷最初任命平贞盛之孙平直方为追捕使平乱，但平直方反被忠常所败。1030 年朝廷改命清和源氏的源赖信为追讨使，终于降伏平忠常，乱平后平氏在关东的势力为清和源氏所取代。

光赖派其弟武则率领族人参战，长期处于劣势的源赖义在武则助阵后终于得以逆转。1062年源赖义再度连任陆奥守，与清原氏联军陆续攻下小松栅、厨川栅等安倍氏的据点，同年九月最后根据地妪户栅被攻陷，安倍氏灭亡。

安倍一族从贞任以下均遭屠戮，对源赖义而言最不能容忍的是背叛的藤原经清，特地命人以生锈的刀锯下经清首级。来年二月，源赖义将叛徒首级带回平安京接受封赏，朝廷封源赖义为正四位下伊豫守、源赖义长子八幡太郎义家为从五位下出羽守、次子贺茂次郎义纲为左卫门卫（没有官位）、清原武则为从五位下镇守府将军，并接收安倍氏的领地。然而论功行赏仅止于此，源赖义只得散尽家产对部下将士进行分封，此举令天下武士尽皆动容，共尊源赖义为武士间的领袖。

◈ 后三年之役

藤原经清死后，清原武则之子武贞刚丧妻不久，见经清遗孀美貌便纳为后妻。武贞亡妻有一子名为真衡，他纳经清未亡人时，同时也接纳经清之子清衡，之后生下一子名为家衡，名义上是兄弟、实则无直接血缘关系的清原武贞的三个儿子，他们是二十年后"后三年之役"的主角。清原氏原本拥有出羽仙北、平鹿、雄胜等"仙北三郡"领地，安倍氏灭亡后接收

奥州藤原谱系

奥州藤原氏三代：上方为藤原清衡，右下方为藤原基衡、左下方为藤原秀衡

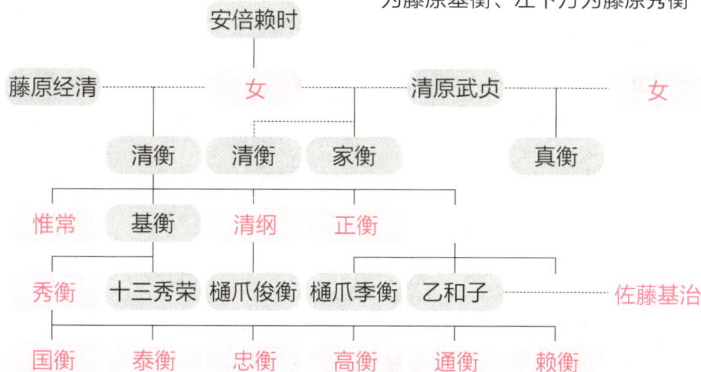

律令制下位于陆奥国中部六个郡总称：胆泽郡、江刺郡、和贺郡、紫波郡、稗贯郡、岩手郡。这六郡相当于今日岩手县盛冈市到奥州市之间。

其领地**奥六郡**，成为东北最强大的势力。

1083 年，奥州风云再起！之前的源赖义、清原武则等人均已过世，陆奥守由源赖义长子义家担任，清原家由武则长子真衡继任。真衡无子，收桓武平氏子嗣为养子，改名成衡；成衡纳源赖义之女（义家之妹）为妻，此举等于与桓武平氏、清和源氏两大武士集团结为亲戚。

有了两大势力作后盾，真衡日益骄纵，屡与族中长老吉彦秀武有所龃龉，后者最终起兵叛乱，与平日受真衡欺压的清衡、家衡约定在真衡率军出击时进攻其居馆。真衡势单力孤，邀请姊夫陆奥守源义家一同平乱。但得知居馆遭袭击后，真衡放弃进攻吉彦秀武，率军折回，在返回路上突然去世。共同的敌人既已倒下，面对威名远播的源义家，吉彦秀武、清衡和家衡都不敢与之作战，最后不了了之。

源义家对清原氏领地做出如下分配：继承人成衡分得仙北三郡，清衡、家衡兄弟各分得奥六郡中的三郡（如何划分并不清楚）。身上并无清原家血缘、长期以来被视为外人而备受歧视的清衡，竟能分得三郡，他对源义家万分感激。然而对流有武则血统的家衡而言，他认为奥六郡应全部归己才是，遂举兵攻击清衡居馆、杀其全家，表达对源义家不公处置的愤怒。奥州的战争于是从真衡、义家对秀武、清衡、家衡，转变为清衡、义家对上家衡。

家衡既成为清原家继承人，手上握有的兵力明显胜过清衡、义家总和，加上义家兵员多半来自关东，难以抵御奥州冬季酷寒；另外，军备废弛已久的朝廷将此次战役定调为清原家内部私斗，而不愿派兵增援，只有源义家三弟新罗三郎义光辞去朝廷任命的左兵卫尉一职，前来奥州与其兄共患难。1087 年 11 月一番苦斗之下，清衡、源义家联军攻下家衡最后据点金泽栅，后三年之役终告平定。

与"前九年之役"一样，朝廷不进行封赏，源义家也仿照其父散尽家财，看在眼里的武士无不感动涕零。源义家逐渐成为东国武士领袖，不仅是"源氏长者"，更是天下"武家的栋梁"。武士之间流传着这么一句话：

"就算背叛了朝廷，也不能背叛源氏！"

清原清衡最后成为日本东北地区的主人，领地涵括仙北三郡和奥六郡，他舍弃清原这个令他倍感屈辱的姓氏，改用父亲藤原经清的藤原姓，改名藤原清衡。他即是此后四代雄踞奥州百年之久的"奥州藤原氏之祖"。

奥州藤原氏三代：上方为藤原清衡，右下方为藤原基衡、左下方为藤原秀衡

◇ 后三条天皇的政绩

平安时代以降除桓武、仁明、宇多三帝外，生母几为藤原氏女儿，每代天皇婚姻对象不是其表姊妹就是姨妈，只有具备藤原氏血缘的皇子才能成为皇太子，进而践祚登基。一旦登基，藤原氏立即从亲族中物色皇后或中宫人选，即皇子从出生到立为皇太子，甚至到即位都摆脱不掉藤原氏的控制。

清和以后的天皇多半冲龄即位，生下有藤原氏血缘的皇子后往往被迫退位，成为上皇后即便生下其他皇子，也很难成为皇太子。而代代与藤原氏通婚的天皇，或许是近亲通婚之故，冷泉之后的天皇多半子嗣不盛，皇位继承屡屡出现危机。后一条天皇在位期间虽是藤原北家权势最盛之时，却也是藤原氏女儿开始生不出皇室继承人的时候。后一条天皇早逝，后由皇太弟敦良亲王即位，是为后朱雀天皇。后朱雀天皇仅有二子，长子亲仁亲王是为后冷泉天皇，他即位后立异母弟尊仁亲王为皇太子，然关白赖通深感不满，只要女儿宽子（皇后）生下皇子便要另立太子。但后冷泉天皇直至逝世都未生下皇子，只得由非藤原氏血缘的尊仁亲王即位，是为后三条天皇，这是藤原氏最不愿看到的局面，却是不得已而为之举。

尊仁亲王还是皇太子时就对藤原氏倍感厌恶，即位后虽赖通之弟教通任关白，天皇仍另外用源师房、源经长、源俊明、大江匡房、藤原实政这些非藤原氏出身，或属藤原氏出身却非摄关家的中级官员为施政核心，架空了藤原教通。

1069 年 2 月，天皇颁布《延久庄园整理令》，废除后冷泉天皇即位以后庄园文件不齐全者；为调查庄园相关证件，另行设立"记录庄园券契所"，从地方国司手中拿回庄园的审核权，只要没有白纸黑字契约签署的庄园一概收回。于是全国最大地主的摄关家成为苦主，以往依附摄关家的地方豪强纷纷将领地转赠皇室，大大打击摄关家的威信。不过因为后三条天皇在位时间并不久，《延久庄园整理令》没能有效抑制庄园的发展，甚至连收回摄关家庄园的成效也十分有限，可却让皇室成为与摄关家平分秋色的庞大领主。

1072 年 12 月，春秋正富的天皇突然让位于第一皇子贞仁亲王，旧说为意图以上皇姿态组织院政，然而近来的研究发现让位是为了养病。让位半年后，后三条天皇崩御。

◈ 治天之君

二十岁的贞仁亲王接受父皇让位，是为白河天皇。他在位十四年，仿效其父让位给八岁的第三皇子善仁亲王（堀河天皇），自称白河院，以上皇姿态主持"院政"，从此日本历史进入"院政时期"。

正确来说，"院政时期"始于 1072 年后三条让位为上皇，结束于 1840 年光格上皇崩御。然实质上平安末期"平治之乱"结束后，院厅的权力已有极大转变，不再为权力核心，因此一般所谓"院政时期"专指起自白河上皇建立"院厅"（1086 年）、迄于平家灭亡（1185 年）的近百年间，历经白河院、鸟羽院、后白河院三帝。值得注意的是，院政成立仅意味着权力重心发生变化，而非产生了另一种崭新的政治制度。

"院"即"院厅"，是上皇处理政务的机构，在嵯峨上皇时已有"院厅"，宇多上皇进一步扩充规模，到白河上皇成形。院政时期，名义上天皇依旧是国家的领袖，依然保有朝廷和摄政关白等百官。不过院也有自己的官员，独立于朝廷之外的院厅机构，可发布"院宣"和"院厅下文"，表面上与天皇发布的诏敕和宣旨有同等地位，实质上在院政时期经常高过后者。也就是上皇虽从天皇位上退任，却没有退出政治舞台，依然以现任天皇后见人（监护人）形式参政。

院政开始后，天皇除改元、节会、叙任等固定仪式外不能过问政治，连摄政关白也无置喙之地。为何"院"能够取代天皇和摄关成为权力核心呢？首先，"院"（上皇或法皇）是天皇生父或祖父，基于孝道伦理，天皇既不能也不愿与院起龃龉。其次院仿照摄关，多半让皇子幼年即位，成年后迫其退位再立新君以保院厅永远执政。最重要的在于院厅有独自的军事组织"**北面武士**",其战斗力远非没落的兵卫府、卫士府、卫门府或近卫府可比,也强过久为天皇信任的检非违使厅。

院政的出现,为日后武家政权起步制造条件,或者应该说院政是摄关政治走向武家政治的过渡期。

位于院御所北面,也称为"院北面",是院的直属武力,可再细分为"上北面"和"下北面",前者由官阶四位者担任,后者由五至六位担任。最初成立目的为防止寺院,特别是南都北岭进行强诉,平时则警戒院的四周,当上皇行幸时随侍在车辇周围。北面武士定员虽不清楚,但当时全国最大的两个武士团,即河内源氏嫡系源为义、义朝父子及伊势平氏嫡系平忠盛、清盛父子皆在其中,战力之强不难想象。

武士崛起

◎ 武士起源诸说

有关武士起源，"在地领主论"是目前最通行的说法，此外近年流行的专门以打仗为主的"职能论"和从国衙军制演变而来的"国衙军制论"也都有一定的说服力，当前的研究成果很难为学界所接受。

"在地领主论"认为，早期垦田领主必须有众多人力方能将荒地辟为农田，随着平安中期治安败坏，为保护已开垦农田不受其他势力侵占，垦田领主学习弓马之道。当垦田领主普遍发展成地方武士团后，为了扩张领地而进行规模大大小小的战争，唯有消灭对方才能让自己生存下来。

"职能论"认为在地领主论并不能说明全部武士，尤不能说明源氏、平氏的起源，和他们与朝廷、院以及藤原氏等权门势家的关系，故主张武士可分为"在京武士"和"在地武士"，两种都以作战为专长的职能论。在京武士并不等于律令制下的近卫大将、卫门督、兵卫督等武官，平安时代的武官通常由文官兼任，与专司作战的武士不同。早期在京武士官位低微，不高过六位，因其专精武艺而为堂上公卿或诸大夫聘用保护安全，因随侍在达官贵人身边，故称"侍者"，简称"侍"。在京武士后来成就非凡，清和源氏的分支河内源氏更成为"武家的栋梁"，受天下武士尊崇，但庞大的在地武士多数只是听命于**受领**的地侍。

律令制的兵制采用军团兵士制，借由户籍登录征召该户一名正丁（二十到六十岁男子），然而奈良末期户口呈报不实造成班田制崩溃，军团兵士制也跟着瓦解。迁都平安京后，除陆奥、出羽、佐渡及西海道各国外，其余各国改征兵制为以郡司子弟和富农子弟

人物通 ▶ 受领

与遥任的亲王任国国守相反，亲自到任地赴任的国守（亲王任国则为"介"）。平安中期以后中央官职尽为藤原氏霸占，在中央升迁无望的中小贵族转而竞求受领，到地方上借由征收赋税取得一定的经济实力。国守任期届满后不回京城，留在任地吸收地方武士成长为地方武士团领袖。

为主的"健儿制",由国司供应粮食与马匹,因此健儿受到有系统的弓马刀矢训练。健儿制到9世纪中叶逐渐变为反抗国司的力量而式微,负有征收赋税权的国司自行招募护从成私人武装集团。

武士起源的三种说法,第一种说法目前已非主流,第二说和第三说各有其道理故一并列出。

◇ 西国平家、东国源氏

平家

桓武天皇第三皇子葛原亲王于异母弟淳和天皇在位期间,上奏将三个儿子降为臣籍获准,由天皇赐姓为平,是桓武平氏始祖。长子高栋王历任中务大辅、兵部大辅、大藏卿、刑部卿,最后成为公卿一员,其子孙也都定居在平安京。次子善栋王早逝,子孙一脉断绝。

三子高见王生平不清楚,其子高望王任上总介离开京城前往坂东,与三个儿子国香、良兼、良将在上总、下总、常陆一带开垦荒地。垦荒需要大量人力,加上高望王有皇族血缘,吸引不少小地主和农民前来投靠,势力得以扩大。良将之子将门虽发动叛乱,不过平定乱事之一的贞盛为国香之子,并不影响平氏在坂东的发展,只是少掉良将一脉,平定乱事后贞盛的四个儿子相继被任命为坂东各国国司,平氏一族在关东有难以撼动的根基。

11世纪初关东又发生"平忠常之乱",受此波及,桓武平氏嫡系贞盛之子维衡放弃曾祖以来的根据地迁移到近畿的伊势,称为"伊势平氏",根据地从此由东国转移到西国,然而在关东仍留有不少平氏分支,统称"坂东八平氏"。

维衡之孙正衡出仕当时的关白藤原师实,当延历寺入平安京进行强诉时担任保卫京城之责。正衡之子正盛受白河院拔擢为北面武士,1108年与源义忠讨伐源义亲的叛乱,后又被任命为检非违使、追捕使征讨盗贼,负责维护京都治安,伊势平氏从正盛开始又称为"平家"。

正盛死后,白河院继续重用其子忠盛,准许其升殿,这是伊势平氏首度享有的待遇。早年忠盛与其父曾数度阻止南都北岭的强诉，遍历诸国受领，在日宋贸易中得到巨大财富，将部分财富上贡白河院供其享乐，因而被拔擢为山阳道、南海道海贼追讨使。这段期间平忠盛以严岛神社为其氏社，后擢升为检非违使别当（检非违使厅的长官）。白河院逝后，接任主持院政的鸟羽院对忠盛也极为信任，为日后清盛的仕途铺路。

源氏

源氏家系庞大，共计二十一流，虽然同样从皇室降为臣籍，但不同的源氏之间并不一定有血缘关系。最早的源氏是嵯峨源氏，然最负盛名的是清和源氏及其分支河内源氏。

清和天皇第六皇子贞纯亲王之子经基，早年仍保有皇族身份，被称为"六孙王"。在武藏介任期中，他平定平将门与藤原纯友之乱有功，因而历任武藏、信浓、筑前、但马、伊豫等国国司，最终为镇守府将军。晚年臣籍降下，以源为新姓氏，是为清和源氏之祖。

经基之子满仲舍弃其父远离摄关家的作风，主动向当时的关白藤原实赖靠拢。969年"安和之变"便是由满仲向实赖告密，因此晋升为正五位下，在领地摄津国住吉大社一带开垦农田，吸收附近豪族、农民为郎党，形成武士团。日后满仲的长子赖光继承此处领地，成为摄津源氏之祖；三子赖信则以河内国石川郡的领地为根据地，是为河内源氏。

源赖信追随藤原实赖之后的实力者道长，成为道长旗下的四天王之一。他在甲斐守任职期间平定平忠常之乱，与坂东武士缔结主从关系，是河内源氏第一代武家栋梁，构筑了前进东国、以关东为根据地以及武家源氏的基础。

河内源氏第二代源赖义，早年曾追随乃父平定平忠常之乱，中年后与长子义家平定前九年之役，因朝廷拒绝封赏而散尽家财，博得天下武士拥戴。前九年之役

人物通 ▶ 郎党

中世纪武士社会追随主家一族缔结主从关系的从者。早期的郎党未必具有武士身份，有的甚至是种田的农民，但和在地武士同样拥有骑马的特权，且同样负有追随主君作战的义务。11世纪中叶河内源氏取得"武家栋梁"称号后，多数武士与取得该称号的源氏长者缔结主从关系，从此时起，郎党才逐渐与武士画上等号。

平定后欲再任镇守府将军未果，郁郁而终。源赖义有三子，长子八幡太郎义家不仅最为杰出，在整个河内源氏，甚至日本武士发展史中比他优秀的恐怕也没几人：不到二十岁就追随父亲平定前九年之役，声名大噪的他成为白河天皇的护卫，后来白河天皇让位主持院政，又延揽义家为北面武士，准许其在院升殿。

后三年之役让义家名望达到顶点，成为天下武士推崇的武家栋梁。义家死后，河内源氏迅速衰落，义家指定的继承人三子义忠遭到义家之弟义纲杀害，义纲一族几乎遭致灭门下场。义家的另一子义亲在任地对马劫掠，为追讨使平正盛平定，源氏不仅声望大跌，更因为内斗而人丁单薄。继任的义亲之子为义，不论声望、器度、人品都不能与祖父义家相比，尔后于"保元之乱"与嫡长子义朝立场相左遭到杀害。父子、兄弟相克，似乎成为河内源氏血缘里难以去除的基因。

平安时代武士

保元之乱与平治之乱

◎ 保元之乱

1129 年 7 月，在院厅独断四十余年的白河院崩御，其子堀河天皇已在二十多年前崩御，院厅由已退位六年的堀河之子鸟羽上皇执掌，是为鸟羽院。彼时天皇是鸟羽院第一皇子显仁亲王，即崇德天皇，然而鸟羽院对他并不满意，当时传闻崇德天皇乃祖父白河院与待贤门院藤原璋子（鸟羽天皇中宫）私通生下。虽然鸟羽院迫于白河院的压力，立了显仁亲王为天皇，但当白河院崩御后，鸟羽院萌生迫崇德退位的想法。恰好这时鸟羽院宠幸的美福门院藤原得子生下体仁亲王，1142 年鸟羽院便逼崇德让位，改由年仅四岁的体仁亲王即位，是为近卫天皇。新皇生母美福门院成为太后，大权仍操控在鸟羽院手上。

崇德被迫让位，不但导致待贤门院与美福门院对立，造成皇统分裂，朝中公卿包含摄关家在内也卷入其中，形成两个敌对集团。近卫天皇自即位起便深受眼疾之苦，几近失明，1155 年 7 月最终因眼疾崩御，年仅十七岁。面临无皇嗣的局面，崇德上皇有意立皇子重仁亲王即位，自己主持院政掌权，但鸟羽院最终属意美福门院的养子守仁亲王。唯因亲王年幼，故先由亲王之父崇德上皇的同母弟，也就是喜好**今样**的雅仁亲王即位，是为后白河天皇。

1156 年 7 月 2 日，鸟羽院崩御之际，源义朝、平清盛等北面武士向鸟羽院宣誓保护美福门院，崇德上皇欲入宫见鸟羽院最后一面遭拒。7 月 11 日京都发生"保元之乱"（保元为后白河天皇年号），上皇阵营有左大臣藤原赖长，源为义（义朝之父）、为朝父子，平忠正（清盛之叔）等人；

> **豆知识 ▷ 今样**
>
> 平安中末期日本歌曲的形式，"今样"为"当世风""现代风"之意，是当时的现代流行歌。雅仁亲王早年并不被看好有继承天皇的资格，因此整日沉迷今样，史书曾有吟唱今样到喉咙沙哑的记载，收集当时亡佚的今样编纂成《梁尘秘抄》。

保元·平治合战屏风图

天皇阵营有关白藤原忠通（赖长之兄）、僧侣信西（俗名藤原通宪，天皇的智囊），加上北面武士源义朝、平清盛、源义康等人。天皇的兵力以院厅北面武士为主，有在各地平乱的经验，战力较强，而上皇的兵力多为摄关自家的私人兵团，两方未战即已分出高下。加上藤原赖长坚持要等南都僧兵到后再开战，失去以奇兵突袭远道率兵而来的平清盛的先机，反被源义朝、源义康、平清盛夜袭上皇所在的白河北殿。源为朝固然勇猛无比，但上皇其他将领均不敌天皇军，最终败北，藤原赖长乱军中身中流矢，上皇连夜逃至仁和寺，天皇方面得到最后胜利。

7月23日作出流放崇德上皇至赞岐的决议，晚年的上皇在流放地以血书写多部佛经，希望得到赦免，但仍死于流放地。上皇方面的武士如平忠正、源为义等人处以斩首刑，之后为防止再度发生乱事，恢复自嵯峨天皇以来二百五十余年不曾执行过的死刑。

◇ 平治之乱

保元之乱平定，摄关家有多处庄园遭到没收而陷财政危机，而且获胜一方的关白藤原忠通竟被撤换，由其子基实继任，摄关家影响力的坠落已是不争事实。政局出现了以后白河天皇侧近信西为主导的新体制，在信西的主导下实施庄园整理、大寺院统制、内里重建等所谓的"保元新制"。1158年9月，后白河让位守仁亲王，是为二条天皇。后白河则以上皇身份重开院政。

集后白河院信任于一身的信西，对保元之乱的论功行赏极为不公：平乱有功的源义朝，乱后只得到正五位下下野守兼左马头的官位和官职，而平清盛却是正四位下播磨守兼太宰大贰，并垄断日宋贸易。于是，认为封赏不公的源义朝，便与对信西专政忿忿不平的天皇侧近"反信西派"搭在一起。

1159年12月9日，平清盛率族人前往熊野参拜，源义朝见机不可失，与二条天皇派合作率众突袭后白河院居住的三条殿，欲除去弄权的信西。信西事先知道政变消息逃出京都，信西的几个儿子先后被捕，上皇、天皇也遭到软禁。面对在后的追兵，信西察觉大势已去而自尽。二条天皇派除去信西后心满意足，但藤原信赖、源义朝等人则把持院厅和朝廷，使得原本参与除去信西计划的部分人士转向人在熊野的平清盛求救，希望他能返回平安京平乱。

平清盛获报，于17日悄然回京，趁藤原信赖、源义朝等人疏于警戒，救出天皇送往平清盛的宅邸六波罗，上皇则逃往仁和寺。藤原信赖、源义朝失去最重要人质，无法号令群臣，加上阵营中不断有人叛逃，27日与拥护天皇的平清盛于六波罗一带交战。交战后源义朝很快溃败，藤原信赖被捕，几经哀求依然于六条河原问斩；源义朝脱困而出，欲前往关东再起炉灶，但在行经尾张时被贪图赏金的部下所害。

保元之乱后，摄政关白的地位和权势一落千丈，武士从以往陪衬的地位升格成为主角，封赏不公直接导致了源、平两大武士集团的对立。平治之乱则是两大武士集团正面交锋，这次交锋结果除阵前倒戈的源赖政外，源氏一族尽遭流放，"武家的栋梁"河内源氏更为悲惨，义朝三子赖朝被流放至伊豆，侧室常盘御前所生的三个儿子悉数被迫出家，河内源氏能够再创辉煌历史吗？

御室仁和寺／洪维扬提供

029

平家政权建立

◇ 不是平家的人就不是人

平治之乱平定，象征与清盛对抗的武士团体河内源氏的式微。由于清盛独自负责讨伐各地叛乱，因而实际掌控国家的军事、警察权。翌年，清盛因平乱之功升做正三位参议、大宰大贰兼右卫门督，正式成为堂上公卿。

1161 年 4 月，后白河院纳清盛正室平时子的异母妹滋子为妃（院号建春门院），同年生下第七皇子宪仁亲王，拜此之赐，清盛再晋升为权中纳言兼检非违使别当。1165 年 6 月，二十三岁的二条天皇便让位给不到两岁的稚子顺仁亲王，七月二条天皇英年早逝，顺仁亲王即位为六条天皇。年幼的天皇无力亲政，由后白河院主持院政，操控权柄，并立年长天皇三岁的宪仁亲王为皇太子（辈分上皇太子为天皇的叔父）。

为了让己生的皇子早日登基，后白河院与利益相通的平清盛合作，排除朝中反对势力，将未满六岁、在位不及三年的六条天皇硬逼退位，由拥有平家血统的宪仁亲王登基，是为高仓天皇。新天皇此时也不过八岁。

六条天皇在位期间，平清盛持续向权力顶峰攀升，先是打破以往惯例担任**兵部卿**，继而为权大纳言，1166 年 10 月为春宫大夫，次月晋升内大臣，翌年 2 月成为武士出身的首位太政大臣。同时清盛长子重盛为从二位权大纳言兼任春宫大夫，并掌控东海、东山、山阳、南海四道军事警察权。据《平家物语》记载，清盛三子宗盛任中纳言兼右大将、四子知盛任三位中将、嫡孙维盛为四位少将，平家一门有公卿十六人、殿上人三十余人，还有各国国守以及在卫府和各省司担任官职共计六十余人。日本行政区有六十六国，归

人物通　兵部卿

律令制下八省之一兵部省的长官，掌管军事防卫的相关事项，镰仓时代以后兵马大权转移至征夷大将军，成为虚有头衔。兵部卿相当于正四位下，官位虽不高，但多由公卿或亲王担任，后者称为"兵部卿宫"，与太宰帅的"帅宫"、弹正尹的"尹宫"并列。战国时代，大内义隆是唯一由武家担任兵部卿的特例。

平家管辖达三十余国，已超过日本国土半数，权势之隆即便在藤原道长时代的摄关家也有所不及，无怪乎清盛妻舅平时忠（时子同母弟）在得意之余如此吟咏："不是平家的人就不是人！"

平家政权因清盛宅邸位于鸭川东岸五条大路到七条大路一带的六波罗，故又称"六波罗政权"。长久以来，学者认为平家政权有很强的贵族政权性格，但战后学者认为平家政权设置地头和守护，具日后武家政权的规模，故可视为武家政权的滥觞。

平氏一族在朝廷和地方势力坐大，天皇也是平清盛外孙／三娃绘

◇ 盛极必衰的平家

清盛在三个多月后因病辞去太政大臣，引退至摄津福原，以该地良港大轮田泊（神户港）发展日宋贸易获巨额财富，从这些财富拨出部分供后白河院挥霍，并借法皇的威势排除政敌，因此清盛辞官丝毫无损平家政权。1171年，清盛将时子所生的三女德子送进宫，成为高仓天皇中宫（院号建礼门院）。德子入宫让平家与皇室亲上加亲，然平家政权稳固与否，乃系于法皇宠幸的建春门院滋子身上。

1176年3月4日，为迎接后白河院五十大寿，平家风风光光在法皇住处法住寺殿举行宴会，皇族所有成员和平家一门全部出席，平家声望于此时达到巅峰。6月，法皇和比叡山关系得到改善后，建春门院突然病倒，一个月后病逝。此后法皇与平家之间迭有冲突，最终演变为法皇企图推翻平家的"鹿谷之阴谋"。

1177年5月，建春门院逝去未及周年，法皇与已故信西之子近臣静贤法印在京都东山鹿谷山庄，与其他亲信密谋打倒平家。不过北面武士的密告使清盛主动出击，法皇身边亲信如藤原成亲、静贤、西光、俊宽、平康赖悉数遭到流放，法皇亦遭清盛幽禁，被迫停止院政。

后白河院画像

1178 年 11 月，入宫七年的建礼门院终于产下皇子言仁亲王，一个多月后便被立为皇太子。不到两年，清盛主导天皇让位，皇太子即位安德天皇，二十岁的高仓天皇以上皇的名义主持中断三个多月的院政。安德天皇即位之初，先有**以仁王举兵事件**，后来迁都福原，未及半年又迁回平安京，经此一事件，平家威望开始衰落。迁都福原期间，受以仁王事件鼓舞，蛰伏各地的源氏纷纷起兵响应，较重要的有河内源氏嫡系源赖朝以及旁系源义仲，分别于关东南部和信浓举兵。1181 年 1 月高仓上皇崩御，由于皇族已无其他人选，不得已只好让擅于权谋的后白河院再度入主院厅。而更让平家一族扼腕的是，大家长清盛于同年闰二月四日病逝，从此伴随平家的是盛极之后的衰落。

人物通　　以仁王举兵事件

以仁王为后白河天皇第三皇子，因生母非平家族人，故未得到亲王宣下，只以"王"称之。1179 年 11 月，随着后白河院被迫停止院政，以仁王的庄园领地也遭没收，愤怒的以仁王于翌年四月在源赖政的劝说下，向全国各地蛰伏的源氏发出追讨平家令旨。虽然五月以仁王及源赖政的举兵遭到平定，却燃起各地源氏"反平家"的怒火。

平家灭亡

◇ 赖朝举兵进入镰仓

仁王举兵一个月便被平定，之后各地源氏皆宣称收到令旨起兵，包括被流放到伊豆的河内源氏嫡系源赖朝。1180 年 8 月，源赖朝袭击伊豆国目代，成功后暂时拥有伊豆一国，与效忠平家的关东豪族大庭景亲于石桥山交战。赖朝因兵力过于悬殊败北，逃至房总半岛，得到该地豪族上总广常、千叶常胤、畠山重忠效命进入关东门户镰仓。

10 月 20 日赖朝卷土重来，于富士川与平维盛（清盛长孙）、平忠度（清盛的异母弟）对阵，两军一触即发时刻，半夜的一阵水鸟拍翅声，竟吓得平维盛不战而逃。隔日两方于黄濑川对阵，赖朝在此与远从奥州前来投靠的异母弟九郎义经相逢。

侥幸获胜的赖朝不急于追击平家败军，返回镰仓进行领地封赏：给予岳父北条时政等南关东一带的武士领地，是为新恩给予；对于已有领地的武士则发给安堵状，承认既有事实。此后数年，赖朝致力扫平关东地方的平家势力，不断强化自己的统治权，确立与关东武士的主从关系，而被关东武士称为"镰仓殿"，奠定了日后镰仓幕府的基础。

另外，位于信浓国木曾谷的源义仲亦于 1180 年 9 月以拥戴以仁王之子北陆宫名义举兵，翌年 6 月攻入越后国，朝北陆道行进，扩大在该地的优势。高仓上皇主持院政后不久因病辞去，翌年 1 月崩御。碍于新君年幼，不得不再敦请后白河法皇主持院政，平家大家长清盛也于 1181 年闰二月病逝，目睹晚年平家面临的危机，清盛临死前忧心忡忡道："无须准备葬仪，只要供奉赖朝的首级在我墓前足矣！"

1183 年 5 月，源义仲于越中、加贺边境的俱利伽罗山谷大破平家，无坚不摧，大军浩浩荡荡直指平安京。清盛死后，平家以三子宗盛为首，面临不支持自己的法皇和来势汹汹的义仲，平家一族带着剑镜玉三神器，偕安德天皇、建礼门院仓皇离开平安京。源义仲、源行家（义朝之弟）进入的乃是个历经数年大饥荒又无天皇的京城，为安抚人心，不得不拥立高仓天皇第四皇子尊成亲王即位，是为后鸟羽天皇。这是奈良时代以来，首位在没有神器加持下即位的天皇。后鸟羽即位时，被篡拥离京的安德天皇仍未退位，是日本史上首现同时存在两位天皇的情况。

同时也让法皇继续主持院政以维护秩序，但法皇看到义仲进京后种种不得民心之举，深感有必要拉拢远在关东的赖朝，借其力量打倒义仲，因此发出**"寿永宣旨"**：承认赖朝在东国（东海、东山、北陆三道）可将庄园、公领（国衙领）的官物和收入纳为己有，等于公开承认赖朝对东国的支配权。近年有学者提出，镰仓幕府的建立可提前至"寿永宣旨"公布时。

◇ 不败将领源义经

为争取法皇认同，义仲主动出击进攻平家位于四国赞岐的据点屋岛，行进至备中国渡海前往时，在水岛反为平家击败，失去诸多兵力。狼狈回京的义仲将怨气出在法皇身上，包围法皇居馆法住寺殿，将其囚禁。

1184 年 1 月 15 日，义仲得到征东大将军宣下，与取得讨伐义仲院宣、率领关东武士上洛的源义经于近江决战，义仲败亡。趁义仲与镰仓势力作战，在西国休养生息的平家好整以暇，准备重回京都。以赖朝代表身份消灭义仲的义经，其性格单纯被法皇视为奇货，不仅破例接见（当时义经并无官衔），还接连发出讨伐平宗盛、义仲残党的宣旨。

2 月 7 日，义经率七十余骑深入敌阵奇袭，平家阵脚大乱。随后率军直入的范赖（义经异母兄）取得丰硕战果，平家一门自忠度（清盛的异母弟）以下十余人被执行死刑。这场"一之谷会战"使得平安京再无平家势力，此役之前名气不响的义经，此后成为平安京无人不晓的大人物。

孰料义经目中无人的个性引起了关东诸将反感，加上他亲近被赖朝称为"日本国第一的大天狗"的法皇，

> **豆知识** ▶ **宣旨**
>
> 律令时期以来传达天皇或太政官命令的文书，虽不如附上印玺的诏书、敕旨来得正式，但诏书和敕旨下达的场合有限，宣旨成为不便下达诏书、敕旨的场合时传达天皇命令的工具。

未经赖朝同意，便径自接受法皇封赏从五位下左卫门尉、检非违使尉（俗称"判官"）。担心弟弟继续立功将被法皇吸收用来对抗关东，赖朝遂改命范赖率领大军经山阳道征讨九州岛。范赖行军至长门国时为濑户内海的平家水军所阻，加上军粮不足、士气低落，裹足不前。

　　眼见远征军有全军覆没的危险，赖朝只得恳求义经出马。义经于1185年2月18日，以五艘船一百五十骑强渡鸣门海峡从四国阿波上陆，一日之内急行军至平家在濑户内海的要塞屋岛背后，再一次从不可能出现的方位奇袭平家。平家以为义经率大军杀来，慌乱中造成自家军队自相残杀，死伤惨重。清盛三子宗盛放弃屋岛，率领败军再往西遁逃，濑户内海以东于

源平对决会战／三娃绘

是全归赖朝所有。

屋岛之战获胜，使范赖取得军粮和渡海所需的船只，渡关门海峡登陆九州岛。平家此时已无退路，所有船只和军队聚集在最后据点，即本州岛和九州岛之间的彦岛。

3月24日，平家五百余艘船只与义经征召的八百多艘船，在长门国赤间关（下关）一带的坛浦进行最后决战。决战历时近一天，平家先盛后衰，最后平家一族纷纷跳海。八岁的安德天皇询问众人该往何处去，二位尼（清盛正室时子）牵着安德天皇的手说："波涛之下亦有皇宫。"两人连同三神器一起跳海而死，权倾一时的平家最终覆灭。

4月24日，义经带着打捞上岸的三神器中八咫镜和八尺琼勾玉，以及被救上岸的平家成员平宗盛、平时忠、时实父子、国母建礼门院凯旋平安京，日本有史以来恐怕无人可及此时的义经。对义经而言，消灭平家是他生存的目的，这个目的如今已经达成。然飞鸟尽、良弓藏，狡兔死、走狗烹，平家既灭亡，在赖朝眼中，义经成了比平家更可怕的敌人。

义经败亡奥州

◇ 院宣追杀义经

　　义经带着镜、玺二神器以及平家主要战犯凯旋回京，受到英雄式的欢迎，连法皇都亲自接见，对个性多疑的赖朝而言，不能不怀疑法皇接近义经的目的。传统说法如《平家物语》，将赖朝怀疑义经归咎于军监梶原景时在赖朝面前进谗言之故，不过义经私自接受法皇授予的官位，明显触犯赖朝建立的镰仓体制，恐才是兄弟反目的最根本原因。

　　5月，义经押解战犯平宗盛、清宗父子东下镰仓，人已在镰仓近郊，赖朝却不允许义经入境。5月24日，悲愤的义经书写信函反驳梶原景时不实的指控以示清白，托赖朝智囊大江广元转交赖朝，此即有名的**"腰越状"**。不过，赖朝并未因此对义经释怀，只向朝廷奏赏义经伊豫守的官职，借机

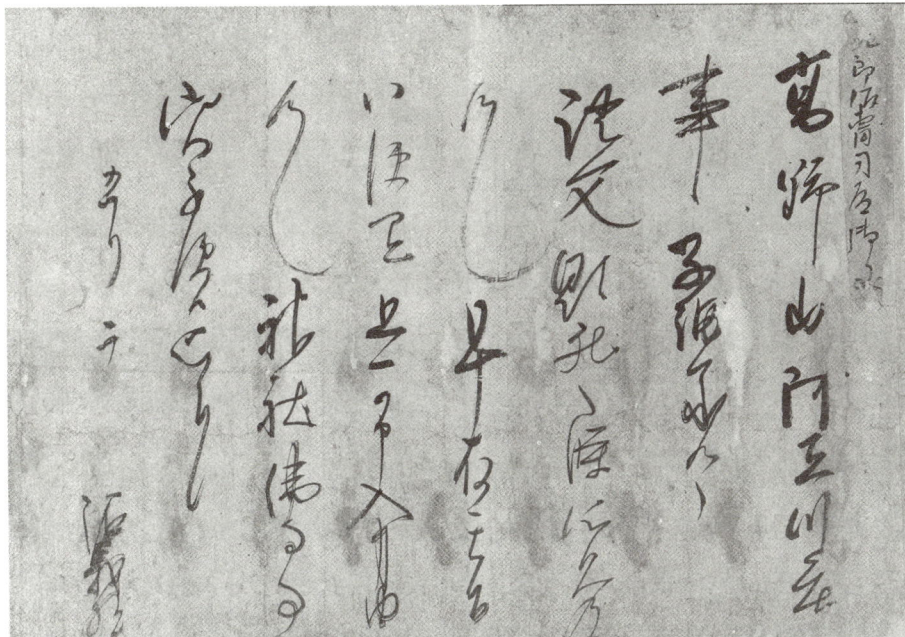

源义经请文笔迹

收回以前赏赐的二十余处庄园，加上法皇和叔父源行家居中挑拨，河内源氏父子、兄弟相残的传统又再次印证在赖朝、义经兄弟身上。

10月赖朝派刺客前往京都暗杀义经失败，10月18日在源行家怂恿下，法皇向义经下达讨伐赖朝的院宣，可是义经不像赖朝那样随时可以动员庞大的武士团，义经欲前往九州岛号召当地武士也因故未能成行。11月7日，赖朝抢先一步向朝廷施压解除义经检非违使等所有官职，法皇也配合赖朝下达讨伐源行家和义经的院宣。

借此机会，赖朝向全国下达缉捕义经的通缉令。义经不得已，只得与爱妾静御前别离，辗转逃到奥州，寻求幼年时对他有养育之恩的奥州藤原氏之主藤原秀衡的庇护。藤原秀衡是奥州藤原氏第三代当家，藤原清衡之孙，传至秀衡已在奥州立基百年，兵强马壮；赖朝之所以派范赖、义经讨伐平家，亦为镇守镰仓防备奥州藤原氏南下。赖朝何尝不想平定奥州，只是苦于没有适当理由，义经的出逃正好给赖朝出兵奥州提供了充分的理由。

◇ 平定奥州

义经于1187年2月来到奥州，被藤原秀衡奉为上宾，秀衡知道要抵挡赖朝军队入侵非由义经担任统帅不可，只要义经在奥州便能保住。藤原秀衡于同年十月病逝，在病榻上仍交代第四代当家泰衡及其异母兄国衡要善待义经，团结三人之力才能对抗赖朝。

秀衡死后，泰衡、国衡、义经三人维持一年多的团结，这段期间泰衡不断受到来自镰仓的武力威胁，产生了镰仓之所以对奥州进行武力威胁乃义经之故。镰仓对奥州并无恶意，只要除去义经，双方便能达成和解的错觉。于是1189年闰四月三十日藤原泰衡派人袭击位于衣川馆的义经主从，义经主从包含魁梧的武藏坊弁庆在内只有十余骑，自然不敌泰衡派来的五百余骑，力竭而死。义经首级被割下，泡在酒里于 6 月 13 日送到镰仓，由梶原景时、和田义盛等人（他们接触最久）确认后再呈到赖朝面前。

　　义经既已除去，对赖朝而言，平定奥州不再是遥不可及的幻梦。尽管法皇拒绝发出讨伐奥州的院宣，但赖朝仍以自己的实力征召二十八万兵力，7 月 17 日兵分三路进攻奥州。前两路由北陆道和东海道进军，赖朝再自率一路出镰仓经下野国从白河关进入奥州。8 月 8 日双方于阿津贺志山交战，泰衡军大败，不久攻陷奥州藤原氏四代经营的政治中心平泉。26 日，泰衡递出降书请求赖朝饶恕，赖朝执意要消灭奥州藤原氏而置之不理，9 月 6 日泰衡为部下所弑，首级送到赖朝面前，至此割据奥州四代长达百年之久的奥州藤原氏灭亡，整个奥州悉数纳入大和朝版图，赖朝设置奥州总奉行管理新版图。再加上先前以追捕义经为名将亲信中原亲能、武藤资赖、岛津忠久派往九州岛，于是日本全国（北海道除外）首度统一，完成全国统一的不是皇室，而是镰仓殿源赖朝，象征武士建立政权的新时代到来。

平清盛 | 元永元年~治承元年（1118—1181年）

　　建立平家政权的平清盛是日本史上首位官拜太政大臣的武人，也是首位与皇族缔结姻亲的武人，由于平清盛死后平家政权迅速灭亡，很多人将平家灭亡的原因归咎于平清盛的骄奢，加上成王败寇的铁律，平清盛形象被丑化并不令人意外。

※ 平清盛出身之谜

　　在谱系上平清盛为平忠盛的嫡男，然而《平家物语》记载白河院（1073—1087年在位，让位后成立院厅开始院政）将已怀有身孕的祇园女御赐给平忠盛，数月后祇园女御产下一子，即是日后的平清盛。平清盛自幼官运亨通，十二岁元服后叙位从五位下左兵卫佐（其父忠盛戎马一生至年近五十才到正四位上，得到升殿许可成为殿上人），不到三十岁升任正四位下安艺守，远远超出一般武士升官的速度，平清盛若非天皇私生子似难以解释不寻常的晋升。

　　另外，天皇的私生子之说亦可说明院近臣家出身的平清盛，何以能跳过右大臣和左大臣之位，直接从内大臣晋升太政大臣的理由。在平清盛之前，只有三十人左右担任过太政大臣——不是皇族就是藤原北家出身。从这点观之，若平清盛为天皇私生子，似乎就说得通平清盛为何能破格晋升太政大臣。

　　只是《平家物语》《源平盛衰记》成书均在镰仓时代以后，而且这两本皆属于军记物语，在指证平清盛为天皇私生子这点并不具说服力。1893年，位在滋贺县犬上郡多贺町的胡宫神社发现名为《佛舍利相承系图》的古文书，该文书记载的内容与《平家物语》《源平盛衰记》等军记物语相似，只是将怀孕的女性改为祇园女御之妹，白河院发现祇园女御之妹怀孕后赐给刑部卿忠盛。平清盛三岁生母病逝，祇园女御不舍清盛故认他为犹子。

　　白河院私生子的说法得到证实后，此后的文学创作如吉川英治《新·平家物语》、森村诚一《平家物语》及宫尾登美子《宫尾本平家物语》皆采此说。

※ 平家政权可视为武家政权?

平治之乱最后的结果是平家获胜,平清盛几乎铲除武家源氏的势力,武家源氏无法在朝廷立足,只能流亡地方静待时机。数年后平清盛官拜太政大臣,虽然三个月后平清盛便辞官,然而平家势力羽翼已成,如同《平家物语》所述:"平氏一门有公卿十六人,殿上人三十余人,还有各国的国守,以及在卫府和各省司担任官职的一共有六十余人……日本共分六十六国,其中归平家管领的凡三十余国,已经超过国土的一半,其他庄园田地不计其数。"透过《平家物语》的描述,平清盛当上太政大臣前后平氏政权建立应该毋庸置疑,那么该如何看待平氏政权?

毫无疑问平氏政权是之前贵族政权与之后武家政权间的过渡政权,平氏政权的性质究竟属于何者?旧说认为清盛既已任太政大臣,平氏一门分布公卿、殿上人、各国国守以及卫府和各省司,此皆为奈良—平安时代朝廷的官职,平氏政权并没有像源赖朝的镰仓幕府新设独立在朝廷之外的新职务,因此平氏政权无疑属于贵族政权的延续。

20世纪80年代后渐对平氏政权有全新的诠释,学者认为平家在主要地盘西国已出现类似守护、地头的人事任命,赖朝于1185年11月从朝廷手中取得任免守护、地头的许可被视为武家政权出现的滥觞。另外1167年5月六条天皇曾发布宣旨赋予清盛长子重盛(小松内大臣)剿灭东山、东海、山阳、南海诸道盗贼、海贼的权力,与后来赖朝追杀义经时"六十六国总追捕使"的头衔同样都是给予治安维持权,足见平氏政权已具备武家政权的性质。

严岛神社的海上鸟居

※ 大河剧里平清盛的形象

　　包含 NHK 新大型时代剧在内共有六部与平清盛相关的大河剧，然而以平清盛为主角的有 1972 年《新·平家物语》以及 2012 年《平清盛》，分别由仲代达矢和松山研一饰演平清盛。《新·平家物语》改编自吉川英治的同名小说，将传统平清盛骄奢的形象重新定义为感情丰富的平清盛，由演技精湛、得奖无数的影帝仲代达矢饰演。

　　相较于演出《新·平家物语》时年届四十、主演多部戏剧累积无数经验的仲代达矢，松山研一演出《平清盛》前亦有多部戏剧经验及得奖的肯定，表现上不见得不如仲代达矢。

　　《新·平家物语》不只描述平清盛的生涯，还延伸至平家的灭亡，相形之下《平清盛》只及于他个人生涯，口头带过平家的灭亡。虽有细部差异，相同处在于都跳脱传统对平清盛骄奢的评价，重新定义清盛，这点有助于观众摆脱传统成王败寇史观的束缚。

【与清盛有关的景点】

*六波罗馆：忠盛之父正盛所筑的居馆，平清盛的成长之地（京都府京都市东山区）

*六波罗蜜寺：平清盛时期平家一门的邸馆（京都市东山区）

*严岛神社：平家纳经之地，平清盛时作为平家的氏社（广岛县二十日市市宫岛町）

*三十三间堂：平清盛出资献给后白河院的佛堂（京都市东山区）

*福原京：平清盛进行日宋贸易的港口（兵库县神户市）

|源义经| 元永元年~治承元年（1159—1189年）

　　源义经是日本历史上有名的悲剧英雄，深受素有同情弱者倾向的日本人的喜爱，日文有个词语为"判官赑屃"（判官是义经的官职"检非违使尉"的俗称），这个词有同情弱者之意，由来即出自义经。

※ 义经身世曲折

　　义经幼名牛若丸，是清和源氏栋梁源义朝九男，在洛北鞍马寺出家期间曾得鬼一法眼教导兵法。改名遮那王后无意间知道自己的身世，此后消灭平家成为他生存的动力，在奥州商人吉次的帮助下逃出鞍马寺前往奥州投靠统治当地的奥州藤原氏第三代藤原秀衡，在路途中元服，因排行第九故自称"九郎义经"。

鞍马寺山门／KENPEI 提供

坛浦下关公园的义经像

滞留奥州约六年的义经，听到赖朝举兵（富士川之战）的消息，得藤原秀衡之许来到骏河国黄濑川与赖朝兄弟相认，在义经的故事中这是极令人动容的时刻！

义经二十五岁以赖朝代官（代表）身份上洛，接下来两年内历经粟津之战、一之谷之战、屋岛之战、坛浦之战，先后消灭源义仲与平家，建立亘古未有之战功，声望之隆直逼其兄赖朝！平家灭亡后，赖朝与义经的矛盾也达到最高点，最终赖朝向后白河院施压取得讨伐义经的院宣，无处可去的义经回到少年时期曾栖身的奥州。藤原秀衡有意以义经作为奥州的屏障，不过秀衡死后继位的泰衡夜袭义经居住的衣川馆，义经力竭战死。

※ 义经与赖朝的冲突点

赖朝曾被平清盛流放至伊豆蛭小岛，在该岛度过了二十年以上的流放生活，目睹武士在关东辛勤地垦荒辟田，他清楚地知道武士对私有土地的渴望。然而院厅也好，朝廷也好，都不承认武士拥有对土地的所有权，因此当赖朝承诺保证已获得的土地，并视所立的功劳给予新土地作为封赏，关东武士都会为他效命，并乐于缔结主从关系，此即赖朝建立的"镰仓体制"。

义经生长过程欠缺这样的环境，他完全不懂武士的世界，他认为自己是镰仓殿的弟弟，所以镰仓殿的家臣也就是自己的家臣，因此有权指挥他们。义经并不懂确实保障武士领地的是镰仓殿，与关东武士缔结主从关系的也是镰仓殿，而非镰仓殿的弟弟，关东武士没有效忠义经的义务。关东武士一同遵守镰仓殿"未得镰仓的许可不得接受朝廷赏赐的官职"，最先破坏约定的正是义经，赖朝对义经的厌恶皆因于此，义经却一直以为是监军梶原景时在写给赖朝的战情报告上恶意中伤，不断写信向赖朝明志，例如有名的《腰越状》。

※ 大河剧里义经的形象

NHK 大河剧有五部与义经相关的戏剧（若包含 NHK 新大型时代剧在内则有六部），以义经为主角的则有三部，这三部饰演义经演员为：七代目尾上菊五郎（1966 年《源义经》）、川野太郎（1986 年 NHK 新大型时代剧《武藏坊弁庆》）以及泷泽秀明（2005 年《义经》）。

《源义经》年代久远且先不提，川野太郎出演《武藏坊弁庆》时二十六岁，泷泽秀明也只有二十三岁，与义经的年纪相去不远。或许是遗传之故，义经有着酷似女性的容貌，身高也较寻常男性矮小，若就这点而言，泷泽秀明更适合饰演义经。

【与义经有关的景点】

*鞍马寺：义经幼年出家之地（京都府京都市左京区）

*五条大桥：义经与武藏坊弁庆初次相遇之地（京都府京都市下京区与东山区）

*黄濑川八幡神社：义经和赖朝兄弟相认之处（静冈县骏东郡清水町）

*须磨浦公园：一之谷之战战场（兵库县神户市须磨区）

*屋岛：屋岛之战战场（香川县高松市）

*坛浦：坛浦之战古战场（山口县下关市）

*满福寺：义经书写腰越状之地（神奈川县镰仓市）

*衣川馆：义经绝命之地（岩手县西盘井郡平泉町）

叁

平安中期出现的武士,
趁着公卿间的内斗建立武家政权,
以将军的身份指挥全国武士,
相当于日本史上的镰仓、
室町及江户时代。

武家政权篇

镰仓时代

1192 年,源赖朝为征夷大将军,日后逐渐建立执权政体
1221 年,承久之乱,平定后设置六波罗探题
1274 年,文永之役(第一次蒙古来袭)
1281 年,弘安之役(第二次蒙古来袭)
1333 年,镰仓幕府结束

南北朝时代

1334 年,建武新政开始
1336 年,后醍醐天皇创南朝,南北分治
1338 年,足利尊氏任征夷大将军,建立室町幕府
1392 年,南北朝结束,复归统一

室町时代

1401 年,开始出现勘合贸易
1428 年,德政一揆
1467 年,应仁之乱起事,掀起战国风云

1485 年，此年起各地陆续爆发一揆
1493 年，北条早云进入伊豆
1543 年，火枪、铁炮传入
1549 年，基督教传入
1553 年，川中岛之战开始，长达十一年
1560 年，桶狭间之役
1568 年，织田信长促足利义昭上洛
1573 年，足利义昭遭逐，室町幕府结束

安土 . 桃山时代

1575 年，长筱之战
1582 年，本能寺之变信长亡，展开山崎之战复仇
1583 年，贱岳之战后大阪筑城
1584 年，小牧·长久手之战
1585 年，丰臣秀吉就任关白，六年后达成天下一统
1592 年，文禄之役
1597 年，庆长之役
1600 年，关原合战

江户时代

1603 年，德川家康任征夷大将军，开设江户幕府
1614 年，大阪冬之阵
1615 年，大阪夏之阵，战后制定《武家诸法度》
1635 年，开始参勤交代
1637 年，岛原之乱
1641 年，进入锁国
1657 年，明历大火
1687 年，颁布《生类怜悯令》
1702 年，赤穗浪士复仇事件
1716 年，享保改革展开
1769 年，开启田沼专政时代
1782 年，天明大饥馑
1825 年，发布《异国船驱逐令》
1837 年，大盐平八郎之乱
1841 年，天保改革展开
1853 年，培理黑船叩关，翌年签署《日美和亲条约》，开启尊皇、攘夷派对立
         的幕府风云
1856 年，哈里斯赴日做美国驻日领事，随后两年展开《日美修好通商条约》协商
1858 年，安政大狱
1859 年，神奈川、长崎、箱馆开港
1860 年，樱田门外之变
1862 年，和宫下嫁达成公武合体，同年发生生麦事件
1863 年，长州炮轰外国船，同年爆发萨英战争
1864 年，池田屋事件、蛤御门之变、第一次长州征伐、四国联合舰队炮击下关
1866 年，萨长同盟成功，不久展开第二次长州征伐

幕府政治创建

◇ 政治机构出现

赖朝入主镰仓后，致力于安顿关东武士的种种措施，多数关东武士都有从赖朝手上得到了领土赏赐。因此赖朝的措施主要在于保障武士的领地，进而由此建立起武家政权体制，这是一种有别于平安时代摄关、院政的体制。

1180 年 10 月赖朝进入镰仓，旋即建造大仓御所作为自己的宅邸。兴建的同时，赖朝也设置警备自己宅邸的"侍所"，任命股肱和田义盛为**别当**，后来侍所除警备将军宅邸外还包含统领**御家人**的职责，成为幕府的军事机构。

> **人物通 ▶ 别当**
>
> 原为律令制下在原官职之外兼任其他役所长官的称呼，后来专指官司特别是令外官的长官。由于是官司的长官，多由大臣或纳言担任，只是大臣或纳言通常忙于本职，因此别当多半只有头衔而无实权。此外，东大寺、兴福寺等寺院负责统辖寺务的僧官也称为"别当"。

"寿永宣旨"（1183 年）朝廷公开承认赖朝对东国的支配权，赖朝因而得以于次年设置处理一般政务、财政的"公文所"（后改称"政所"）以及掌管诉讼裁判的"问注所"，前者由大江广元担任别当，后者由三善康信担任执事。

1185 年赖朝借追捕义经、行家等人及其同党之名，强迫朝廷给予设置守护、地头的权力，此为"文治敕许"。守护、地头的设置，代表朝廷承认赖朝有军事、警察、土地支配等权力，赖朝将自己信任的武士派驻到各国担任守护，作为镰仓政权在各国的武士首领，负责取缔叛乱、指挥御家人的警卫、守护京

> **人物通 ▶ 御家人**
>
> 镰仓时代的"御家人"乃指和镰仓殿（将军）缔结主从关系的武士，依武士所在的地理位置可分为镰仓御家人、关东御家人、镇西御家人。镰仓殿发给御家人本领安堵状以保障其领地，相对的，御家人须为镰仓殿提供种种劳务与军役作为回报。

镰仓市内的源赖朝之墓／三月雪摄

城等职责；派遣武士到庄园任地头，承担各乡郡征税、监察和行政等职责。至此镰仓幕府已具备相当规模，欠缺的是赖朝作为这一政权统治者应有的官职和官位，这时他的官衔是临时授予的"六十六国总追捕使"，此衔已不符合他的身份。

◈ 征夷大将军世袭化

1190 年 11 月 7 日，赖朝率领千余骑御家人上洛谒见后鸟羽天皇，谒见前先和当时摄政九条兼实会面，言谈中，赖朝提到希望能被朝廷任命为征夷大将军之职，统率天下兵马大权。9 日，赖朝再谒见与他关系微妙的后白河法皇，法皇拒绝赖朝的提议，只追封赖朝为权大纳言兼右近卫大将，后者是律令制下武官的最高职位，显然承认赖朝为当时武士的首领。

源赖朝的花押（签名）

不过赖朝并不满意，右近卫大将是律令制下的官职，担任此职自得听命于朝廷。而征夷大将军除了是令外官不受朝廷约束，更象征赖朝镰仓政权支配东国的行政、司法权，独立于朝廷之外，还突显出他平定有虾夷血缘的奥州藤原氏之功勋，兼具掌控天下兵马的指挥权。

　　于是赖朝在 12 月 1 日朝廷任命仪式后，过了两日就辞退两衔在御家人的护从下返回镰仓。1192 年 3 月后白河法皇崩御，在关白九条兼实的运作下，7 月赖朝终于盼来期盼已久的征夷大将军的册封，日本历史从此进入长达将近六百八十年的武家政权时期；这段期间尽管因所在地不同而有名为镰仓、室町、江户三个幕府，但幕府领导人都须由朝廷发出征夷大将军宣下，才能名正言顺地成为天下武士之首。自平安初期大伴弟麻吕为桓武天皇任命征讨虾夷族、统辖天下兵马的军事指挥官以来，凡遇上虾夷族寇扰边境，才临时由天皇从武官中挑选优秀者担任征夷大将军的临时使命，在赖朝之后转变为"一姓一家"世袭，之后凡日本遇上乱世，武士莫不以受封"征夷大将军"、开创幕府为毕生最高的追求理想！

　　1193 年 8 月，赖朝最后一位弟弟范赖被流放到伊豆，之后去向不明，有记载范赖在当日遭到杀害。1199 年 1 月 13 日，据记载镰仓初期幕府政治的历史书《吾妻镜》所述，五十三岁的赖朝在这天坠马不治，留下以十八岁的赖家为首共四名子女，面对蠢蠢欲动的御家人和赖朝正室北条政子的娘家，赖家及其兄弟该如何应对呢？

北条氏抬头

◇ 二代将军赖家

赖朝坠马死时，嫡长子赖家只有十八岁，旋即继承河内源氏家督，朝廷册封正五位下左近卫中将。当时武家政权初创，继承制度仍未明确，赖家继承的仅是河内源氏家长及镰仓殿一职，而非征夷大将军。赖家本身并无赖朝的威望和统领御家人的手腕，当上家督后任意妄为，荒腔走板的行径加深了其与御家人的对立。赖家生母北条政子及外祖父北条时政不得不暂时解除赖家亲政，另从御家人中选出最具实力的北条时政、义时父子等十三人合议决定，这十三人外其余均不得直接向赖家要求诉讼裁断，称为"执权合议"。

"执权合议"剥夺赖家部分权力，年轻气盛的他，认为御家人处处与自己敌对，开始培植自己的党羽进行反扑。不过赖家所培植多半是他的玩伴，不但年轻缺乏威望亦无功勋，因此赖家拉拢十三人合议当中的梶原景时，重用同为十三人合议成员之一的岳父比企能员。

梶原景时为讨好赖家，发挥构陷本事，唯引来六十六位御家人暴动，反被逐出镰仓，于1200年死去。梶原景时事件的发生固因诬告引起，然究其本质仍系幕府内部的权力斗争，欲通过驱逐梶原景时达到削弱赖家势力的目的。同年安达盛长与三浦义澄也病逝，十三人合议制随之解体❹。

伊豆修禅寺 / 刘恩绮提供

御家人虽打算削弱赖家的权势，朝廷却于 1202 年 7 月下达征夷大将军宣下，赖家正式成为镰仓幕府二代将军。翌年七月赖家突然患病，8 月 27 日赖家生母北条政子与父亲、弟弟商议后宣布赖家让出权力，其六岁长子一幡继承其位，成为关东二十八国总地头，赖家之弟千幡为关西三十八国总地头。

赖家听到后甚感不快，与岳父密谋杀害千幡，但机密外泄，岳父比企能员一族及赖家长子一幡反为北条时政除去。赖家本人也遭废黜，被囚禁在伊豆修禅寺，1204 年 7 月 18 日遭北条时政派人杀害。

◈ 赖朝血缘断绝

1203 年 9 月 7 日，赖家遭废黜的那天，赖家之弟千幡成为三代将军，改名源实朝。与任意恣行的兄长赖家相反，实朝给人温顺文雅的印象，喜爱和歌，歌风深受当时京都歌坛权威藤原定家编纂的《新古今和歌集》影响。他后来将三十余首和歌派人送往京都呈给藤原定家过目，经定家修改并得其赠送《咏歌口传》，著有个人和歌集《金槐和歌集》（简称《金槐集》）。

源实朝对关东武士的尚武精神并不热衷，尽管大江广元和北条义时多次劝他勿过度沉迷京都贵族文化，实朝仍无动于衷。看在眼里的关东武士纷纷据地叛乱，连实朝的外祖父北条时政也想让自己女婿取而代之，最后皆由实朝生母北条政子及其弟义时平定，两人甚至流放生父北条时政。1206 年在北条政子的劝说下，实朝收亡兄次子公晓为养子，这也就种下了日后的祸根。

1209 年 1 月，实朝晋升从三位跻身公卿之列，除和歌外，他也喜

"尼将军"北条政子／三娃绘

北条政子祈求赖家冥福所建的指月殿／刘恩绮提供

爱斗鸡、蹴鞠，政权全由政子和义时把持。赖朝死后，御家人的内斗使得十三人合议制成员所剩无几，对北条义时而言威胁最大的就数曾任侍所别当的和田义盛，成为"北条氏专政"的北条义时眼中最大障碍。

适逢当时信浓豪族拥立赖家另一个儿子荣实叛乱，和田义盛一族有人参与该次叛乱，北条义时借此为名号召御家人讨伐。被迫叛乱的和田义盛一族两天内遭到灭顶之灾，和田义盛任职过的侍所为北条义时掌控，他以执权兼侍所别当的身份与政子独揽军政大权，整个幕府内部能和北条氏匹敌者只剩德高望重的文官大江广元及三善康信二人。

成为堂上公卿的源实朝职位晋升飞快，当年 5 月任右近卫中将，不到两年晋升从二位，和田一族叛乱前夕为正二位。1216 年 6 月转任权中纳言，7 月兼任左近卫中将，官职官位直逼其父，此时实朝只有二十五岁，且毫无征战经验。因此大江广元劝谏实朝辞去所有官位官职，只保留征夷大将军即可，但被实朝拒绝。

1218 年末，源实朝成为正二位右大臣兼左近卫大将、左马寮御监，亡父赖朝戎马一生也不过至右近卫大将。源实朝决定翌年正月于先祖源赖义为祈求前九年之役获胜，从京都石清水八幡宫劝请来的鹤冈八幡宫举行大臣就任式。1219 年 1 月 27 日晚上，就任式结束后实朝退出八幡宫时，在石阶上遭到时任八幡宫别当的养子公晓的袭杀，公晓亦在当晚被北条义时杀害。

　　实朝并无子女，于是自源赖义以来为天下武士推崇的河内源氏血统断绝。独揽幕府军政大权的北条政子和义时，面对无人可继承将军的局面，会作出怎般决定呢？

❹ 十三人分别为：大江广元（政所别当）、三善康信（问注所执事）、中原亲能（政所公事奉行）、二阶堂行政（政所别当）、梶原景时（侍所别当）、足立远元（左卫门尉）、安达盛长（三河守护）、八田知家（常陆守护）、比企能员（信浓·上野守护）、北条时政（伊豆·远江·骏河守护）、北条义时（寝所警护众）、三浦义澄（相模守护）、和田义盛（侍所别当）。

稳固执权政治体制

◇ 失败的倒幕行动

源实朝遭暗杀后，由于河内源氏嫡系已断绝血统，该由何人继任将军，对北条氏和幕府御家人而言均是最迫切的问题。北条氏本身属桓武平氏高望流，是已灭亡的平家远亲，并不适合担任统率天下武士的将军，北条氏中意的是拥立一毫无实权的傀儡将军，北条氏再以辅佐将军的身份（**执权**）把持大权，因此北条氏也不考虑拥立河内源氏旁系新田氏或足利氏担任将军。

北条义时遂派遣使者上洛，请求后鸟羽院让一名皇子东下镰仓继任四代将军。镰仓方面属意的是实朝正室坊门信子的姊妹，也就是后鸟羽院女御坊门局生下的皇子赖仁亲王，孰知后鸟羽院不同意赖仁亲王东下，因为他正在密谋反叛、推翻幕府统治（史称"倒幕"）。

后鸟羽院倒幕的近因，虽是要求幕府罢免摄津国长江、仓桥两处庄园地头不被接受而萌生，但其实后鸟羽院早就不满北条氏在赖朝死后种种铲除异己的行为，要求罢免两处庄园地头只是不满的爆发。1221年4月，参与后鸟羽院倒幕计划的顺德天皇让位第一皇子怀成亲王（四岁），是为仲恭天皇。5月14日后鸟羽院以举办"**流镝马**"为由召集畿内一带的武

> **人物通　执权**
>
> 镰仓幕府的职务名，辅佐镰仓殿统辖政务，最初是政所别当大江广元称为"执权"。然而"执权政治"的执权始于三代将军源实朝的辅佐役北条时政，北条时政之子义时身兼政所、侍所两别当，成为幕府实际上的统辖者，之后执权由北条氏世袭，统管联署、评定众、引付众，确立北条独裁体制。

> **豆知识　流镝马**
>
> 日本传统的骑射技术，骑在马背上奔跑时双手搭弓射箭。大概起源于平安中后期，平安末期流传于武士之间，供贵族观赏为乐。镰仓时代盛行武家社会，经常于鹤冈八幡宫举行。进入室町时代逐渐失传，当神社的祭典或是进行祈愿仪式时才举行，今日以镰仓鹤冈八幡宫于每年四月和九月进行的仪式最为有名。

士和诸寺院僧兵，然而只有区区一千七百余骑响应。翌日杀害不从的京都守护伊贺光季以及幽禁亲镰仓的若干公卿，后鸟羽院向各国御家人、守护、地头发出讨伐北条义时的院宣。

镰仓方面在大江广元的建议下，5月22日主动出击，共十九万大军分北陆、东山、东海三路进军，朝廷一千七百余骑溃不成军，前后不到一个月"承久之乱"平定。

◇ 北条氏全盛期

承久之乱平定之初，首谋后鸟羽院流放隐岐岛，顺德上皇流放佐渡岛，原为幕府关注的四代将军热门人选六条宫雅成亲王和冷泉宫赖仁亲王分别流放至但马和备前。而在位两个多月的仲恭天皇也遭废黜，改由高仓天皇皇子守贞亲王第三子茂仁亲王即位，是为后堀河天皇。土御门上皇虽未参与倒幕计划，但生父后鸟羽院既遭流放，他亦不愿独留京都，自请流放，于是幕府将他流放至土佐（后改流至阿波）。同时流放的三位上皇、两位亲王，及被废黜的现任天皇，五位遭流放的皇族成员皆死于流放之地，承久之乱处分之严苛可谓前所未见。

倒幕核心的公卿送往镰仓处刑，院厅近臣处以流放、谨慎等刑，响应院厅的武士领地皆被收回。乱后幕府没收朝廷阵营皇族、公卿、武士的庄园多达三千余处，幕府将这些庄园赏赐给有功的御家人，于是不少御家人离开关东，落脚西国，是为"新补地头"，在此以前的地头则称为"本补地头"。

率军的北条泰时（义时长子）、时房（义时之弟）则留驻京都，以原来的平清盛的六波罗宅邸为据点，将京都守护改称"六波罗探题"以监视朝廷的举动。尽管后来北条泰时继承义时成为第三代执权，但六波罗探题从此由北条氏世袭。

1226年1月，出身**五摄家**之一的九条赖经，东下镰仓成为四代将军。九条赖经当上将军不光基于显赫的家世，乃由于其曾祖母为赖朝之妹，勉强算得上拥有河内源氏的血统。赖经之后以其子赖嗣为五代将军，两人皆出自九条家，是藤原北家嫡系的分支，有担任摄政关白的资格，又称为"摄家将军"。

北条执权世系表

宗时

(北条氏)
(1)时政 ── (得宗家)(2)义时 ── (得宗家)(3)泰时

时氏 ── (得宗家)(4)经时 ── 时辅

时实 ── (得宗家)(5)时赖 ── (得宗家)(8)时宗 ── (得宗家)(9)贞时 ── (得宗家)(14)高时

(名越流)朝时 ── 时章 ── 公时

(宗政流)宗政 ── (宗政流)(10)师时 ── (常盘流)时茂

光时

(极乐寺流)重时 ── (极乐寺流)(6)长时 ── 义宗 ── 久时 ── (赤桥流)(16)守时

(常盘流)时茂 ── 时范 ── 范贞

(塩田流)义政

(普恩寺流)业时 ── 时兼 ── (极乐寺流)(13)基时

(政村流)(7)政村 ── 时村 ── 为时 ── (政村流)(12)熙时

政长 ── 时教 ── 时益

(金泽流)实泰 ── 实时 ── 显时 ── (金泽流)(15)贞显

(伊具流)有时 ── 兼时

政子

时房 ── (佐介流)时盛 ── 政氏 ── 重盛

时员 ── 盛房

(大佛流)朝直 ── 宣时 ── (11)宗宣 ── 惟贞

人物通　五摄家

藤原北家嫡系到平安末期藤原忠通时有基实、基房、兼实三子，为争夺摄关之职，三人政治立场殊异且各不兼容。嫡长子基实的世系称为"近卫家"，是藤原北家的嫡系；次子基房称为"松殿家"，只传二代断绝；三子兼实为"九条家"。数传之后从近卫家再分出"鹰司家"，从九条家再分出"一条家"和"二条家"，这五家都能担任左右大臣、摄政关白甚至太政大臣，藤氏长者也从五家当中选出。

1232年由评定众制定《御成败式目》，也称为《贞永式目》。全文五十一条，收集赖朝以来的不成文习惯、判例，规定御家人的权利义务及所领的诉讼，是镰仓幕府基本法典，也是最初的武家法典，影响及于后来战国大名的"分国法"。

承久之乱后，北条氏的执权体制迎来全盛期，二代执权义时虽热衷铲除政敌，但他能致力于御家人的权益，因此乱事期间一致获得御家人的拥戴。义时长子泰时为三代执权，任命叔父时房为"联署"（辅佐执权，又称为"副执权"，亦由北条氏世袭），加重北条氏在幕府内的发言权，另外也勤政爱民，被赞赏有古代中国圣人君子之风。

义时、泰时父子执政的三十余年（1205—1242年），同为北条执权兼镰仓时代的全盛期。

日本骑射艺术"流镝马"，奔驰中持弓连续向标靶射击／三娃绘

蒙古来袭，迎空前国难

◇ 文永之役被神风所救

在北条氏铲除政敌、巩固专权统治的同时，崛起于中国北方的蒙古族，历经半个多世纪的扩张，从原本蒙古草原上一支部落成长为横跨欧亚的大帝国。

忽必烈取得汗位后，南下进攻偏南一隅的南宋时，通过刚被征服的高丽致国书以日本。高丽使者潘阜等人几经挫折，于1268年年初送抵九州太宰府，镇西奉行武藤资能（当时任太宰少贰，后以少贰为姓）收下，转呈朝廷及镰仓。国书抬头称天皇为"日本国王"引起朝廷不悦，内容中威胁日本须向蒙古称臣朝贡，引起年轻执权北条时宗的不满。此后忽必烈多次遣使前来，均空手而回。

1271年11月忽必烈定国号为"大元"，次年三月元使赵良弼出使日本再次空手而回，忽必烈前后六次派出使节均无成果，下定决心征讨日本。接下来两年间，大元在中国攻陷南宋军事重镇襄阳，灭亡南宋指日可待；在朝鲜半岛上也和高丽联军弭平**三别抄**的抵抗，在无后顾之忧的情形下，动员蒙古人、汉人、高丽人、女真人联军征讨日本，这是继唐初白村江之役后中日再次兵戎相见。

1274年10月，元将忻都为总司令、汉人刘复亨及高丽人洪茶丘为副将率领蒙、汉、高丽联军共三万人，乘坐九百艘船只陆续于对马、壹岐登陆并占领之。10月20日，元军从博德湾上陆，与日本由少贰景资（武藤资能三子）为大将率领的九州岛各地部队交战。蒙古横扫欧亚的骑射战术纵难在博德湾一带施展，元军战术仍比日本优越，加上毒箭、火药运用，自是击退日军。今日从参战之一的御

> **豆知识　三别抄**
>
> 高丽王朝的军事组织，是崔氏政权（1170—1270年）的私人武力。1219年蒙古虽与高丽结盟，然而要求高丽定期纳贡引起高丽反抗，三别抄便成为高丽抗蒙的主力直至1273年为止。

家人竹崎季长请人画下的《竹崎季长绘词》，以及讲解八幡神的《八幡愚童训》，可知这次战役的概况。

日本败军聚集于水城，准备再与元军决战，但翌日清晨元军却已消失无踪。原来元军在前日作战获胜后，没有乘胜追击，进逼太宰府，而是在船舱上过夜，然而当夜吹起阵阵"神风"使得元军船只超过半数沉没，剩下船只急忙撤退。这场突如其来的"神风"挽救了日本。

◇ 弘安之役退元军

文永之役结束后翌年，忽必烈接受高丽国王建议，派遣以礼部侍郎杜世忠为正使的使节团向日本招谕。1275年9月使节团到达镰仓，遭北条时宗下令全部斩首。忽必烈得知后决意再次征讨日本，可当时正发兵灭宋，东征只得暂缓。

文永之役后为防元军再进犯，北条时宗下令在博德湾沿岸修筑一道高约2米、长约20千米的石垒阻挡元军上岸，并由北条氏一门取代九州岛各地守护加强防御。此外于长门国至筑前国置"异国警固番役"抽调东国御家人依其领地大小出兵防卫，凡被抽调轮役者御家人可免除负担沉重的京都大番役。

1279年，南宋末代皇帝赵昺于今日广州附近的崖山跳海殉国，南宋灭亡。忽必烈命扬州、湖南、赣州、泉州等地造船六百艘，加上高丽所造九百艘作为再征日本的船只，同时派遣使者前往日本招降，仍为北条时宗所斩。

1280年将高丽改成"征东行省"作为征讨日本的司令部，次年5月以南宋降将范文虎率南宋降兵十万出征，蒙古将领忻都、高丽人洪茶丘率领东路军三万精锐与高丽将领金方庆的一万高丽军，于朝鲜半岛南部的合浦会师，再与范文虎军一同进攻壹岐。6月6日，元军猛攻博德湾，先前建造的石垒阻却元军上岸，伊豫的御家人河野通有从石垒背后出奇不意地袭击元军，取得莫大战果。

元军久攻博德湾不下，决定转移战场至平户冲，就在大军集结完毕准备发动总攻击时，闰七月一日又为暴风雨袭击。元军损失惨重，不得不率领残军退回合浦，未能及时撤退的元军则为倾巢而出的日军扫荡，被称为"弘安之役"的第二次征讨日本再度宣告失败。不甘心的忽必烈虽有三次出征之意，但元朝统治下的江南和越南已有动乱征兆，忽必烈不得不打消这个念头，此后终其治世再无出征日本的机会。

北条时宗领导幕府御家人两度击败当时世界最大帝国的入侵，声望之隆不难想象，可是蒙古来袭是场防卫性战争，倾全国之力辛苦击退元军后却无领地奖赏出力的御家人。对镰仓时代的御家人而言，增加领地原是他们出兵作战的动力，击退入侵的蒙古人却未分任何赏赐，两次战役打下来对御家人来说既损人力也耗财力，战役结束后多数御家人均落得倾家荡产的下场。加上北条时宗也在不久后死去，后继者昏庸无法处理御家人的破产问题，率领日本击退蒙古入侵的北条氏很快成为御家人怨恨的对象，北条氏统治出现极大危机。

镰仓幕府走向衰微

◇ 御家人的困窘

　　击退蒙古入侵的镰仓幕府因无力对参战的御家人进行赏赐，在共赴国难这一外在因素消除后，内在矛盾更显剧烈。蒙古来袭与以往战役最大不同点在于前者是场防御性战争，输了固然日本就此亡国，然而打赢了也没有可以用来赏赐的领地；况且蒙古入侵的规模又是前所未见，幕府几乎动员全国御家人与非御家人前往九州岛博德一带，远途行军及部属随从的开支都必须由御家人或非御家人自己负担，这是笔为数不小的开销。

　　好不容易击退蒙古，幕府却因财政问题无力进行赏赐，引发御家人竹崎季长远从九州岛肥后前往镰仓申诉赏赐不公。竹崎季常原以为是镇西奉行故意漠视他立下的功勋，为此特地请画师将自己奋战的情形绘成《竹崎季长绘词》，来到镰仓后才知晓不赏赐是全国性状况。

　　无力进行赏赐的幕府，只得发布《德政令》减轻御家人与非御家人的债务。另外北条氏加强权力的集中，除继续铲除有力御家人外，对于已成年的摄家将军予以驱逐，改迎接年幼的皇族成员东下镰仓成为"宫将军"。此外垄断承久之乱平定后设立的六波罗探题（分南北两处），蒙古入侵期间设置的镇西探题和长门探题也由北条氏担任，还以防范蒙古再次入侵为由，将镇西诸国守护换成北条氏，于是北条氏嫡系（具有担任执权与联署资格）排除御家人、重用**御内人**的专制体制逐渐成形，称为"得宗专制"。"得宗专制"暂时达到巩固北条家的专制统治，却成为日后北条氏乃至镰仓幕府灭亡的原因。

> **豆知识 ▷ 德政令**
>
> 镰仓时代至室町时代，朝廷或幕府要求金融业者或债权者放弃债权的法令，最初的德政令始于1297年，称为《永仁德政令》，对象是击退蒙古入侵后因幕府无力赏赐导致财政困顿的御家人。室町时代的德政令多为幕府要求金融业者放弃将军为享乐而欠下的债务。

蒙古袭来绘词 / 竹崎季长画

◇ 两统迭立

所谓"两统迭立"是指皇室当中的两个家系轮流担任天皇，此在平安中期已有惯例。村上天皇第二皇子冷泉天皇在位两年多，因奇特行为被迫让位给同母胞弟圆融天皇，圆融在位十六年又传位冷泉第一皇子花山天皇。花山即位时立圆融之子怀仁亲王为皇太子，在位三年传位皇太子，是为一条天皇。花山无子，一条天皇于是传位冷泉的第二皇子三条天皇，三条因眼疾之故传位于一条天皇的第二皇子后一条天皇。然而此时正值藤原道长当政，后一条天皇无子却不使之传位三条天皇的皇子，而由同为藤原彰子所生的后朱雀继任，平安中期的两统迭立起于冷泉天皇，止于后一条天皇共七十年。

镰仓中期再度出现两统迭立的情形，后嵯峨天皇第一皇子是前文提过东下镰仓的首位宫将军宗尊亲王（六代将军），第二皇子久仁亲王在天皇即位四年后接受让位，是为后深草天皇。后深草天皇即位时只有四岁，在位十四年因罹患疟疾由主持院政的后嵯峨院安排让位于同母弟恒仁亲王，是为龟山天皇，让位后的后深草上皇上有后嵯峨院主持院政，并无实权。按以往两统迭立的规定来看，龟山天皇应立后深草上皇的皇子为皇太子，当时上皇有熙仁、满仁两位皇子，照理而言次代天皇应从两位皇子选择，但后嵯峨院却指定龟山天皇第二皇子世仁亲王为皇太子，后嵯峨院的偏心令后深草上皇大为不满，为日后皇室的分裂埋下了祸根。

> **人物通　御内人**
>
> 镰仓时代出仕执权北条氏家督得宗的武士、下级官吏或从者。御内人的首领称为"内管领"，虽非幕府正式职务，但因管理得宗的家政而握有实权，主要的御内人有长崎氏、纪氏、饭尾氏、安东氏。

1272 年后嵯峨院崩御，遗言只提及庄园如何分配却未指定龟山之后的继承人，后深草与龟山都认为应由自己的皇子继承，因而出现对立。1274 年龟山突然让位，由后嵯峨院生前指定的皇太子世仁亲王即位，是为后宇多天皇。后深草上皇深感不服，眼见皇室内部即将出现

※ **日本皇室世系略图**

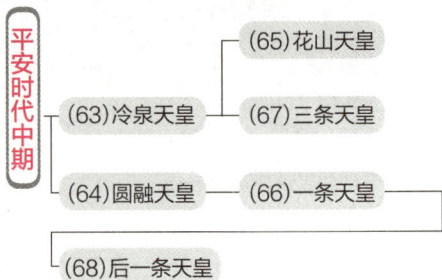

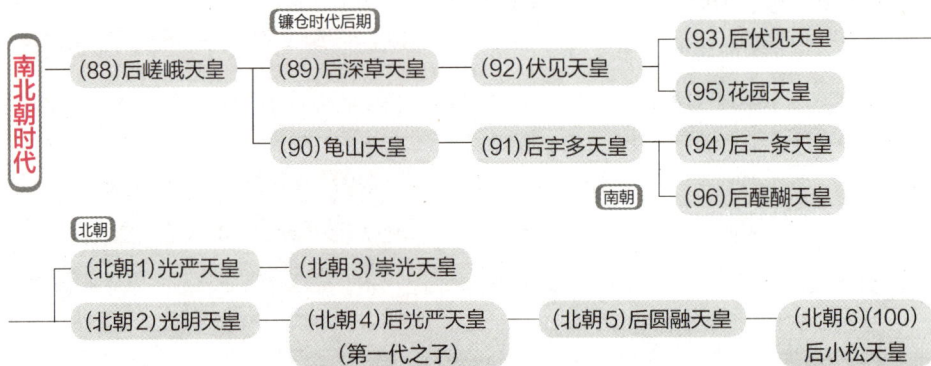

平安时代中期

- (63)冷泉天皇
  - (65)花山天皇
  - (67)三条天皇
- (64)圆融天皇
  - (66)一条天皇
- (68)后一条天皇

变乱，幕府介入斡旋，规定立后深草上皇之子熙仁亲王为后宇多的皇太子，是下任天皇。熙仁亲王即位后立后宇多的皇子为皇太子，两统轮流当天皇，各立另一统皇子为皇太子，如此下去以保皇室的安定。后深草的子孙称为"持明院统"，是日后北朝世系，龟山的子孙称为"大觉寺统"，是日后南朝世系，两统原则上以在位十年为限。

两统迭立确定后，虽私下仍暗潮汹涌，也未能遵守十年让位给另一世系的约定，但大致维持表面上的安定，直至 1318 年 2 月持明院统花园天皇传位大觉寺统尊治亲王为止。尊治亲王是后宇多天皇第二皇子，因为皇兄后二条天皇早逝而成为大觉寺统的继承人，尊治亲王不仅不满两统迭立的制度，对镰仓幕府剥夺天皇亲政也甚为不满，他在即位前对在位三十余年不设摄政关白的醍醐天皇甚是推崇，即位之初便指定自己的谥号必须是后醍醐。尊治亲王即位后不仅不遵守两统迭立的规定，反而将其亲手终结，更号召天下不满得宗专制的武士推翻镰仓幕府。

※ **日本皇室世系略图**

南北朝时代

镰仓时代后期

- (88)后嵯峨天皇
  - (89)后深草天皇
    - (92)伏见天皇
      - (93)后伏见天皇
      - (95)花园天皇
  - (90)龟山天皇
    - (91)后宇多天皇
      - (94)后二条天皇
      - 南朝 (96)后醍醐天皇

北朝
- (北朝1)光严天皇
  - (北朝3)崇光天皇
- (北朝2)光明天皇
  - (北朝4)后光严天皇（第一代之子）
    - (北朝5)后圆融天皇
      - (北朝6)(100)后小松天皇

佛教新宗派

◇ 禅宗传入

镰仓时代的佛教蓬勃发展，不仅有外来宗派传入，也有本土新宗派出现。镰仓幕府与南宋虽没有正式官方往来，民间贸易却非常繁忙，特别是僧侣的往来，直接或间接地促成了文化的交流。其中对镰仓幕府及后世影响最大的，是禅宗的传入。

禅宗的创始人虽是天竺人菩提达摩，却创立于中国，与净土宗同为对汉传佛教影响最大的两个宗派。禅宗创立于中国南北朝时期，唐初分为南北二宗，不久主张渐悟的北宗没落，主张顿悟的南宗不仅成为禅宗，晚唐之后更成为中国佛教界的主流。南宗禅宗最多曾有七个宗派，宋朝后仅存临济、曹洞二宗，传到日本的禅宗便是这两宗派。

引进临济宗到日本的明庵荣西原为延历寺僧侣，他两度赴浙江天台山，深受禅宗感化，回国后撰写《兴禅护国论》提倡禅宗，荣西还另外撰写《吃茶养生记》提倡喝茶。由于禅宗标榜不立文字、教外别传、不重视钻研佛教、讲究打坐顿悟，在某种程度上与武士修练相符合，因而得到镰仓幕府的推崇与保护，在京都与镰仓兴建了不少临济宗的寺院。

13世纪初，荣西再传弟子希玄道元也前往中国学禅，道元学习曹洞宗，回国后先在宇治开兴圣寺，这是日本曹洞宗最早的寺院。但遭到延历寺打压，道元不得不离开京都往偏远的越前传道，在那里兴建永平寺作为日本曹洞宗两大大本山之一（另一为总持寺）。道元撰有佛教思想书《正法眼藏》，提及曹洞宗的教义为"修证一等""只管打坐"，主张出世，之后曹洞宗均坚守道元教诲，因而有"临济将军曹洞士民"之说。凡是支持中央的武家政权，纵横捭阖于各地守护或守护大名之间的外交僧，或是为幕府将军策划种种权谋术数而有"黑衣宰相"之称的僧侣，几乎无一例外为临济宗的禅僧，少见曹洞僧侣。

◈ 本土宗派抬头

镰仓时代佛教在极短时期增加到了六个宗派，除了前述的临济宗和曹洞宗外，还有净土宗、净土真宗、日莲宗和时宗，对之后日本影响较大的是净土真宗和日莲宗，以下简略介绍。

净土宗虽至镰仓时代才成立宗派，但净土思想早在平安中期就已存在，平安末期在比叡山出家的源空（法然上人）对所学之佛法产生疑问，遍访诸宗大师均不能解其疑惑，直至四十三岁时对《观无量寿经疏》有所体悟，因而成立以一般民众为对象的净土宗。净土宗的教义比禅宗更为简单，只要专修念佛、勤念"南无阿弥陀佛"，不管贫富贵贱，死后皆能平等地接受阿弥陀佛指引，前往西方极乐世界。不问出身与否，也不用造桥铺路立功立德，也无须高深的汉学造诣和诵读艰难的佛经，连贫无立锥之地的平民都能做到，故广受大众欢迎。

亲鸾为法然晚年的弟子，亲鸾早年亦曾于比叡山修行，后来亦对天台宗的教义抱持怀疑，在进行百日参笼的过程中遇上法然而成为弟子。不久受到法然被佛教传统宗派排挤之累，被流放至越后，亲鸾在那里与惠信尼结婚。几年后与法然一起得到赦免，亲鸾在返回京都途中得知法然病逝的消息，打消返回京都的计划，前往常陆国向农民、渔民以及地方武士传播净土真宗，在这段时期完成他一生最重要的著作《教行信证》。在常陆布道二十年后亲鸾返回京都，依然派出门徒向各地传教，在1262年亲鸾圆寂之后出现九个门派，而以亲鸾的埋骨地"大谷本愿寺"为总本山迅速壮大起来。

日莲出生安房国一处渔村，早年曾到日本全国各佛教圣地巡访，对佛教教义进行研究考察，对各宗各派的优点与不足均了然于胸。1253年他在原先出家的清澄寺口诵"南无妙法莲华经"，认为只要念出这七字便能解脱成佛，同时进行他最初的说法。日莲在说法时大肆抨击佛教各宗，认为念佛宗（净土宗）会堕入无间地狱、禅宗是天魔的化身、真言宗是亡国恶法、律宗是国家的贼人，将当时盛行于各阶层的宗派一一批评。

此后日莲大肆在镰仓对芸芸众生进行**街头说法**，撰写《立正安国论》强调唯有信仰《妙法莲华经》才能免于天灾、免于人祸、免于他国入侵，并把《立正安国论》献给当时幕府执权北条时赖以及镰仓十一处寺院住持，挑战意味甚浓。日莲的批评引来佛教界的反击，此后十余年间先后被流放至伊豆、佐渡，孰料之后蒙古来袭证实他先前预测他国入侵的准确，因而得到赦免并吸引地方武士阶层的信徒。

不久甲斐国有位地头捐出身延山作为日莲布道据点，日莲在此兴建"久远寺"作日莲宗总本山，以此为根据地衍生出日莲宗九个宗派。

豆知识 》街头说法

原文为"辻说法"，日莲上人于1254 年进入镰仓后，终日于小町大路劝人信仰《法华经》，倡导只要口诵"南无妙法莲华经"便能领悟人生各种烦恼与执着。"辻说法"今时也用于在街头进行政治活动的演说。

镰仓幕府灭亡

◇ 后醍醐天皇倒幕失败

后醍醐天皇即位后便密谋推翻镰仓幕府，根据军记物语《太平记》记载，为避开六波罗探题的监视，后醍醐天皇借举行"**无礼讲**"，与侧近日野俊基、日野资朝、四条隆资等人讨论倒幕大业。尽管天皇自认为计划周密，却为六波罗探题得知，在天皇一再表示不知情的情况下，幕府做出流放日野资朝于佐渡、日野俊基罪证不足予以释放的处置，此次未遂的倒幕计划称为"正中之变"，"正中之变"中遭流放佐渡的日野资朝以及无罪释放的日野俊基均遭处斩，后醍醐天皇流放至隐岐，天皇的皇子尊良亲王流放土佐、宗良亲王流放赞岐。

豆知识	无礼讲

《太平记》记载，后醍醐天皇为了掩饰倒幕，与朝臣举行宴席，参加宴席者均脱去乌帽子和法衣，少女只穿薄衣，极尽山珍海味与美酒。日后无礼讲衍生为不拘地位和身份的宴席。

山中奔逃的后醍醐天皇

正中之变虽失败，仍未挫折后醍醐天皇的倒幕雄心。1328 年天皇即位已达十年，按"两统迭立"规定，后醍醐天皇应让位持明院统的量仁亲王，但后醍醐天皇非但没有让位之意，反而再次策划倒幕密谋。为此天皇让皇子护良亲王、宗良亲王担任天台座主和妙法院门迹，使之成为天皇

日后倒幕的后盾。然而这次密谋却遭天皇侧近吉田定房向六波罗探题告密，六波罗派兵包围京都御所。天皇带着三神器变装女官逃出御所，在山城国南边笠置山举兵讨幕，天台座主大塔宫护良亲王、河内国**恶党**楠木正成分别于大和吉野以及河内下赤坂城举兵响应。

幕府派出足利高氏、新田义贞、大佛贞直、金泽贞冬等武将统兵攻打笠置山，1331 年 9 月笠置山陷落，后醍醐天皇转进河内投靠楠木正成途中为幕府擒获，一时间倒幕势力俱为幕府平定。此次由天皇主导的倒幕计划称为"元弘之乱"。

早在后醍醐天皇带着三神器逃出御所时，幕府已决定废掉屡屡筹划倒幕的天皇，在缺神器的情形下立皇太子量仁亲王为新天皇，是为光严天皇。

◈ 足利高氏与新田义贞

"元弘之乱"虽平定，但未被逮捕的护良亲王和楠木正成则蛰伏民间，联合畿内不满幕府的党徒伺机而动。其中以盘据河内国千早城的楠木正成最令幕府头痛，据《太平记》记载，幕府虽派兵百万，兵分三路，却始终无法攻陷千早城。

1333 年，后醍醐天皇在伯耆国恶党首领名和长年的协助下逃出隐岐，于伯耆国船上山举兵讨幕。护良亲王的举兵只能吸引畿内一带的响应，后醍醐的举兵则震动濑户内海到九州岛一带，幕府加派足利高氏前往京都接受六波罗探题指挥。六波罗探题派足利高氏由丹波经山阴前往伯耆，但高氏发现幕府已经失去民心，行军至丹波筱村八幡宫竟叛变响应倒幕，与天

皇使者千种忠显、播磨恶党赤松则村折回京都进攻六波罗探题，幕府的武士纷纷逃亡。六波罗探题、北条仲时、北条时益携光严天皇，后伏见、花园两上皇（均持明院统）弃六波罗府向东逃窜，一路上遭遇各地恶势力袭击，北条仲时及部属四百余人集体切腹，光严天皇与两上皇为倒幕派俘虏，带回京都。至当年 5 月 9 日，镰仓幕府在京都的势力彻底遭到剿灭。

六波罗探题灭亡消息传到伯耆船上山时，后醍醐天皇自行宣布重新即位，废黜光严天皇及其年号"正庆"，恢复原先年号"元弘"。

失去半壁江山的幕府决定派出十万兵力扫荡倒幕派，因此向各国守护、地头征调劳役及租税，以上野国新田庄为据地的新田义贞拒绝缴纳。当时新田义贞已接到后醍醐天皇讨幕的敕谕，故在上野举兵讨幕，得到越后、信浓、甲斐氏族的响应，新田义贞遂率领各地氏族七千余骑的兵力进攻镰仓。

新田义贞进入武藏国时，与从镰仓逃出的足利高氏长男千寿王（日后的二代将军足利义诠）会合。足利高氏是镰仓幕府末期势力强大的御家人，代代成为北条氏女婿，连这样与幕府有姻亲关系的御家人都弃幕府而去，幕府灭亡不过是迟早问题。5 月 17 日新田义贞率军进入镰仓，尽管幕府军于各街道迎击，仍是节节败退。五天后的 22 日，幕府最后的执权北条高时与族人数百人于北条氏的菩提寺东胜寺切腹，源赖朝以来将近一百五十年的镰仓幕府就此灭亡。

下赤坂城交战景况

建武新政

◈ 朕之新仪将为未来先例

镰仓幕府灭亡，后醍醐天皇返回京都，拒认镰仓幕府拥立的光严天皇，废黜摄政关白及幕府，同时取消两统迭立，此后皇统由其世袭继承，恢复平安中期前天皇亲政。他主持新政，仿效汉光武帝推翻王莽、延续汉王朝旧例，采用"建武"为年号，是为"建武中兴"，其推行的新政称"建武新政"。

"建武新政"除保留中央原有的太政官和八省外，新设"记录所""恩赏方""杂诉决断所""武者所""注所"等五个新机构以推行新政，地方上维持朝廷的国司与幕府的守护并存，另于东国设置陆奥、镰仓两将军府。在避免武家政治再现的前提下，上述中央机构多以公卿为主，地方国司、守护则多由武士担任。

之后进行赏赐，足利高氏因消灭天皇最为痛恨的六波罗探题，功勋被擢为第一，凌驾在攻下镰仓的新田义贞以及奋勇抵挡幕府军进攻的楠木正成之上，不仅得到武藏、常陆、下总三国，还蒙天皇赐以名讳"尊"字，因而改名"尊氏"。

从天皇对足利尊氏的封赏可看出赏赐并不公平，只要买通天皇的近臣宠妾，即便在倒幕过程中未立下实质功劳，甚至连蹴鞠技艺之徒，乃至卫府诸司女官僧，也可在论功行赏中占有一席之地。加上为防止再次出现武家政权，公卿的封赏顺序先于武士，故当封赏轮到真正对倒幕做出贡献的武士时，日本国内已没有可作为封赏的领地了。

"建武新政"后不到一年，天皇急着重建"承久之乱"中遭焚毁的大内里，为此强征各国二十分之一税收挪作营造大内里之用。此举引起了地方武士及民众的反对，"建武新政"至此已失去勉力新政的精神，对民众的压榨尤甚于幕府，当时便有批评、讽刺"建武新政"实际情况的《**二条河原落书**》。

◇ 一天两帝，南北京

不久，昔日北条氏势力范围下的信浓国不满"建武新政"发生叛乱（中先代之乱），攻下关东重镇镰仓，朝廷军事重镇大塔宫护良亲王死去。足利尊氏趁机向天皇提出任命自己为征夷大将军，由他率领各地武士前往关东平乱、收复镰仓。尊氏真正的意图为仿照赖朝先例，于镰仓开幕府，再以武力威逼朝廷，迫使其就范承认尊氏成立的幕府。

> **豆知识　二条河原落书**
>
> "落书"为以匿名方式进行讽刺、批判政治的文书，目的在于揶揄。《二条河原落书》被评价为"落书"性质中的最高杰作，编者不详，只确定为对"建武新政"不满之辈。内容以七五调形式论述"建武新政"的真实面，借由讽刺意味强烈表达出对新政的不满。

足利尊氏　光明天皇　◎京都　后醍醐天皇　吉野◎

日本出现两个天皇、两个朝廷，开始了南北朝时代／三娃绘

不过志在恢复天皇亲政的后醍醐天皇不仅拒绝任命征夷大将军，更将尊氏形同软禁于京都。以成立幕府、再建武家政权为职志的尊氏，决意逃离京都。尊氏的出走使天下武士纷纷背离朝廷，前往关东归顺尊氏，北条氏残余势力因而迅速平定。有了各地武士的拥护，足利尊氏与后醍醐天皇决裂，从镰仓出兵进攻京都。天皇连忙撤出京都并号召各地武士进京勤王，尊氏暂时攻下京都，京都易守难攻的地形，却很快使尊氏在与勤王上洛的陆奥镇守府将军北畠显家、楠木正成的交战中败北，退至九州岛。

尊氏在九州岛得到大友、岛津等有力氏族的支持，以其为后盾卷土重来，速度之快，令重返京都、以为从此可高枕无忧的后醍醐天皇及其朝廷公卿难以置信。天皇再次向各地武士下令勤王，然只有楠木正成募得一族众五百人，朝廷的不得民心不难想象。"建武中兴"立下大功、获称为"**三木一草**"之一的楠木正成，建议天皇退守比叡山，采坚壁清野之法带走所有粮食，让尊氏进入空空如也的京都，楠木正成则由河内封锁淀川河口，待尊氏军因粮尽而士气衰竭，再一鼓作气将其歼灭。

楠木提的战略为公卿否定，只得率领少数兵力前往凑川迎战从九州岛而来的尊氏军，留下"七生报国"的名言战死，时为1336年5月。之后"三木一草"及新田义贞、北畠显家等效忠朝廷的武将纷纷战死。为了不被视为逆臣，尊氏从凑川上洛途中拥立已退位的光严上皇之弟丰仁亲王为新帝，是为光明天皇。尊氏还派人迎接逃往比叡山的后醍醐天皇回京，"建武中兴"存在三年便告终结。

尊氏迎接后醍醐天皇回京的真正用意是要逼其退位，让新帝拥有皇位正统象征的三神器，后醍醐天皇一交出神器便遭到软禁。1336年年底，后醍醐天皇逃出京都，来到大和吉野重新登基，声明让渡给光明天皇的神器是伪造的，言下之意是真正的神器还在自己手上，所以吉野朝廷才是正统所在。在失去军事优势后，强调帝位正统恐怕是后醍醐天皇唯一能做的事。

> **豆知识 ▷ 三木一草**
>
> 建武中兴期间楠木正成、名和长年、结城亲光、千种忠显四位功臣的合称：楠木的"木"、名和长年的官职伯耆守的"耆"、结城亲光的"城"，日文音读音皆为"キ"，汉字写作"木"；千种忠显的"种"，日文训读音为"クサ"，汉字写作"草"。

从此日本同时在京都、吉野各有一位天皇，虽非日本史上首次❺出现，但两边各自使用不同年号却是日本史上头一遭❻，奈良兴福寺大乘院门主面对这日本史上不曾有过的政局，在日记上记下"一天两帝，南北京"。

从1336年起，日本出现两个朝廷，习惯上将京都朝廷称为"北朝"，吉野朝廷称为"南朝"，两个朝廷同时存在五十七年。这段期间称为"南北朝时代"，或"吉野时代"（吉野朝廷拥有神器，明治时代以后被视为正统）。

❺ 平安时代末期，平家因木曾义仲上洛而带着有平家血缘的安德天皇出走，基于国不可一日无主，后白河法皇立安德天皇异母兄尊成亲王即位，是为后鸟羽天皇，两天皇同时存在约一年八个月。

❻ 后醍醐天皇使用"延元"年号，光明天皇继续延用"建武"年号。

南北朝对立

◇ 观应扰乱与正平一统

凑川之战结束后当年 11 月 7 日，尊氏颁布《建武式目》，《建武式目》是武家的根本大法，视为武家政权开启的象征。1338 年 8 月，足利尊氏拥立的光明天皇向尊氏下达征夷大将军宣下，日本史上第二个武家政权"室町幕府"成立。

1339 年 8 月 15 日，后醍醐天皇于吉野金轮王寺留下消灭朝敌（尊氏）、重回京都的遗言崩御，由天皇第七皇子义良亲王即位，是为后村上天皇。南朝成立时已失去"三木一草"及新田义贞、北畠显家等大将，先天体质不佳；1348 年吉野被幕府攻下，后村上天皇往西转进至贺名生，楠木正成之子正行、正时兄弟与幕府作战阵亡（四条畷之战）。

南朝在四条畷之战后已无和北朝作战的武力，之所以能够继续苟延残喘近半世纪，主要在于幕府执事（二代将军义诠时改称"管领"）高师直及其弟师泰与尊氏同母弟副将军足利直义出现严重对立，导致长达四年多的内乱（"观应扰乱"）。高氏本为足利氏家宰，此外，师直、师泰兄弟自尊氏起兵倒幕后几乎参与了所有战役，战功彪炳之余不愿居于直义之下，与为建立幕府秩序的足利直义两人间互不相容也就不足为奇了。

1348 年，高师直挟四条畷之役获胜之威，排除直义的亲信，进而威逼直义，迫其辞去幕府所有职位、隐居出家，由原先镇守镰仓的尊氏嫡长子义诠继任，镇守镰仓之职则由义诠的同母弟基氏继任。心有不甘的直义密令四散各地的心腹率军包围京都，尊氏为维护自己建立的政权而在取得光严上皇的院宣后讨伐直义，已无法在北朝立足的直义只得率众投靠南朝。

1351 年直义与其党羽引南朝军攻入京都，留守的足利义诠不敌败走，北朝的光严、光明两上皇被捕，送至贺名生囚禁。南朝因攻下京都士气大振，接连挫败的尊氏不得不听从部下建议，交出元凶高氏兄弟，高氏兄弟旋即遭到杀害。尽管直义一再宣称投降南朝纯粹是对高氏兄弟不满，无威胁兄长地位之意，然而尊氏与直义间关系急剧恶化，和源赖朝、义经兄弟如出一辙，最终反目成仇。

为讨伐直义，尊氏本人也投靠南朝，北朝的崇光天皇因失去幕府支持遭废黜，一时之间日本为南朝所统一，是为"正平一统"。尊氏利用这短暂统一的机会迅速消灭直义，结束"观应扰乱"。直义平定后尊氏背离南朝，立光严上皇第二皇子弥仁亲王为帝，是为后光严天皇，继续沿用北朝"观应"年号，"正平一统"仅仅存在短暂的四个月。

◈ 足利尊氏之评价

"观应扰乱"和"正平一统"先后结束，不过政局并未从此稳定，直义的余党仍在日本各地伺机而动，势力最大的是直义养子长门探题足利直冬。直冬为直义养子，实是尊氏的庶长子，因生母出身低贱不受尊氏宠爱，遂成为没有子嗣的直义之养子。直义下台，直冬被封为长门探题以稳定山阳、九州岛一带，于"观应扰乱"结束后的1354年率领九州岛各地豪族上洛，欲颠覆尊氏的政权。

尊氏嫡子义诠不像《太平记》描述那般沉迷酒色，但在战略上的确欠缺天分，尊氏父子布阵在京都南边的东寺，在此仅击退来犯的直冬，而未能将其消灭。此后数年尊氏总是在打这种毫无意义的战争，最终于1358年辞世，得年五十四岁，遗命由有**"婆娑罗大名"**之称的佐佐木道誉、斯波高经等人辅佐二代将军义诠。

自1219年河内源氏嫡系断绝，足利氏可说是血统最为纯正的继承者，尊氏之所以背叛后醍醐天皇、得天下武士拥戴建立幕府，很大原因在于他继承河内源氏的血缘，而非个人魅力。据同时代的记载，尊氏生性慈悲不记恨，即便是仇敌也往往能得到他的宽恕，像后半生视尊氏为政敌的后醍醐天皇崩御消息传至京都，尊氏除为其

> **豆知识 ▷ 婆娑罗大名**
>
> "婆娑罗"为金刚石的梵文日译，原为比喻般若的永恒与真实。"婆娑罗大名"泛指南北朝时代无视身份秩序、讲究实力主义、喜爱华丽服饰、追求豪奢生活的守护大名，代表人物为幕府执事高师直、美浓守护土岐赖远及近江守护佐佐木道誉。

做法事外，也派出船只和元朝贸易（天龙寺船），将所得收入在今日京都市右京区建造凭吊天皇的天龙寺，为祈求天皇冥福；尊氏甚至让自己极为信任的僧侣梦窗疎石，担任首任天龙寺住持。

然而尊氏在"观应扰乱"中的优柔寡断表现，完全看不出身为幕府创建者应有的气度。"观应扰乱"的发生，或许是任何政权都会面临的危机，但尊氏不能当机立断除去乱源，反而让乱事持续四年，且最终对高师直、足利直义、尊氏、幕府甚至朝廷（北朝）都造成伤害。倘尊氏并非出身河内源氏的话，以他的个性也是很难开创出一片天地的。

南北朝分立的终结

◇ 三代将军足利义满

义诠在位十年，于1367年病逝，留下十岁的长子义满及其他幼子。义满被立为三代将军，由细川赖之担任管领辅佐。

义满在位时，南朝不再构成威胁，代之的是尾大不掉的守护大名。这些守护大名在"观应扰乱"期间趁尊氏无暇他顾时做大，尊氏尚且无法有效整顿守护大名，之后的义诠亦无可奈何。义满年幼时经常见到能力平庸的父亲苦于守护大名之间的争斗，他本人亦有逃出京都四处流亡的经历，因此埋下了义满对守护大名的不满。管领细川赖之辅佐义满后开始灌输他帝王学、树立将军威权的观念，此后，铲除跋扈的守护大名便成为义满坚定不移的信念。

细川赖之辅佐年幼的义满，颇易给人挟持幼君的印象，因此引起了斯波义将、土岐赖康等守护大名的不满，以"清君侧"为号召，强行包围将军宅邸，要求罢免细川赖之的管领职务。义满迫于无奈，只得罢免赖之、任命斯波义将为新任管领，才勉强镇住守护大名的蛮横。

1389年义满在处理领地时造成土岐氏不满，引起土岐康行叛乱。义满迅速出兵平乱，乱后重新分配领地，原本领有美浓、尾张、伊势三国的土岐氏只剩美浓一国，这是义满反击守护大名的开始。对土岐氏收到成效后，义满接着在1391年和1399年对势力更为强大的山名氏和大内氏开刀，一定程度上取得对守护大名的抑制，建立足利将军的威严。义满之所以能震慑各地守护大名，除恩威并济外，还有赖于朝廷封赏的官位：义满之前的尊氏、义诠不过官至权大纳言，义满二十余岁便已是左大臣兼右近卫大将、源氏长者及淳和、奖学两院别当并拥有**准三宫**待遇。他在南北朝统一后两年辞去将军让位长子义持，受封太政大臣，成为继平清盛之后第二个取得律令制下最高官职的武士。

1408年5月义满辞世，朝廷追赠"鹿苑院太上法皇"称号。

幕府管领斯波义将认为若是接受,将使幕府招致各方非议而劝四代将军义持辞退。义满的声望、权势之隆,不仅室町幕府无出其右,整个武家政权时代恐怕也无人能与之相比。然而,义满对守护大名铲除得并不彻底,只是削弱土岐、山名、大内的领地而未能彻底除去,让他们有了喘息时机。六代将军义教以后,这些守护大名又成为尾大不掉的势力,祸延义满的子孙。

◇ 明德和约终结南北朝

如果幕府内部没有出现"观应扰乱"等一连串内讧事件的话,南朝在1350年很有可能就被拥有强大武力的北朝统一,即令南朝拥有象征皇位正统的神器以及北畠亲房(显家之父)撰写标榜南朝正统地位的《神皇正统记》,也难扭转战力上的落差。

"观应扰乱"发生,让北朝陷入内乱局面,南朝趁足利直义归降带来的兵力发动北伐,趁机俘虏北朝的上皇和天皇。不过当直义为尊氏杀害后,其余党不是归降幕府就是出走,加之后来南朝又失去怀良亲王所属的九州岛,军事上再也无法对北朝构成威胁。北朝则因为守护大名凌驾于将军

足利义满／月冈芳年画

之上，将军政令难以及于各方，南朝因而得以存续下去。

1391年，义满派出身兼六国（周防、长门、石见、丰前、和泉、纪伊）守护大名的大内义弘与南朝接触，试探和平一统的可能性。经过一番讨论后南朝提出，只要北朝同意以下三个条件便愿意奉上神器，返回京都与北朝合并：一、由南朝后龟山天皇将象征皇位正统的三神器让渡给北朝后小松天皇。二、皇位继承沿用两统迭立方式（后小松必须在后龟山的皇弟或皇子中择一让位）。三、各地国衙领有的庄园归大觉寺统管辖，**长讲堂领**则归持明院统管辖。

1392年9月末，后龟山天皇带着三神器离开吉野行宫，于闰十月五日于土御门内里正式让渡神器给后小松天皇。同日中止南朝年号"元中"，沿用北朝"明德"年号，结束长达五十七年"一天两帝，南北京"的政局。

豆知识 **长讲堂领**

后白河法皇于院御所六条殿内建立的持佛堂长讲堂所领，法皇崩御前赠给宠爱的皇女觐子内亲王。镰仓幕府成立后辗转由后深草天皇继承，几经扩充后拥有一百八十处庄园，是持明院统收入的根基，应仁之乱后解体。

足利义满奠立北山文化

◆ 北山文化

　　义满完成了父祖未能达成的统一南北朝使命，1394 年功成身退辞去太政大臣，让出将军之职给九岁嫡长子义持后出家。虽说功成身退，义满此时才三十七岁，显然还不到引退的年纪。义满为何要于精力鼎盛之年让位给尚未元服的长子而出家呢？大致上可以说，他出家目的在于解除天皇臣下的身份，免受朝廷干涉。

　　室町幕府成立后，尊氏、义诠二代忙于对付南朝和随时会反叛的守护大名，无余力经营自己的居所。义满就任后，1378 年择今日京都御苑西北方建造将军宅邸，因大门面向西侧室町通，故称为"室町第"（又称为"花之御所"）。尊氏建立的幕府，因"室町第"之故称为"室町幕府"。

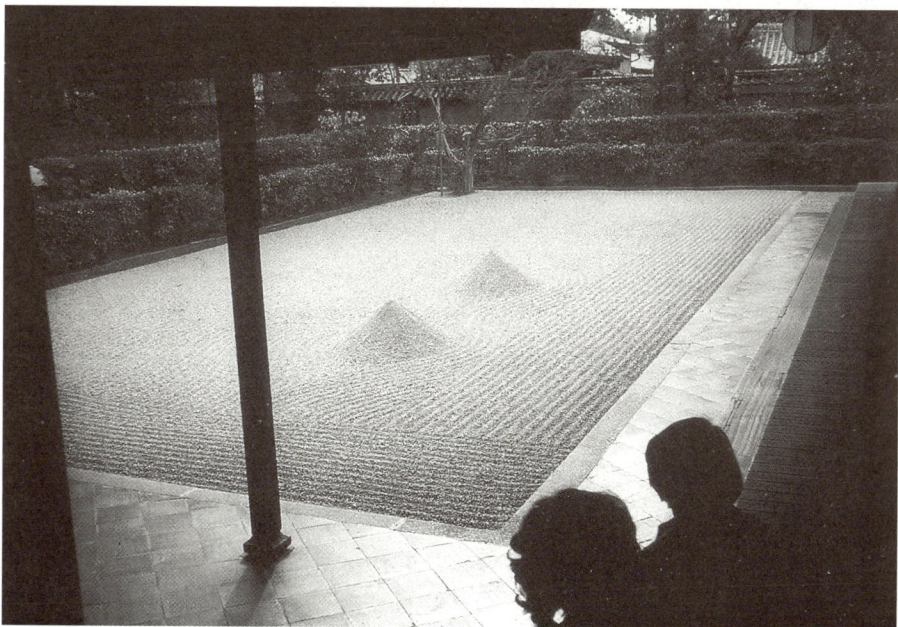

大德寺枯山水

义满让出将军之位搬出"花之御所"，将其让予义持，另于洛北北山建立宅邸作为隐居之地，称为"北山第"。宅内第一层为公家风格的**寝殿造**阿弥陀堂，二层为武家建筑样式的武家造，三层为日本传统寺院建筑的禅宗样。北山第后来以义满的法号"鹿苑院"称之，即今日京都有名的景点"金阁寺"。义满虽是出家之身，仍旧握有将军实权，"北山第"门前车水马龙，非"花之御所"可比拟。

引退的义满经常于"北山第"宴请贵族、僧侣，饮酒作乐，因此"北山第"不只是当时的政治中心，更是文化中心，掀起"北山文化"序幕。但必须指出的是，文化史上的北山文化时期非完全等同政治史的义满时期，在军记物语有叙述南北朝对立的《太平记》和以足利氏、今川氏为主轴的《难太平记》；禅僧代表的五山文学方面，有被称为双璧的绝海中津和义堂周信；连歌方面，有二条良基撰写《菟玖波集》规定连歌的形式；绘画方面受中国水墨画影响，禅僧明兆、如拙、周文开创日本水墨画；演艺方面有观阿弥、世阿弥父子除去猿乐中低俗的部分，去芜存菁加以改良成为能乐，世阿弥并著有能乐理论专书《风姿花传》。

简单来说，"北山文化"可谓公卿贵族文化和武家文化，添上中国禅宗文化的综合体。

◇ 日本国王源道义

金碧辉煌的金阁所费不赀，义满虽以武力为后盾统一南北朝，但经长达五十七年的内耗、斗争，已无多余闲钱供义满挥霍，不只宴请贵族、僧侣饮酒作乐需要钱，北山文化的成形也离不开钱，义满若要维持铺张奢侈的生活，势必得有充沛且稳定的财源。于是义满将眼光对准与大陆明朝的贸易，进行"勘合贸易"。

"勘合贸易"即日明贸易，是国家与国家之间的官方贸易，义满就任将军期间便有心推动，只是当时南朝怀良亲王控制下的九州岛为倭寇根据地，倭寇对朝鲜半岛和辽东、山东两半岛寇扰猖獗。起初明太祖以为义满与统率倭寇的怀良亲王同阵营，不理睬义满提出的贸易要求，后要义满以平荡倭寇作为日明贸易的条件。

怀良亲王死后，南朝势力逐渐在九州岛式微，最终为义满派出的今川贞世（法号了俊）平定。在中国朝贡体制下，日本想和明朝贸易亟须在外交上称臣纳入朝贡体制，才能借由朝贡名义进行贸易。然而日本即便在派出遣唐使全力学习唐朝的奈良—平安时代也不曾向中国称臣，义满若贸然对明称臣，势必引来朝廷抗议，这似乎也能说明义满于1394年辞去太政大臣、让位嫡子的原因。

1399年义满平定和泉、纪伊等六国守护大内义弘，表面上是义弘尾大

金阁寺 / 刘恩绮摄

不掉，实际上则是义弘独占日明贸易、累积巨富为义满所忌。1401 年，义满派出使者向明朝第二任皇帝建文帝称臣，开启日明贸易。次年建文帝派出使节册封义满为日本国王，使节滞留日本期间，明朝发生了燕王朱棣出兵夺嫡的"靖难之变"：建文帝失踪，燕王自立为帝，是为明成祖。因为明成祖以不正当手段即位，不仅需要朝臣拥护，亦需外邦承认，他视日本使节的到来为自己拥有天命的证明，立即册封义满为日本国王，即成祖时期的"日本国王源道义"。

1401—1549 年，日明之间共进行十九次勘合贸易。所谓的"勘合"，由明朝礼部发行勘合符，中日双方各执一本，逢更改年号即重新换发，日船来时须取出与浙江布政使司（日船被限定只能前往宁波市舶司）相对照，确认无误后方可进行贸易。日本主要从中国输入铜钱（永乐通宝）、书籍、丝绸、瓷器、药材、字画、茶器、锦绣，而日本的刀剑、漆器、折扇、硫黄、苏木、屏风最受统治阶级青睐。

义满死后，义持认为对明朝贡过于屈辱，拒绝接受日本国王称号，遂与明断交，同时中止勘合贸易，然在六代将军义教在位期间（1429—1441 年）又恢复勘合贸易。16 世纪后幕府式微，勘合贸易掌控在幕府管领细川氏与大内氏手上，由于勘合贸易利润极高，两家为独占贸易演变为武力相向，至 1549 年，两造纷纷于"下克上"潮流中为家臣篡夺，勘合贸易终于走入历史。

北山文化	禅僧五山文学 军记物语　连歌	水墨画	猿能乐	寝殿造融合禅宗样式 代表：金阁寺
	文学	绘画	艺能	建筑
东山文化	御伽草子	水墨画 大和绘	茶道 花道 香道	书院造 代表：银阁寺 庭园造景 代表：大德寺枯山水

室町幕府盛世

◇ 室町幕府的机构

室町幕府虽由尊氏草创，幕府机构却是成形于义满在位时，基本上多仿照镰仓幕府中期以后的体制。幕府成立时中央机构设有辅佐将军的执事，类似镰仓幕府的执权，由高师直担任，义诠在位时改称管领，由足利氏庶流细川（京兆家）、斯波（武卫家）、畠山（金吾家）轮流担任，是为"三管领"。

管领底下有政所、侍所、问注所，政所长官为执事，执掌将军家家务及财政，初由佐佐木氏、二阶堂氏担任，后由伊势氏世袭；问注所长官为执事，负责记录文书管理并处理简单诉讼，由镰仓时代即通晓法制的太田、町野两家世袭；侍所长官为所司，负责军事警卫，由赤松、山名、京极、一色担任，是室町幕府管领以外最重要的职务，称为"四职"，两者并称"三管四职"。此外还有"评定众""引付"和"小侍所"，重要性虽不如前四者，但作为辅助机关仍有其重要性。

地方方面，最重要首推镰仓**公方**，早年曾效忠镰仓幕府的尊氏深知镰仓的重要性，尊氏建立的新幕府原就属意镰仓，只是新幕府刚刚建立便遇上南北分裂，不得不坐镇京都而命嫡子义诠留守镰仓。"观应扰乱"尊氏之弟直义下野，尊氏召义诠上京取代直义之职，镰仓由义诠同母弟基氏留守。由于京都对关东鞭长莫及，为有效控制关东，尊氏在镰仓设置镰仓府，管辖关东八国及甲斐、伊豆共十国，且曾短暂统治陆奥南部和信浓。镰仓府的组织是幕府的缩影，长官称镰仓公方（关东公方），由基氏子孙世袭，之后的镰仓公方常以关东为基地与幕府对抗。辅佐公方的称为"关东管领"，由尊氏生母娘家上杉氏世袭。

> **豆知识　公方**
>
> 原指天皇及朝廷，室町时代专指将军家及其一族，居所则称为"御所"。较有名的有镰仓公方和后来分出的古河公方、堀越公方和小弓公方，此外还有堺公方和平岛公方。

此外在陆奥、出羽、山阴、山阳、九州岛等地设置奥州、羽州、中国（包含山阴、山阳二道，足利直冬后即废止）、九州岛等探题，为区域性的地方政府，相当于数国守护，分别由大崎、最上、涩川等氏世袭。探题之下尚有守护，与镰仓时代职责相同，强大的守护经常并吞管理庄园的地头，完全支配领国，此为守护领国制。室町时代守护支配之领国，多的如山名氏拥有十一国，称"六分一殿"，少的拥有半国。拥有多国领国的守护，往往从该国择一有力豪族代其统治，是为"守护代"，这些守护代在后来"应仁之乱"中，有的趁主家没落取而代之，成为下一时代的新势力。

五代将军义量夭折，继承人只能从义持的兄弟中选出，最后由已出家的天台座主义圆抽签中选，他是唯一一个由抽签决定的将军，还俗后改名义教，是为六代将军。义教以三宝院僧侣满济为政治上的顾问，成立伏见宫解决称光天皇崩御后的继承问题，重新开启日明勘合贸易但不接受明朝皇帝册封的"日本国王"，既满足勘合贸易带来的实质利益，又保全朝廷颜面。

第四代镰仓公方足利持氏自认比义教更有资格担任将军，愤怒不平的持氏拒不派出使者向义教祝贺，甚至拒绝使用新将军继位后的新年号"永享"，沿用义量时的年号"正长"。不仅如此，持氏未报备将军便擅自为自己元服的嫡子命名"义久"，种种行为皆已触犯幕府底线，义教于是发兵征讨关东。幕府军队一到，关东武士纷纷归附，持氏自请归降不得，与其嫡子义久切腹。

当时比叡山延历寺与足利持氏勾结，义教在出兵征讨关东前先命近江守护京极氏、六角氏包围比叡山下的**门前町**坂本。比叡山众托幕府管领细川持之等耆宿向义教请降，义教佯装同意，待比叡山派四位长老前往京都，向幕府交出永不叛乱的誓纸时予以捕杀，还趁寺众慌乱之际派兵进攻延历寺，焚毁根本中堂，事后在京都六条河原处决这段期间暗自与延历寺往来的商人。伏见宫贞成亲王听闻后，在其日记《见闻日记》记下："万人恐怖，

比叡山延历寺根本中堂／洪维扬提供

室町幕府组织示意图

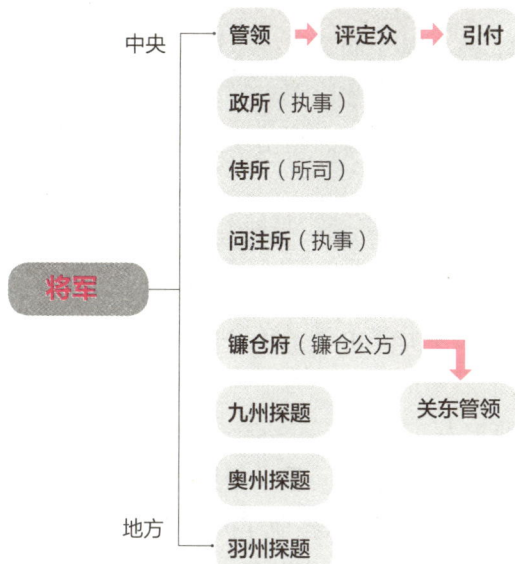

```
                    中央 ┌─ 管领 → 评定众 → 引付
                         │
                         ├─ 政所（执事）
                         │
                         ├─ 侍所（所司）
                         │
                         ├─ 问注所（执事）
         将军 ───────────┤
                         ├─ 镰仓府（镰仓公方）─┐
                         │                      ↓
                         ├─ 九州探题        关东管领
                         │
                         ├─ 奥州探题
                         │
                    地方 └─ 羽州探题
```

莫可言之！莫可言之！"

　　义教随后听闻有力守护大名一色义贯和土岐持赖反对自己，不由分说派刺客将其暗杀。义教的"万人恐怖"使幕府权威于他在位期间达到最高点，各守护大名对义教的畏惧远胜义满，义教独裁蛮横的作风使守护大名担心自己成为下一个被剪除的对象，因而种下杀机。1441年，足利持氏的幼子春王丸和安王丸在押解上京途中被义教派人在美浓斩首，一时间镰仓公方灭亡，放眼天下再也无人敢在义教眼皮底下叛乱。同年6月，义教受播磨、备前、美作三国守护赤松满佑之请，未带随从只率若干守护大名赴宴。赤松氏派出死士于酒醉方酣之际暗杀义教，一同出席的守护大名虽非攻击对象，在乱斗中多有受伤，是为"嘉吉之乱"。

　　"嘉吉之乱"除带走幕府最有作为将军义教的生命外，也带走了室町幕府的盛世。之后的将军不是碌碌无为便是冲龄即位，大权旁落，室町幕府从此陷入管领与守护大名间的纷争扰乱之中。

八代将军足利义政

◇ 足利义政及应仁之乱

义教被暗杀时，儿子中最大的义胜不过八岁，被立为七代将军。义胜在位未及一年便因坠马意外死去（另有死于赤痢之说），同母弟三春被拥立为八代将军，此时三春也只有八岁，元服后改名义政。

义政本身无政治才能，对执政亦不感兴趣，在位初期将政务委托"**三魔**"：乳母今参局、公卿乌丸资任、宠臣有马持家。当时不少守护大名家内部出现继承人选争执不下的局面，将军基于职责，须尽快决定守护大名家继承人选，毕竟唯有守护大名家安定，幕府才能随之安泰。义政对确定守护大名家继承人选也不感兴趣，当中的斯波家、畠山家悬而未决，衍成后来应仁、文明之乱的远因。

1455 年，义政二十岁时娶小四岁的日野富子，成婚多年迟未生下继承人。义政迫于压力，不得不下令异母弟还俗改名义视，立为继承人，还找来管领细川胜元做监护人，并约定将来若生下男子必令其出家。可是义政三十岁时，日野富子诞下男婴，即后来的义尚。为了与义视抗衡，富子以四职之一的山名宗全作为义尚的监护人。

1467 年 1 月，畠山金吾家的政长与义就之间兵戎相见，尽管战争没扩及至细川胜元与山名宗全，双方暗地里仍在争取各地守护大名支持。3 月改年号应仁，5 月双方全面交战，"应仁之乱"由此揭幕。一方以足利义视、细川胜元、斯波义敏、畠山政长为一派，布阵于京都东侧，称为"东军"；另一方以足利义尚、山名宗全、斯波义廉、畠山义就为一派，布阵于京都西侧，称为"西军"。

这场乱事打打停停持续十一年，期间东军主帅足利义视中途出亡伊势，两方阵营实际主帅细川胜元、山名宗全，先后于 1473 年

> **豆知识 ▶ 三魔**
>
> 今参局的"今"、乌丸的"丸"及有马的"马"，日文发音皆读作"ま"，与汉字"魔"的发音相同，故称之。

银阁寺

辞世,最后在胜负未分的情况下草草结束。京都遭到了前所未有的破坏,自古以来有名的寺院、公家·武家的宅邸,包含花之御所在内者多毁于兵火;镰仓时代以降仰赖武家鼻息的公卿,遭此大劫益显穷困,有的如一条教房出走京都,到地方上寻求安定。

应仁之乱使东海、畿内、山阴、山阳地区的守护大名率军参战,领国交由守护代治理。这些守护代趁守护离开领国之际,窃取原本属于守护的领国,造成部分守护大名如斯波、畠山、上杉等名门豪族没落,而得益的守护代们凭借个人非凡手腕,在乱世中开创出属于自己的事业。

◈ 银阁与东山文化

应仁之乱初期,足利义政与后花园上皇、后土御门天皇同沦为细川胜元的俘虏，身为将军的义政任由乱事蔓延而坐视不理。山名宗全、细川胜元身故后，义政效法祖父义满，索性辞去将军，让位给应仁之乱导火线的义尚。他隐居到东山山庄，醉心于修建庭园建筑，效法祖父建立隐居之地慈照寺——俗称"银阁"。

银阁第一层为现今日式住宅基础书院造，二层为禅宗样式佛殿，如同贴满金箔而被称为金阁之故，"银阁"名称的由来也因为贴满银箔。日本饮茶习俗虽可上溯平安时代，可是大盛于民间，乃始于镰仓时代禅僧明庵荣西；应仁前后则有村田珠光首创侘茶，打破室町初期以来斗茶竞逐的陋习，是后来武野绍鸥、千利休茶道的基础。1462年，六角堂住持池坊专庆受邀至花之御所举办的花会，席上将数十枝草花插在金瓶里，众人对其技巧大为赞赏，由此孕育出花道中年代最久远、广泛的池坊流。香道方面，有三条西实隆的御家流和志野宗信的志野流；连歌方面，有编撰《新撰菟玖波集》的饭尾宗祇。

庭园建筑于此时期成为将军、公卿、大名、僧侣的新宠，充满浓郁的禅宗风格，以枯山水为主流。代表性庭园有龙安寺方丈石庭，设计者不明，于1994年被联合国教科文组织登录为世界文化遗产；另外，大德寺大仙院庭园亦极具代表性。

绘画方面最重要的首推狩野正信，他融合传统的大和绘及中国水墨画的技巧，获拔擢为幕府御用绘师，开创狩野派，主宰了室町末期至江户中期的日本画坛。兼融大和绘和水墨画的尚有成立土佐派的土佐光信，同是御用绘师，但相形下名气不敌狩野派。民间则以集日本水墨画大成的禅僧雪舟等杨最为著名，画作"天桥立图"如今被列为国宝。

室町幕府走向式微

◇ 战国时代新界定

应仁之乱期间匆匆接下将军之位的义尚，年轻却奋发有为。乱事结束后，将军威望跌落谷底，义尚为重振将军威望而率军征讨侵吞将军庄园的六角高赖，于1489年病逝战场。

义尚无子，也未决定继承人，只得由义政暂代将军一职。义政原本对政治不感兴趣，自然无意再当已不具实权的将军，他找回当年与自己对立的异母弟义视，收其子义材为养子来做义尚的继承人。日野富子与继任的管领细川政元（胜元之子），对此做法不赞同。义政又因中风恶化的病情去世，不久，义材生父义视也跟着辞世，义材在政治上失去奥援。而让抱有敌意的日野富子和细川政元改观的是，义材主动出击了六角高赖，结果成功击败对方将其流放甲贺。

不过，义材未因此坐稳将军宝座，日野富子、细川政元及其他幕府要员决定废黜义材，改立**堀越公方**足利政知次子清晃为继任将军。1493年4月，义材连同前管领畠山政长，前往河内国讨伐畠山基家，即畠山义就之子。义材刚踏上征途，京都马上遭细川政元武力控制住，忠于义材的势力悉数被剪除，而当时人在天龙寺出家的清晃也在日野富子的威逼下还俗，改名义澄。政元立即派出军队追击义材与畠山政长，结果义材被捕，囚禁龙安寺。之后日野富子与细川政元迅速张罗义澄的即位事宜，此为"明应政变"。

以往应仁之乱被视为战国时代开端，现在学术界却普遍认为，这只是将军及有力守护大名家内部因继承人选的争执扩大化，将军声望虽下坠，还是受各方承认的。"明

人物通	堀越公方

足利成氏被山内上杉和扇谷上杉逐出镰仓后，关东大乱。义政为收拾乱局，派异母兄政知东下关东，欲效法当年尊氏以基氏镇守关东为幕府屏障，孰料政知在箱根受阻于扇谷上杉氏而无法进入关东，不得不栖身伊豆堀越，时人称为"堀越公方"。

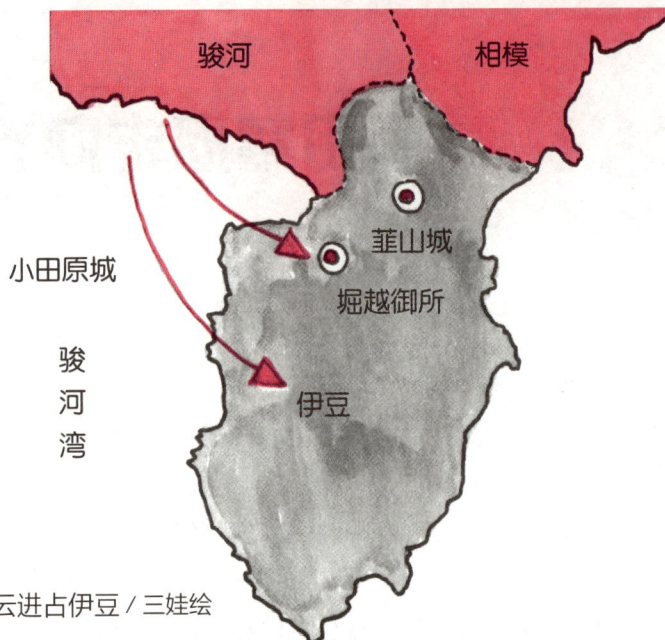

北条早云进占伊豆／三娃绘

"应政变"后来演变为细川京兆家独占管领一职，幕政大权从此由细川政元独揽，"下克上"的现象逐渐风行，作为战国时代之起点更具说服力，因此现在普遍采纳"明应政变"此说。

◇ 挡不住的下克上风潮

"越前守护代"朝仓敏景，与主君斯波义廉在应仁之乱活跃于西军，可当管领细川胜元以越前守护为条件拉拢时，他立即背弃主君，返回越前侵吞斯波家领地，与另一越前守护代甲斐氏作战。同时没收不少公家、寺院在越前的庄园，累积实力后，最终实至名归成为越前守护。

类似朝仓敏景的作为，应仁之乱后逐渐普遍。在此之前，即便将军遇上不少挑战，但几都来自守护大名层级，像朝仓敏景以守护代身份侵吞主君领地，至其子氏景完全领有越前国，可谓从未有过，此后竟成为常态。这种由守护代与类似地方势力，驱逐并吞守护大名或幕府任命官员之势力的行为，叫作"下克上"。"下克上"是战国时代常见行径，比如将军为底下管领所克、管领为底下家宰所克、守护大名为底下守护代或地方上国人众所克等，室町幕府及先前时代建立起来的秩序到了此时似彻底被颠覆。

下位者之所以能颠覆上位者，依凭的是本身能力与所掌控的武力，换句话说就是个以能力及武力为后盾的时代，只要具备两者便能凭借自己的双手在乱世里开创一片天地；反之，上位者如不具备乱世中生存的实力，光凭借身份来颐指气使，只会被无情淘汰，沦为四处流亡的丧家犬。

北条早云有"最早的战国大名"之称，正是上述以实力推翻不适任上位者之例。有关北条早云的出身，近来研究已渐定型，他并非一无所有的素浪人，不过他在应仁之乱期间放弃原有的名位，只身来到骏河成为今川家客将，形同一无所有。他帮助外甥当上家督，将目光瞄准骏河东邻的伊豆，该地统治者第二代堀越公方足利茶茶丸有弑母杀弟的暴行。

北条早云先在今川家赏赐的领地内推行"四公六民"（收成中的四成做为赋税上缴，六成归己）政策，甚得民心，吸引不少伊豆民众前来投靠。之后早云率领五百余人横渡骏河湾，于伊豆半岛西岸上陆袭击堀越御所，耗近五年时间平定伊豆一国，以北伊豆军事交通要冲韮山城为居城，窥伺东边在扇谷上杉氏统治下的相模，再攻下相模小田原城。北条早云成为最初的战国大名，小田原城尤成为北条早云之后的北条氏居城。

从朝仓敏景、北条早云的发迹过程，可看出"下克上"在应仁之乱（或是明应政变）后俨然成为有能力、有武力者所依循之正轨，守护大名控制领国的盛世已一去不复返。

小田原城／洪维扬提供

群雄割据

◇ 战国大名如何定义？

　　"战国大名"顾名思义为战国时代的大名，是战国时代的主角，但是它与室町时代的守护大名有何不同呢？具备怎样的条件才能视为战国大名？

　　室町时代的守护大名，即便领国大者如山名氏拥有天下六十六国中的十一国，然每一国中的地头、国人众都维持在独立或半独立状态，不见得一定听命守护大名。

　　室町幕府成立之初，由将军任命有功武将为"守护大名"并赐领地世袭，兼授予大犯三条检断权、刈田狼藉检断权、使节遵行权、半济给付权、阙所地给付权、段钱、栋别钱征收权等职权，比镰仓时代的"守护"扩大许多，此即所谓的**"守护领国制"**。

　　战国大名领地从数郡到数国皆有，却未必大过守护大名，故从领地大小来判断并不正确，只是比起守护大名，战国大名权力更集中一元化！简言之，国人众与地头在守护大名之下尚可维持独立空间；相反的，在战国

复原的大阪城／洪维扬提供

> **豆知识　守护领国制**
>
> "大犯三条检断权"，相当于军事指挥权和警察权；"刈田狼藉检断权"，让守护可抢先收割地头或国衙庄园的庄稼；"使节遵行权"，守护大名可代替幕府派出使者调解武士家族内部的诉讼；"半济"，为守护大名有直接收取庄园和公领一半年贡之权利；"阙所地"即关所之意，各国于交通要道上设置关所以收取往来通行费用；"段钱"，为按庄园田地段数征收的税金；"栋别钱"，按领地人民房屋栋数征收的税金。

大名之下的地头庄园往往被以"检地"方式纳入大名领地，加强自身经济实力，最有名的例子为丰臣秀吉的"太合检地"，而国人众或被并入家臣团，或臣属战国大名，作战时有为大名参战出兵的义务。

治理领国最有效率之方，莫过于定出成文法。战国大名制定的成文法一般称为"分国法"，以镰仓、室町时代颁布的《承久式目》《建武式目》为基础，结合领国的特点加以细分与强化，成为自己领国上唯一遵循的宪法。不过，并非每个战国大名都有制定"分国法"。

战国大名七大类型（依其由来）	举例
守护大名成长为战国大名	常陆守护佐竹氏、骏河、远江守护今川氏、甲斐守护武田氏、近江守护六角氏、周防、长门、石见、安艺、备后、丰前、筑前等国守护大内氏、丰前、丰后、筑前、筑后、肥前、肥后等国守护大友氏、萨摩守护岛津氏
守护代或守护代"下克上"驱逐守护大名取代之	越前守护代朝仓氏、出云守护代尼子氏、越后守护代长尾氏、细川京兆家家宰阿波守护代三好氏、三好氏的家臣松永氏、越中守护代神保氏、尾张守护代家臣织田氏、备前守护代家臣宇喜多氏
压制国内守护大名及豪族，由地方国人众或寺院势力成长	陆奥国人众伊达氏、田村氏、安艺国人众毛利氏、丹波国人众波多野氏、土佐国人众长宗我部氏、肥前国人众龙造寺氏、大和大神神社神官筒井氏
原为幕府官吏或浪人，因缘际会下窃夺守护大名而自立	伊豆的北条早云和美浓的斋藤道三
本身为幕府地方官吏	上野守护山内上杉氏（同时也是辅佐镰仓公方的关东管领）
朝廷官制地方国司演变而成	飞驒国司姊小路氏、伊势国司北畠氏
原为朝廷公卿，应仁之乱出亡后受当地势力拥戴	土佐一条氏

足利将军有名无实

◇ 永正错乱到两细川之乱

义澄于明应政变继位将军后不过几年，支持者之一日野富子便去世，但义澄依旧是傀儡，幕政大权为管领细川政元独揽，人称"半将军"。幕府管领原本应由细川京兆家、斯波武卫家、畠山金吾家轮流担任，后两者在应仁之乱期间闹出家族内讧而式微，细川京兆家因此独占管领一职，直至三好长庆崛起取代。

大权在握的细川政元也非全无隐忧，他膝下空虚，收养了澄元、高国、澄之三名养子，却未指定继承人选，使得家臣由此分裂为三派。1507 年 6 月，养子澄之收买政元身边侍卫刺杀政元，是为"永正错乱"。但养子澄元在家老三好氏簇拥下出兵扑灭，顺势成为细川京兆家家督，继承管领职位。

新管领位子还未坐热，政元另一养子高国不满澄元继承大位而起兵讨伐。起初高国不敌澄元，此时盟友大内义兴护卫流亡在外的十代将军义材上洛，对高国而言不只提供兵力，还有前将军加持，慢慢扭转劣势。1508 年 6 月，细川澄元拥护现任将军足利义澄，与高国和前将军一派在京都交战，有大内军为后盾的高国获胜，败军带着将军义澄逃往近江。义材再度当上将军，改名义稙，立有功的高国为管领，大内义兴则为管领代。

前将军足利义澄三年后于近江病逝，尽管失去筹码，细川澄元仍号召畿内大小豪族聚集京都洛北的船冈山，再次挑战细川高国。这是应仁之乱后首度再现多方势力聚集一堂的混战，胜算高的澄元因阵营中部分势力倒戈而功亏一篑。

1518 年，大内义兴从京都返回领地。大内一走，细川澄元立即从四国阿波率三好氏等兵力来犯，令高国败走近江。不久高国得六角氏、朝仓氏、土岐氏援军反击，澄元家老三好之长一族战死，澄元同年病逝阿波。两细川之乱最终由高国胜出，然经长年缠斗，细川家权势已明显不如当初细川政元主政的时期。

◇ 细川京兆家没落

细川高国主宰畿内后，仿效养父细川政元独揽大权，与将军义稙嫌隙加深。义稙逃出京都辗转流亡至阿波，阿波细川氏有意奉行义稙上洛交战，但义稙于此时病逝。

高国统治下的畿内也非一帆风顺，义稙无子，继位人选只得选择义澄之子，于是十一岁的义晴在1521年成为第十二代将军。此时畿内乱事又起，高国四处奔波忙于平乱。澄元长子晴元在三好氏长孙元长辅佐下于阿波起兵，1527年击溃高国，偕义晴逃往近江。高国虽有再起之举，但大势已去，最终战败自尽。细川晴元则拥立义澄的另一子义维于堺港，准备随时进京。

细川晴元起兵上洛这段期间，因家臣三好元长过于活跃而起猜忌，借口要其率军讨伐高国残余势力。三好元长发现他的敌人有更难缠的**山科本愿寺**，最后力竭战死，

三好长庆像

此结果削弱了细川晴元在畿内的统治力。足利义维的将军梦亦破灭，失望返回阿波以"平岛公方"之名度过余生。

1537年，细川晴元与足利义晴和解，避居近江多年的将军返回京都，义晴封他做右京大夫兼幕府管领为谢。过了两年，三好元长十八岁长子长庆率军上洛谒见细川晴元要求继承亡父在河内的领地，晴元有意收揽便准许，三好长庆于是脱离寄人篱下的生活。长庆凭借卓越能力和手腕扩展势力，在三位优秀弟弟及右笔松永久秀协助下，超越父祖几代累积下来的实

净土真宗本愿寺第八世法主莲如于1483年，于今日京都市山科区建立的寺院，是真宗在畿内的根据地。到九世法主实如、十世法主证如，由于面临战国乱世，为求自保而将其城郭化。1532年7月，细川晴元联合法华宗向真宗开战，山科本愿寺毁于兵火，真宗撤出京都，转往难波兴建石山本愿寺。

力。对比晴元空有管领虚名，外强中干，长庆即便取而代之亦非不可能。

晴元逐年感受到来自长庆的威胁，关系决裂，长庆便倒戈细川高国养子氏纲阵营。晴元随即向氏纲宣战，双方实力有着悬殊落差。1549年展开江口之战，晴元大败，仍积极为打倒长庆奔走，不过没能成功。细川京兆家已成明日黄花，三好长庆成为畿内新主宰，此时年仅二十八岁。

各地群雄不断崛起

明应政变后半世纪间，畿内政局经历一番演变，地方上又是如何呢？

东北方面

室町初期担任奥州探题、羽州探题的大崎氏、最上氏在应仁之乱没落，大崎氏反得借助原为国人众伊达氏的力量才能平定地方及家臣团的叛乱，到伊达政宗时期又受压迫成为其家臣。羽州探题最上氏虽也历经兴衰，传至最上义光这代时，一面与伊达氏结成姻亲拉其势力平定领地内的叛乱，同时与伊达氏争夺奥羽霸权。至关原之战后，最上义光领有山形五十七万石，成为仅次于伊达政宗的奥羽第二大势力，惜传至其孙义俊，家族发生动乱遭致**改易**。

应仁之乱后，可与伊达氏势力并驾齐驱的是以会津盆地为根据地的芦名氏。芦名盛氏曾参与伊达氏家族内乱（天文之乱），与北条氏康、武田信玄结盟以抗关东的佐竹氏。芦名氏在盛氏逝后不敌伊达政宗入侵，最后灭亡。

关东方面

自义教出兵讨伐镰仓公方以来，分裂成古河公方、山内上杉氏、扇谷上杉氏三股势力。北条早云窜起后主要以两上杉为扩张对象，其子氏纲立足小田原城为居城，自称"后北条氏"。第三代的氏康，于1546年河越夜战大破古河公方及两上杉氏联军，渐有统括关东的气势；至第四代氏政时已囊括大半关东。但是，成为山内上杉氏养子并继承关东管领的长尾景虎（上杉谦信），以及曾是氏康盟友的武田信玄，因涉及自身利益，时而同

> **豆知识 ▷ 改易**
>
> 江户时代幕府因大名或旗本犯错，或是家中出现对立状况，剥夺其武士身份，没收领地、居城或宅邸的处分。虽也不乏在改易后提拔大名后世子孙为旗本以延续家世的做法，但被改易的大名、旗本及其家臣泰半沦为浪人，造成严重社会问题。

战国大名势力分布图／三娃绘

盟、时而敌对，是战国时代至今令人津津乐道的一段篇章。

　　关东中心的外围尚有佐竹、里见、宇都宫、结城、那须、小山、大关等战国大名及国人众，他们虽非关东主流势力，却也在此地区割据史上占一席之地。特别是佐竹氏，北与芦名、伊达交战，南与后北条氏竞逐关东霸主，展现出清和源氏后裔的雄图。

甲信方面

　　室町时代原本由武田氏、小笠原氏担任甲斐、信浓守护，应仁之乱后守护的统治权威不约而同遭到国人众及地侍的挑战，小笠原氏无力维持领地秩序，家族统治摇摇欲坠。武田氏很快平定国内纷乱，信虎时已有余力对信浓用兵。信虎之子晴信放逐无道的父亲后，与南方的今川氏、后北条氏交好，全力侵攻信浓，成功纳入版图。

北越方面

越后守护代长尾为景，以武力驱逐越后守护上杉房能，拥立其养子上杉定实为继任守护，拥有越后实际统治权，但也因为"下克上"使得为景的余生皆在平定各地叛乱中度过。为景长子晴景沉溺酒色，原本降伏的豪族复叛，晴景之弟景虎勇猛无比，颇得家臣及国人众拥戴，最后晴景被迫让位给景虎，也就是后来有"军神"之称的上杉谦信。加贺自推翻守护富樫氏后由一向宗（净土真宗的俗称）统治将近一个世纪，这段期间加贺阻止近邻的朝仓氏、畠山氏、神保氏多次入侵，"进者往生极乐、退者无间地狱"的旗帜飘扬在加贺每个角落。

东海方面

身兼骏河、远江两国守护的今川氏，是战国初期此区最强大势力。今川义元与武田氏、后北条氏缔结"甲相骏三国同盟"后全力西上，并吞邻近陷入分崩离析的三河。三河原本守护是一色氏，衰退后地侍松平氏窜起，不过松平氏实力不足以平定国内，遭东边今川氏与西边织田氏觊觎，最后为今川义元吞并。

山阴、山阳方面

义满时期领有十一国的山名氏，如今连维持因幡、但马都有困难，取而代之的是出云守护代尼子氏；加上传统强敌大内氏，使得此区其他守护大名、国人众、地侍为求生存，不得不在两强中选边站。此区后起之秀为安艺国人众毛利氏。毛利元就期间无人能比的谋略让大内、尼子削弱自身力量，取代了他们成为山阴、山阳的霸者。

四国方面

四国是个面积较小的岛屿，相对于日本其他地方明显弱小，但濑户内海、纪伊水道、丰后水道均不足以阻绝来自山阳、畿内、九州岛势力的入侵。原本四国赞岐·阿波两国为细川氏分家的领地，细川氏没落后，当地国人众、地侍纷纷崛起，竞逐四国的统一。土佐国人众长宗我部国亲，脱逃后附属于土佐一条氏，返回土佐扩张势力，至国亲之子元亲完成土佐统一，成为四国最强大的势力。

九州岛方面

自镰仓时代以来传统三强为大友氏、少贰氏及岛津氏，他们在极盛时都身兼数国守护，这种状况一直持续到战国时代。少贰氏为肥前国人众龙造寺氏取代，龙造寺氏取代主家后与九州岛北部强敌大友氏作战，互有胜负。大友氏是镰仓时代以来的名门望族，大友义镇先盛后衰，然在筑前、筑后仍有一定势力，阻止龙造寺氏扩张势力到九州岛核心地带。南方的岛津氏苦于家族内部对立，直到岛津贵久以分家身份继承本家家督，完成家族统一后甫北上与大友、龙造寺二氏角逐，在四个儿子义久、义弘、岁久、家久齐心协力下，逐步统一九州。

049

首次接触欧洲文明

◈ 铁炮传来

　　1543 年 8 月 25 日，有艘中国船漂流到九州岛南部大隅半岛东南方的种子岛，船上载有三名葡萄牙人，一名为"五峰"（据考证实为倭寇头子王直）的中国儒生与岛上日本人进行笔谈。为感谢岛上日人收留，葡萄牙人将手上奇珍异物献给岛主惠时、时尧父子，这一奇珍异物即是日后改变战国时代的武器："铁炮"。翌年，再有葡萄牙人漂流至岛上，惠时命人学习铁炮的制作技术，于是种子岛自行制造出铁炮数十挺。

　　以上是《铁炮记》中关于日本自行制造铁炮的记载。不过，有关铁炮传入日本的时间，不少学者认为应当比《铁炮记》要早数年。

　　惠时将制造好的铁炮献给主君岛津贵久。此外，当时人在种子岛的堺港商人橘屋又三郎，和纪伊根来寺僧侣津田算长（亦称"杉之坊算长"），各购买铁炮返回居住地。津田算长请人复制后献给当时将军足利义晴，铁炮于是开始在日本本土传开，成为战争新宠。除了种子岛，和泉国堺港、纪伊根来寺，及近江国友、日野等地都大量生产。

　　铁炮最早称作"火绳铳"，因能够射下天上飞鸟，在中国又称为"鸟铳"。依弹药重量及枪管口径，可细分为小筒、中筒、士筒、马上筒、短筒、大铁炮等数种。铁炮制作所需主要原料有铁、硫黄和硝石，日本并非硝石产地，必须仰赖海外进口，而当时对外贸易港口以堺港、博德为主，使两港口除却本身商业价值，再添军事价值。再加上割据各地的大名遍设关所，对来往货物征收税金，铁炮普遍造价昂贵。

　　当时铁炮射程有限，装填子弹过于耗时，气候太潮湿更会出现无法射击的状况。尽管有诸多不利因素，然只要选在晴日、铁炮射程内，其威力是传统刀剑弓矢难以企及的，连骑兵也会被击倒，因此铁炮成为战国时代战争的主力，无役不与。据估计，关原之役前夕日本国内约有五十万挺铁炮，是当时世界上拥有最多铁炮的国家，此时距铁炮传入还不到 60 年。

◈ 基督教传入

1549 年，**耶稣会**传教士西班牙人沙勿略（Francisco Xavier）在马六甲遇见亡命此地的日本人弥次郎。沙勿略以之为向导，偕同德特尔（Cosme de Torres）、费南德兹（Juan Fernandez）两位耶稣会士，前往欧洲人未曾踏足过的日本传播上帝福音。同年七月二十二日（阳历 8 月 15 日是圣母玛丽亚升天日），沙勿略一行于萨摩登陆，受到岛津贵久欢迎，贵久原同意沙勿略传教，因面临领地内传统佛教的压力而告中止。于是沙勿略留下弥次郎，与另外两人前往平户，在平户传教的成绩远超萨摩。

不过平户只是蕞尔之地，沙勿略前往京都，盼能像在中国那样得到皇帝敕许，让传教活动更便利。来到京都未能谒见将军足利义辉，却目睹自两细川之乱以来残破的京都，他失望之余，回到上洛途中经过的山口传教，当时山口较日本各地来得安定，而且喜爱京都文化的大内义隆吸引不少京都公卿

人物通 ▶ 耶稣会

天主教因应宗教革命而自内部发起的改革势力，由罗耀拉（Ignacio de Loyola）等七名巴黎大学学生发起。成员入会时必须发誓坚守日常生活贞洁、安贫以及对耶稣会（Society of Jesus）和教宗命令绝对服从，其具体任务为教育和传教，因此耶稣会士纷纷远赴海外向世界各地传教。

来到日本的南蛮船只／16 世纪油画

前来山口寻求保护。沙勿略在山口也吸引许多日本信徒，当中有位全盲的琵琶法师折服于沙勿略说教而受洗，教名罗伦佐，是第一个加入耶稣会的日本人。

沙勿略眼见天主教在日本扎根，信徒稳定成长，便于1551年年底离开日本，一年多后病逝中国广东。沙勿略后有葡萄牙传教士维耶拉（Gaspar Vilela）、佛洛伊斯（Luis Frois）相继来到日本，初期仍孤军奋战，但织田信长上洛后，终得拨云见日，实现在京都传教的愿望。

随着天主教在日本的传播，有的大名纯为教义所感动，亦有像信长那样出于贸易或为取得铁炮、西洋珍物等目的受洗，这类大名被称为"吉利支丹大名"（江户时代为避五代将军德川纲吉名讳，改称"切支丹大名"）。重要的"吉利支丹大名"有：高山友照、右近父子、小西行长、蒲生氏乡、黑田官兵卫、大友宗麟、大村纯忠、有马晴信，他们大多位于畿内和九州岛，让传教士有在领地内传教的自由。

050

织田信长的崛起

◈ 继任家督到桶狭间之战

有"战国风云儿"之称的织田信长出身尾张国胜幡城,织田氏原为尾张守护代,应仁之乱"下克上"取代主家斯波氏。进入战国时代后,织田氏分裂为领有上四郡(丹羽、羽栗、中岛、春日井)的岩仓织田家,与领有下四郡(爱知、知多、海东、海西)的清洲织田家。信长之父信秀时凌驾主家清洲织田家,成为尾张下四郡主人,于是平定上四郡岩仓织田家进而统一尾张,便成了织田信秀的使命。

不过岩仓织田家与美浓斋藤道三结好,信秀几次率军征讨却屡屡败在道三手下。此外信秀还要面对将势力伸入三河的骏河、远江守护今川义元,

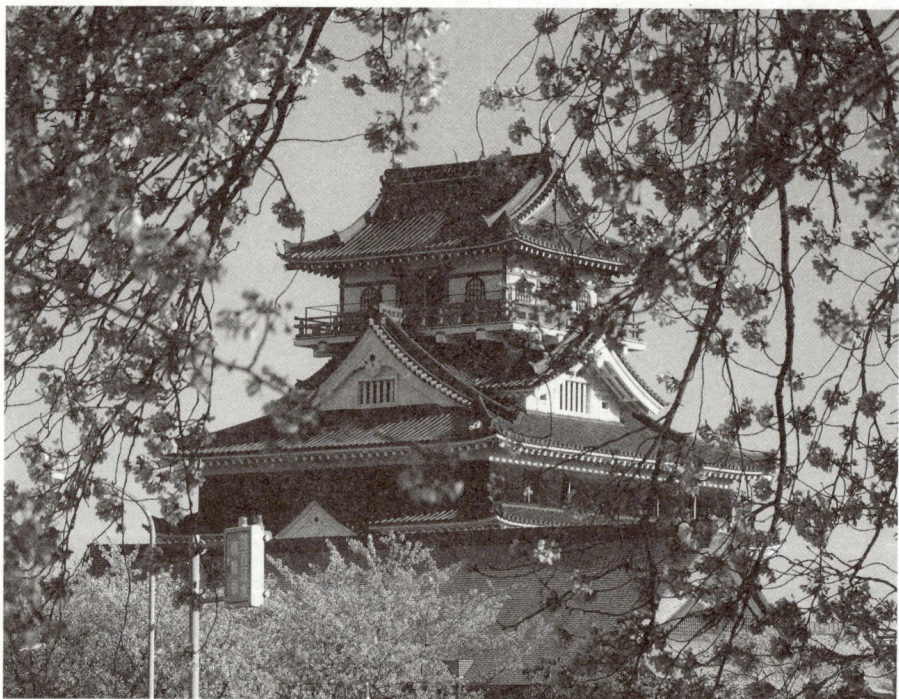

清洲城 / Bariston 提供

几经考虑后，他决定采取和解以全力对付今川氏，具体的和解方式是成为姻亲。1548年，道三将长女归蝶嫁给了信秀嫡长子信长。

信长幼名吉法师，成亲前有诸多奇言怪行又蔑视传统，因而被称为"尾张大傻瓜"。后来信秀去世，准继承人的信长穿着奇装异服出席丧礼，引来众人非议，教育信长的家臣平手政秀于是切腹死谏，信长受此冲击，从此在言行上有所收敛。之后与岳父斋藤道三于两国国境附近的富田正德寺会面，信长表现优异得到道三赞赏，家族再无人嘲讽。不久更平定家中拥戴同母弟信行的势力，于此展现过人智慧，他只除掉信行，赦免了包括柴田胜家在内的其他家臣。至1560年3月，信长消灭岩仓织田家，统一了尾张。

此时今川义元已并吞三河，并将三河、尾张边境上数座城寨纳入版图，以三河部队为先锋继续进攻尾张，直指京都。信长能动员的兵力不超过三千，面对敌方十倍于己的兵力，正面交战绝无胜算，只有进行偷袭。

1560年5月19日，信长舞完喜爱的《敦盛》，匆匆前往热田神宫进行战前祈愿，据说树林中飞出白鹭被认为是战胜吉兆。天亮后，信长得知今川义元的本阵位于桶狭间和田乐狭间一带，突然天上雷电交加，顷刻间暴雨一泻而下。他认为这正是偷袭的绝佳良机，率军朝桶狭间而去。下午二时左右暴雨方酣，信长一行已现身今川义元的本阵，今川军旗本对突如其来的奇袭反应不及，今川义元已被信长的**马回众**追上，马回众之一的服部小平太取下今川义元首级，为这场战国最具戏剧性的战役画下句点。此役之前，仅有斋藤道三和部分家臣真正了解信长的能力，故可说桶狭间之役使信长一战成名，天下无人不晓，信长遂以这回胜利为契机，朝天下布武之路迈进。

> **人物通　马回众**
>
> 在骑马大将周围进行护卫且身兼传令的侍卫，通常是由地方豪族的次子或三子组成。信长从马回众选出精锐组成"赤母衣众"和"黑母衣众"，作为本阵和前线部队之间的传令。

◈ 天下布武，护义昭上洛

《信长公记》记载斋藤道三在正德寺与信长会面说过要将美浓留给信长，

后来道三与长子义龙作战时丧命，信长遂以为岳父复仇为名出兵美浓。桶狭间之役后，信长挟威，倾尾张全国之力进攻美浓，却受阻于《信长公记》一书中评价甚低的斋藤义龙。1561 年义龙病逝，信长为全力进攻美浓，先与桶狭间战后恢复独立的三河松平元康（后来的德川家康）订定清洲同盟解除后顾之忧，并将居城从清洲城迁往更靠近美浓的小牧山城。

1566 年，信长的部将羽柴秀吉毛遂自荐，将拉拢来的美浓国人众蜂须贺正胜、前野长康等人于长良川西岸墨俣一夜筑好堡垒，加速织田军进攻速度。在此必须澄清的是"墨俣一夜城"并非真的一夜筑成，乃是历经七天左右时间；而且墨俣该地原就有类似砦的存在，羽柴秀吉只是将那些破损的砦修复，非凭空建造，秀吉事先也备妥了筑城建材，又利用河川运送到墨俣组装。另外，墨俣城完工后一年多，织田军才攻下斋藤氏居城稻叶山城，因此墨俣一夜城在军事上实质帮助有限，主要是借由筑城动摇美浓国人众的意志，让他们因此投靠织田家。

信长翌年（1567 年）九月攻下稻叶山城后改为居城，一般认为他听取

"桶狭间之战"锦绘

僧侣泽彦宗恩的建议，将中国周文王的封地岐山与孔子诞生地曲阜各取一字改名为"岐阜"，但学者考证后认为这名称早在此前七十多年间便已有之。年末，信长开始使用"天下布武"印章，足可认为拥有美浓、尾张后，信长萌生以武力取得天下的野心。

机会很快降临，就在1568年六七月，人在越前的足利义昭先后派遣细川藤孝、明智光秀到美浓与信长接洽，希望他能出兵护送义昭上洛，打倒松永久秀与三好三人众，拥戴义昭成为足利将军。对信长而言，这是从天而降的契机，他赶紧动员领地内的兵力，交好东邻的武田信玄，以养女嫁与信玄四子胜赖缔结姻亲。9月7日率领德川、浅井（信长四年前将妹妹阿市嫁给浅井长政）联军共四万余人（一说六万人）浩浩荡荡上洛，一路上仅遇近江南部六角义贤的抵抗，信长不费吹灰之力攻下六角氏居城观音寺城。9月28日，信长一行进京，足利义昭入住东山清水寺，信长则落脚东福寺；10月18日，朝廷下达征夷大将军宣下，足利义昭正式成为室町幕府第十五代将军。

051

川中岛激战

◇ 大战前的各方局势

1541 年 6 月，甲斐守护武田信虎遭到家中重臣支持的长子晴信放逐，晴信自立家督后，考虑当时局势决定对信浓用兵。因为信浓地区多山，导致切割成众多而零星的政治势力，颇适合武田晴信施展远交近攻的战术各个击破。尽管如此，武田晴信入侵信浓并非一帆风顺，期间也出现过上田原之战和砥石崩溃这样的败仗，失去被后世称为"武田二十四将"中的板垣信方、甘利虎泰、横田高松等优秀将领。晴信攻略行动虽吃了几次败仗受挫，仍未损及武田氏在信浓的势力，暂挫武田氏的村上义清亦未能在北信浓立足。

最后，信浓守护小笠原长时和北信豪族村上义清在家臣不断归降武田晴信的情况下，只得出走信浓，往北投靠年轻的越后国主长尾景虎。长尾景虎接受无能长兄晴景的让位，以卓越战术降伏越后境内大大小小的国人众、地侍和豪族。

景虎个性豪迈，有燕赵豪侠之风，威名远播。他重视义理，自称生平战役皆是为"义"而战，善待任何降伏势力，并曾上洛拜见将军足利义辉，彼此惺惺相惜。成为越后国主后，仍奉越后守护上杉定实为宾；北条氏康驱逐关东管领山内上杉宪政，无处可去的山内上杉宪政亦只能逃往越后，景虎对这位家世高过自己甚多的上杉氏嫡系家督礼遇有加。除却家世之后一无所有的宪政，几次欲让与山内上杉氏家督和关东管领之职，重视名分的景虎坚辞不受，认为让与"关东管领"理应于镰仓鹤冈八幡宫前举行，有关东豪族见证方可。

1561 年 3 月，景虎劳师动众率领大军包围后北条氏的居城小田原城。北条氏康对此早已采取对策，小田原城历经氏纲、氏康二代经营，不比一般城郭，因此景虎虽兵临城下却未能攻陷。闰三月十六日，景虎前往镰仓接受关东管领之职，成为山内上杉家养子，改名上杉政虎。

川中岛两军对峙的骑马战，发展出日本中小学盛行的体育竞技／三娃绘

　　武田晴信先是接受将军调解，与景虎和睦，并成为信浓守护。接着趁政虎出兵关东期间，信玄（晴信出家的法名）在川中岛附近筑海津城，该城的竣工有助信玄巩固北信的统治，对越后带来一定程度的威胁，政虎获报后不得不撤出关东，返回春日山城备战。

◇ 鞭声肃肃夜渡河

　　川中岛之战共有五次，真正说得上战役的只有第四次，其余不是小规模冲突就是两军对峙，一般提及川中岛之战，如无特别附记都指这一次。

不过吊诡的是，这场战役在后世说书人口中出现频率相当高，不乏以此为主题的小说和学术专著，但后人依旧有许多不明之处。

豆知识 〉善光寺

位在今长野县长野市，是日本罕见不隶属任何宗派的佛寺。据说创建于7世纪中叶，平安末期起数次毁于兵火。第四次川中岛之战后，武田信玄将善光寺的佛像带回甲府，创建甲斐善光寺。

　　川中岛为犀川和千曲川汇流处的冲积平原，此役重要地点如**善光寺**、茶臼山、海津城、妻女山、八幡原、雨宫渡皆在这块冲积平原上。话说上杉政虎返回春日山城后率军前往善光寺，在善光寺留下部分留守兵力，8月16日率一万三千军到更南边妻女山布阵。武田信玄则于同日率两万军出甲府，24日在善光寺西南、犀川南岸的茶臼山布阵，29日全军穿越八幡原进入海津城。

　　根据描述川中岛之战的书籍《甲阳军鉴》记载，信玄的军师山本勘助在临战前建议兵分两路，由高坂昌信、马场信春率领一万二别动队直指妻女山；信玄本人率领八千人于八幡原布阵，歼灭了被别动队追击从山上逃下来的上杉军，此即所谓的"啄木鸟战法"。孰料上杉政虎从海津城炊烟的减少，判断武田军有所动静，反趁黑夜下妻女山从雨宫渡涉水穿过千曲川前往八幡原布阵，即江户时代后期文人赖山阳诗中歌咏"鞭声肃肃夜渡河"的情景。

　　扑空的武田别动队赶紧下山，往八幡原与信玄本队会合。9月10日八点左右，浓雾弥漫的八幡原终于拨云见日，但出现在武田本队面前的却是摆出车悬之阵的上杉军，武田本队遭逢上杉家中第一猛将柿崎景家为首的上杉军痛击。训练有素的武田军虽也立即摆出鹤翼阵迎击，右翼却受到猛攻而出现破绽，为补救这一破洞，信玄之弟信繁和诸角虎定、初鹿野忠次等人战死，提出"啄木鸟战法"的山本勘助也在别处战死。十二点左右，武田别动队终于赶到八幡原与本队会合，一路挨打的武田军终于有能力反击，局势因而逆转，上杉军开始出现大量死伤，上杉政虎骑马冲进武田军本阵与信玄对砍三刀后离去，到下午四点被武田军赶出善光寺以北。

　　以上是《甲阳军鉴》对第四次川中岛之战的大致记载，却不乏令人费解之处，像"啄木鸟战法"和政虎与信玄的"三太刀七太刀"恐怕附会之成分大于真实。不管怎么说，此役对双方来讲都是一场死伤惨重的战役，放诸整个战国时代也难找到死伤如此惨重的战役。正因两边皆付出惨痛代价，以致双方阵营皆无力动员兵力护送足利义昭上洛，让刚崛起的织田信长捡了个现成的便宜。

善光寺史料馆

052

信长包围网

◇ 信长征战畿内

足利义昭成为将军后，对信长感激之情溢于言表，欲以副将军兼管领之职酬谢。原以为守护代出身的信长会感恩戴德，孰料信长毫不犹豫地予以回绝，反要求在堺港、近江大津、草津三地设置代官，作为直辖地。不久就与足利义昭出现冲突，信长上洛后翌年一月，义昭受到**三好三人众**袭击，信长出兵击退后强加十六条《殿中御掟》限制义昭的权限。将军竟沦为供膜拜的人偶，义昭深感不满，对信长的仇恨潜滋暗长。

后来信长以义昭之名敦促各地大名上洛，越前的朝仓义景不予理会，信长便于1570年4月出兵征讨。信长的出兵，违反了当初与浅井氏结盟时对方提出的不得与朝仓作战之约定，即便信长颇有斩获，退路却被浅井封锁，不得不以羽柴秀吉殿后才得全军撤退。

> **人物通　三好三人众**
>
> 1564年三好长庆病逝后，支撑三好政权的三好长逸、三好政康、岩成友通三人，为三好家一门众或重臣，以长庆继承人义继的辅佐役登上历史舞台。最初与松永久秀合作，包围将军府邸，足利义辉奋勇战死。之后双方因利益内斗，信长上洛后，走投无路的松永久秀投靠信长继续对抗三人众。

同年6月，信长联合德川家康向浅井、朝仓宣战，此即著名的"姊川之战"。信长获胜控有近江南部，随即派兵到摄津与从四国卷土重来的三好氏作战，是为"野田城、福岛城之战"。战争进行至9月13日，本愿寺十一世座主显如法王加入三好氏对信长宣战，称信长为"佛敌"，于是本愿寺、三好三人众、阿波三好氏、摄津的池田长政、朝仓义景、浅井长政、比叡山延历寺、大和的筒井顺庆结合成大同盟来对抗信长，即是"信长包围网"。

不过包围网内部并非团结一致，部分成员在信长上洛前还彼此杀伐，并没能维持长久的合作。信长透过义昭要求天皇斡旋调停，以10月底信长与显如和解为起始，陆续与其他势力达成和解，第一次信长包围网结束。

◇ 包围网从结合到解散

1571 年 5 月，信长率五万余兵力，兵分三路包围本愿寺位在伊势的根据地长岛，信长与一向宗的战争再起。同年 9 月 12 日，为断绝朝仓氏和浅井氏的后援，信长进行包围战，焚毁天台宗总本山比叡山延历寺；根本中堂被焚，僧俗男女三四千人遭到杀害，与足利义教对付延历寺极为相似。烧毁延历寺的"暴行"为信长博得"第六天魔王"称号。

足利义昭"御内书"下达的对象大名和畿内佛教出现跨宗派联合，信长又追加五条《殿中御掟》，包含义昭要下达"御内书"需事先让信长过目，不能以义昭名义发给各地大名命令等内容。虽然限制如此严苛，义昭仍偷偷将"御内书"下达至畿内各地大名，包含远在甲信的武田信玄和山阳的毛利辉元（元就之孙）。武田信玄收到"御内书"时，与之作战的北条氏康去世，遗命长子氏政重新与武田结盟，信玄因而结束与后北条氏的战争，显如法王也策动越中一向宗干扰上杉谦信（政虎出家的法号），使信玄得以在无后顾之忧的情况西上。

1572 年 10 月 3 日，信玄率三万大军兵分三路上洛，消息传入畿内，包围网成员无不欢声雷动。信玄上洛的终极目的是打倒信长，拦阻在上洛途中的信长长年盟友德川家康，则是信玄优先要打倒的对象。话说信玄和家康在瓜分今川氏领地曾短暂缔结过同盟，此刻终究兵戎相见。信玄大军从甲府出发，数日内进入远江家康领地，所到之处当地豪族多望风披靡，即使信玄兵力远胜家康，双方之间仍有一言坂、二俣城等零星短兵相接。

罹患肺痨的信玄不愿耗时进攻不必要的城砦，刻意绕过了家康居城滨松城往西直行，年轻的家康沉不住气率军出城追击。此举正中信玄下怀，双方随即于滨松西北一处名为"三方原"的台地进行决战，时为 1572 年 12 月 22 日。家康得到信长援军，兵力增至近两万，虽仍落后信玄，差距亦未如想象的大。双方开战后，久经百战的武田军迅速取得优势，过了两小时，德川军渐现溃败迹象，武田军乘胜追击，为三方原之战取得最后胜利。

1573 年 2 月，武田军进入三河境内攻下野田城。信玄病势沉重，无法再往前进，不得不作出折返的决定，4 月 12 日在返回甲府路上病逝信州驹场。三方原的胜利让包围网成员声势达到顶点，义昭甚至拒绝信长提出的和解条件。但包围网最终没能达成消灭信长的目标，尽管信玄遗言要家臣在三年内保密死讯，不过情报网灵通的信长一个月后便已确定信玄死去。少了劲敌的信长，开始反过来清除包围网成员。

武田信玄 大永元年~元龟四年（1521—1573年）

讨论战国时代有哪些战国大名有角逐天下的可能时，武田信玄是绝对不会被遗漏的，如果不是在上洛的过程倒下，信玄很有机会粉碎信长天下布武的野心。不过，信玄的光环成为后继者胜赖的压力，信玄时期的缺失也在胜赖时期被放大观察，成为武田家灭亡的因素之一。

※ "甲斐之虎" 生涯

武田信玄本名晴信，是武田信虎的嫡长子，母亲大井夫人（名字不详）为武田氏庶流。晴信虽是长子却不受信虎喜爱，有意废嫡改立弟弟信繁，在信虎主政期间屡屡对外用兵，使武田家臣和甲斐百姓苦不堪言。因此晴信在家中重臣板垣信方、甘利虎泰等人的支持下，将父亲放逐至骏河，自立为甲斐国主。

晴信继续父亲的对外扩张，他盱衡当时的局势，认为豪族林立的信浓是最适合的扩张对象。不过信浓的地势却拉长平定的时间，晴信费时二十年、历经数十场战役包括惊天动地的第四次川中岛之战，才将信浓纳入版图。

第四次川中岛之战结束后，信玄（第四次川中岛之战前夕出家，法名"德荣轩信玄"）应盟友北条氏康之请，出兵上野，断绝上杉谦信进兵关东的路线。之后发生"义信事件"——几乎是信虎和晴信父子对立的翻版，信玄不得不幽禁与自己意见相左的长子义信，在其切腹后改立侧室诹访御寮人所生的四子胜赖为继承人。

信长上洛的同时，信玄与新兴的德川家康结盟瓜分昔日盟友今川家领地，此举招来信玄另一盟友北条氏康与之断交，并与信玄的死敌上杉谦信缔结"相越同盟"，从东、北两方包夹信玄。纳骏河入版图后，信玄取得长久以来渴望的临海国度，并接收藏量丰富和矿质精纯的富士、安倍两座金山，此时信玄成为拥有一百二十万石左右的大名，实力与后来丰臣政权名列五大老的上杉家、毛利家不相上下。

清和源氏义光流后裔的信玄早有上洛野心，足利义昭与织田信长的冲突则为信玄的上洛提供机会。信玄上洛时已病入膏肓，信玄因而一反平定信浓时采用的"叩石桥而渡"的保守战略，故布疑阵在三方原与年轻气盛的德川家康进行决战而大胜。唯此时信玄病情加剧，不得不放弃上洛心愿返回甲斐养病，1573年4月病逝信州驹场，享年五十三岁，辞世语为："大ていは 地に任せて 肌骨好し 红粉を涂らず 自ら风流。（此身此骨归大地，不涂红粉自风流）"旧说信玄死于肺痨（肺结核），但根据医学诊断，胃癌或食道癌是较可信的说法。

※"有情为友，有仇则为敌"

在战场上，信玄主政的武田家令邻近势力畏惧，是信长最不想与之交战的对手之一（另一人为上杉谦信），然在内政方面，信玄的成就与贡献亦

山梨县甲府市的武田神社／江户村のとくぞう提供

无可挑剔。信玄的治国政策中以治水、开发山地、开矿等方面最为突出，甲斐国核心地带甲府盆地由于地势落差大以致河流湍急，饱受釜无川、笛吹川两河泛滥之苦。信玄在放逐父亲自立后的翌年针对釜无川、笛吹川及御敕使川进行整治，费时十九年，第四次川中岛大战前一年于现今甲斐市龙王完成有名的"信玄堤"（全长将近二公里，最初名为"霞堤"，江户后期改称"信玄堤"）。信玄治水的同时也对信浓用兵，兼顾内政及对外扩张，诚属不易！

甲斐国除先天面积狭小外，更不利的是境内多山，平原与盆地只占极小的部分，若只将开发重心关注在平原与盆地上，不仅难以养活甲斐民众，也浪费了甲斐国的山地资源。为奖励民众开发山地，信玄降低赋税中金钱的比率，允许以开发的资源作为税收上缴。信玄鼓励民众莫只是开发山地资源，应当把资源加工制成产品贩卖，以贩卖收入缴纳赋税中金钱的部分，还鼓励民众开发山坡地种植经济作物和水果。

甲斐国有着储量丰富的金山，著名的"甲州金"即是从甲斐金山开采出来的金子铸成。为了淬炼出质量精纯的金子，信玄不惜出资让猿乐师大藏宗右卫门的次男藤十郎（后来有"天下总代官"之称的大久保长安）前往长崎学习西洋的精炼法（不确定是否为灰吹法）以增加金山产量。"甲州金"其实并非流通市面的货币（从日明贸易输入的永乐通宝才是），而是武田军队的军用金，至多只流通在武田家统治范围内。

多数战国大名都住在地势险要、戒备森严、金城汤池的城郭里，只有信玄是居住在几无防卫的简单行馆中，没有地势、要塞、城郭的保护，信玄相信民心的拥戴远远胜过天然地势和人为设施，倘失去民心，纵建造再多的难攻不落之城也是无益。本能寺之变后，成为甲斐新主人的德川家康曾去探寻这位让他吃下毕生唯一败仗之人物的居馆，偏偏不得其门而入，最后下马徒步。进入江户时代，以古文辞学闻名的学者荻生徂徕在参观完踯躅崎馆遗迹后，感叹道："与他的事业相比，这座宅邸显得无比的简朴！"

※ 大河剧里信玄的形象

与信玄相关的大河剧共有三部，分别为 1969 年的《天与地》、1988 年的《武田信玄》及2007年的《风林火山》，饰演信玄的有高桥幸治、中井贵一、四代目市川猿之助，大河剧以外尚有万屋锦之介、津川雅彦、绪形拳等实力派演员也饰演过武田信玄。

原本预定的主角松平健和候补的役所广司因故未能演出，故大胆起用在偶像剧缔造收视率佳绩的中井贵一为主角。中井拍摄《武田信玄》时未满二十六岁，年纪虽轻却成功地诠释从十八岁到病逝的一代名将，如实表现出信玄有主见且深谋远虑的沉稳性格（《风林火山》的信玄较少稳重），重要战争如第四次川中岛、三方原等战役也都真实还原。

本剧改编自已故作家新田次郎的同名小说，在小说中虽有不少女性角色，但整体而言在全书中所占篇幅有限，然而大河剧中女性戏分大为提升。截至2015年为止，连同"NHK新大型时代剧"和"特别连续剧"（スペシャルドラマ）共五十八部大河剧，《武田信玄》的平均视听率为百分之三十九点二，是史上第二，仅次于前一年的《独眼龙政宗》。

【与信玄有关的景点】

＊要害山城迹：武田信玄出生地（山梨县甲府市上积翠寺町）

＊武田神社：踯躅崎馆旧址所在，以武田信玄为主祭神的神社（山梨县甲府市古府中町）

＊惠林寺：甲斐武田氏历代菩提寺（山梨县甲州市）

＊信玄堤：武田信玄整治河川所筑的堤防（山梨县甲府市到甲斐市之间）

＊八幡原史迹公园：第四次川中岛之战战场（长野县长野市小岛田町）

＊海津城址：为准备第四次川中岛之战而由山本勘助所筑之城（长野县长野市松代町）

＊三方原古战场迹：三方原之战战场（静冈县滨松市北区根洗町）

＊信玄公祭：每年四月十二日信玄忌日前的星期五到日三天，有武田二十四将等时代行列

＊网址：http://www.yamanashi-kankou.jp/shingen/

上杉谦信 享禄元年~天正六年（1530—1578年）

说到战国时代最能征善战、豪迈勇猛的武将舍"军神"上杉谦信外不作第二人想，日本有名的策略游戏公司光荣的"三国志"系列说到武力第一，玩家毫不犹豫地想到吕布；而该公司另一名作"信长之野望"系列中武力第一的人选，除上杉谦信外应该没有其他人选，虽有几代由新阴流创始人上泉信纲抢元，不过在玩家和战国迷心目中，上杉谦信才是真正战国时代武力第一的武将！

※ 长尾景虎到不识庵谦信

上杉谦信本名长尾景虎，是越后守护代长尾为景的四男（亦有次男、三男诸说，尚无法确定），长尾氏与其主家上杉氏一样有许多分支，景虎的生家为府中长尾氏是越后长尾氏的本家，从南北朝时代起历代皆为越后上杉氏守护代。

景虎童年缺乏父爱和母爱关怀，养成他孤僻寡言的性格。长尾为景继任的长兄晴景并无治国之才，家臣无不希望作战时宛如毘沙门天（即佛教中镇守须弥山北方北俱庐洲的守护神多闻天，被武士视为军神）化身的景虎取而代之。1548年在越后守护上杉定实的调停下，景虎成为晴景的养子，继承越后长尾家以及越后守护代。

1551年，年仅二十二岁的景虎迫使上田长尾家家督长尾政景（其子显景后来为景虎养子景胜）投降，成功统一越后。翌年关东管领山内上杉宪政的根据地上野国平井城为北条氏康攻下，无处可去的上杉宪政只得流亡越后，景虎丝毫不敢怠慢这位落难的上杉氏家督，建造御馆作为其容身之处。

之后景虎多次进军关东与声势如日中天的北条家作战，景虎虽骁勇善战，然从春日山城到关东距离过于遥远，加上越后的冰雪期在限制景虎在关东的活动范围，另外，反复降叛的关东在地武士亦是令景虎头痛的问题。1561年闰三月十六日，山内上杉宪政于镰仓鹤冈八幡宫在诸多关东豪族的见证下，正式收景虎为养子并让出关东管领，长尾景虎因而改名上杉政虎。

第四次川中岛之战结束后，武田信玄出兵协助盟友北条氏康扫荡政虎进军关东期间依附的豪族势力，政虎因关东管领的头衔不得不再率军远征，12月攻下下野国唐泽山城后拜领将军足利义辉的名讳，改名上杉辉虎。1570年12月相越同盟缔结后，上杉辉虎收北条氏康七男为养子，辉虎为其命名为"景虎"，给予一门众的待遇，同时出家，法名"不识庵谦信"。

1570年10月辉虎曾轻微中风，虽然很快治愈，却留下左半身瘫痪的后遗症。1578年3月9日谦信动员家臣准备再与信长作战时倒下，13日去世。从谦信平时豪饮的习惯来看，死因应该不外乎脑出血。

※"铠甲在胸前，功勋在脚下……"

谦信一生极重信义，生平不曾为了领土野心而发动对外战争。不管是关东管领山内上杉宪政，或是信浓守护小笠原长时、信浓豪族村上义清，只要领地被夺的武将前来投靠，谦信没有不收容的，甚至还会发起义战助其夺回领地。出兵关东及长达十二年的川中岛之战皆属于此类。

重义为谦信留下不少历史佳话，如不顾今川家和北条家的提议，坚持送盐到不靠海的武田家领地。在得知宿敌武田信玄病逝后，正在用饭的他不觉丢下筷子道："我失去一个好对手，世间不复再有这等英雄男子！"或许这是说书人或小说家的创作，只是用在谦信身上，让人觉得似乎真有其事。

不过也因为浪费太多时间在关东和信浓北部，寸土未得的义战固然赢得赞赏，但发动义战耗损的兵力和财力皆难以弥补，使得谦信早早就退出竞逐天下的资格。然而，为义而战对谦信竞逐天下或许帮助有限，此种义举却让谦信与其他战国武将相较下，格外令人印象深刻。严格来说，谦信在治国方面的成就，与信玄、信长、家康等人相比不算特

鹤冈八幡宫

别杰出，对爱戴他的越后武将而言或许"为义而战"是最大的魅力，这股魅力一直延续至今。

※ 大河剧里谦信的形象

与谦信相关的大河剧共有三部，分别为 1969 年的《天与地》、1988 年的《武田信玄》以及 2007 年的《风林火山》，饰演谦信的有石坂浩二、柴田恭兵以及摇滚歌手 Gackt。

当中诠释谦信豪迈之气最传神的当数 Gackt，他在《风林火山》出场甚迟，孰料一出场便抢走男主角内野圣阳和第一男配角四代目市川猿之助的锋芒，特别是在第四次川中岛大战从春日山城出兵前夕吟诵《春日山城壁书》里的字句"命运决于上天，铠甲在胸前，功勋在脚下……"时，似乎让人有谦信重生的错觉。

因为 Gackt 成功地诠释谦信，2008 年起新泻县上越市八月下旬举办的"谦信公祭"都由 Gackt 以谦信造型登场（2009 年和 2012 年除外）。原本"谦信公祭"是个不超过八万人的中型祭典，但在 Gackt 参加后，竟成为每年超过二十万人的大祭典，从地方性祭典飞跃为全国性甚至跨国性的名祭典！

【与谦信有关的景点】

*春日山城迹：谦信的出生地及其居城（新泻县上越市）

*林泉寺：越后长尾氏的菩提寺，也是谦信最初的出家之地（新泻县上越市）

*栃尾城迹：谦信初阵攻下之城（新泻县长冈市）

*鹤冈八幡宫：关东武士的守护神，谦信在此就职关东管领（神奈川县镰仓市）

*八幡原史迹公园：第四次川中岛之战战场（长野县长野市小岛田町）

*唐泽山城迹：谦信与武田信玄、北条氏康争夺将近十次的城郭（栃木县佐野市）

*手取川古战场石碑：谦信对决织田信长的战役，谦信的最后一役（石川县白山市凑町）

*谦信公祭：每年八月下旬纪念上杉谦信的祭典

*网址：http://www.joetsu-kanko.net/special/kenshinkousai/

053

室町幕府覆灭

◇ 信长驱逐义昭

武田信玄在三方原之战痛击德川家康的消息传到京都，足利义昭乐不可支，于1573年2月揭起反旗，跟信长全面摊牌。信长为迎战全力西上的武田军而坐镇岐阜，只派部将柴田胜家和明智光秀前往京都。3月，大和多闻山城主松永久秀、河内若江城主三好义相继响应义昭，一时间对信长治下的畿内造成颇大威胁。4月3日信长率军上洛，烧毁义昭支持者居住的上京区，包围二条城切断义昭与松永、三好的联系，短短两日后信长就接受正亲町天皇调解，与义昭谈和。7月3日，义昭破弃和解，逃离二条城前往宇治的槙岛城，7日信长再次派兵从琵琶湖南岸坂本登陆，包围二条城，于16日攻陷槙岛城。义昭虽以儿子做为人质换得性命保全，对信长而言义昭的存在显得多余，遂将其流放至河内。依传统说法，室町幕府至此灭亡，第二次信长包围网也在信玄病逝、义昭被流放后宣告失败，7月28日，年号由"元龟"改为"天正"，象征旧时代结束。

◇ 第三次信长包围网

义昭在流放地河内未逗留太久，辗转往来畿内和备前，1576年3月来到备后之浦。当时这里属于毛利家势力范围，毛利辉元在该地赐他一片领地，幕府历代近臣伊势氏、上野氏、大馆氏等武士前来投靠，大有延续室町幕府的迹象，故又称为"幕府"。义昭会选此处作为幕府中兴之地非属偶然，当年足利尊氏败走九州岛得到当地豪族拥护，三个月后卷土重来，来到之浦时得到光严上皇讨伐新田义贞的"院宣"，从"朝敌"摇身变为"上皇的使者"，得到山阴·山阳豪族拥戴遂有"凑川之战"的胜利，进而建立室町幕府。义昭选择此地当然有效法尊氏卷土重来的意味，盼能在此宝地重振幕府。

信长流放义昭后，开始肃清畿内敌对势力，首当其冲者是浅井氏和朝仓氏。1573年8月，朝仓义景居城一乘谷城被信长攻陷，朝仓氏灭亡；接着9月回攻浅井长政居城小谷城，浅井氏灭亡。浅井长政切腹前先将阿市及女儿们送出城，后由信长抚养，三个女儿对未来历史发展有很深远的影响。翌年，持续近五年的伊势长岛一向一揆也为信长平定，两万多男男女女尽遭信长放火烧死。

义昭在鞆之浦又发挥他纵横捭阖的特点，号召天下大名成立第三次信长包围网。这次包围网成员计有：畿内纪伊**杂贺众、根来众**、丹波波多野氏、石山本愿寺、摄津荒木村重、大和松永久秀；畿内以外有甲斐武田胜赖、越后上杉谦信、播磨别所长治、备前宇喜多直家、安艺毛利辉元及濑户内海水军众。

信长决定先发制人，1576年4月第三度对本愿寺开战，明智光秀三面包围位在今日大阪市的石山本愿寺。不过本愿寺有毛利水军从海上提供补给，能够长时间进行笼城，信长决定出动伊势湾的九鬼水军封锁木津川口截断毛利水军到石山本愿寺的补给线。毛利水军主要来自濑户内海上的村上水军，自平安末期起便横行濑户内海上，部分甚至成为室町初期寇扰朝鲜和中国山东沿海的倭寇，他们有着丰富的海上作战经验且汲取大陆方面海战战术，和单纯出没在伊势湾的九鬼水军相比高下立判。村上水军运用强力武器"焙烙火矢"（类似今日的投掷武器）击沉不少信长的船只，这场海战称为"第一次木津川口之战"。

信长对石山本愿寺用兵的同时，也出兵进击与本愿寺呼应的纪伊杂贺众和根来众，攻打反复无常的松永久秀，还从北陆的越前、加贺与上杉谦信作战。1578年对手上杉谦信倒下，虽减轻在北陆方面的负担，但信长在畿内出兵攻打忍者之国伊贺，并研发出铁甲船于当年12月在木津川口上再度与毛利水军作战。面对铁甲船，"焙烙火矢"发挥不出杀伤力以致败北，

人物通　**杂贺众、根来众**

"杂贺众"为纪伊国西北部以杂贺乡为首等五个乡的地侍，是配备铁炮、拥有高度作战力的佣兵集团，兼营海上贸易。"根来众"以纪伊国北部根来寺为主的僧兵集团，和杂贺众同样是配备铁炮的佣兵集团。第一次石山战争进入野田城、福岛城与信长军作战，此后都跟随在显如法王身边，1585年被秀吉平定。

大阪湾制海权为信长所制，陆上更早已被信长三面包围，石山本愿寺的陷落只是时间问题。

1579 年，摄津境内的有冈城被信长长子信忠等人攻下，局面对本愿寺更为不利。翌年 3 月朝廷派出使者与显如法王会面，试探议和的可能性，闰三月时显如向信长提出愿交出石山本愿寺的誓纸；4 月 9 日，显如让位长子教如，是为十二代座主法王，隐居纪伊。至此，终于结束了前后三次而历时十年的石山战争，足利义昭策动的第三次信长包围网也随石山战争结束，宣告瓦解。

长筱之战翻开战史新页

◇ 信玄死后的武田家

武田信玄共有七子五女，长子义信在进攻骏河时与信玄出现歧见，义信甚至想效法父亲流放祖父那样流放信玄，不过因为家臣中除教育义信的饭富虎昌外无人响应使得行动失败，义信成为阶下囚后切腹。

信玄次子龙芳出生时双眼失明，自然不可能拥有继承机会，成年出家，后来还俗继承信浓小县郡国人众海野氏。三子信之十岁夭折，以上三人皆为信玄正室三条夫人所生，因此信玄在义信切腹后继承人选只能考虑侧室诹访御寮人生的四子四郎胜赖。可是立胜赖为继承人遭到家中重臣们反对，原因主要出于胜赖是被武田家灭掉的诹访氏后裔，诹访氏是诹访大社的大祝，是诹访大明神的子孙，消灭神的后裔却立其子孙为继承人，无疑是对武田氏的诅咒。

且先撇下迷信因素从现实面来看，胜赖是诹访氏嫡系后裔，出生后基于安定诹访地方人心起见，始终待在诹访，并以诹访四郎胜赖之名继承诹访氏，不曾在甲府居住过，因此他几乎不熟悉信玄身旁的重臣。义信切腹后，武田家后继者任谁来看皆非胜赖莫属，但上述顾忌令信玄迟迟未能决定。1567 年胜赖生下一子，信玄终于想出折中方案，以胜赖之子信胜为继承人，信胜成年前由胜赖暂代继承人之职，换句话说依旧给胜赖继承人资格，可是时效到信胜成年为止。

信玄病逝前留下遗言要家中保密，三年内尽量不扩张。胜赖却依旧采取主动出击的对外扩张政策，领土之大超过信玄生前。1575 年 4 月胜赖率领一万五千大军进攻三河，5 月包围仅有五百兵士戍守的长筱城，一旦攻下此城，滨松城将被孤立。因此兵力有限的德川家康不断请求信长派出援军，这一年畿内相对平静，信长派出三万大军及三千余挺铁炮（亦有一千余挺之说），加上德川家康的八千军来到三河国长筱城外设乐原一带布阵等待武田军骑兵到来。

三段射击模式成效惊人／三娃绘

面对三万八千织田、德川联军，信玄时期的重臣纷纷劝阻胜赖撤兵避免与之作战。不过对胜赖而言，借由击败织田、德川联军，有助于建立在家臣团心中的地位，尽管兵力屈居下风，凭借无坚不催的武田骑兵或可一拼。

◈ 长筱之战影响深远

信长援军没前往长筱城，在城西一处名为设乐原的窄小谷地开挖壕沟，设下防马栅防止骑兵进入。

5月20日夜里，德川家康麾下大将酒井忠次偷袭长筱城的卫星城砦鸢巢山砦，让德川军源源不绝进入长筱城，切断武田军归路，迫使武田军必须往设乐原与织田军主力作战。翌晨八点左右，武田军由山县昌景带头冲往织田本阵，有壕沟及防马栅的阻拦，武田骑兵难以发挥正常实力，织田军铁炮扫射攻势尤使武田骑兵纷纷落马。武田骑兵一落马，埋伏在防马栅两侧的织田、德川联军便冲出杀敌。武田军一共发动五波攻势，无奈仍突破不了阻碍及织田铁炮的**三段射击**，损失惨重。约到下午三点，武田军再也无法发动攻势，信玄以来的武田家名将如马场信春、内藤昌丰、山县昌景、真田信纲·昌辉兄弟、三枝守友、原昌胤、土屋昌次、小幡宪重、望月信永等将领战死，武田军阵亡万人以上。只有胜赖和少数的将领如信玄之弟逍遥轩信廉、小山田信茂、穴山信君撤出长筱，返回甲斐。

豆知识	三段射击

将铁炮队分成三队，一队进行射击、一队等待射击、一队装填弹药，三队轮流进行射击。这是长筱之战前夕，信长研拟出来对付武田骑兵机动力极高的战术。

长筱之战重挫了武田家，武田家在信玄时期（即便胜赖当上家督的初期）保有竞逐天下的资格，这场大战

长筱之战屏风图

使武田家损兵折将，不仅失去角逐天下的资格，连地方大名声势都难维持下去。如此一来，信长毋须调拨兵力戍守与武田家接壤边境，可将全副心力用在对付信长包围网成员及石山战争上，武田家交由仅领三河、远江两国的德川家康来对付，已游刃有余。

长筱战争情况多半来自《信长公记》记载，部分内容今日观之不无疑点，首先是当时铁炮技术应难以维持三段射击。书中记载武田骑兵因遭铁炮射击纷纷倒落壕沟、防马栅前，实际上山县昌景等将领是有突破防马栅，而且造成织田、德川联军将近三千人伤亡，并非只是单方遭受重创。另外武田军给人的刻板印象是以骑兵闻名，实际上骑兵比例较想象中少许多，可能不到十比一，亦即此战中武田骑兵顶多一千五百骑，就算发动五波攻势，也该是足轻（步兵）和长枪兵为主。

长筱之战固然改变了战国各力量对比，铁炮成为决定胜败的关键武器，重要性再无人可忽视，只是这场战争的实况恐与后人想象差异甚大。

"火天之城" 安土城

◇ 上杉谦信死去

武田信玄病逝后，最令信长畏惧的势力就是北陆的上杉谦信。过去信长为讨好信玄献上许多奇珍异宝和南蛮舶来品，如今都转赠谦信作为笼络。1574 年，谦信进攻越中一向宗，颇有进展。信长不乐见谦信继续往西入侵加贺、越前，便馈赠《**洛中洛外图屏风**》讨好对方。此时北条氏政进攻下总，谦信关东管领的头衔在道义上有维持关东秩序之责，谦信从越后春日山城发兵，穿过上越国境的三国山脉沿上野南下，等进入关东核心时已师老兵疲。其生涯共十七次进出关东，多只在维持摇摇欲坠的秩序。

1576 年义昭组成第三次信长包围网，促使谦信和甲斐武田氏、相模后北条氏和解，与多年宿敌一向宗握手言和，再出兵进攻从属于信长的能登畠山氏居城七尾城，围城近一年于翌年 9 月攻灭。围城期间，畠山家臣曾向信长求援，信长出动前一年编成的北陆军团（以柴田胜家为首），调动羽柴秀吉、丹羽长秀、泷川一益共四万兵力前往支援，柴田军开赴途中七尾城便已陷落。谦信决定主动出击，驻扎在加贺南部手取川右岸松任城，待柴田军渡河时率军杀出，柴田军顿时陷入慌乱溃败。

捷报传出，包围网成员欣欣鼓舞。此时北陆大雪纷飞，不便行军作战，谦信暂先返回春日山城，等来年 3 月雪消冰融后再率三军沿北陆道上洛。1578 年 3 月 9 日，谦信出征前因脑出血倒下，四日后死去。由于未立继承人，养子景胜与景虎相争酿成"御馆之乱"。该乱持续至 1580 年，景胜获得最后胜利，但长达年余的内斗使得边境洞开，谦信晚年攻下的能

<table>
<tr><td colspan="2">豆知识　洛中洛外图屏风</td></tr>
<tr><td colspan="2">描绘京都市区（洛中）和郊外（洛外）景观和风俗的屏风绘，由第四代狩野派画师狩野永德所绘。据考证，成画于 1565 年，以当时京都市区为底本，呈现数千京都人的职业、服饰发型等生活样貌，极具文化和学术价值，足堪媲美北宋《清明上河图》。目前流传多个版本，以藏于米泽市上杉博物馆的上杉本最珍贵，被定为国宝。</td></tr>
</table>

登、加贺为信长夺走，越中亦岌岌可危。

◈ 安土筑城始末

战国大名几乎都有固定居城，尽管偶会四处征战，增添领地，居城也不变动，如上杉谦信和武田信玄。前者不管在川中岛激战或十七次进出关东，甚或进攻越中、能登，结束战争后都会返回越后春日山城；后者尽管扩张至信浓、上野、骏河、飞騨，最终仍从甲斐踯躅崎馆出兵上洛，野田城之役获胜后身体虚弱到不能前行，亦于退回甲斐途中病逝。从这两个信长最畏惧的对手可发现：大名的居城多半固定，不轻易因领土扩张而迁徙。

织田信长却非如此，他成为织田家家督后以清洲城（也写作"清须城"）作居城，为进攻美浓将居城迁移到美浓、尾边境上的小牧山城；攻下美浓后将稻叶山城改名"岐阜城"，又以此为居城实现天下布武。后为突破包围

安土城图

网，鉴于从岐阜往返京都过于费时，便于接收公卿二条氏宅邸改修成武家样式，称为"二条御新造"（非今日二条城）。他在京都待上一阵子，深恐步室町幕府后尘，急欲寻找距离京都不远又可摆脱朝廷约束的地方作新居城，相中近江国琵琶湖东南岸安土山。这里地处东山、东海、北陆三道交界，是东国前往京都的前哨站，且位在琵琶湖东南岸，能利用水路运送物资，加上离京都不到一日行军路程，若京都有变则当天即可率大军支援。

信长以重臣丹羽长秀为筑城总奉行，实际工程交由曾修缮热田神宫宫大工（建筑或修补神社佛阁的匠人）冈部又右卫门。1576年1月动工，三年后完工，是一座五层七阶（地上六阶、地下一阶）的超级巨城，日本第一座拥有天守阁的西式城郭建筑。其特点在于城中心取用信浓木曾山区桧木构成，天守阁中央不见用作底盘的础石，城郭中央有座祭吊死者的摠见寺。由于初次采用西洋城郭样式，兴许在建筑上有部分缺陷，安土城并无防范外敌的构造。

1576年5月信长正式迁入安土城，找来狩野永德绘制城内的障壁画（画在和室拉门上的画），内部添上各种绘画，一片金碧辉煌，使安土城成为传教士佛洛伊斯赞不绝口的名城。可惜本能寺之变后，次子信雄为免此城沦落明智光秀之手竟放火烧毁，亦有学者认为是被败走的光秀重臣秀满烧毁，莫衷一是。然可确定的是这座名城在本能寺之变发生不久便消逝，存在时间极其短暂。

从信长几次迁移居城，不难窥出他是出于政治战略考虑，信玄和谦信反较拘泥传统，或许也是与天下失之交臂的原因之一吧！

本能寺之变

◇ 信长阅兵与三职推任

自年号由"元龟"改为"天正"，信长好运连连，先是平定伊势长岛一向一揆、长筱之战重挫武田家，接着强敌谦信倒下，最后是石山战争结束乃至信长包围网彻底瓦解。1580 年 4 月，放眼日本国内，虽有残存的地区性割据势力，不过都无法与信长为敌。

早在 1574 年 3 月，信长就受封从三位参议，此后逐年高升，四年后已是从二位右大臣兼右近卫大将。其上虽有左大臣，但当时左大臣实力万万不及信长。1581 年 2 月底，信长在京都内里东马场举办前所未有的阅兵大典"京都御马揃"，由信长以正亲町天皇的名义举办，据《信长公记》记载，连近卫前久（准三宫）、正亲町季秀（中纳言）、乌丸光宣（中纳言）等公卿都参与了，信长家臣中只有正在山阳与毛利家作战的羽柴秀吉缺席。

大典中，信长家臣以丹羽长秀和柴田胜家为首骑着高大骏马展现精湛骑术，接受天皇与信长的阅兵。目睹京都御马揃的民众无不相信，信长武力统一日本只是时间问题。翌年 2 月新成立以信长嫡子信忠为统帅的

本能寺烧讨图

信长放火烧本能寺，美少年森兰丸在侧／三娃绘

军团，目标是进攻长年威胁织田、德川的武田氏。此时武田家实力已不像信玄时期，信忠军团一出立刻如摧枯拉朽，连信玄女婿木曾义昌、穴山信君等将领也倒戈。武田胜赖等一族人 3 月于天目山自尽，自镰仓初期始终屹立甲斐的清和源氏后裔武田氏灭亡，信长在天下统一路上又清除一大障碍。

此时朝廷派出使者，向信长试探在太政大臣、关白、征夷大将军三职中选择何者？此即后世引起争论的"三职推定问题"。信长当下并未作出明确抉择，不到一个月便发生"本能寺之变"，信长永远也没机会作出回应。若从信长平时以平氏后裔自居来看，或许他会选择太政大臣，不过以当时实力，同时兼任三职想来也无人可与竞争。信长迟迟未表态，导致朝廷认为信长把三者都不看在眼里，疑有取代朝廷之意，因而煽动忠于朝廷的信长家臣明智光秀，据说此是"本能寺之变"的原因之一。不过猜测终归是猜测，信长内心应有思考选择何者，毕竟兹事体大绝不能轻易决定，或许他要等到天下真正统一再表态，只是意外来得太快！

◇ 敌在本能寺！

变故发生前，信长屡屡收到羽柴秀吉请求兵援与毛利氏作战的消息，信长对于迟迟不见进展已感不耐，便要明智光秀先率军前往洛中支援秀吉。1582年6月1日，信长在京都集结军队，这一天包括森兰丸、力丸、坊丸在内只有少数<mark>小姓</mark>随侍信长。当日深夜，率领一万三千援军的光秀理应出丹波龟山城往西南越三草山前行，光秀却沿丹波街道而下，穿过老坂峠经沓挂涉桂川，进入洛西直奔洛中。涉过桂川时已是2日，面对满脸疑问的明智秀满、斋藤利三等部将，光秀喊道："敌在本能寺！"（这句话可能是后人杜撰的）接着率军包围信长下榻的本能寺。

本能寺军力仅百余人，光秀军团团包围住本能寺，骚动中夹杂呐喊声、马匹嘶鸣声及铁炮枪声。信长意识到发

人物通	小姓

服侍大名的侍童，负责大名生活起居等杂事，身兼扈从等职务。通常来自大名家臣的次男以下，多半在元服前就任小姓，成年后能为主君重用。有些小姓相貌俊美，也成为大名众道（男色）的对象。

生了不寻常事，问四周侍从："是谋反吗？谁这么大胆？"小姓森兰丸回答："看旗帜家纹为桔梗，应该是明智的兵。"信长听后惨然道："那就没办法了。"信长最初持弓搭箭御敌，后来弓弦断裂，改持长枪杀敌，不久手臂受伤，身边侍从纷纷力竭战死。信长断绝求生之念，要女众撤离退回殿中深处，关上纸拉门放火自焚。附近妙觉寺的信忠本欲前往救援，最后只能困守二条城，到早上十点亦力竭战死。

"本能寺之变"让信长在天下布武过程中倒下，可是明智光秀为何要叛变？至今仍为无解之谜，传统说法有野望说（明智光秀萌生取而代之的野心）、怨恨说（遭信长侮辱、母亲在八上城当人质时受信长背信之累遭害、信长要将明智光秀的领地收回转赠他人）。只是这些不能完全解释明智光秀的行为，遂又出现明智光秀罹患自律神经失调症的焦虑行为说、天下大势逐渐明朗而与信长理念不合的冲突说。另有黑幕说，大抵上是指光秀沦为

被利用的对象，至于被谁利用呢？答案包括朝廷、足利义昭、秀吉、家康、丹羽长秀、长宗我部元亲、堺港豪商（千利休、今井宗久、津田宗及）、耶稣会。这种说法显然太单纯地将明智光秀塑造成一个轻易被煽动的人物，似与其平日深谋远虑的形象相悖。最近则有阻止信长就任征夷大将军的新说法，以及自称光秀后人的明智宪三郎所提出叛变是为了避免走上与佐久间信盛灭亡之路 ❼。

信长包围网

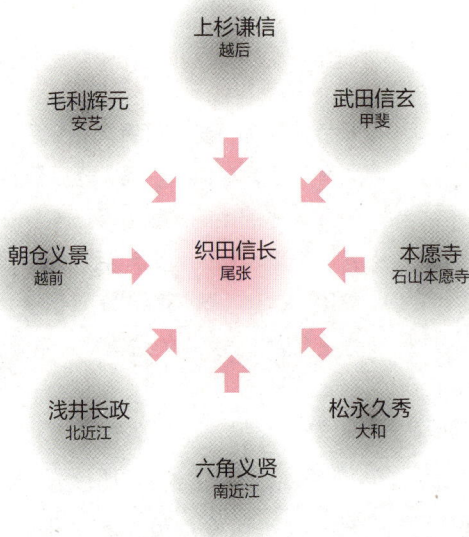

上杉谦信
越后

武田信玄
甲斐

毛利辉元
安艺

本愿寺
石山本愿寺

朝仓义景
越前

织田信长
尾张

松永久秀
大和

浅井长政
北近江

六角义贤
南近江

❼ 可参考脸书粉丝专页："明智宪三郎的世界　本能寺の変·明智光秀·织田信长"。

信长继承权争夺纠纷

◇ 山崎之战为主君复仇

"本能寺之变"发生时，信长底下军团长几乎都在外地作战，计有：在甲信、上野与后北条氏作战的泷川一益军团；在北陆与上杉氏作战的柴田胜家军团；准备出海前往四国对长宗我部氏作战的织田信孝、丹羽长秀军团（因本能寺之变而未成行）；在山阴、山阳与毛利氏作战的羽柴秀吉军团。

当时讯息传播速度与现代不可同日而语，即便像本能寺之变这样的大事亦不例外，不过当时人在二百余公里外的羽柴秀吉竟意外拦截到明智光秀向毛利氏传达信长已死的消息。羽柴秀吉还无法确认消息真假，旗下军师黑田官兵卫建议他这是取得天下的机会，羽柴秀吉当机立断，以清水宗治切腹为条件与毛利氏议和，6月6日从备中高松城上演日本史上有名的**"中国大折返"**。秀吉回到征讨毛利家的大本营姬路城后即散尽身边财产，12日已现身今日大阪府和京都府交界。信长底下的军团将领只有羽柴秀吉迅速返回京都，自然得到其他家臣的拥戴。13日，兵力膨胀到三万的羽柴秀吉军与只有一万三千的明智光秀在摄津与山城交界的山崎进行决战，对羽柴秀吉而言除为信长复仇外，取胜后还能继承信长的霸权。

相较于秀吉从姬路城一路常胜，明智光秀的每一步似乎都迎来意料外的挫折，原本说好投靠的势力不是裹足观望（如筒井顺庆），便是倒往秀吉（如细川藤孝、忠兴父子），就连布阵作战也被羽柴秀吉占了上风。13日下午四点开始作战，光秀军一交战便陷入不利局面，入夜七点光秀遁入胜龙寺城，取道淀川打算前

> **豆知识** 〉 中国大折返
>
> 羽柴秀吉在6月3日夜得知本能寺之变，与毛利家提出议和要求。为避免让毛利家知情，他提议守将清水宗治切腹及毛利家割让备中、美作、伯耆三国为议和条件，六日秀吉开始撤退。其实毛利家此时约略得知本能寺之变，但毛利两川之一的小早川隆景认为秀吉气度恢宏，有能力收拾乱局，建议毛利家不应背约追击，如果秀吉真能建立政权，念及此恩必会让毛利成为秀吉政权的重镇。

清洲会议中秀吉和柴田对立，另两人靠往秀吉／三娃绘

往坂本城。孰料 14 日途经伏见的小栗栖被山贼袭击，光秀在此切腹，山崎之战最后遂由秀吉获胜。此时柴田胜家和泷川一益还在前方战线，德川家康在忍者服部半藏帮助下穿越伊贺，于伊势国白子正待搭船横渡伊势湾回三河起兵，却在此地听到山崎之战结束的消息。

为信长复仇的战役于是在秀吉指挥下落幕，月底接着登场的是尾张清洲召开决定尔后织田家动向的会议，即有名的"清洲（须）会议"。

◇ 清洲会议带来势力洗牌

6 月 27 日，织田家重臣柴田胜家、丹羽长秀、池田恒兴、羽柴秀吉四人于清洲城召开决定织田家继承人选的会议，羽柴秀吉打了场漂亮复仇战而得到不少拥戴，丹羽和池田两人立场倾向秀吉；柴田胜家是首席家老，但变故前夕仍在越中与上杉家苦战，错过为主君复仇的机会，虽然找来泷川一益相助，偏偏泷川在关东为后北条氏击败致声望大跌，获准参加会议却无发言权。

会议一开始，胜家主张立信长三子信孝为继承人。信孝名义上为信长三子，出生时间其实早于信长次子信雄，原本预定成立征讨四国长宗我部氏的军团便是由信孝与丹羽长秀指挥，由此不难看出信长对信孝的器重。胜家抛出拥立在家臣中极富声望的信孝，用意在迫使羽柴秀吉在同意或不同意中抉择，羽柴秀吉同意则主导权将再回到胜家自己手上；不同意的话也只有拥立信长次子信雄或四子秀胜。信雄曾率军讨伐伊贺反被击溃，遭信长叱责，在信长儿子中声望不佳。秀胜已被秀吉认作养子，拥立秀胜等于拥立秀吉，无异将织田家送给秀吉，势必招致织田家臣的反对。

胜家此举让自己立于不败之地，不过秀吉早胸有成竹，他提议拥立年仅三岁的信忠长子，也就是信长长孙三法师（日后的秀信）。信长先前让出织田家督之位给信忠，清洲会议目的是决定织田家后继人选，三法师的顺位当然在信孝之前，胜家只顾拥立信孝却忽略襁褓中的三法师，这是他最大的失算。秀吉一则有为信长复仇的功劳，发言原就具有分量，再则他提议拥立的三法师也较信雄更孚人望。最后拍板定案以三法师为织田家继承人，在其成年前以信孝为监护人，由胜家、秀吉、长秀等宿老重臣辅佐。

此外秀吉还主导论功行赏，凡参与山崎之战的武将均有赏赐：美浓岐阜城给予信孝；信雄本领伊势外再加尾张，晋身百万石大名；胜家除原先的越前、加贺外，额外附上秀吉最初的领地近江长滨城；丹

丰臣秀吉抱着三法师

羽长秀除原有的若狭，再加近江高岛、滋贺二郡十五万石；泷川一益加封伊势长岛五万石；池田恒兴则给予摄津尼崎十五万石；堀秀政赏赐近江佐和山。至于功劳最大的秀吉，除原有的播磨外则增加山城、河内、丹波三地。秀吉对毫无功劳的胜家、信孝、信雄赐予领地乃出于示好，包括将守寡多年的信长之妹阿市嫁给胜家。庸庸碌碌的信雄万分感激，有段时间与秀吉站在相同阵线；然而信孝和胜家毫不领情，各自返回领地，隐然成形的两大阵营在年底进行决战，可说是秀吉在清洲会议布局的结果。

平心而论，胜家拥立年已二十五岁的信孝，意在继续维持信长在世时自己在织田家的地位，但柴田胜家是否有能力引导织田家的未来呢？至于秀吉拥立年仅三岁的三法师，抱持的是夺取织田家霸业，由于先前立下功勋使他有权主导一切，与会的织田家臣无一不被牵着走，秀吉俨然是最大获益者。

秀吉力求地位巩固

◇ 贱岳之战挫劲敌

从柴田胜家和织田信孝离开清洲城那一刻，秀吉自知和胜家之间难免一战，或者说秀吉在清洲会议布局就为迎接这一战。10月15日秀吉以信长继承者自居，扩大信长的葬礼，正亲町天皇追赠信长为从一位太政大臣。柴田胜家、泷川一益、信雄、信孝等人均缺席，他们在京都妙心寺参加另一场信长法事，明眼人当不难看出两方抢办信长葬礼的真正用意在竞争信长继承资格。不久胜家派出前田利家等三名使者与秀吉进行和平交涉，使者反被秀吉收买，坦言由于北陆突降暴雪不利大军行动，暗指来年春天雪融后胜家必定动员北陆军团兵力南下决战。秀吉当下遣使者前往毛利、上杉家施展外交攻势缔结同盟，毛利家的小早川隆景与上杉家的直江兼续都看出秀吉有望在织田家继承权争夺战胜出，纷纷劝谏自家主君缔结同盟或维持中立，必要时给予帮助。

得到领有百二十万石的两大名释出善意后，秀吉对近江长滨城和美浓岐阜城这两座未被暴雪覆盖的"孤城"展开攻击。胜家养子柴田胜丰（长滨城主）僵持数日开城投降，岐阜城主信孝到12月20日也投降秀吉，交出三法师并献上生母和女儿为人质。新年（1583年）正月，泷川一益在新领地伊势长岛掀起反旗，秀吉为避免胜家与之呼应，率军进入伊势境内平乱，除长岛、龟山等少数两三座城外，在胜家起兵的2月底之前尽数敉平。

秀吉听到胜家进入近江北境，旋抽调主力北上近江与胜家隔余吴湖（琵琶湖东北方小湖）对峙。4月16日，已开城投降的信孝与泷川一益串联于岐阜城再次举兵。秀吉不想腹背受敌连忙折回，受阻于揖斐川大水而暂栖大垣城，胜家外甥佐久间盛政见状便率军朝秀吉本阵进攻，秀吉盟友丹羽长秀拼死守住贱岳砦。秀吉判断信孝与一益不成气候，仅留少数兵力牵制，从美浓大垣再度上演大折返戏码，到贱岳砦的五十二公里路程只花五小时抵达，他不直接对决勇猛的佐久间盛政，反而进攻敌方援军重创柴田胜政（胜家另一养子）。此时布阵在胜政附近的前田利家等三将领突然撤走，佐久间盛政孤掌难鸣，只得退回余吴湖。秀吉下令全军追击，后世称为"**贱岳七本枪**"的加藤清正、福岛正则等人就在这次追击时立下大功，使秀吉在贱岳之役获胜。24 日，退回越前北之庄城的胜家与阿市在众叛亲离情形下自杀，阿市与前夫浅井长政生下的三个女儿则被送往秀吉阵营，佐久间盛政被捕送到京都宇治川斩首。岐阜城为信雄攻下，信孝切腹。

◈ 小牧、长久手之战

秀吉为了与拥立信孝的柴田胜家抗衡，曾拥立信长次子信雄，这对秀吉是一时权宜，非永久之计。贱岳之战后除掉胜家和信孝，也间接铲除织田家，信雄对秀吉而言，已失去神主牌的重要性。之后两人关系急剧恶化，秀吉将胜家、信孝的领地全部赐给此役有功的丹羽长秀、前田利家、池田恒兴等人，仿照信长筑安土城，择昔日石山本愿寺旧地筑一巨城（后来的大阪城）。

与秀吉交恶后，信雄向东邻的家康示好。家康在山崎之战结束后马上出兵武田家旧领地甲斐及信浓南部，大量招纳武田氏遗臣以壮大自身实力，加上原有的三河、远江、骏河，迅速成为信雄和关东之间的一股强大势力。信雄和家康暗中结盟以抗秀吉，信雄并杀害亲近秀吉的三位家老。家康于 1584 年 3 月 7 日从滨松发兵，与信雄于清洲城讨论后立即占领浓尾边境的小牧山城，隔木曾川与控制犬山城的秀吉军对峙。戍守犬山城的森长可遣军布阵城外的羽黑，被家康派军偷袭。秀吉部署完毕，27 日率十万大军前来犬山城，双方形成对峙。急于立功的池田恒兴、森长可等人向秀吉建议另遣部队往东袭击家康发源地三河，未料家康立即派军从后袭击这支部队，池田恒兴、森长

人物通　贱岳七本枪

秀吉身边七名年轻将领在贱岳之役追击战时立下战功，分别是福岛正则、加藤清正、加藤嘉明、胁坂安治、片桐且元、平野长泰、糟屋武则。不过根据《一柳家记》，樱井佐吉、石川兵助一光、一柳直盛、石田三成、大谷吉继五人也包含在内。

可战死，好在随行的堀秀政拼死击退追军才免于全军覆没。此后双方仅见零星冲突，秀吉返回畿内与纪伊、四国等势力折冲，知道无法以武力战胜家康，于是采取外交调停，拉拢意志力薄弱的信雄。信雄与秀吉片面媾和，家康失去作战理由，势单力孤下不得不止戈和好，这才是秀吉的真正目的。

结束小牧、长久手之战，信雄向秀吉称臣，秀吉声势无人可及。信长生前构筑的最大势力范围，如今只剩越中和甲信尚未被秀吉收服，越中为佐佐成政领有，翌年 8 月亦降服。此时秀吉也面临到当年信长的三职抉择，相对于信长未正面回应，秀吉倒是很快作出抉择。

059

超越梦想的男人

◈ 平定纪伊、四国

　　小牧、长久手之战结束，秀吉与信雄、家康议和，解除了东边威胁。他出兵讨伐在此战期间与家康互为奥援骚扰秀吉背后的纪伊根来众、杂贺众，这是信长生平未能征服之地。过去此区能取得优秀战果与配备众多铁炮有关，不过此时铁炮传入日本已逾四十年，相当普及，秀吉军队铁炮数量多于根来众、杂贺众。秀吉率领六万军员从岸和田城进攻和泉南部，根来众、杂贺众溃败，3月21日秀吉攻下千石堀城后，当地失去反扑之力，根来寺、粉河寺毁于大火。4月纪伊残余势力降服，信长生前未能平定的纪伊，秀吉只花一个多月的时间就将其降服。

　　信长在世时，曾计划以信孝、丹羽长秀率领四国军团从堺港渡海远征

长宗我部元亲／落合芳几作画

四国，惜因本能寺之变未能成行。这段期间被信长蔑称"无鸟岛的蝙蝠"的长宗我部元亲，以土佐为根据地致力四国统一，在小牧、长久手之战期间与家康结盟。秀吉在大致掌控纪伊后开始布局进攻四国的计划，以胞弟秀长为总大将，率军从堺港出发经淡路在阿波登陆，宇喜多秀家、黑田官兵卫从备前出发在赞岐登陆，小早川隆景、吉川元长由安艺出发于伊豫登陆，三路军总计超过十万。

四国的长宗我部元亲只能动员四万兵力应战，纵然兵力多寡非决定胜负之绝对因素，但面对兵强马壮、装备精良的秀吉三路大军，元亲只有"**一领具足**"的装备。7月2日起，元亲分别在赞岐、阿波、伊豫三地与秀吉军队交战，均遭败绩，秀吉征讨四国期间成为位极人臣的关白，高下胜负已定。8月6日元亲向秀长降服，秀吉作出处置：长宗我部元亲获得土佐一国的安堵，然须送出三子津野亲忠为人质；伊豫一国赏给小早川隆景，赞岐赐给仙石秀久，阿波和淡路赐给蜂

须贺正胜。结束四国征讨，秀吉仍未松懈，继续往北陆征讨盘据越中的佐佐成政，未及两个月佐佐成政归降。短短半年，秀吉将纪伊、四国及越中纳入领地，前两者还是信长生前未能平定的势力。只要降服秀吉便能保全其领地，加上被天皇任命为关白，秀吉声望之隆可谓更甚信长！

◇ 关白大位得来不易

秀吉成为长滨城主后自称"筑前守"，实际上没有官位，直到1584年10月结束小牧、长久手之战，才被朝廷授予从五位下左近卫少将，这是秀吉第一个官位，此时他已四十八岁。一两个月内秀吉晋身从三位权大纳言，讨伐纪伊前又成为正二位内大臣，与已故主君信长平起平坐。对秀吉而言，他既在战功上超越信长，官位上也要超越才能符合现阶段的自己。因此秀吉与右大臣今出川晴季商议让自己做征夷大将军。晴季认为自古以来将军

皆为源氏后裔，建议秀吉成为源氏养子，以"源氏长者"身份取得"武家栋梁"头衔，就不会引起反对声浪。秀吉遂想到流亡的足利义昭，急忙迎他回京都，义昭拒绝了收秀吉为养子的请求，义昭感慨，再怎么时运不济也不愿出卖源氏血统，但实际上秀吉征讨九州岛时才与义昭会面。于是晴季再献一策，说关白的地位超过将军，秀吉当上关白才能显示天下人的威势。当时关白为二条昭实，秀吉欲成为关白理应先当上左大臣，不过秀吉已无耐性按正常套路升迁，他直接找上当时左大臣的父亲近卫前久请求收自己为养子，在金钱攻势下秀吉成为近卫前久养子。

1585 年 7 月 11 日，正亲町天皇为秀吉下达关白宣下，内大臣羽柴秀吉跳过右、左大臣直升关白（仍兼内大臣），此后改名藤原秀吉，这一年秀吉四十九岁。日本史上担任关白皆出身藤原氏及其分家近卫、九条、一条、二条、鹰司五家（称为"五摄家"或"摄关家"），秀吉是第一个也是第二个摄关家以外的外人担任关白（另一人为其外甥秀次）。他以近卫前久养子身份成为关白，未具备藤原氏氏长资格（藤氏长者），亦是前所未有。秀吉能走到这一步固然有运气成分，但不容否定他自身努力才是最大关键。秀吉的成功对出身贫贱者有极大激励作用，但对上层社会来说，秀吉当上关白是对旧秩序的挑战，因此奈良兴福寺塔头多闻院主英俊在其日记《多闻院日记》记下"这是前所未有之事"。

060

天地长久，万民快乐

◈ 太政大臣丰臣秀吉

曾与德川家康同盟的盟友都向秀吉降服称臣，家康这时能依凭的只有先前化敌为友的北条氏政。氏政主政时期虽是后北条氏领地最大之时，却不代表后北条氏实力超越氏康时期，秀吉若真发兵攻来，家康还是可能陷入孤军作战的局面。所幸秀吉并未大举进攻，只是向家康索求次子为人质，即日后的结城秀康。即便献上人质，1585 年**第一次上田合战**以及家康重臣石川数正投靠秀吉，使原已改善的两人关系再度紧张。当时身任关白的秀吉需要家康对即将建立的秀吉政权效忠，为此策划家康离开领地到建好的

大阪城，当天下大名之面向他称臣。秀吉让异父妹旭姬嫁给家康做继室，家康尽管不愿也无法推辞；光是这样还无法说动家康上洛，秀吉再让生母大政所前往三河冈崎当人质换取家康上洛期间的人身安全，如此家康再也没有理由龟缩不前。

豆知识	第一次上田合战

德川家康于一五八五年八月讨伐信浓上田城主真田昌幸的战役。真田昌幸从一五八二年起数次更替效忠的主君，其反复无常的程度招来"表里比兴"的外号。家康派出七千到一万兵力，讨伐只有千余兵力驻守的上田城，竟被熟悉当地环境的真田军挫败。

1586 年 9 月 9 日，正亲町天皇赐秀吉新姓"丰臣"，于是在自古流传的"源平藤橘"外又添一新姓丰臣，丰臣寓有"天地长久、万民快乐"之意。10 月 26 日家康抵达大阪，翌日家康正式在大阪城谒见秀吉，在天下大名面前臣服给足秀吉面子，大喜过望的秀吉立即脱下身上的阵羽织披在家康身上，天下诸大名见状无不折服秀吉的雍容大度。

接着家康入京，11 月 5 日叙正三位权中纳言。这段期间皇室发生事故，在位三十年的正亲町天皇本欲让位第五皇子诚仁亲王（因其他皇子均早逝），亲王却于 7 月 24 日因病辞世，天皇只得延迟让位。亲王第一王子和仁亲王时年十六，由秀吉主持加冠礼成为正亲町天皇养子。家康上京后的 11 月 7

北野大茶会盛况 / 三娃绘

日，和仁亲王接受天皇让位为后阳成天皇。秀吉出资赞助即位式，次月成为太政大臣，"丰臣政权"确立。

◈ 北野大茶会与天皇行幸

　　待九州岛平定，整个西国已落入秀吉控制。为向朝廷及民众炫耀自身权威，秀吉于1587年7月28日在京都、奈良、堺街道竖立告示牌，只要对茶道有兴趣，不拘年轻人、町人或农民得自行携带茶釜、钓瓶、茶碗各一参加，无茶具亦可携带替代物参加；每人可使用的空间二迭，茶会当日不问穿着、鞋子、席次均能参加，但凡喜爱茶道者连唐人亦可参加。邀请对象尚且及于町人和农民，朝廷和大名中的茶人，还有堺港、博德等商港的豪商自然在秀吉邀请之列。10月1日，祭祀菅原道真的北野天满宫前举办超过千人规模浩荡的大茶会，秀吉编号第一，在其著名的黄金茶室里展示多件秀吉收集的茶具；其后依序为秀吉重用的千利休、天王寺屋津田宗及、纳屋今井宗久（并称"天下三宗匠"），以及对茶道有研究或感兴趣的公卿大名。原本预定为期十天的茶会在进行一日后，秀吉听到肥后蜂起国人一揆的消息，愤怒之余草草结束。

北野大茶会举行前的九月，秀吉已在今日京都市上京区❽建成并迁入华丽无比的关白宅邸"聚乐第"。1588年正月，秀吉奏请后阳成天皇行幸聚乐第，得天皇敕许。奈良·平安时代天皇行幸朝臣宅邸并不罕见，至镰仓时代由于幕府远在东国，天皇自然不可能行幸；室町时代只有后小松天皇行幸足利义满的北山第（1408年），以及后花园天皇行幸足利义教的室町第（1437年）。后阳成天皇行幸聚乐地为第三次，是战国时代以来的第一次，象征乱世结束，尽管实际上还有关东及奥羽地区尚未在秀吉控制之下。

4月14日清晨，后阳成天皇凤辇离开御所前往距离十五町（约一点六公里）的聚乐第，秀吉沿途投入六千余人力警戒，凤辇之后是六宫（天皇胞弟八条宫智仁亲王）和伏见殿等皇族，接着是摄家成员，天皇生母新上东门院亦在行列之中。凤辇抵到，天皇在公卿搀扶下进入聚乐第，秀吉早已盛装在内恭迎。15日秀吉献上五千五百两白银作为宫中开销，另还供献院政所及六宫贡米八百石，并给公家近江高岛郡八千石领地，对应仁之乱以来长期处于贫困的朝臣而言，这是笔极大收入。同日秀吉还要求丰臣一族及家臣和天下诸大名交出誓文宣誓效忠朝廷、服从关白！秀吉隆重款待让天皇及朝臣无不感激涕零，原本预定行幸三日的天皇更延后两日回宫。自武家成立以来，公武之间紧张关系，到后阳成天皇行幸聚乐第可说是最融洽的时候。

北野天满宫中门／洪维扬提供

❽ 一条通、下长者町通和大宫通和里门通之间。

天下统一

◇ 攻灭岛津，平定九州岛

自镰仓时代到战国初期，九州岛呈现大友、少贰、岛津三强鼎立局面。虽有时会因家族内部对立等因素而一时式微，但大致上是：大友氏领有丰后、筑后、肥后三国"三后地区"；少贰氏领有丰前、筑前、肥前三国"三前地区"；岛津氏领有日向、萨摩、大隅三国"三奥地区"。三强均势在1550年破局，少贰氏被国人众龙造寺氏取代，后在1570年今山之战击败兵力数倍的大友家，站稳肥前、筑后。1578年，岛津家北上在日向耳川大败大友家。称霸北九州岛的大友家接连两次挫败，三强鼎立局势逐渐演变为龙造寺、岛津南北对立。岛津于1584年冲田畷之战重挫龙造寺家，独霸九州岛统一全岛似可预见。

1568年4月，大友宗麟因不断被岛津蚕食领地，通过秀吉之弟秀长牵线前往大阪城谒见秀吉。8月，邻近的毛利辉元挥军九州岛攻下丰前小仓城等数城，同时间岛津也大举进攻丰后。10月降服秀吉的四国军以长宗我部元亲、十河存保为统帅，登陆丰后与岛津军战于户次川，元亲长子信亲与十河存保战死失利。秀吉下令全国动员，翌年3月1日率二十万大军出大阪沿山阳道前进九州岛，25日登陆小仓后兵分两路：弟秀长领东军沿丰后南下，秀吉自率西军经筑前、筑后南下。秀长军于4月17日在日向根白坂对战，岛津擅长的"钓野伏"战术失效遭重创；西路秀吉军只在筑前古处山城与丰前岩石城，与臣服岛津的豪族秋月氏交战（4月3日开城投降）。秀吉所到之处都有曾受岛津威压的九州岛豪族率军加入或请求谒见，得到秀吉许可保全领地的承诺。

4月19日，秀吉进驻肥后八代城，萨摩近在眼前。岛津义久将散布九州岛的岛津军集中回防萨摩欲做困兽之斗，但在家臣建议下，他于5月6日剃发出家，自号"龙伯"，8日以待罪之身前往泰平寺秀吉本阵请降，秀吉九州岛征讨于是结束。而平定九州岛过程中，秀吉目睹基督教传教士的实力，认有威胁初建的丰臣政权之虞，6月19日便在博德颁布流放传教士的《**伴天连追放令**》，7月1日才返回京都。

◇ 小田原之阵与奥州仕置

1585年10月及1587年12月，秀吉分别对九州岛及关东・奥羽地方发布禁止私斗的《惣无事令》。关东后北条氏无视此命令，于1589年11月进攻上野国名胡桃城，这座城与沼田城在当时是上杉、后北条及真田三方争夺之地。势力弱小的真田昌幸丢掉名胡桃城后不诉诸武力，而是向秀吉申诉。秀吉确认后北条氏无意还城，向关东以西及奥羽大名下达动员令，准备用武力征服不顺从己意的后北条氏。1590年3月1日，秀吉兵分三路从东山、东海两道及海上进

> **豆知识｜伴天连追放令**
>
> "伴天连"乃"Padre"的日译，葡萄牙语为神父、传教士之意。秀吉在6月19日下令禁止基督教在日本传播，伴天连须在二十日内退出日本，而领主不得强迫领地人民信教。这项法令目的主在驱逐传教士，未压迫已受洗教徒，更不禁止商业贸易往来，而且执行并不彻底，六个月后还有不少伴天连滞留日本。

攻，北条氏政虽自恃有难攻不落的小田原城，北条军却士气低落难以抵挡两道攻来的秀吉军，关东要地纷纷失守。7月6日德川家康进入小田原城，北条家投降，11日北条氏政及其弟氏照切腹，氏政之子氏直被流放纪伊高野山后病逝，关东完全平定。7月13日，秀吉决定将家康移封至关八州，当时关东除镰仓、小田原外多是未开发之地，家康经营甚久的三河、远江、骏河、甲斐四国及信浓南部俱被收回，转封秀吉的亲信。秀吉移封目的明显是要削弱家康实力，也测试家康的忠诚度，家康如显出犹豫或不满之情必招来秀吉猜忌。但家康表现出顺从之意，8月1日便迁进江户城。

紧接着是对尚未臣服的奥羽做出领地分配，此即所谓"奥州仕置"。秀吉本人不曾到过奥羽，对该地势力亦不清楚，全以有无参与小田原之役来处置，像津轻为信、伊达政宗这样光在战役期间露脸却未动员兵力，领地就能保留，而对于未参与的葛西氏、大崎氏则毫不客气地收回领地。秀吉将后者领地改封给心腹，却由于治理不善而在次年爆发一揆，后派兵平定，

同时将有煽动之嫌的伊达政宗转封至陆奥岩出山城，象征性减封。完成"奥州仕置"，自应仁之乱以来的乱世终见统一局面，迎来短暂的太平。

丰臣天下统一进程

1582 年山崎之战
（对手：明智光秀）
→
1582 年清洲会议
（成为三法师的后见人）

1583 年贱岳之战
（对手：柴田胜家）
→
1583 年筑大阪城
（巨城显气势）

1584 年小牧·长久手之战
（对手：德川家康）
→
1585 年平纪伊
（对手：根来、杂贺众）

1585 年平四国
（对手：长宗我部元亲）
→
1587 年平九州岛
（对手：岛津义久）

1590 年攻小田原
（对手：北条氏政）
→
1591 年平奥州
（对手：伊达政宗）

太合检地与刀狩令

◇ 太合检地的实施

"检地"是日本中世纪至近代所实施农田面积和收获量的检查，与中文"丈量"意思相近。律令制时期由于施行公地公民制，可定时检地，但随着公地公民制败坏，逐渐形成了私有庄园，土地因此分成国府管理的国衙领和私有庄园；另有"**不输不入权**"的阻碍，也就不能针对这些私有庄园进行检地。等到战国大名出现，寺院贵族散布在地方的庄园逐渐被并入领地，为了税收及兵力来源考虑，这些大名开始针对并入的庄园及自身领地进行检地。北条早云是最早实施检地的战国大名，不过他只在部分领地进行检地，特别是新纳入的领地。

> **豆知识** | **不输不入权**
>
> 寺院贵族散布在各地庄园，排除地方国衙及检非违使进入庄园的权力是为"不入"；庄园只要持有太政官发的"太政官符"或民部省发的"民部省符"，便可以不用将庄园收成缴交地方国衙，进而纳入庄园主的私人财产，此为"不输"。

信长上洛后势力扩大，也在新取得的领地内进行检地，大大提升了农业产量。秀吉继承信长也在自己领地内检地，直到他去世那年为止已跟着其扩张逐步遍及全国，这是日本首次进行全国性的丈量土地，称为"太合检地"。"太合"是1591年秀吉将关白让给外甥秀次之后的称号。"太合检地"使用相同度量衡，精确比较出各领国收成量的差异，秀吉因而掌控全国各地收成量，六十六国约计一千八百五十七万余石。他命令各地大名制作每一国一郡的"御前账"，清楚规定应负担多少年贡，收成量皆采土地生产单位"石"计算，大名的领地和收入遂渐由"**贯高制**"演变为"**石高制**"。

◇ 颁布刀狩令与人扫令

所谓"刀狩"为禁止武士以外阶级持有刀类武器，自"应仁之乱"以来社会动荡致连年征战，种田的农民耕作之余，手边常备有刀类武器以防兵卒、盗贼闯入村庄掠夺或破坏庄稼。遇上打败仗的武将，持武器的农民亦会以匪徒论之，毫不客气地打劫落败武将身上铠甲、刀剑等值钱东西，如山崎之战落败的明智光秀便是在从山科逃往坂本的途中遭流民杀害的。

自"太合检地"起，丰臣政权陆续颁布命令限制百姓自由，包括武器、迁徙、职业转换／三娃绘

丰臣时代屏风图中的大阪城和城下町景况

　　秀吉于 1588 年 7 月颁布《刀狩令》，规定农民禁止持有刀、胁差、弓、枪、铁炮等武器，如拥有此类武器导致年贡上缴时有所怠慢，须受严厉处分。农民就此被剥夺带刀的权利，农村武装因之亦遭解除，尽管实际上执行得不彻底，但战国时代以来（信长除外）农民平时耕作、战时投入战场成为足轻的"兵农合一"习俗慢慢瓦解，朝向各司其职的"兵农分离"迈进。1591 年 8 月再颁布《身份统制令》，禁止武士成为农民和町人，并让他们离开农村前往城下定居，导致城下町的出现。此外农民只能安于耕作不能从军以防出现第二个秀吉，也不能转行当商人或手工艺者，其他行业亦复如此，每个人的身份和职业遂都固定下来成为世袭，彼此之间没有流动。

　　1592 年，关白丰臣秀吉颁布《人扫令》。这是全国性户口调查，规定每村要将村内的户数、人数、男女（特别是男丁）数量、职业汇整成书面资料，此为当政者进一步对人民的掌控。《人扫令》主要目的在于掌控每一村男丁的人数，方便秀吉进行出兵朝鲜时加强兵源补充。

　　从《刀狩令》《身份统制令》到《人扫令》的颁布，可看出民众的自由逐步受到限制，失去防身武器、失去选择职业与迁徙的自由，连家中成员、职业都难隐藏，人民的一举一动被牢牢掌控。之后的江户幕府不仅完全承袭这些举措，而且变本加厉。日本史学者尝言江户时代是日本史上最为承平、统治力最强的时代，会有此番赞誉非毫无来由，是构筑在严格的没收武器、身份统制之基础上。

063

丰臣政权倾灭

◈ 得不偿失的朝鲜之役

按葡萄牙传教士佛洛伊斯的记载，织田信长欲于统一日本后筹组大舰队，有以武力征服中国分割给自己儿子们的构想，只是信长尚未完成大业便倒于"本能寺之变"。信长后继者秀吉1585年就任关白后，曾向葡萄牙传教士柯埃留（Gaspar Coelho）要求提供船只作为远征中国之用。

1591年8月，秀吉向各国大名宣布来年春天进攻朝鲜，要求九州岛大名于肥前名护屋筑一可容纳征朝大军的巨城作征朝政治经济中心。1592年3月，秀吉将近十六万大军分成九队，4月13日小西行长与宗义智率领第一军率先渡海从釜山登陆进攻朝鲜，初战获捷，加藤清正率第二军渡海与第一军会师北上朝首都汉城进攻。当时统治朝鲜半岛的李朝❾内政不修、军备废弛，日军如入无人之地，5月3日进入汉城，加藤清正亲执当时国王宣祖之二子临海君、顺和君，宣祖先是逃往平壤、再逃向义州遣报明朝搬救兵，朝鲜全境几遭日军所占。正当第一军与第二军纵横朝鲜全境，日军的补给船只却屡屡为朝鲜水军将领李舜臣击沉；缺乏物资补给，再勇猛的军队也会失去士气。7月起明朝派军增援朝鲜，日军从摧枯拉朽的优势陷入苦战，转攻为守而进入交涉停战状态。最后由日方小西行长和中方沈惟敬合力演出一场骗局，蒙蔽万历皇帝和秀吉，1593年7月后和平曙光出现，文禄之役终于落幕。

秀吉彼时虽已老，但未昏聩。在伏见城款待明使的他，听到使节宣读万历皇帝册封"日本国王"诏书时立即翻脸，动员九州岛、四国、中国地区大名共十四万兵力再次投入朝鲜半岛，日、中、朝三国重启战端，此为"庆长之役"。

"庆长之役"从1597年7月漆川梁海战揭开序幕，是日军踏上朝鲜半岛前与朝鲜海军展开的作战。接着8月南原城之战、9月鸣梁海战，12月爆发大规模冲突蔚山之战，日军苦战胶着却无助于结束战争。秀吉打算投入更多兵力扩大战争，然于 1598 年 8 月 18 日病逝伏见城。在朝鲜的日军再度于蔚山及泗川、顺天等地败于明、朝联军，退回日本时又于禄梁海战中败于追击的中朝海军，朝鲜名将李舜臣战死。总计七年出兵朝鲜，寸土未得，也未得到任何赔款，耗费无数钱财兼折损不少兵员，换来的竟是朝鲜和日本百姓数不尽的唾骂，成为日后丰臣政权倾覆的主因。

◈ 浪花岁月，梦还是梦

1591 年 1 月 22 日，长久为秀吉股肱的异父弟小一郎秀长病逝，对根基尚不稳固的丰臣政权可谓无可替代的损失。侧室淀君所生的长子鹤松也不幸夭折，好不容易才盼到继承人却是承受老来丧子的悲恸，秀吉只好收外甥三好秀次为养子。同年 11 月到年尾，秀次一路从权大纳言、内大臣升至关白并取得内览权力，秀吉同时搬出聚乐第，让给新关白。秀吉生母**大政所**于 1592 年 7 月以八十高龄辞世，对秀吉而言不啻又是一重大打击。

但秀吉不久便动身前往肥前名古屋，1593 年 8 月得知侧室淀君再生下一子秀赖，他顾不得前线吃紧返回京都探望，并筑伏见城给淀君母子，欣喜之情溢于言表。秀次的地位在秀赖出生后出现转折，秀吉本以为自己再不会有儿子才动收养之念，如今自然希望秀次能让出关白并解除养子关系。秀次似乎没有这个意思，依旧以秀吉养子的身份霸占关白之位。秀吉终于忍不住了，此时不断有秀次恶行传出，成为京都民众口中十恶不赦的"杀生关白"；这些恶行未必全都为真，或许是秀吉部下石田三成等人为讨好秀吉而到处传播，目的是打倒秀次。对想强逼秀次辞去关白的秀吉来说，"杀生关白"是欲加之罪，他马上除去养子的关白职位，1595 年 7 月 10 日押解秀次至纪伊高野山青岩寺强迫隐居，15 日即传达切腹命令。

1598 年 4 月，秀吉偕正室北政所赴醍醐寺赏花时倒下，之后病情未见好转；7

人物通　大政所

平安时代三位以上的公卿正室称为"北政所"，因其居处在"寝殿造"主要寝殿之北而称之，后来专指摄政关白的正室，故秀吉之妻宁宁称为"北政所"。"大政所"为"大北政所"的略称，原为摄政关白生母的敬称，现在多半专指秀吉生母。

月于伏见城指定德川家康为秀赖的监护人，连同前田利家、上杉景胜、毛利辉元、宇喜多秀家为"五大老"，以石田三成、浅野长政、前田玄以、增田长盛、长束正家为"五奉行"，秀吉死后由五大老、五奉行采合议制进行政权运作。8月18日，秀吉病逝伏见城，辞世之言为："浪花（大阪旧称，也写成"浪华"）的岁月，梦还是梦。"

❾ 李氏朝鲜王朝统治期间为 1392—1897 年，之后为日本控制，1910 年大韩帝国灭亡。

安土・桃山文化

◈ 大放异彩的绘画工艺

1573 年 7 月室町幕府灭亡，到 1603 年 2 月德川家康于伏见城接受后阳成天皇派出使者传达征夷大将军宣下、开创江户幕府的三十年间，一般称为"安土・桃山时代"。"安土"一词出自信长晚年筑建的安土城，"桃山"则是秀吉以太合身份隐居的伏见城之别称，既取用城郭之名为首，不难想象城郭在这个时代的比重。

美术史上的桃山时代以绘画与城郭建筑闻名，此时的绘画多半用来装饰城郭内部，追求雄大壮丽、豪华绚烂的王者之气，讲究金碧辉煌足以炫耀天下统一的霸业，以障壁画最为有名。障壁画系指在墙壁或纸拉门上作画，有时亦包含屏风画在内，常采花鸟山水主题，但为衬托王者之气多以金色为底。**狩野派**第四代当家狩野永德最精于障壁画，安土城、大阪城、聚乐第皆有他的画作，可惜今日不存。屏风画则是日本古已有之的绘画式样，为城郭中不可或缺的装饰品。屏风画主题常见战争以及场面浩大的行列队伍，前者如《关原合战图屏风》《大阪之阵图屏风》，后者如《洛中洛外图屏风》《聚乐第屏风图》，相对于障壁画，这些屏风图多数流传至今，狩野永德也是这方面的行家名手。

工艺方面以陶瓷最为有名，陶器方面当数尾张的濑户烧、近江的信乐烧及京都的乐烧（依颜色可分为"黑乐"和"赤乐"）为代表；瓷器方面则以出兵朝鲜期间带回俘虏的朝鲜瓷工在肥前有田一带的有田烧（也称为"伊万里烧"）最具盛名。此外在漆器上绘制纹样（莳绘）的漆工、服饰

人物通　狩野派

始祖是从室町中期成为幕府御用画师的狩野正信，此派到幕末约四百年时间主宰日本画坛，堪称日本绘画史上最大派别。擅长绘制内里（京都御所）、城郭、寺院的障壁画及屏风画，以初代正信、正信长子元信（二代）、元信之孙永德（四代）名气最为响亮，幕末趋于没落。

的染织工、制作能面和能装束的工人、制作甲胄和刀剑的匠师也都在这时期大放异彩，取得极高成就。

◇ 划时代的城郭建筑

城郭建筑堪称安土·桃山文化的象征，特别是融合西洋建筑式样，建筑安土城开始出现划时代的改变。安土、桃山时代之前，各地大名、豪族、国人众多半在山区圈绳定界，于山地筑城可利用险要地形加强防守不易为敌军攻陷，但也因山区交通不便、腹地有限导致势力难扩大，这种"山城"在战国时代估计超过四万座。进入安土、桃山时代，圈绳定界逐渐从山区移至小山丘或台地，甚或干脆在交通便利的平地上，前者称"平山城"，后者称"平城"；兼有补给便利、腹地广大易扩张势力的诸多优点，至于被诟病的不利防守也在引进西洋城堡建筑后不再成为缺点。

姬路城

筑城地点圈绳定界之后，会在城郭预定地点外围挖掘数丈宽的壕沟，是预防外敌入侵的第一道屏障。突破壕沟后尚须面对陡峭的土垒及石垣，通过这段障碍才算进入城郭。由于在平地圈绳地界，平城面积通常比山城大上许多，再加上壕沟和土垒，还有可能高达三十公尺几近垂直的石垣，对攻城敌军而言可能比攻下山城更加困难。

一般从正门"大手门"进入后（城郭面积较大者另有数个侧门），将面临从城郭角落"隅橹"射下的弓箭或铁炮，此乃城内最重要的攻击设施，可细分为平橹、渡橹、二重橹、三重橹、重箱橹、多闻橹，数量越多则攻城时可能遭受更多伤亡。城郭的象征建筑称为"天守阁"，名称由来迄今未有定论，且并非每座城郭都有天守；天守通常位于本丸最高处，平时是城主的私人空间，战时则为召开军事评议的处所，重要性不言而喻。城内泰半由本丸、二丸、三丸、西丸组成，若受限地形也许只到二丸。

由于年代久远加上天灾人祸，目前城郭仅剩十二座天守，由东而西分别是：弘前城、松元城、犬山城、丸冈城、彦根城、姬路城、备中高松城、丸龟城、高知城、松江城、松山城、宇和岛城，其中松本、犬山、彦根、姬路四城被指定为日本国宝，姬路城更是日本唯一被列入世界文化遗产的城郭建筑 ❿。

❿ 2015 年 3 月，历经六年整修的姬路城重新对外开放，想体验日本城郭建筑的民众不妨前往参观。

065

关原合战前风云四起

◇ 后太合时代政局变化

太合时代无比顺从的德川家康，以秀赖监护人身份自行其事，打破秀吉生前规定诸大名不能私下缔结婚姻的规定，与伊达政宗、福岛正则、蜂须贺家政等有力大名结为姻亲。此外丰臣政权内部文治派与武功派严重对立，同时给予家康有机可乘，再团结的政权也难免存在派系对立，丰臣政权亦不例外。秀吉弭平信长势力未能触及的各地割据势力过程中，武断派武将如加藤清正、福岛正则从贱岳之战到小田原之战无役不与，然随着天下平定这些武将却渐为秀吉疏远，他们把原因归咎于秀吉身侧文官领袖石田三成。

石田三成是秀吉被信长封为长滨城主后发掘的人才，丰臣政权下占有一席之地的内治派领袖，内治派多数出身近江，也称"近江派"。这一派官吏虽不长于战场杀阵，但对诸如太合检地、刀狩等政策的颁布有莫大贡献，故在执行这些政策时难免会出现文官与武将的冲突。

更直接的冲突是出兵朝鲜之际，石田三成多次于补给时对小西行长和加藤清正有明显差别待遇，导致得不到补给的清正心生不满。非仅如此，任总奉行的石田三成在写给秀吉的报告中总是偏袒有深交的行长、污蔑清正独断专行，导致清正被秀吉召回命于伏见城谨慎。1596 年 9 月 5 日发生"庆长地震"，清正率先救出秀吉并担任护卫，重新得到秀吉信任。先前"秀次事件"也是因为三成在秀吉面前咬耳朵导致牵连广泛，这些遭其中伤的武将便以福岛正则和清正为首，群聚起来。

秀吉临死前任命五大老之一的前田利家负责教育秀赖，利家与秀吉几为同龄，同样是昔日信长手下，秀吉与北政所宁的婚姻便由利家主婚，他和秀吉的交情自非家康可比拟。论资历和声望，利家与家康相去不远，只要利家健在，武断派武将清正等人再怎么厌恶三成也不会被家康拉拢。可惜 1599 年闰三月三日利家亦一病不起，不久清正与正则等七位武断派武将包围石田三成宅邸，石田三成不得已逃往家康宅邸请求保护，家康一面斥责七位武将，却也罢免石田三成要他返回居城佐和山城隐居。自此家康以天下人姿态主持封赏，施恩给有力大名。秀吉遗命由家康坐镇伏见城，到了9月家康便大摇大摆迁进大阪城西丸，翌年正月更加大方地接受诸大名的新春恭贺，其地位在不知不觉中超越秀赖。

◈ 会津征伐，引蛇出洞

　　家康借由逼迫石田三成隐居来收服五奉行，为进一步确认自身权威，他接着挑战同为五大老的利家长子利长。1599年重阳节有谣传利长与五奉行之一浅野长政计划暗杀家康，此事真实度尚可质疑，却被家康抓住机会下令动员各地大名讨伐。利长声望不及其父，为保全前田家忍痛将生母芳春院送往江户当人质，这是江户城收留大名人质之始。

　　降伏前田家后，家康顾盼自得，续对上杉家开刀。上杉家在秀吉去世那年刚由越后移其封地会津，谦信的养子景胜长年在上方侍奉秀吉，好不容易获准返回领地，整备境内道路、加强城防工事也无可厚非，竟被邻近大名最上义光等人密告说有不轨之举。家康先于4月1日派使者前往会津责问，遭到景胜家老直江兼续回复《直江状》的羞辱，家康佯作愤怒，内心为找到理由讨伐而雀跃不已。其实家康讨伐会津也不过做做样子，他真正期待的是亲率大军开赴会津之际，诱使蛰居的石田三成在畿内起兵声讨自己，到时便有理由折返讨伐石田三成。以石田三成的人望，家康相信追随他讨伐会津的武将十有八九会站在自己身边。

　　6月初家康率军出征，一路慢条斯理，毫无肃杀之气。7月2日进入江户城仍未传来石田三成举兵的消息，老谋深算的他不免焦急起来，拖延数日继续领军朝会津出发；12日石田三成终于举兵，自知不具人望的他推戴五大老之一的毛利辉元为统帅，19

豆知识	直江状

1600年4月景胜家老直江兼续对家康派出使者前来责问的回复状，直江兼续道破家康出兵会津的真正意图，并直言指出真正破坏秩序、危及丰臣政权的人不是上杉，而是家康。倘家康仍执意讨伐会津，上杉必严阵以待。

日进攻具指标意味的伏见城；24 日行军至下野小山的家康终获引蛇出洞的消息，得到所有将领一致拥护，他志得意满地调转大军返回江户。

　　尽管 8 月 1 日攻下伏见城，但是进攻一座只有一千八百人防守的弱城竟然费时超过十日，足见西军人数虽众但貌合神离，整体战力远不如东军，这点在关原之战期间尤为明显。与石田三成同为五奉行的增田长盛等人不时将石田三成的计划秘传至江户，石田三成的战术战略在家康眼中毫无秘密可言。由于京都难守易攻，不适合成为决战战场，因此西军将领朝东边的美浓推进；家康 9 月 1 日才从江户出兵，确定前线武将不会倒戈才于 11 日进入尾张清洲城，接着 14 日进入离预定战场关原只有几公里外的大垣城，一场决定天下大势的战役即将点燃！

关原合战开打

◇ 决定天下的合战经过

1600 年 9 月 14 日夜，西军阵营传出家康绕过大垣城进攻三成居城佐和山城，再进攻伏见、大阪等城的传闻。石田三成听到居城成为东军目标后，下令西军撤出大垣城连夜赶往大垣西边的关原，当夜下着滂沱大雨，西军就在这里迎战后到的东军。15 日清晨雨停，遍布浓雾，浓雾散去后关原之战揭开序幕！

西军有地形上的优势，然开战后除宇喜多直家、石田三成、小西行长、大谷吉继四将部队外，其余西军将领均按兵不动；对比拥有二百五十五万石、官居正二位内大臣的德川家康，与只有十九万五千石、从五位下治部少辅石田三成，谁有较大胜算不言而喻。西军虽仅有四支部队参战，但各个士气高昂，诸多东军部队反而陷入苦战。家康在战前通过密集书信促使多数西军武将保持中立，对此役持乐观态度，唯西军顽强抵抗，加上原本说好倒戈的部队未有行动，特别是率领一万五千兵力的小早川秀秋。率领三万八千大军经中山道的家康三子秀忠理应在几日前于岐阜城与家康会师，此时也迟迟未见踪影，这都是东军陷入苦战的原因。

中午时分，家康命人对布阵松尾山上的小早川秀秋部队开炮，此举催促他实现倒戈的承诺。小早川失去判断力，挥军下山攻击，苦撑的大谷吉继部队被攻破，大谷吉继自尽。接着宇喜多、小西、石田等部队相继溃败，纷纷撤走，然而在家康本阵桃配山东边的毛利军始终没有动静，甚至不战而退。

岛津义弘按兵不动，待确定西军已无获胜机会便自行撤出战场。由于岛津家在这场战役中并非对东军开战，因此多数东军将领未追击岛津军，只有家康四子松平忠吉及部将井伊直政率军穷追；岛津略有牺牲但仍击退追击部队，最后成功撤回九州岛。

下午五点左右，在东军扫荡下，西军部队放弃抵抗。这场"决定天下的战役"不到一天便分出胜负，从此家康成为实际的天下人，被夺走权力的丰臣政权岌岌可危。

◇ 战后见分晓

关原之役告结，获胜的关键小早川秀秋为得到家康信任，请缨攻打石田三成居城佐和山城，18日攻下，石田三成族人切腹；21日，藏匿伊吹山中的石田三成被捕，同捕获的还有"**吉利支丹大名**"小西行长；23日毛利家外交僧安国寺惠琼在京都遭缚，唯宇喜多秀家不知所踪。10月1日，石田三成、小西行长、惠琼游街后在京都六条河原斩首。

两年后做出战后处置，参加西军的大名除有具体倒戈行动者，其余遭到减封到改易不等的处分，总共没收七百三十余万石。家康一部分用在充实自己领地使其达到四百万石，尚不包括京都、堺、长崎等大都市以及储量丰富的佐渡金山、石见银山、生野银山；此外大部分用在笼络嫌厌三成才与家康站在同阵营的丰臣武将，如加藤清正、福岛正则、浅野幸长、细川忠兴、池田辉政等人均得到四十万石以上的俸禄。

关原合战示意图

小西行长
大谷吉继
宇喜多秀家

西军
石田三成
毛利辉元

文治派

武断派

东军
德川家康

加藤清正
福岛正则
细川忠兴

1600年关原合战

结果：
小早川秀秋倒戈，东军胜，德川霸权明朗化

关原合战屏风图（局部）

　　遭减封最多的为毛利家和上杉家，都被削减近四分之三领地，尤以毛利家为最。毛利辉元虽被石田三成等奉行推戴为西军名义上的领袖，但辉元的堂弟吉川广家（元春之子）透过黑田长政与家康有密谋，在关原之战期间只要不动一兵一卒，战后便能保全领地；广家为此使尽浑身解数阻挡毛利军参战，驻扎在南宫山上四万多西军也连带在战争期间无法下山参战，这股兵力若与石田三成等部队携手夹击家康则胜负难料。毛利领地最后被削减到只剩周防、长门二国共三十六万余石，埋下毛利家对德川的怨恨。至于岛津虽在西军阵营中，除撤退之际外也未与任何东军部队交战，仍被家康视为败战的一方。家康虽有处置岛津之意，却无法像秀吉一样出兵讨伐，只能略减为六十万石做象征性处分。

　　最令人关注的是对秀吉遗孤秀赖的处分，这是丰臣恩顾大名关注的焦点，家康不便也不能做出改易处分，几经思考后将秀赖削减成领有摄津、河内、和泉三国六十五万石的大名。关原战后，秀赖名义上虽仍是太合秀吉的继承人，实际上已沦为地方大名，原本的君臣关系逆转过来，秀赖反须仰赖家康鼻息才能生存。

织田信长 天文三年～天正十年（1534—1582年）

织田信长，对战国迷而言是再熟悉不过的名字，以信长为主角或第一配角的戏剧、小说、动漫多到数不清，以信长为主角的游戏"信长之野望"系列更发行至第十四代！大多数战国迷即便对其他武将生平说不清楚，对信长想必能侃侃而谈，因此本篇仅针对战国迷较少提及的信长个性的缺陷与其内政措施来谈。

※ "第六天魔王"

信长生于尾张国那古野城，幼年时据说动辄咬伤奶妈，后来找池田恒兴生母当奶妈才解决问题，之后恒兴生母被信长生父信秀纳为侧室，池田恒兴与信长变成名义上的同父异母兄弟。有些学者从这件事认为信长天生脾气暴躁，但信长并非只是脾气暴躁，从他饶恕追随同母弟信行的柴田胜家一事来看，与其说信长有宽容的一面倒不如说他有识人之明，这点在他任用羽柴秀吉、明智光秀更可看出。

不过信长遭部下背叛的次数，也与他的识人之明同样辉煌。浅井长政、荒木村重、松永久秀及明智光秀在人生不同阶段因着不同的原因背叛信长，扣除反复无常、习惯性叛变的松永久秀外，其他三人都是能力卓越、品行高洁的武将，但是这三位武将却不约而同对信长叛变；明智光秀的叛变更是让信长"天下布武"的事业功亏一篑。

除明智光秀叛变原因较为复杂、学界还未能取得一致观点外，浅井长政和荒木村重的叛变可说都是因信长而起。信长空有识人才能却无掌控人心的技巧，不仅不如盟友德川家康，更远不如受他提拔的部将羽柴秀吉。

信长个性缺点除前述的脾气暴躁（握有权力的人脾气暴躁通常与个性残忍画上等号）外，还有缺乏耐性，特别是缺乏与下属沟通的性格。烧毁比叡山根本中堂以及杀害两三千名僧侣、女子，将宿敌朝仓义景、浅井久政、长政父子的头骨做成酒杯、平定伊势长岛一向一揆后屠杀两万余名非战斗成员、荒木村重叛变后将留在有冈城的妇孺百余人及后来抓到的荒木一族全部处斩等行为，突显出信长凶残的一面。古今中外以武力统一的政权中，杀戮固然是不可或缺的必要之恶，但信长的行为已明显超出必要之限，若非信长有超越时代的内政措施和明确的政治理念的话，光是他被称为"第六天魔王"的诸端残忍嗜杀恶行，与斋藤道三、松永久秀、宇喜多直家等三位恶名昭彰的战国枭雄实无太大差别。

现代企业中，主管与下属间流畅的沟通渠道被视为优秀企业的必备条件，不过在封建制度下，主君与部属间鲜有沟通渠道。缺乏沟通，对下属而言难免会有不被信任的感觉，或许这是明智光秀发起"本能寺之变"的原因之一吧！

※ 独树一帜的内政措施

内政是信长的强项，信长的施政不仅在战国时代独树一帜，甚至后继者秀吉、家康制定的政策也与信长的施政息息相关，是以此处谈论信长极具特色的内政措施。

信长生父信秀先后以古渡城、末森城为居城（均在名古屋市），信长当上家督后于1555年从主君织田信友手中攻下清洲城，即将居城迁移至交通要冲的清洲城，以清洲城为居城期间，历经桶狭间之战并完成尾张统一。1563年前后，为入侵美浓，又迁徙至浓尾国境的小牧山城；位在山上的小牧山城并不适合长期作为居城，1567年攻下美浓稻叶山城后信长改名为岐阜城，以此城作为"天下布武"事业的起步。来年信长得到护卫足利义昭上洛的机会，上洛后信长以武力为后盾，肃清盘据畿内大大小小的势力，拉开与国内其他战国大名的差距。1579年信长再将居城迁徙至琵琶湖南岸，居东山、东海、北陆三道交界处的安土城。大多数战国大名择定居城后终其一生都不迁移，信长则出于现实需要，屡换居城。

"乐市乐座"为只要缴交一次费用便可以在该大名领地内自由进行贸易而不得再征收其他名目的税目，排除中世纪以来独占的座、问丸、株仲间等既得利益团体。这以往被认为是信长的创举，不过目前学者认为在信长之前已有其他大名在局部地区实施"乐市乐座"，信长则大举在自己领地内推广，因而被后人误认为是"乐市乐座"最早的提出者。伴随"乐市乐座"

的是"关所废除"，废除室町时代以来设置在交通要道针对商旅以通过为由征收的税赋，这对守护大名而言是笔可观收入，但阻碍了商业的发展。信长在实施"乐市乐座"的同时，废除关所，损失部分收入之余却换来商业的兴盛。

战国时代历时百年，因在信长上洛前并无明显较大的势力，另一重要原因在于战役规模过小，不易凭借一次作战消灭对方，加之作战时间有限，导致战国时代年复一年充斥小型战役，却始终不见突破性的进展。信长舍弃当时普遍存在的"兵农合一"，提出作战与农作分开、各司其职的"兵农分离"。尾张的兵源既不能与吃苦耐劳的甲斐、越后相比，也不敌邻近的三河，既然无法克服先天差异，就只能创造让尾张能够得利的后天制度。信长能够后来居上，不光得利于地理环境上靠近京都的优势，而是能正视现实，建立"兵农分离"制度让自家军队在战国时代占得先机。

战国时代历时百年的因素还在于大名在作战时事必躬亲，亲身作战不仅劳累且有暴露在敌军面前的风险。战国大名并非不知道亲自作战的危险，却苦于替代方案窒碍难行而不得不勉力为之。对此，信长在天正年间（1573年7月至1592年12月）提拔数位功绩卓著的家臣为军团长，分配军团长攻略的对象，底下配置参谋、武将（称为"与力"）及兵力，授予军团长进攻

复原的岐阜城天守

敌城的权力。如此一来信长不用出征便有数位军团长在各地作战，信长只要坐镇岐阜城（1579年后移至安土城）与朝廷折冲即可，这的确是极有见地的制度。

※《King of Zipangu》里的信长

只要以战国时代为背景的大河剧，多多少少都能见到信长的踪迹，不过以信长为主角的其实只有1579年的《国盗物语》（严格说来信长是后半部的主角）及1992年的《信长King of Zipangu》，饰演信长的分别是高桥英树和绪形直人。

绪形直人为已故演员绪形拳次男，虽已在1988年出道演出，直到本剧才首度担纲主演。剧名之所以取《King of Zipangu》，在于以葡萄牙出身的耶稣会传教士路易斯·弗洛伊斯的观点来看信长。历史上信长曾与弗洛伊斯在二条城（并非江户时代的二条城）会面，准许在畿内传教布道的权力，由于此一因缘，弗洛伊斯始终正面看待信长，淡化信长性格中受人诟病的部分。

或许是外貌因素，绪形直人饰演的信长始终给人柔弱的形象，在面对家中统一、烧毁比叡山、放逐足利义昭、逼迫家康处理信康事件，皆没表现出应有的霸气，面对人生的落幕本能寺之变时也很难感受到悲剧英雄的悲壮气息。这位"信长"终究给人太过稚嫩的印象。

【与信长有关的景点】

* 那古野城：信长的出生地（爱知县名古屋市中区）

* 正（圣）德寺迹：信长与岳父斋藤道三会见之地（爱知县一宫市）

* 清洲城：信长继承家督后的居城（爱知县清须市）桶狭间之战古战场：信长奇袭今川义元之地（有爱知县名古屋市绿区和丰明市二说）

* 小牧山城：信长为了用兵美浓而将居城迁徙至此地（爱知县小牧市）

* 岐阜城：信长"天下布武"的出发点（岐阜县岐阜市金华山）

* 安土城迹：信长生涯最后一座居城（滋贺县近江八幡市安土町）

* 本能寺：信长自裁之地（事变发生时：京都府京都市中京区蛸药师通。现址：京都府京都市中京区寺町通）

丰臣秀吉 天文六年~庆长三年（1537—1598年）

由于日本没有朝代更替，朝廷官位都由名门望族世袭，不同阶级之间少有流动，武家政权出现后武士任官逐渐普及，不过平民翻身仍被视为遥不可及的事。然而战国时代末期有一个出身贫困农家的平民，凭借个人不懈的努力以及掌握住适时降临的时机，扶摇直上成为辅佐天皇的关白，这个人就是继承信长遗志、完成日本统一的丰臣秀吉！

※ 天生善于笼络人心

平民出身的秀吉与继父竹阿弥不合，曾离开尾张短暂出仕今川义元的家臣远江国引马城（也写作"曳马城"，德川家康攻下此城后改名"滨松城"并做为居城）支城头陀寺城城主松下加兵卫之纲，秀吉表现出色，却受到同僚排挤，不得不辞职求去，日后秀吉发迹后找来松下之纲赐予头陀寺城附近久远城一万六千石领地。之后秀吉据说曾流浪东海道以贩卖针为业，到1554年前后才重回尾张出仕信长，成为递送草鞋、牵马的仆役。

电影《清须会议》（这部电影并不完全忠于史实）有段提及为了让支持的人选成为织田家新家督，首席家老柴田胜家和秀吉各自使出浑身解数笼络有决定人选权利的家老池田恒兴，胜家开出的条件是赠予越前的螃蟹，相较之下秀吉开出大阪、尼崎十二万石领地；在这种情形下，池田恒兴会向谁靠拢应是再简单不过的选择。或许胜家认为分封领地是家督的权力，自己只是首席家老，故不便以领地作为诱饵，不过以名产作为拉拢的代价，证明胜家根本不懂人心，要成大事者必须有吸引大众跟随的能耐，要吸引大众不能只靠个人魅力或是高倡大义名分，有时候还必须诱之以利。柴田胜家既无个人魅力，也没有为信长复仇的大义名分，又不晓如何诱之以利，尽管有着织田家首席家老的身份，连一开始和他站在一起的次席家老丹羽长秀最后也弃他而去，遑论翌年贱岳之战临阵退缩的前田利家！

秀吉由于早年流浪期间累积的见闻历练，不仅丰富视野，也养成他开朗乐观、处在不利局面也不会轻易放弃的个性，秀吉担任织田家部将期间的作为固然从不好的方面可说是居心巨测，但不能否认待人接物方面，秀吉比其他战国武将多了圆滑、包容及体贴。当秀吉从"中国大折返"回到京都揭起为主君报仇的旗帜时，得到包括明智光秀的姻亲细川藤孝、忠兴父子在内多数织田家部将的拥戴，他们拥戴秀吉不完全因为秀吉是最早返回畿内之故，而是有不少部将已看出秀吉具有统一天下的器量。不光织田家内部如此，当时与织田家敌对的上杉家家老直江兼续，以及毛利"两川体制"之一的小早川隆景，也看出信长死后只有秀吉能继承统一天下的遗志，他们纷纷说服自己的主君与秀吉结盟，必要时给予一定程度的帮助。

※ 粗暴残忍的性格面

秀吉有其心思细腻的一面，但平民出身的他同时亦保有粗俗鄙陋的一面。如果秀吉以区区城主身份终其一生，粗俗鄙陋倒也无伤大雅，随着秀吉在清须会议后势力急遽扩大而最终统一日本，为巩固得来不易的政权，秀吉不只是粗俗鄙陋，也逐渐显露出粗暴残忍。

秀吉在统一天下过程中尚懂得克制自己情绪，不过更大的原因还在于有异父弟小一郎秀长、蜂须贺正胜（小六）等若干秀吉老班底将领在的缘故，从秀长曾对前来乞求的大友宗麟说道"私事去找利休，公事来找小一郎秀长，凡事如此，即可高枕无忧。"这段话固然透露出秀长在丰臣政权中无可替代的重要性，但也表现出丰臣政权的脆弱，一旦失去利休、秀长，丰臣政权将出现大厦倾圮的困境。

这种忧虑在 1591 年 2 月秀长、利休先后辞世（秀长病逝，利休被秀吉下令切腹）后成真，先是出兵朝鲜，超过二十万的军队集中在九州岛肥前名古屋等待渡海前往朝鲜。为了供应二十万大军的粮饷，秀吉向民众全面征税；战国时代的税赋已是严苛（比起江户时代则算宽松），还要额外负担二十万大军的粮饷，苦不堪言的程度不言而喻。

若说秀吉为了自身的野心出兵朝鲜，那么"秀次事件"足以表现出秀吉自私又残忍的一面。"秀次事件"和"应仁之乱"的导火线一样起因于继承人的纷争，哪知秀吉未吸取历史教训（这与他不学无术、不谙历史典故有关），过早转移权力给秀次，秀赖出生后也未能主动出面与秀次交涉。以秀次的立场而言，他本人更应主动归还关白以及解除与秀吉的养子关系。两人却都没有尝试为巩固丰臣政权而努力（若秀长还在世绝不可能坐视不理），因而让秀吉决心扑灭秀次家族，秀吉扑灭秀次时力求除恶务尽，除了让秀次切腹外，还将秀次一族将近四十人全部集中在六条河原斩首；不仅如此，还借由石田三成等文治派部将以搜查之名，罗织武功派将领的罪名。丰臣政权的灭亡很大原因来自秀吉出兵朝鲜和"秀次事件"，可是这两起事件都有可能避免，或是将伤害减至最低，秀次原有可能成为秀赖的后盾——尽管这个后盾并不可靠，但在人丁单薄的丰臣家族中也是不得不作的选择。秀吉却断绝这种局面出现的可能，直接敲响丰臣政权的丧钟！

※ 大河剧里秀吉的形象

和信长一样以战国时代为背景的大河剧，大多都能见到秀吉的踪迹，以秀吉为主角的大河剧有1965年的《太合记》及1996年的《秀吉》，分别由绪形拳和竹中直人饰演秀吉（2014年《军师官兵卫》竹中再度担纲秀吉

伏见城大小天守阁

的角色）。值得一提的是连秀吉的糟糠之妻宁宁亦成为大河剧主题——1981年《女太阁记》便是从宁宁的观点来看秀吉一生，饰演宁宁的是佐久间良子（平干二郎前妻、平岳大生母），饰演秀吉的是大河剧常客西田敏行。

近年诠释秀吉角色最成功的演员当数竹中直人，他饰演的秀吉带有极为浓厚的农民气息，不管是农民的纯朴、善良或是狡猾、贪婪，竹中总能恰如其分地拿捏。统一天下后的场景，竹中渐次表现出天下人的残忍性格，像是烹杀幼年玩伴石川五右卫门。

《秀吉》改编自前经济企划厅长官（1998年7月至2000年12月）堺屋太一的《秀吉》《丰臣秀长》《鬼と人と信长と光秀》等三部作品，主要剧情为表现出秀吉"超越梦想的男人"，着重在秀吉从社会底层往上爬的经过，至于秀吉若干残暴的事迹，诸如出兵朝鲜和"秀次事件"在本剧则略过不提。

【与秀吉有关的景点】

* **丰公诞生之地碑**：秀吉的出生地（爱知县名古屋市中村区中村公园）

* **长滨城**：秀吉最初担任城主之城（滋贺县长滨市公园町）

* **大原观音寺**：秀吉与石田三成最初会面（三次献茶）之地（滋贺县米原市）

* **姬路城**：秀吉"中国攻略"的据点，被列为世界文化遗产（兵库县姬路市本町）

* **备中高松城迹**：秀吉水攻此城后遇上"本能寺之变"（冈山县冈山市北区高松）

* **山崎之战古战场**：秀吉与明智光秀的决战地（京都府乙训郡大山崎町）

* **贱岳之战古战场**：秀吉与柴田胜家的决战地（滋贺县长滨市木之本町大音）

* **大阪城公园**：秀吉建筑的大阪城所在地（大阪府大阪市中央区）

* **北野天满宫**：北野大茶汤的举办地（京都府京都市上京区御前通）

* **聚乐第址**：秀吉任关白时建筑的政厅，"秀次事件"后烧毁（京都府京都市上京区中立卖通一带）

* **名护屋城迹**：秀吉为出兵朝鲜而筑之城（佐贺县唐津市镇西町）

* **伏见城**：秀吉让出关白后以太合身份居住之城（京都市伏见区桃山）

* **丰国神社**：纪念秀吉的神社，建于秀吉逝后周年（京都市东山区大和大路正面茶屋町）

* **丰国庙**：秀吉的埋骨之所（京都市东山区阿弥陀が峰）

江户幕府成立

◇ 江户·骏府两头政治

1603 年 2 月 12 日，后阳成天皇派出参议劝修寺光丰为敕使至伏见城，任命家康为武家栋梁、源氏长者、淳和、奖学两院别当、右大臣以及征夷大将军。自足利义昭为信长流放，约隔三十年后武家政权复兴，这固然是家康对朝廷施压的结果，却也是朝廷对家康致力于统治秩序恢复的肯定。3 月 12 日，家康从伏见城移居二条城，十五日前往御所谢恩，然后在二条城答谢敕使、接受公卿对就任将军的祝贺仪式。不过此时家康名义上仍为丰臣政权一员，面对大阪派出使者质问越过秀赖接受朝廷将军宣下、成立幕府一事时，以"家康只是暂时执掌政权，最终会遵照秀吉遗言还政秀赖"之类的空言承诺。1603 年 7 月，家康实现秀吉临终遗言，让 11 岁的秀赖与自己 7 岁孙女千姬（秀忠之女）完婚，一时间，大阪沉浸在秀赖元服后家康将实现还政诺言的迷梦中。

1604 年起，家康动员丰臣政权的大名普请包含江户城在内的诸多城郭，称为"天下普请"。其用意除了有计划消耗大名的财力、借由城郭普请来测试大名忠诚度外，亦等同向大阪宣告：江户才是号令全国大名的所在。

1605 年 4 月 16 日，家康突然辞去将军位，策动朝廷下达征夷大将军宣下，给家康三子秀忠（秀忠欠缺源氏长者、奖学院别当等头衔）。秀忠虽在关原之战因贻误军机而遭家康斥责，终其一生未曾在作战方面有过显赫战功，但处于征战杀伐之气逐渐平息的时代，秀忠温驯守成的个性比家康其他儿子更具第二代继承人资格；更重要的是，传位于秀忠就表示征夷大将军从此由德川氏世袭，非德川氏出身者不得成为将军，即便德川家女婿如秀赖者亦要向德川将军称臣。家康辞去将军即搬出江户城，迁移至气候温和的骏府，以大御所身份继续领政。秀忠贵为二代将军却乏实权，对于重大事件更无裁断权，比如三代将军人选便是由家康以 **大御所** 身份决定。于是幕府出现江户（将军）、骏府（大御所）两头政治，但必须凭靠骏府方面

的决定才能拍板定案，与室町初期尊氏
和直义之间并不相同。

◇ 谁是真正天下人

秀忠就任将军的同时，秀赖也在家康奏请下从内大臣晋升右大臣，家康派使者前往大阪要秀赖上京答谢并向秀忠祝贺。当时人臣升官亲自向朝廷答谢乃是义务，家康要秀赖答谢、顺便向秀忠祝贺虽不全是强人所难，但秀赖生母淀君坚拒向秀忠祝贺。

1611年，在位二十六年的后阳成天皇有意让位第三皇子政仁亲王，日期定在3月27日。家康有意出席新君登基，从骏府上洛滞留京都伏见城，同时命信长之弟织田有乐（长益）敦促秀赖上京会面，否则以武力相见。对秀赖过度保护的淀君当然反对，不过在丰臣恩顾大名加藤清正、浅野幸长等人力陈利害下同意。当日后阳成天皇在二条城让位政仁亲王（4月12日登基为后水尾天皇），翌日，七十岁的家康于二条城与十九岁的孙女婿

二条城／洪维扬提供

秀赖会面，史称"二条城会见"。这是秀赖自七岁进入大阪城后首次出城，在加藤清正、浅野幸长、池田辉政护卫下现身世人面前，秀赖魁梧体格及其秀气脸庞博得群众喝采，让随侍在家康身侧的九子义直、十子赖宣相形失色。

家康与秀赖随后前往东山丰国神社祭拜秀吉，结束这次历史性会面。用生命完成护卫任务的加藤清正在会后激动道："我今天总算报答太合殿下的恩情。"正当所有人以为这次会面化解了江户、大阪两边心结进而促成真正和平到来时，丰臣恩顾大名却接二连三殒落：先是浅野长政于4月7日死去，接着6月17日堀尾吉晴、6月24日加藤清正，1613年1月25日池田辉政、同年8月25日浅野幸长相继在壮年辞世。尤以加藤清正和浅野幸长的死在今日看来令人质疑。

家康会见秀赖时已下决心在有生之年消灭大阪，丰臣恩顾大名们辞世则削弱大阪潜在的力量，有助于消灭丰臣政权。接下来数年，家康以为太合祈求冥福的理由，劝请大阪整修畿内寺院以消耗秀吉遗留财富。1614年重修完毕的方广寺梵钟铭文出现"君臣丰乐""国家安康"等字眼，被家康的智囊团林罗山等人指出有诅咒家康之意，以此为契机，家康动员全国大名讨伐大阪，此即终结丰臣政权的"大阪之阵"。

大阪冬之阵

◇ 大阪冬之阵

　　1614 年 9 月，大阪的使者片桐且元返回大阪，传达江户方面提出的三个条件：一、秀赖定期往来江户；二、淀君前往江户当人质；三、秀赖离开大阪城，更换领国。淀君无法同意如此屈辱的条件，她的情绪经常主宰大阪方面的决定，于是难免兵戎相见。为了备战，大阪方面一掷千金大举招募浪人，关原之役后众多西军大名遭到改易，连带产生大批失去主家和俸禄的浪人，他们未必对丰臣家抱持好感，却对害其沦为浪人的德川家深痛欲绝，尽管各抱持不同目的前来，把大阪城当成人生最后舞台、务求绽放瞬间华丽光彩这点并无二致。

　　在家康动员下，二代将军秀忠也有所作为。对秀忠而言，进军大阪不可重蹈关原之役的覆辙，10 月 23 日出江户城后率领六万大军一路进行奔逸绝尘般的急行军。身为总大将的他，率先于 11 月 10 日进入伏见城。大阪城聚集近十万浪人，以真田昌幸之子信繁（幸村）、后藤基次（又兵卫）、长宗我部盛亲、毛利胜永、明石全登五人名声最著。19 日于大阪城外木津川口出现零星冲突，历经十余日战斗，这些浪人杂牌军无法与各大名正规军匹敌，因此 30 日大阪方面决定弃守外围城砦笼城。

> **豆知识　出丸**
>
> 位于大阪城南边平野口附近一处台地，冬之阵前夕由真田信繁筑成东西约 180 米的防御工事，12 月 4 日到 12 月 5 日间抵挡住东军三万人的猛攻，从此改称"真田丸"，冬之阵结束后拆除。NHK 以《真田丸》作为 2016 年大河连续剧主题。

　　以难攻不落著称的大阪城，唯一有机可乘的是城南靠近天王寺附近的台地。真田信繁在此处从东、西、南三面挖掘壕沟，只有北边与大阪城相连的小砦"**出丸**"投入五千兵力以防江户军攻入。12 月 4 日起，前田利常、松平忠直、井伊直孝、藤堂高虎共三万军进攻出丸，血战一昼夜无功归还，大大打响了真田信繁及出丸的名号。

德川大军进攻大阪城，丰臣秀赖坚守城内，淀君已备妥小刀殉身／三娃绘

　　家康判断强攻出丸会造成更大牺牲，遂改以大筒炮轰淀君所在的天守阁。花容失色的淀君透过二妹常高院，与家康使者本多正纯、阿茶局（家康侧室）在 12 月 19 日达成议和，内容为：一、保证秀赖人身安全及本领安堵；二、不追究处分城内诸将；三、淀君无须担任人质，改由大野治长、织田有乐充任；四、大阪城仅能保存本丸，二丸和三丸必须破坏，外壕必须填平。对家康而言，第四点才是议和真正目的。此役称为"大阪冬之阵"，虽未能一举摧毁丰臣家，但填平大阪城外围无异于除去丰臣家赖以为傲的屏障。

◇ 大阪夏之阵

　　1615 年 1 月 19 日，依议和规定拆了大阪城，然而江户方面拆过头，连

丰臣大阪城极乐桥

应保存的本丸也拆掉，真田信繁修筑的"真田丸"也在拆除之列，象征太合骄傲的大阪城只剩天守阁。大阪方面再怎么愚昧，如今也认清家康用心险恶，大阪城既为一座裸城，处心积虑消灭丰臣家的家康定会再以种种理由挑起战端。

3月，家康借口大阪城内浪人有备战意图、破坏和平协议，提出将秀赖移封至大和或伊势，还有驱逐大阪城内浪人的抉择。家康当然知道这两项选择都不会被大阪遵从，他早有再战决心。4月4日借口参加九子义直的婚礼从骏府动身，伴随家康的是天下大名及将近二十万大军；婚礼结束后家康西上二条城，24日对大阪下最后通牒，此即被称为战国最后一役的"大阪夏之阵"。

由于大阪城已无法防守，只得在城外迎战兵力两倍之众的江户军，实际上大阪的劣势不光单纯兵员上两倍的差距。幕府如果失败还能动员更多兵力继续作战，大阪方面却没有多余浪人可再招募，野战失败亦无处可退。5月6日起，大阪军在城外与幕府军打了几场惨烈的战役，折损后藤又兵卫等众多名将。7日真田信繁与毛利胜永于天王寺做最后突袭，突破诸多武将阵势，诸将旌旗东倒西歪，信繁一举强行突袭冲进茶臼山家康本阵，家康本阵的**马印**在三方原之役后再度倒下。然而信繁早已是强弩之末，与毛利胜永力竭战死。

至此大阪已无力再战，幕府军开始放火，5月8日淀君与秀赖双双自尽，丰臣政权灭亡，秀吉血脉就此断绝。百余年来的战国之世随着丰臣家族的灭亡而结束，迎来的是德川家主政的新时代。

豆知识 马印

战国时代武将在战场上标示自己所在的长柄旗印，通常大将镇守本阵，因此马印多半也在本阵。知名武将马印有武田信玄的"风林火山"旗、谘访明神旗、上杉谦信的"毘"字旗和草写的"龙"字旗、丰臣秀吉的葫芦瓢旗等。

幕藩体制逐步告成

◈ 颁布武家与公家法度

　　1615 年 7 月 13 日，丰臣家灭亡后两个多月，改元"元和"，世称"元和偃武"。"偃"者，停止；"偃武"，停息武备，亦即天下不会再出现动荡战争。然而光是更改年号无法保证战争不会再起，要彻底断绝战争必从制度着手，于是改元前的 7 月 7 日由"黑衣宰相"以心崇传起草、秀忠择伏见城颁布《武家诸法度》，主要内容规定为：大名须专精文武弓马之道、严禁筑新城，旧有居城之土垒、石垒毁坏时需先向奉行所申报，俟其同意方可修建，修建规模须与原先相同；一万石以上之藩主、城主或将军之近习，若无幕府允许，不可私下缔结婚姻。此法度颁布后，历经三代家光、四代家纲、五代纲吉、六代家宣、八代吉宗多次增补而愈趋完善。秀忠时内容有十三条，到家光时扩充至十九条，包括"参勤交代"制具体明文化、禁止五百石以上船只建造等；家纲时追加到二十一条，明文严禁基督教；纲吉时起条文有减少倾向。上述所提及的内容是历次增删中始终不曾去除的项目。《武家诸法度》乃幕府统制各藩藩主的根本法令，也是江户幕府最重要的法令。

　　7 月 17 日，大御所家康、二代将军秀忠与关白二条昭实三人于京都二条城，联署颁布同样由以心崇传起草的《禁中并公家诸法度》，内容共十七条。"禁中"指天皇及皇族，"公家"指公卿贵族。将军须由天皇任命，从这点来看是居于臣下，但臣下竟然制订法令要天皇遵守，是日本史上

园部藩参勤交代行伍图／三娃绘

首度由人臣针对天皇行为制订法度约束其遵守。第一条规定天子在各种艺能之事当中，第一要务为学问，如《贞观政要》《宽平御遗诫》《群书治要》《禁秘抄》，此外对于和歌的学习也不能偏废；第二条以下则是明文规定公卿任免、改元、天子朝服、诸公卿家升晋、摄家**门迹**，以及僧正、门迹、院家的任命，严格规范朝廷的一切作为。尽管规定天皇须勤于学问，实际上天皇也不能亲政，勤于学问云云看来实为讽刺。

有别于《武家诸法度》，《禁中并公家诸法度》颁布后到幕府瓦解为止都不曾增删。这两条幕府最有力的法度颁布后，幕府已能有效控制日本，心满意足的家康不久在新年正月鹰狩时倒下。3月朝廷下达太政大臣宣下，生涯已无遗憾的家康于4月17日逝去，享年七十五岁，朝廷追赠"东照大权现"。

豆知识 门迹

皇亲贵族担任特定的寺院住持，通常是寺格较高的寺院。平安时代宇多天皇于仁和寺出家，仁和寺便称"御室御所"。《禁中并公家诸法度》规定的门迹有亲王门迹、摄家门迹、清华门迹、公方门迹等，其中亲王门迹虽计十三处寺院，然只有轮王寺（日光）、仁和寺、大觉寺是纯粹亲王的门迹。

◈ 幕藩体制确立

颁布了《武家诸法度》《禁中并公家诸法度》，江户幕府着力巩固其独特的政治体制，亦即"幕藩体制"。这个词汇最早为东京大学名誉教授古岛敏雄于1953年提出，虽不见得能精确完整说明江户时代的幕藩关系，然有鉴于它已得到普遍使用而今尚未出现能够完全取代的词汇，因此姑且以"幕藩体制"称之。

"幕藩体制"的"幕"指幕府，代表中央；"藩"指各藩，代表地方。将军是幕府最高领导者，同时也是俸禄最多的大名约当四百万石，由德川家康的子孙世袭。将军底下置一"大老""老中"四至五人、"若年寄"四人，皆由

亲藩	为将军手足，包括江户初期的 御三家（尾张、纪伊、水户）、中期的御三卿（田安、一桥、清水）及御家门（会津、越前）、御连枝（御三家的支藩）。在所有大名中，亲藩（特别是御三家）官位最高，尾张和纪伊两家均为大纳言，水户为中纳言，将军家若无后便由三家三卿提供继承人，因此是幕府中除将军家外地位最崇高者。
谱代	关原之战前就归顺家康的大名及德川旧姓松平家历代家臣，是家康取得天下的功臣，也是最信任的大名。幕府成立后重要官职如大老、老中、若年寄、京都所司代、大阪城代、寺院奉行均由谱代担任，不过谱代大名领地普遍不大，最大的是彦根藩井伊家（三十五万石）。
外样	关原之战后才臣服家康的大名，曾与家康对立过，幕府不甚放心，多次转封领地后将其安置于生产力落后之偏远地。一般说来外样大名领地较大，如全国最大的加贺藩前田家多达一百零二万五千石，全国三十万石以上的大藩多属外样。

谱代大名担任。唯大老非常设官职，只有在非常时期才从十万石以上谱代大名中选出，包括酒井、土井、井伊、堀田四家，整个江户时代不过十三人担任大老。老中从二万五千石的谱代大名中选出，指挥监督大目付、町奉行、远国奉行、骏府城代，每个月由一名老中主持政务，称"老中首座"，遇要事采合议制。若年寄由俸禄较少的谱代大名中选出，任务为辅佐老中管理旗本、御家人。若年寄底下为大目付，受老中管辖，定额四到五人，由三千石到五千石之间的旗本担任，任务为监视大名、高家及朝廷。大目付底下为目付，受若年寄管辖，定额十人，由一千石的旗本担任，任务为监视其他旗本、御家人。此外还有町奉行（负责江户的行政、司法，分为南北两处）、寺院奉行（统管全国寺院）、勘定奉行（负责幕府财政及天领管辖），统称"三奉行"。

幕府的地方机构分为京

人物通　御三家

德川家康将晚年生下的九子义直、十子赖宣、十一子赖房，分别封于尾张、纪伊、水户，这三家负有屏障将军家之责，后人称为"御三家"。依家康想法，仅尾张和纪伊两家具担任将军的资格，而水户徒有辅佐将军之资格，此从水户的官职和领地均不如尾张、纪伊两家即可看出。因此家康心目中的御三家应为将军家、尾张家、纪伊家才是。

都所司代、城代（大阪、骏府）、远国奉行、郡代、代官，其中以负责对朝廷监督及交涉的京都所司代，还有监督西国大名的大阪城代最重要。幕府天领以外则分封各大名（指一万石以上），大名领地称为"藩"，依与德川将军的亲疏关系分为"亲藩""谱代""外样"。

幕藩体制

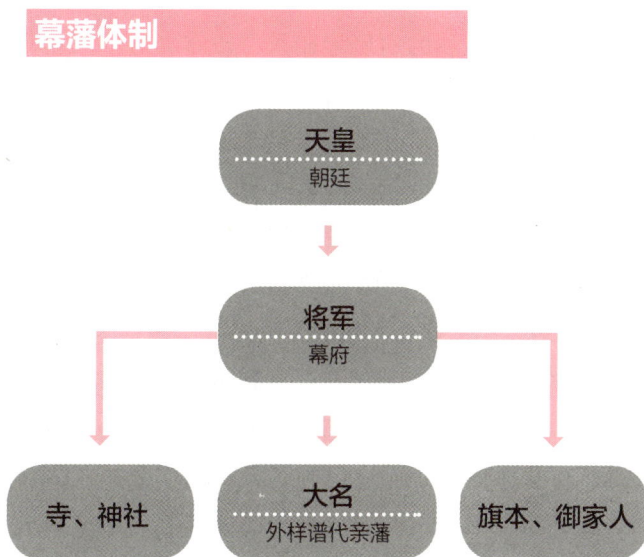

禁教与锁国

◇ 德川幕府初期的禁教

秀吉平定九州岛后颁布《伴天连追放令》，为日本禁教的开始，然法令执行不彻底，只追放传教士而不追究已受洗教徒，倒像是排斥外国传教士。1596 年 7 月，一艘从马尼拉出航的西班牙船只"圣腓力号"遇难漂流到土佐浦户湾，船上的西班牙教士不讳言指出他们欲以传教为手段广收教徒，再由国王派军队在信徒里应外合下征服日本。秀吉得知后大为震怒，下令逮捕传教士及信徒，计有六位传教士（四名西班牙人、葡萄牙人与墨西哥人各一）及十八名日本教徒被捕，他们在京都一条戾桥被切下左耳再带到市区游街，中途又加上两名信徒，1597 年 2 月 5 日（阳历）于长崎遭到磔刑，这是日本最初的殉教，称"庆长大殉教"。

进入江户时代，教徒已超过七十万，对幕府而言是一股无法忽视的潜在威胁。1612 年 5 月，幕府下令因"**冈本大八事件**"涉及的吉利支丹大名有马晴信切腹；1613 年家康命以心崇传起草《伴天连追放令》由秀忠颁布。幕府依照此令，派兵破坏京都与长崎的教会，1614 年将吉利支丹大名高山右近、内藤如安与百余名教徒流放马尼拉，盛极一时的吉利支丹大名纷纷改宗，就此成绝响；拒绝改宗的教徒，不是坚持信徒身份殉教就只能隐瞒教徒身份。

家康死后，秀忠再次发布禁教令，范围扩大到全国，凡窝藏传教士者皆以火刑处死并没收家产。1619 年 10 月，五十二名信徒在京都遭火刑；1622 年 9 月，五十五名教徒于长崎西坂之丘被处死，其中二十五人火刑（七名西班牙传教士、一名意大利神父、十三名日本传教

人物通 冈本大八事件

冈本大八为本多正纯的家臣，1609 年有马晴信在长崎攻击葡萄牙船只，冈本大八言可化解而向晴信索贿。事件迟迟未有下文，晴信向本多正纯探听后东窗事发，冈本大八被处火刑，有马晴信则被判切腹。由于晴信是教徒不能自尽，由家臣将其刺死。

士、三名日本人与一名朝鲜人），三十名日本信徒在火刑台前斩首。后者是江户时代规模最大的殉教，世称"元和大殉教"，与"日本二十六圣人"并称日本历史最广为人知的殉教事件。此后日本传教士与信徒再也不敢公然进行宗教活动，面临两个多世纪受迫害的苦难岁月。

◈ 岛原之乱，达成锁国

禁教之后，迎来锁国政策。最初进入日本的欧洲势力是西班牙和葡萄牙，关原之战前夕荷兰人来到日本，家康开始禁教时英国商船也曾来日。日本惯称西、葡两国为"南蛮人"，荷、英两国为"红毛人"，南蛮人与红毛人不仅种族相异，来日本的目的也不大一样。前者以耶稣会传教士为主，来日目的首在传播上帝福音，为方便传教而顺便提供制造铁炮所必需的原料，非看重贸易价值；红毛人信仰宗教革命后的新教，来日是为了贸易。虽在东方人眼里都是广义的基督教，然在宗教革命期间天主教与新教处于对立关系，因此南蛮人与红毛人的相处并不融洽。英国最晚来到日本，扎下根基不深，眼见幕府因禁教逐渐对贸易做出限制，船只停泊长崎、平户，遂于1623年离开日本。荷兰为独占对日贸易，主动提供关于西班牙的情报，使幕府与西班牙断绝往来。

1632年1月大御所秀忠病逝，亲政的家光于翌年发出"锁国令"：无"奉书船"的船只严禁出海，滞留海外五年以上的日本人不得归国。之后每年颁布一次"锁国令"，规定愈益严苛，只有中国与荷兰船只能够进入长崎，前往东南亚的日本人不准归国（即便滞留时间不超过五年），葡萄牙人被迁徙至长崎之外的人工岛出岛。

1637年10月，肥前岛原半岛因藩主横征暴敛导致发生反抗幕府的农民一揆，此即有名的"岛原之乱"。虽说是农民一揆，然多数成员为禁教令发布后隐瞒身份的教徒。幕府原先只派当地岛原藩率军平乱，却反被击败，进而派出御书院番头板仓重昌率领邻近各藩军队进攻，历经三次猛攻，板仓战死。

幕府只得再派出有"智慧的伊豆"之称的老中松平信纲，统率西国十三藩共十二万余军队，得荷兰军舰的帮助于翌年2月进行总攻击，一揆据守的原城（原为有马家居城）被攻陷，领导人天草四郎时贞以下尽遭屠戮。

"岛原之乱"平定，幕府颁布第五次锁国令，禁止葡萄牙船只停泊日本港口，至此日本完成锁国。直到 1854 年 3 月 3 日与美国海军准将培理签订《日美和亲条约》为止，只有中国、朝鲜、琉球、荷兰四国和日本有所往来，其中朝鲜和琉球与日本通信，中国和荷兰与日本通商，通商地点限于长崎诸岛。※

※ 作者按：锁国为幕府统治下的日本带来两百多年的和平，放眼当时世界相当罕见，故也不能说锁国为日本带来负面影响。然反对者仍认为锁国让日本失去迈向资本主义的机会，这种说法近年越来越不被学术界接受，对当时日本而言，锁国乃万不得已中最好的选择。

奇事不断的五代将军纲吉

◇ 犬公方纲吉

　　1680 年 5 月，年仅四十岁的四代将军家纲突然陷入病笃状态。面对绝嗣危机，大老酒井忠清提议仿镰仓幕府前例，迎有栖川宫幸仁亲王为宫将军，但老中堀田正俊独排众议，认为应以将军之弟上野馆林藩主纲吉为继任人选。堀田呈报家纲后得到首肯，7 日家纲奏请朝廷封纲吉为从二位权大纳言，8 日家纲辞世。

　　8 月纲吉受封正二位兼右近卫大将，同时获征夷大将军及源氏长者宣下，正式成为江户幕府第五代将军，这时年已三十五岁。12 月 9 日大老酒井忠清被免职，两日后拥立有功的堀田正俊继任大老，纲吉直到四年后正俊在江户城内被刺杀后方才亲政。堀田正俊大老遇刺后，纲吉理应从老中当中择一信任人选委以政务，却反将政务委托给信任的"侧用人"，也就是纲吉还是馆林藩主时期的心腹。纲吉时期的侧用人以柳泽保明（后来接受纲吉偏讳改名吉保）、牧野成贞最为有名，柳泽保明甚至跳脱家世限制而拥有大老资格。

　　纲吉就任将军离战国时代已有百年之久，他幼年在家纲安排下受儒学熏陶，就任后大力推广儒学，在汤岛建立圣堂以及幕府直辖的儒学教育机关昌平坂学问所（昌平黉），因此儒生辈出，诸如新井白石、室鸠巢、荻生徂徕、山鹿素行都是当代以降的大儒，纲吉更亲自为幕臣讲解四书。纲吉虽以儒学造诣深厚著称，但他真正出神入化的是能剧，非仅深谙每部能剧的由来典故，且还亲自演出、纠正能剧演员的错误，经

犬公方下令不准杀狗，人命不值／三娃绘

常强制侧近及各藩大名观赏他演出的能剧，对能剧的了解当世无人能及。

纲吉治世最令人诟病的应数《生类怜悯令》。他继任将军前曾育有一子，1683 年夭折后未再有子，仅有的一女也于 1704 年早逝，于是便有僧侣隆光指出将军若要生下继承人必须戒杀，尤其不能杀害纲吉出生狗年的犬类。1687 年 2 月制定《生类怜悯令》，最初规定江户城内的狗必须拥有户籍，狗的毛色、年龄皆须呈报，无人饲养的流浪狗集中饲养。后期变本加厉，自江户推广至全国，由狗类推广至所有生物，凡有所凌虐便受斩罪及流罪处分，人命不如牲畜，推行此令的纲吉反被讥为"犬公方"。

◇ 元禄赤穗事件

1701 年 3 月 14 日早上十一时左右，担任敕使飨应役接待朝廷使节的赤穗藩主浅野内匠头长矩，在江户城内通往白书院的松之大廊下对着这段期间指导他招待敕使及院使（院的使节）的**高家肝煎**吉良上野介义央喊道："你还记得我的遗恨吗？"随后一刀砍伤吉良义央。由于在江户城内伤人严重违反幕府规定，浅野长矩遭制伏后当晚被纲吉下令切腹，翌日命赤穗废藩。赤穗藩被接收后，家老大石良雄将藩的财产换算现金发给藩士作为退职津贴，隐匿京都山科为主君复仇做准备。武士社会中，为主君报仇是为美德，即便江户开府已近百年不再出现征战杀伐，为主君报仇之风仍未因承平之世到来而消退，这为大石等人的报仇行为增添可行性。1702 年 12 月 14 日深夜，大石良雄率领包含长子主税在内共四十七名攻入本所松坂町的吉良宅邸，取下吉良义央首级，战斗过程中吉良家死亡十五人、负伤二十三人，大石这方毫发无伤。大石手提吉良的首级，一行人在山舞银蛇、白雪皑皑下前往高轮泉岳寺浅野长矩墓前祭拜，然后派

> **人物通　高家肝煎**
>
> 室町时代以来没落或灭亡的武家名门如今川、武田、畠山、吉良、六角、京极、大友等共二十六家由江户幕府提拔为旗本以延续命脉，接受老中支配，此即高家，意为"武家中的公卿"。高家具体职责是作为将军代表，向伊势神宫、日光东照宫、久能山东照宫、上野宽永寺、凤来山东照宫（与日光、久能山并称"三大东照宫"）参拜祭祀，且为幕府派往朝廷的使者或是接待京都前来的敕使、院使。高家领袖则称"高家肝煎"。

赤穗藩四十七名藩士为主君复仇，构成忠臣藏的故事／三娃绘

人去幕府大目付处自首。赤穗浪人事件轰动整个江户，不仅武家社会，就连一般平民也为其义举感动不已，幕府决定先将这些浪人收押在泉岳寺附近四个藩的宅邸，这四藩纷纷以最高规格款待为主君报仇的义士。

民情明显倾向赤穗义士，然为维持统治秩序，幕府仍做出处死赤穗义士的处分，只是将斩首改为切腹。斩首与切腹在现代人看来都是死罪，无所差别，但对武士而言在程度上截然不同："斩首"是处死庶民的方式，武士以这种方式死去毫无价值；"切腹"乃武士特有的结束生命方式，死于切腹代表个人荣誉与天地共存。

1703 年 2 月 4 日，除逃亡的寺坂信行外，四十六义士尽皆切腹。四十多年后，二代竹田出云将赤穗义士改编成歌舞伎剧本《假名手本忠臣藏》，全剧共十一段，第十一段的"仇讨"造成座无虚席、万人空巷的轰动，成为江户时代人气最旺的歌舞伎剧目，此后凡是以赤穗义士为背景的戏剧皆称为《忠臣藏》。不过，值得一提的是《忠臣藏》虽保有赤穗义士的故事情节，人名与时空背景却不相同，这是为了不涉及批评幕府作为的做法。

元禄文化新潮流

元禄时期为 1688 年至 1703 年，此时期以京都、大阪等上方⑪为中心发展出"元禄文化"，重要推手为町人、没落武士或是放弃武士身份的庶民，与奈良·平安时代以贵族为主的宫廷文学及镰仓·室町时代以禅僧为主的五山文学大不相同。元禄文化主要以文艺和美术工艺为代表。

◇ 文艺风大放异彩

文艺方面有松尾芭蕉的俳谐、井原西鹤的**浮世草子**及近松门左卫门的人形净琉璃，被称为"元禄三文豪"。

首推以俳谐（明治时代后称俳句）闻名的松尾芭蕉，素有"俳圣"之称。出身伊贺国下级武士的家庭，早年侍奉当地藩主藤堂氏，藩主去世后他脱藩成为浪人，前往京都拜在北村季吟门下学习俳谐，1672 年以后定居江户，始以创作俳谐闻名。1689 年 3 月在弟子的陪伴下，芭蕉从江户出发，行经东北、北陆至美浓大垣，沿途记录风光美景，附上多首有感而发的俳谐，这部纪行文即是大名鼎鼎的《奥之细道》。

井原西鹤出身大阪町人，本人亦是俳谐师，然在历史上留名却是浮世草子的好色物，如《好色一代男》《好色一代女》《好色五人女》，此外还有町人物如《日本永代藏》《世间胸算用》。西鹤在好色物中真诚描写出人类的性欲与恋爱，他不以描写性欲为耻，反而认为如实表现方是真正写出浮世百态。西鹤在《日本永代藏》《世间胸算用》则反映出对纲吉提倡俭约令的反感，认为町人崇拜金钱、追求利润、致富后纵情享乐并无不妥，强调金钱对社会的重要性。

近松门左卫门出身福井藩下级武

> **豆知识 》 浮世草子**
>
> 以井原西鹤的《好色一代男》为开端，接连产生相似主题的一系列作品。"浮世"既可指现世，亦有好色之意，是元禄时期以大阪为中心将广泛民众生活入题的读物，欲与江户初期读物"假名草子"区别而称"浮世草子"。

松尾芭蕉／葛饰北斋画

士，对继承家业不感兴趣的他投入人形净琉璃、歌舞伎的剧本创作，最受欢迎的则是人形净琉璃。1683 年为净琉璃创始者竹本座拥有人竹本义太夫延揽，撰写数部剧本，由竹本义太夫演出，其中以《曾根崎心中》（"心中"为殉情之意）《国姓爷合战》最受好评，后者曾创下连续演出十七个月的纪录。江户时代除之前的"能乐"外，还兴起"人形净琉璃"及"歌舞伎"，能剧幕与幕之间串场的"狂言"也独立出来，构成日本传统四大戏剧。

◈ 庶民为题的美术工艺

绘画方面，京都的尾形光琳以**大和绘**为基调，画作具丰富的装饰性，除绘画外再辅以书法和工艺，并经常以对比手法加以描写，代表画作《燕子花图屏风》和《红白梅图屏风》均可看出这些特点。除绘画外光琳在漆器和陶器等工艺品的纹样设计也堪称一绝，尤其是画在漆器上的"莳绘"，被称为"光琳模样"。

绘画方面值得一提的是"浮世绘"的诞生，元禄时期的浮世绘不同于江户末期使用版画而采肉笔，与一般绘画用画笔作画无异，此时期的菱川师宣被公认为"浮世绘之祖"。菱川师宣亦町人出身，相当了解平民的趣味，他选择的绘画主题多半以游里和春画为主，游里即妓院也，既是妓院自然少不了游女（妓女）与嫖客。菱川师宣画笔下的女性着色丰富、笔法清新，生动表现出女性轻盈的体态，甚得庶民大众喜爱。师宣其他主题如役者（能、歌舞伎的演员）绘、相扑绘也都是以庶民为题材的画作，浮世绘可说是将绘画由武士贵族阶级传播深入到庶民大众。

人物通　　大和绘

日本绘画的样式概念之一，因中国风的绘画称为"唐绘"，日本风的绘画便以"大和绘"称之，亦称"倭绘""和绘"。通常指平安时代"国风文化"的日本绘画，以《源氏物语绘卷》等绘卷物为代表。

另外在染色方面有宫崎友禅的"友禅染"。宫崎友禅出身不明，早年为在扇子上染色的扇绘师，后扩及风吕敷、文箱（放置书状的箱子），兼做书籍封面设计，最后定居鸭川岸边，从事在绢织物白布上绘图并染在布料上的染色业，此即友禅染。晚年被延揽至加贺藩，因此友禅染分成"京友禅"与"加贺友禅"两派。

⓫ "上方"为江户时代对京都等畿内地方的称呼。

将军世系的转变

◈ 家宣与正德之治

1709 年 1 月，始终没能再盼到一子的纲吉病逝。早在 1704 年，纲吉收养甲府藩主德川纲丰为养子，纲丰之父纲重为家光三子、纲吉的兄长，纲丰依血缘是最适当人选。成为继任将军人选的纲丰改名家宣，在纲吉逝后正式成为六代将军，此时四十八岁。就任将军后，他将担任甲府藩主期间的亲信新井白石和间部诠房带进江户，取消让民众痛感不便的《生类怜悯令》，赦免了受这道恶法所牵连入狱、流放达万人者；6 月，纲吉宠信的侧用人柳泽吉保遭到免职。这两件事情都是家宣与新井、间部商议后作出的决定。

家宣的**御台所**出身摄家之首的近卫家，与家宣感情融洽，使得自幕府开府以来紧张的朝幕关系获得改善。家宣在新井白石的建议下，奏请朝廷在传统的伏见宫、有栖川宫、京极宫（原为八条宫，之后改称桂宫）外再增设一亲王家，以东山天皇第六皇子直仁亲王为新设的闲院宫之祖，并献上领地千石作为闲院宫的所领，因此统称江户时代四世袭亲王家。当皇族缺乏继承人时，可由四世袭亲王家提供人选。家宣在位三年病逝，以今日医学角度来看似是死于流感，其生前曾有数子，可惜除四子锅松外尽皆夭折，于是四岁的锅松被立为七代将军，是为家继。新将军仍由新井白石、间部诠房主政，生母月光院母以子贵有问政的机会，与家宣御台所天英院对立。

1713 年 4 月底家继夭逝，家宣的血统断绝，继任将军势必再度从其他世系中选择。天英院属意家宣之弟松平清武，但清武时年五十一且已继承越智松平家（上野馆林），明显被排除在将军

人物通 ▶ 御台所

平安时代对三位以上的公卿正室原称为"北政所"，后来专指摄政和关白的正室，三位以上公卿之正室改称"御台盘所"，略称御台所或御台。镰仓时代源赖朝之正室北条政子称为"御台所"后，逐渐成为将军正室的代称。

资格之外，血缘虽近却不为老中接受。月光院主张由纪伊藩主德川吉宗继任，吉宗三十三岁正值英年，最后拍板定案。

家宣、家继之世前后八年，一改纲吉晚年的苛政，称为"正德之治"，其幕后功臣为新井白石。

◇ 暴坊将军吉宗改革之路

德川吉宗即朝日电视台《暴坊将军》里的主人公，原为第二代纪州藩主德川光贞四子，依常理无担任藩主的资格。但兄长早逝让他成为第五代纪州藩主，再因七代将军家继夭折，在月光院推举下成为八代将军。这情形代表将军世系已从秀忠转移到赖宣，此后到十四代将军家茂都出自纪州家血缘。讽刺的是推举吉宗成为将军的间部诠房，在吉宗当上将军后反先遭到革除，连新井白石也一并去职，表面上看来是废除侧用人，实则是换上从纪伊带来的新一批侧用人如加纳久通、有马氏伦、小笠原胤次。即便避嫌而起名"御侧御用取次"，仍无两样。

见幕府百病丛生，吉宗推动享保改革并从自身做起，穿着简朴、饮食求简单清淡，将私人方面节省下的金钱以恢复武家精神为由用在鹰狩上面。尤其重视法治，禁止连坐，为落实对诉讼的重视，他起用家宣时代的目付大冈越前守忠相为江户南町奉行，大冈秉持公平的态度裁判诉讼，是幕府时代难得一见的清官。江户时代多为木造建筑，极易引起大火，自江户开府后即有"明历大火"和"天和大火"两次灾难，明历大火甚至烧毁江户城天守，吉宗认为有必要建立完善的消防制度，大

浮世绘的八代将军

冈忠相将先前零散的消防组织扩大为四十七组，每组有其负责的地域和标识，哪里发生火灾就由该组去负责。为了整饬不法的官吏，吉宗在江户市内多处放置目安箱（匿名意见箱），鼓励民众投递陈述意见，于每月 2、11、21 日由吉宗本人于评定所打开此箱，在消极方面有效遏止官吏的恶行，积极方面则收到民众关于财政改革、社会福利等方面的意见，小石川养生所这一免费医疗设施的设立即是拜目安箱之赐，麻风病、肺结核等当时医疗技术无法救治或民众无力负担的病患送到这里医治。

对于后宫大奥，吉宗也大力整顿，大量裁减了人员，使幕府财政开支达到一定效果。吉宗在位三十年，大致让幕府振衰起敝，被称为"幕府中兴之主"，但实际上经济未能好转，只是在社会尚称太平的情况下被掩盖住。晚年吉宗让位给有言语障碍的长子家重，自称大御所，另授予次子宗武、四子宗尹（三子夭折）各十万石，赐宅邸于江户城田安门、一桥门附近，因此宗武称为"田安家"，宗尹称为"一桥家"。家重当上将军后比照吉宗，拉拔次子重好为"清水家"，这三家称为"御三卿"，地位仅次于御三家，同样有继承将军的资格。

兰学的发轫

◇ 兰学从何而来

家光锁国后，长崎成为日本唯一开放的港口。虽说是唯一，能前来长崎的船只也只有荷兰和中国两国，不久明王朝亡于李自成等流寇之手，"冲冠一怒为红颜"的吴三桂引清兵入关，整个汉人江山被满人侵占。清王朝初期为打击海上明朝流亡势力实施海禁，能前来长崎进行贸易的只有荷兰一国。

六七两代将军治世"正德之治"的真正推手新井白石虽是儒学者，却也关心西洋的学问，他撰写的《采览异言》是日本最早的世界地理书，以利玛窦于明万历年间绘制的《坤舆万国全图》为底本介绍世界各洲各国。白石另著有《西洋纪闻》，是他亲自审问偷渡被捕的意大利传教士席度契（Giovanni Battista Sidotti）的对话记录，内容包含西洋各国历史、地理、民情风俗及基督教教义，碍于当时尚处锁国而未能公开此书。以一个儒学者而言，白石能够放下尊严向他们心目中的"蛮夷"屈尊降贵，是非常难得的。

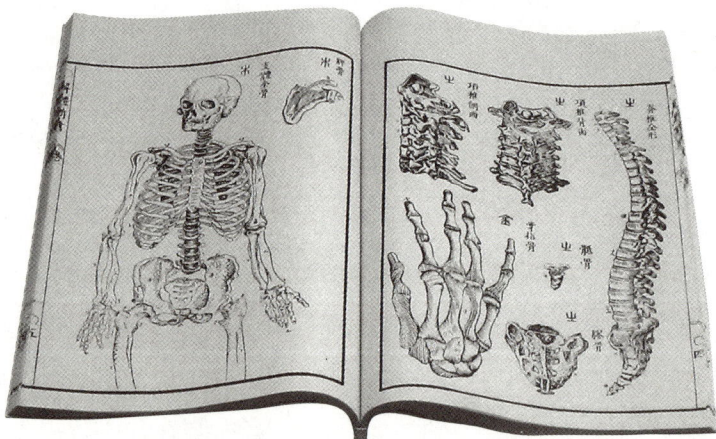

《解体新书》内页图示

吉宗就任将军后，和同时期的康熙皇帝一样，出于对西方实学的兴趣于1720年颁布弛禁令，准许输入与基督教教义无关的西洋自然科学书籍，并命当代学者青木昆阳、野吕元丈学习荷兰语。1815年，高龄八十三的兰学医杉田玄白在其著作《兰学事始》回忆兰学的发端，便是以青木昆阳、野吕元丈学习荷兰语为滥觞。

◎ 兰学新知独步日本

兰学爱好者最初以吉宗为主，除他之外多为下级武士，慢慢地普及各藩藩主。萨摩的岛津重豪便是有名的"兰癖大名"，因为他的挥霍导致萨摩举债度日，深受他熏陶的曾孙岛津齐彬后来之所以迟迟无法当上藩主，原因在于有重度的"兰癖"。

兰学自吉宗扎根开始飞快增长，不少儒学者、阳明学者、藩医等饱学之士纷纷转向兰学。特别是藩医，传统汉方医（中医）的理论无法解释西医的解剖、开刀理论，而解剖、开刀才能对外科患者根治病痛。青木、野吕之后兰学大盛，前野良泽、中川淳庵、杉田玄白原本皆为汉医，但都对兰学产生兴趣。他们曾拿着荷兰人翻译的《解剖图谱》到江户小冢原刑场对照死刑犯处决后脏器的位置，几乎吻合，指出了不少中医书上的谬误，因此下决心要将该书译成日文。以当时日本人的荷文程度翻译解剖学专业书籍，个中困难实非外人能够想象，历经四年主要由杉田玄白完成，于1774年以《解体新书》之名出版，该书的用语如神经、软骨、动脉、韧带至今仍为医学界沿用。医学方面堪称兰学重镇，即便有杉田玄白的《解体新书》，外科医学仍不断的进步，大槻玄泽指出其师译作中的若干错误，于1798年出版《重订解体新书》，到19世纪初还有宇田川玄随翻译的《西说内科撰要》、杉田玄白之子立卿翻译的《眼科新选》以及高野长英撰写的《医原枢要》。

兰学虽以提振医学为前提而发展，到后来不止是医学，扩展到几乎涵盖当时所有自然科学领域，也包含语言学（见下页表）。

日本尚未与欧美国家全面接触之前的锁国时期，荷兰称职扮演引介欧洲文化到日本的中介角色。开国后，兰学被更为先进的洋学取代，不过多

语言学	玄白和良泽的弟子大槻玄泽曾赴长崎学习荷文，荷文造诣当然比玄白、良泽等人高深，着有学习荷兰文的入门书《兰学阶梯》，在"兰学"后来被"洋学"取代之前有志于学习兰学者人手一本。稻村三伯以《兰学阶梯》为教材苦学荷兰文，后来和宇田川玄随、冈田甫说编纂日本最早的荷日辞典《波留麻和解》，该书收录超过六万个荷文单字，对于荷文的学习更为便利。
博物学	有野吕元丈撰述的《阿兰陀本草和解》，是日本最初的西洋博物学书；比野吕晚一个世代的平贺源内着有《物类品骘》，内容深度较野吕的著作更为广博。
兵学	出身长崎町年寄的高岛秋帆透过荷兰文学习西式炮术甚有心得，1841 年幕府举办的炮兵演习中熟练地使用西洋大炮，获幕府聘用并自成一家，幕府旗本、韭山代官江川太郎左卫门拜在高岛门下学习炮术。

数洋学者在开国前都曾是兰学者。换言之，开国后兰学者完成使命退居幕后，改由洋学者继续承担起启蒙开化日本国民的使命。相对于当时中国闭关自守后对世界一无所知，英国即将对大清帝国展开鸦片战争的行动，日本在战争前便已通过长崎出岛荷兰商馆长甲必丹（荷兰语 Kapitan 的音译，即英文的 captain）递上的《**荷兰风说书**》知悉英国动静。

豆知识 》荷兰风说书

锁国时期幕府要求前来长崎贸易的外国人（中国人、荷兰人）递交海外情报，透过翻译给长崎奉行，中国人提供的情报为唐风说书，荷兰则为荷兰风说书。透过风说书传递的情报，日本即便处在锁国状态也能够得知美国独立革命、法国大革命等世界大事。

重商主义下的经济改革

◇ 田沼意次推动财政改革

　　1745 年 9 月，在位三十年的吉宗让位长子家重，家重有严重的语言障碍而无法亲政，"侧用人政治"必然复苏。小姓起家的田沼意次，伴随家重在位晋升"御侧御用取次"，后被提拔为一万石大名，成为横跨家重、家治时期最有权势的侧用人。

　　家重去世后，十代将军家治遵从乃父遗言对田沼信任有加，六年间田沼晋级两万石城主，同时成为家治的侧用人，拥有担任老中的资格。家治在位时（1760—1786 年）对田沼始终信任，田沼自 1769 年被任命为老中，直至家治逝世为止。田沼担任老中期间在日本史上称为"田沼时代"，也是有名时代剧《天下御免》的背景时代。

　　田沼意次主政后进行改革，主要针对财政方面，有鉴于吉宗的享保改革只是复古式的理想主义，并不能应付逐渐成熟的商业资本，因此田沼的改革舍弃传统以农为本的重农主义，采取彻底的重商主义。首先重铸南镣二朱银与五匁银两种新币，不过这两种通货在田沼下台前便已停止铸造，之后松平定信上台后下令回收改铸，可见田沼在改革币制方面算是失败。在经济方面认可同业组织"**株仲间**"成立，给予特定商人优惠独占的特权，但会征收"运上金""冥加金"等税目作为幕府税收，田沼此举为幕府带来极大收入，1773 年起菱垣回船也在征税范围内。开垦新田方面，出资重金开发今日千叶县北部印旛沼、手贺沼，惜因技术方面及其他因素，到田沼去职为止都未能如期完工。此外还计划移民七万人开发虾夷地（北海道），不过受限于幕府财政而流产。

　　大致来说田沼的财政改革，与先前的享保改革及之后的宽政·天保两

> **人物通　株仲间**
>
> 江户时代由幕府或各藩许可独占的商工业者之同业组合，著名的有江户的"十组问屋"和大阪的"二十四组问屋"。由于是幕府给予独占的权利，故有向幕府缴交税金的义务。

田沼意次一手进行改革，另一手却收贿卖官／三娃绘

次改革相比，算是成效斐然。但是田沼本人及其主政时期却深为时人及后人诟病，这与田沼在掌政过程中玩弄权谋不无关系，此外还公然收贿，按馈赠金额多寡安排职务，贿赂他的人当官后必然也接受贿赂，故此普遍引起民众反感。接踵而来的灾祸，包括1772年江户明和大火、1782年起"天明大饥馑"及1783年浅间山大喷发，使农民无以为生纷起暴动，田沼的声望急遽直下。田沼本人也诸事不顺，1784年担任幕府若年寄的长子意知在江户城内为旗本刺杀，对田沼始终深信不疑的家治于1786年因脚气冲心病逝。家治的养子家齐成为第十一代将军，田沼时代遂告结束。田沼去职后声望探底，最后被妖魔化，成为腐败政治的代名词。

◇ 输给贪腐风气的严吏

家齐出身御三卿之一，生父一桥治济是一桥家始祖宗尹四子，由于家治的独子家基死去而成为养子。继位时年仅十五，他罢免田沼意次，改任白河藩主松平定信为老中首座。松平定信同样出身御三卿之一，是田安宗武七子，辈分上算家齐的叔父。

"天明大饥馑"在东北除了米泽和白河两藩外皆造成严重伤亡。松平定信治理白河藩政绩显著，被推举为老中首座，进而主持宽政改革。松平定信在白河藩主时期便厌恶田沼意次，主持宽政改革时自然全盘否定前人改革，主张回归吉宗时代的享保改革。改革的中心思想在于勤俭和节约，这只是沿袭享保改革，并无新意。为解救旗本、御家人濒临破产的困境，定信颁布《弃捐令》，超过六年以上的债务不用偿还，五年以内的借贷降低利息，与室町时代的《德政令》实无二致，但此令一出，原本对宽政改革抱有希望的商人纷纷弃定信而去。其次是改革风俗，定信决心整饬田沼时期贿赂的败坏风气，严禁赌博、卖淫和男女混浴，不允许创作并出版伤风败俗的作品，为此不少歌舞伎等戏剧，还有黄表纸、洒落本等带有色情意味的文学创作均遭禁止；浮世绘这种以大众生活为主题的版画也受到打压，著名画家东洲斋写乐失去金主茑屋重三郎的支持而消失。

　　宽政改革在历史上以严苛闻名，不得人心。当时的庶民曾写下一首狂言批评松平定信："白河（指白河翁，即定信本人）清澈鱼难以存活，原先混浊的田沼（指田沼意次）令人怀念。"水至清则无鱼，在一味过度要求下，良法也会变成与民争利的恶法。定信在学术上谨守官学朱子学，余外的学说在他眼中皆为妖邪之说，甚至为此参考柴野栗山制定统一思想的政策，名为"宽政异学之禁"，凡不属于朱子学皆在禁止之列。国学、古学、阳明学尽皆被禁，吉宗时期成长的兰学也被列为异学，定信藉此控制民众的思想与箝制言论。1793 年，松平定信因过于严格遭罢职，宽政改革随之无疾而终。

早期江户城街景

江户幕府下坡期

◇ 德川家齐的大御所时代

1793 年 7 月，松平定信主持改革招致民愤而去职，家齐改任命松平信明为老中首座，定信提拔的老中户田氏教、本多忠筹留任。家齐在位五十一年，是所有征夷大将军之最，也是唯一一个历任内大臣、右大臣、左大臣、太政大臣的将军。尽管定信去职时家齐已经二十一岁，但对亲政似乎兴趣缺乏，他娶外样大名岛津重豪三女茂姬（五摄家笔头近卫家收为养女，以近卫寔子名义出嫁）为御台所。这是首度与将军家结为亲家的外样大名，岛津重豪因将军岳父的身份得以任意举债沉醉在兰癖的嗜好中。

家齐一生有十六名妻妾，共为他生下二十六子、二十七女，即便半数以上夭折，犹有相当人数活到成年。由于只有一人能继承将军，家齐为其他无缘宝座的子女寻找出路：儿子送给缺乏继承人而苦恼的藩主当养子，女儿则与有力的亲藩或谱代联姻。不管送出儿子或嫁出女儿，家齐都附赠一笔为数可观的金钱，让财政困窘的幕府捉襟见肘。

为满足家齐的挥霍，幕府多次进行货币改铸，每次均发行过量造成物价翻腾，受害的总是广大民众，导致 1837 年 2 月在大阪发生**大盐平八郎之乱**。他让位给四十五岁的次子家庆，以大御所姿态继续执掌权柄。

至 1841 年 1 月底家齐去世后，家庆方有亲政机会。此时幕府财政持续恶化，到了不得不再次推动改革的地步，遂由老中首座水野忠邦推动天保改革。

天保改革与先前的享保改革、宽政改革在性质上并无不同，结果也步上同样失败的命运。水野忠邦因而去

人物通　大盐平八郎之乱

1837 年 2 月，隶属大阪町奉行的前与力大盐中斋平八郎目睹大阪居民陷于饥馑缺米，卖掉藏书将所得全部捐献。米价却因荒年而居高不下，大盐数次向町奉行所提议未果，愤而号召门生、乡党进攻豪商。历时四十余日最后为大阪町奉行平定，这是岛原之乱结束后历经二百年再度发生的战役。

职，此后幕府在内忧外患下，加上后继的将军暗弱，再也无力推动全面性改革。

◇ 江户开出化政文化

相较于充满浓厚京都气息的"元禄文化"，"化政文化"是指文化、文政年间（1804—1830 年）以江户为中心发展的江户本土文化。化政文化不像元禄文化只集中在少数几位文豪身上，而是广泛普遍于町人阶层中。

化政文化主要表现在文学和美术两方面，如下表所示。

文学方面	草双纸		附有图画的娱乐本、赤本、黄表纸、合卷之统称，代表作有恋川春町的《金金先生荣华梦》，故事模仿唐传奇《枕中记》。
	滑稽本		以滑稽为主题，描写当时庶民风俗与生活。主要有十返舍一九的《东海道中膝栗毛》（徒步旅行之意）和式亭三马的《浮世风吕》《浮世床屋》（"床屋"为理发厅之意）。
	人情本		以庶民的恋爱和情欲为主的读物，主要代表作有为永春水的《春色梅儿誉美》，不仅情节与明清的恋爱小说极为相似，连大圆满的结局也如出一辙。
	读本		宽政以后江户掀起传奇小说的风潮，化政年间达到全盛期，这种受中国白话小说影响，遣词用字力求通俗，虽取材于历史事件，但情节并不完全遵照史实，以因果报应为主要结局，过程力求劝善惩恶的小说。最初的读本为《雨月物语》，作者为上田秋成，内容类似蒲松龄的《聊斋》。进入化政时代后，泷泽马琴的《椿说弓张月》和《南总里见八犬传》都是长篇巨作，丰富的剧情与人物令民众爱不释手。尤其后者费时二十八年，作者晚年因眼疾失明，仍无损此书地位。
美术方面	浮世绘	内涵	以庶民作题材的"浮世绘"合于化政文化主轴，大为勃兴，此时的浮世绘脱离菱川师宣时代的肉笔画，改为先雕刻在版木上、上色后再印在纸上的版画。化政时代的浮世绘不再是描绘游女的体态，改成役者绘、武者绘、美人画、名所绘四大主题，出现了鸟居派和歌川派两大门派。
		役者绘	役者指歌舞伎演员。此类即以役者为主题的人物画，通常作为歌舞伎的宣传海报，着重在役者夸张的表情，东洲斋写乐是擅长役者绘的画师，作品《三代目大谷鬼次的江户兵卫》是其杰作。
		武者绘	以传说、军物语出现的人物为主题描绘合战场面，化政时代以歌川派门人歌川国芳为代表，甚至还流行以国芳武者绘作为身体的刺青，幕末维新时期国芳门人月冈芳年、河锅晓斋继承国芳的画风。
		名所绘	化政时代新兴的浮世绘主题，有葛饰北斋以富士山为主题的《富岳三十六景》、歌川派门人广重的《东海道五十三次》，此外广重还有《名所江户百景》《六十余州名所图会》，俱为名所绘的名作。

幕府对兰学的镇压

◈ 列强船只出没日本沿岸

18 世纪中叶后俄罗斯船只就频频出现日本外海，到 1782 年，负责运送纪州藩收成稻米前往江户的回船问屋船头（船长）大黑屋光大夫在骏河湾附近遇上暴风，历经七个月的漂流来到阿留申群岛。光大夫从同样漂流岛上的俄罗斯人那学习俄文，1791 年被带到俄都圣彼得堡谒见女皇叶卡婕琳娜二世，翌年再由俄国派出使节送回日本。

1793 年起俄罗斯船只出没在得抚岛（千岛列岛）、虾夷地一带探测调查，引起幕府对北防的重视，派遣幕臣近藤重藏、探险家最上德内到国后岛、择捉岛上调查，1802 年在箱馆设置虾夷奉行作为指挥虾夷地的基地，先后将箱馆以东和以西的虾夷地收为幕府天领。邻近虾夷地的津轻、南部原本分别只有四万七千石和十万石，为防御俄罗斯人的入侵分别提升至十万石和二十万石，并准许津轻藩重建二百年前已烧毁的天守阁。

1808 年，幕府派往桦太（中方称库页岛，俄方称萨哈林岛）探险的间宫林藏与松田传十郎证实桦太是座岛屿，与俄国沿海州（俄方称萨哈林州）隔着一条狭窄的海峡，依发现人间宫之名命名"间宫海峡"（中方称鞑靼海峡）。1811 年，俄罗斯船舰逮捕回船商人高田屋嘉兵卫，翌年才放还。

1808 年，英国军舰"飞顿号"在东亚追击拿破仑帝国治下的荷兰船只，因缺乏饮用的淡水故冒险挂上荷兰国旗进入长崎补给，长崎奉行松平康英不得已许其所请，英舰退去后松平切腹以示负责。此后十余年，英船取代俄船不断出没日本外海，幕府为维持锁国的祖宗家法，于 1825 年向沿海各藩发布《异国船驱逐令》（又称《无二念驱逐令》），只要看见外国船只接近日本沿岸便可发炮驱逐，更可逮捕上岸登陆的外国人。至 1842 年鸦片战争清廷战败消息传来，幕府立即废止《异国船驱逐令》，改为针对遇难船只有限度给予燃料、饮用水补给的《薪水给予令》。

◈ 西博德事件与蛮社之狱

　　1823 年 8 月，德国医师及博物学者西博德（Philipp Franz von Siebold）应荷兰邀请前来日本，成为长崎出岛荷兰商馆的医生。西博德博学多闻，精通外科和妇产科，他的诊所兼学塾"**鸣泷塾**"终日人潮川流不息，除了上门求诊的患者外，更多的是来自各地的藩医、翻译及兰学者登门求教。

西博德用望远镜查看长崎港／川原庆贺画

　　1826 年西博德跟随荷兰商馆甲比丹到江户谒见将军，逗留期间凡是不能前往长崎的兰学者包括幕府官员、兰癖大名（如岛津重豪、奥平昌高）、民间学者纷纷向其请教，其中交情最深的为幕府天文方兼书物奉行高桥景保。基于学术交流，西博德以欧洲地理学作品《世界周航记》《荷兰王国海外领土全图》向高桥景保交换伊能忠敬实测的《大日本沿海舆地全图》缩图及《虾夷图》。

　　离开江户返回长崎后，西博德仍继续与高桥景保保持联系，然而这已违反幕府规定，加上探险家间宫林藏的密告，两人由此成为幕府监视、侦查的对象。1828 年 10 月西博德任期届满即将返国，9 月的台风使得西博德预定搭乘的船只触礁搁浅，船上行李四散各地，当中有西博德欲带回的日本全图及幕府眼医土生玄硕赠予的附有三叶葵纹的帷子（和服礼服）。在当时这属于叛国罪，于是幕府下令彻查，结果高桥景保被处死刑，死在狱中；高桥的两个儿子流放远岛，高桥的弟子五十余人以及天文方和长崎奉行所的官吏和通译均受处分，赠送礼服的土生玄硕也受到改易处分，此即"西博德事件"。西博德本人则被逐出日本，于幕末时期的 1859 年以荷兰贸易会社顾问身份再次来到日本，之后被幕府聘为对外交涉顾问。

　　西博德被驱逐，其门人小关英三、

> **豆知识 ▷ 鸣泷塾**
>
> 西博德于长崎设立的诊所兼兰学塾，专攻西洋医学和自然科学，与江户大槻玄泽的"芝兰堂"、大阪绪方洪庵的"适塾"、佐仓佐藤泰然的"顺天堂"为兰学的四大学塾。

川原庆贺画笔下的长崎港／川原庆贺画

高野长英连同兰学爱好者渡边华山，接手同为西博德门人吉田长淑创办的"尚齿会"，改名"蛮社"。

1837 年 7 月美国商船"摩理逊号"在江户湾的浦贺一带出现，幕府误以为是英国军舰，依《异国船驱逐令》炮击将其击退。"摩理逊"号退走九州岛想在那边补给，九州岛萨摩藩也依据《异国船驱逐令》不给予上岸机会。蛮社成员得知"摩理逊"号登陆日本目的是送回漂流海上的日本渔民时，渡边华山写下《慎机论》、高野长英也写下《戊戌梦物语》反对幕府一味驱逐外国船只之政策。此时的兰学者非常清楚欧美列强不管在军事或经济方面均远胜日本，凭借《异国船驱逐令》只能一时击退欧美船只，一旦开战则毫无胜算。幕府却以渡边等人妄评为由，命华山回领地蛰居，高野长英处以永久拘禁，此即所谓的"蛮社之狱"。

1839 年 5 月渡边华山被捕，高野长英跟着自首，小关英三当下自尽。华山后来虽被释放，1841 年切腹，高野长英迟至 1850 年亦不堪幕府的压力而自尽。"蛮社之狱"名义上虽为幕府对言论的限制，实则为朱子学对兰学的反扑！

西南雄藩崛起

　　幕藩体制到 18 世纪不仅是幕府，各藩在财政上也都面临崩盘的危机。到 19 世纪初幕府进行第三次改革的同时，各藩也在进行财政改革，特别是位处日本西南的外样诸藩。幕府三次改革历经数年到二十余年均告失败，各藩财政改革虽也历时十几二十年，却在一定程度上卓然有成。财政改革成功的西南外样诸藩实力大增，幕末因为黑船叩关，幕府允许各藩（包括外样）上书表达因应之道，限制一旦开了缝就再无法恢复原状。活跃幕末的西南诸藩惯称为"西南雄藩"，大致来说包含萨摩、长州、土佐和肥前四藩，本文仅叙述萨摩和长州。

◇ 长州

　　江户时代领地只剩周防、长门二国共三十六万九千石的长州，由于领地被削减至四分之一，江户初期已感财政困难，二百年间屡次进行改革，但只要遇上一位不肖藩主，改革成果一代就消耗殆尽。1837年，十九岁的毛利敬亲继承藩主之位，面对近一百五十万两的负债，敬亲任用藩士大组（长州藩身份制度的一种，在寄组之下）出身的村田四郎左卫门（号清风）为家老进行改革。村田除在消极方面要全藩从藩主到庶民节俭开销外，其积极开源方是改革成功的原因，他鼓励民众开发山林资源，砍伐林木者予以课税。其次善

北前船／三娃绘

豆知识 ▶ **北前船**	用下关海峡这一独特地理环境，对来往的**北前船**依船只吨位收取不等的过路费，由于整年往来络绎不绝，过路费成为长州藩稳定可靠的额外收入。

豆知识 ▶ **北前船**

江户时代由于锁国之故，日本没有远洋航线，只有沿着海岸线航行的近海航线，主要可分为西回和东回两条航路。西回又称为"北前船"，从虾夷地的箱馆出发，沿日本海至下关海峡，经濑户内海到大阪；东回则从酒田经津轻海峡沿太平洋南下绕过房总半岛，从伊豆半岛的下田进入江户湾。

用下关海峡这一独特地理环境，对来往的**北前船**依船只吨位收取不等的过路费，由于整年往来络绎不绝，过路费成为长州藩稳定可靠的额外收入。

村田清风计划在三十七年内还清债务，但村田后来得罪太多人而去职，继任的坪井九右卫门即便在政治立场上相对立，财政改革方面却沿袭村田。不过坪井一改村田计划，于1844年主政后迅速还清债务，还建议藩主毛利敬亲主持全藩性的军事操练，这必然耗费不少银两；然而此时长州财政稳定，表高虽只有三十六万九千石，实高已达百万石实力。

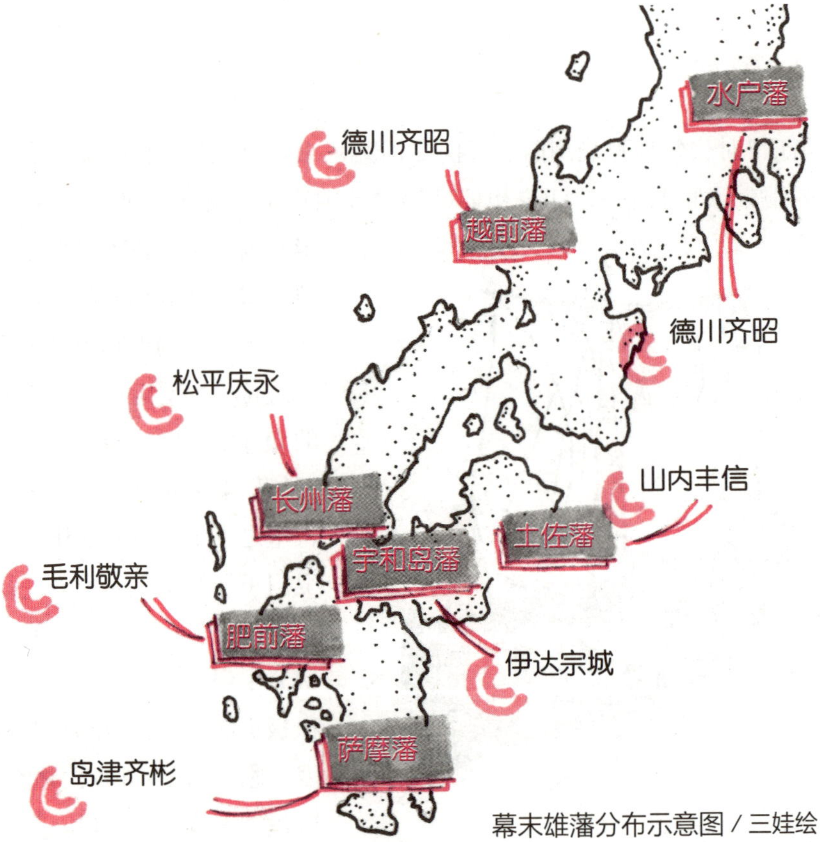

幕末雄藩分布示意图／三娃绘

岛津齐彬在萨摩设立的集成馆工业区／摄于 1872 年

　　到"黑船事件"正式进入幕末之前，长州已完成财政改革。本身拥有雄厚实力，又面对声望逐渐低迷的幕府，长州蠢蠢欲动亟想一雪关原耻辱。可是村田清风和坪井九右卫门因政治主张歧异造成内部对立，影响了长州的实力，使得长州主宰幕末政局的时间延后许多。

◇ 萨摩

　　关原之战中萨摩虽居败战的西军阵营，但家康忌讳萨摩的实力未削减俸禄，依旧保全固有的萨摩、大隅两国及日向国一部分。1609 年，首任藩主岛津家久（藩祖岛津义弘三子）率兵征服琉球，使萨摩俸禄高达七十二万石（表高为七十七万石），是幕府时代仅次于加贺的第二大藩。

　　由于幕藩体制的缺陷加上货币经济出现，即便大藩如萨摩藩也陷入财政困境，而岛津重豪的挥霍使得萨摩必须向大阪商人举债才能维持。1787年重豪让位给长子齐宣，退隐后举办三女茂姬与将军家齐的婚礼，累积了萨摩负债。1809 年，齐宣之子齐兴继任藩主，萨摩负债高达五百万两，萨摩一年收入也只十四万两左右，拿来付年息六十万两都不够，财政改革势在必行。

1827 年，齐兴提拔为其泡茶的茶头调所笑左卫门（广乡）进行改革，1838 年甚至任命出身寒微的调所为家老。调所找来借贷萨摩的大阪商人，强迫他们接受五百万两债务在 250 年后无息偿还。解除后顾之忧后，调所积极开发新田，由于萨摩地势不适合种稻，遂就强迫萨摩人民改植砂糖，砂糖的收成全由萨摩藩征收并建立专卖制度，排除外地商人介入。然后将砂糖运往奄美大岛、喜界岛、德之岛三地，与琉球、中国进行密贸易（走私贸易），取得可观利润，不到几年便还清负债，还有剩余。

改革成功的齐兴志得意满，恋栈藩主之位，尽管长子齐彬在江户声名远播，年过四十却犹是世子身份。原来藩内老臣对先前藩主重豪重金挥霍导致萨摩债台高筑的印象深刻，由重豪带大的齐彬深受影响，对兰学抱持高度兴趣，在老臣们眼中与重豪的形象重迭，即位后必然举全藩之力发展兰学，调所改革的成果会断送在齐彬手上，因此反对齐兴让位齐彬。齐兴晚年宠幸侧室由罗，有意立由罗之子久光，家臣因而分裂为齐彬派和久光派。

完成萨摩藩政改革的调所也倾向久光，齐彬为嫡长子竟有被废黜的可能，支持齐彬的家臣遂向幕府老中阿部正弘举发调所进行走私贸易的行为。调所为维护齐兴，切腹扛起所有责任，此举加深齐兴传位久光的信念。支持齐彬的家臣只得使出暗杀由罗的极端手法，可惜失败，高崎五郎右卫门等三位支持齐彬的家臣切腹，五十余名齐彬派的藩士遭流放远岛处分（包括日后"维新三杰"之一的大久保利通之父），世称"由罗骚动"或"高崎崩"。之后有几名藩士脱藩（放弃藩籍成为浪人）前往福冈藩向藩主黑田长溥（岛津重豪之子，辈分上是齐彬的叔公，不过比齐彬年轻）求助，于是黑田长溥向与齐彬友好的阿部正弘申诉，终于让将军家庆强迫齐兴隐居，四十三岁的齐彬终于当上藩主。齐彬继位后一如当初反对他的家臣预测，大肆推动兰学，然而齐彬并非追求个人享乐，他所推动的都是能让萨摩强大的基础建设。在齐彬大刀阔斧的推行下，萨摩逐渐累积能量，在幕末成为傲视日本的第一雄藩！

德川家康 天文十一年~元和二年（1542—1616年）

不管出于个人情感的喜欢或讨厌，德川家康都是战国时代甚至日本史上最重要的历史人物之一。的确，举凡战国时代用来评比武将优劣的项目，家康大概没有一项可以拿第一，加上不讨人欢喜的矮短痴肥外型（历女对家康敬而远之），使他注定离不开"老狐狸"之类的称号。

但是这样一位武将却有办法结束战国乱世，维持长达220年左右的繁荣盛世，不仅是日本史上最安定的时代，放诸同时期的世界也几乎绝无仅有，这就是德川家康的能耐！

※"杜鹃不啼，等待他啼"

家康最令人津津乐道的事迹在于等待，这是他得天下最大的资本。杜鹃不啼，信长会杀了他，秀吉会逗他啼，家康则是等待他啼。这一在日本几乎家喻户晓的故事仍是对家康个性最贴切的形容，家康漫长的一生大半时间都在等待，等待强大对手的死去，为此他忍辱负重宁可葬送长子、正室的性命，也不破弃"清洲同盟"；宁可接受秀吉硬塞给他的继室朝日姬，也不揭起反抗秀吉的旗帜。等待有利时机的到来，为此他节制饮食、注重养生，培养鹰狩为嗜好锻炼身体。

等待时机亦即意味着"忍耐"。武侠小说作家金庸先生在《倚天屠龙记》后记提到："……中国成功的政治领袖，第一个条件是"忍"，包括克制自己之忍、容人之忍以及对付政敌的残忍。第二个条件是"决断明快"。第三是极强的权力欲……"家康完全具备上述条件，杀死长子和正室、接受朝日姬为继室，与其说是等待时机，倒不如说是克己的忍耐。"克己之忍"的阶段大致到秀吉去世为止，之后进入"容人之忍"阶段，主要容忍石田三成及丰臣政权。家康并非没有除掉石田三成的机会，只因为三成是秀吉死后唯一会举兵反抗家康的人，无论如何必须让三成活到举兵之时。因此当前田利家病逝后，加藤清正、福岛正则等七位武将包围三成屋敷欲除掉三成时，家康反而收容三成并斥责前来要人的七武将。

关原之役结束，若按信长的个性大概会一举进攻大阪城结束丰臣政权，但贸然结束丰臣政权将会招致丰臣恩顾大名的反感，况且进攻金城汤池的大阪城也要有死伤惨重的心理准备。家康采取的是叩石桥而渡的步步进逼，咎责对象只及于实质参战的西军将领，正当大阪城内的丰臣政权以为家康只追究战败的西军诸将而额手称庆时，家康和谋士本多正信作出的战后处分让大阪方面为之气结：只允许保有摄津·河内·和泉三国六十五万石领地，其余全部没收。担任西军名义上统帅但实际上未参战的毛利家，从原先的一百二十万石削减剩三十六万九千石，十一国领地也只剩下周防·长门两国，甚至连城下町也不能设在下关、山口，只准在靠日本海的萩，埋下长州对幕府的仇恨。

翌年朝廷派出敕使到伏见城传达封家康为征夷大将军、右大臣、淳和、奖学两院别当、武家栋梁及源氏长者的宣旨，倒转了丰臣、德川两家的身份。面对大阪的责难，家康回以"只是暂代征夷大将军，待秀赖成年便会交出政权"。为了证实所言不虚，家康履行秀赖与千姬（家康继承人秀忠的长女）成婚的约定，一时间家康得到犹如周公般的评价，但究竟是否为真，只有他自己最清楚。

家康的将军任期只有短短两年，之后让位给继承人三男秀忠，周公神话彻底毁灭。成为大御所的家康继续致力于"容人之忍"——与丰臣恩顾大名缔结姻亲以削弱丰臣政权的力量，同时有计划要秀赖以为秀吉祈求冥福为由大兴土木，目的在于消耗大阪城的财富。

日光东照宫

"容人之忍"只到大阪冬之阵前夕，接着进入"对付政敌的残忍"阶段。必须说明的是这一阶段并不止于大阪夏之阵消灭丰臣家而已，还要消灭丰臣恩

江户城樱田门

顾大名。家康在消灭丰臣家后已完成他的使命，改易丰臣恩顾大名的任务则到秀忠时代（甚至到家光）才算完成，家康建立的江户幕府至此终于稳如泰山。

※ "人的一生犹如负重荷远行，切勿急躁。"

大多数战国武将在生命即将结束时会留下回顾一生的"辞世"，有些"辞世"甚至成为后人朗朗上口的名句。依照《东照宫御实纪》记载，家康据说留下两首辞世，只是无法确定是否的确出自家康之手，辞世着眼于艺术性，对凡事务实的家康而言应不会有太大兴趣。相较之下，家康另外遗留的《东照宫御遗训》站在务实角度上，以一个创业者的立场对其子孙谆谆教诲要守住得来不易的基业，必先从德行做起："人的一生犹如负重荷远行，切勿急躁。常思不如意事便不会有不足之感，萌生欲望时当思困穷之际。忍耐为无事长久之础，嗔怒为内心之敌。只知求胜而不知失败者，将受其害。反求诸己，勿责他人，过犹不及。"

※ 大河剧里家康的形象

以战国中末期为背景的大河剧，定会出现家康的角色（包括 2016 年的

《真田丸》），以家康为主角的大河剧有1983年的《德川家康》及2000年的《葵·德川三代》，由泷田荣、津川雅彦（1987年《独眼龙政宗》亦饰演家康）饰演家康。《德川家康》改编自山冈庄八的长篇同名小说，该书写作有其特殊目的，反不易看出家康的真正面貌。《葵·德川三代》全剧从关原之战开始，正符合上述的"容人之忍"阶段，全剧以家康之孙，即御三家之一的水户家第二代藩主——有"水户黄门"之称的德川光圀的视角来看神君家康，不时可见家康权谋的一面，也包括遇事胶着时咬指甲的坏习惯。

家康卸下"东照大权现"的神化形象后，其实与寻常祈求自家昌盛的战国大名并无太大差别，但是他深谋远虑、开创和平之世的贡献在日本历史仍应占有一席之地。

【与幸村有关的景点】

*大树寺：三河松平家的菩提寺（爱知县冈崎市鸭田町）

*冈崎城：德川家康的出生地（爱知县冈崎市康生町）

*色金山历史公园：家康击退池田恒兴、森长可等将领之地（爱知县长久手市）

*江户城：小田原之役后家康的居城，今日的皇居（东京都千代田区千代田）

*小山评定迹：会津征伐途中得知石田三成举兵，家康的折返地（栃木县小山市中央町）

*桃配山：关原之战家康本阵所在地（岐阜县不破郡关ケ原町）

*二条城：家康成为将军后在京都居住之地（京都府京都市中京区二条通堀川）

*骏府城：成为大御所的家康隐居之地（静冈县静冈市葵区）

*久能山东照宫：家康最初的埋葬地（静冈县静冈市骏河区）

*日光东照宫：三代将军家光为纪念祖父而建的祭祀家康之建物，现为世界文化遗产（栃木县日光市山内）

真田幸村 永禄十年～庆长二十年（1567—1615年）

　　2016 年的大河剧《真田丸》是以信浓上田豪族真田氏为主角的戏剧，这几年拜游戏设定之赐，能力卓越的真田三代（幸隆、昌幸、信幸、幸村）在玩家之间有着居高不下的人气，尤其是昌幸、幸村父子为最，甚至有盖过主家武田家的倾向。

※ 对抗四邻强敌

　　真田家从可靠的历史真田幸隆起，便开始在四周强大势力的夹缝中求生存。1541 年 5 月海野平之战，真田家与海野氏、祢津氏、望月氏为武田信虎、村上义清、诹访赖重联军击败，失去领地的真田幸隆只得逃往上野，寄身在山内上杉宪政麾下第一猛将长野业正戍守的箕轮城。十年后真田幸隆运用谋略，一日内取得让武田晴信至为头痛的砥石城，北信浓一带原本与村上义清结盟对抗武田家的豪族见状纷纷归附武田家，严重威胁到村上义清的统治。两年后村上义清、高梨政赖等北信浓豪族在领地日蹙的情况下，投奔越后的长尾景虎，用计取得砥石城的真田幸隆居功厥伟，不仅恢复位在小县郡的真田本城，并蒙晴信赐予砥石城，编入信浓先方众。

　　武田家灭亡后，失去主家屏障的真田家督真田昌幸不得不投靠织田家，成为被信长赋予攻略关东的泷川一益之与力。不久本能寺之变发生，泷川一益为雄踞关东的北条氏挫败，真田昌幸立即背弃泷川投靠北条氏；随着德川家康进入武田家旧领，昌幸随又向家康靠拢。当家康意识到与北条氏争夺边境领地会让自己失去角逐天下的机会，遂以昌幸的沼田城作为与北条氏握手言和的条件。不甘成为大国谈判桌上牺牲品的昌幸，又再背离家康投靠上杉景胜。

　　真田家在 1582 年武田家灭亡后不到一年的时间换了四次主人，但与更换主人次数也很多的藤堂高虎不同的是，昌幸乃出于自家的保全故不断改变投靠对象，期间即便展现令众人叹服的智略如第一次上田合战也没能改变自己弱小大名的事实；与藤堂高虎不断更换主人最终成为领有三十二万三千石的国持大名相较，只能说人要飞黄腾达除了能力外，际遇造化尤不可缺。

论实力，真田家根本无法与四周势力（不管是幸隆时的村上家、武田家或是昌幸时的织田家、北条家、德川家、上杉家）抗衡，硬拼结果只会让自家走上灭亡的命运，因此昌幸只有抓准时机改变投靠对象以冀在强敌的夹缝下生存。以今日标准看或会认为昌幸是个十足的墙头草，但对昌幸本人而言是不得已为之的无奈之策，倘不能设身处地从真田家处境来看待昌幸反复无常的立场，就不能对昌幸作出客观的评价。

※ 大阪夏之阵的虚像

说到昌幸的次子真田幸村（本名信繁，江户初期军记物语始见"幸村"，有鉴于"幸村"名气超过"信繁"，本文以"幸村"称之），读者脑海中多半浮现大阪夏之阵时，身着红色绣有"六文钱"家纹的"赤备"铠甲，率领一批骑马武士冲向家康本阵，家康本阵的马印被冲倒、一片狼藉的景象。

必须指出这是小说戏剧和动漫的公定形象，非真实状况，公定形象

真田本城迹

深植人心以至于掩盖真实，反而造就出大阪夏之阵的虚像。据记载，幸村1614年九、十月间才进入大阪城，若从进城之日开始打造铠甲，非仅赶不上冬之阵，还有可能也会错过夏之阵。所以幸村的"赤备"应只有少数几具铠甲，骑马的人数大概也很有限，大部分兵士只是徒步的足轻，并在身上佩戴红旗而已。至于所谓的"真田十勇士"已确定是明治末年位在大阪立川文明堂出版的"立川文库"虚构的人物，真田幸村在大阪之阵虽乏十勇士助拳，唯仍确定该有类似十勇士（或者更多）之类的能人异士与他并肩作战。

※ 大河剧里幸村的形象

1963年开播的NHK大河连续剧，与幸村相关的有七部，大多数只是夏之阵的惊鸿一瞥，对幸村有深入介绍的只有1985年NHK新大型时代剧《真田太平记》及2016年的《真田丸》，分别由草刈正雄（《真田丸》饰演真田昌幸）与堺雅人饰演幸村。《真田丸》刚播映，以目前的戏分还无法明确评断堺雅人诠释的幸村之优劣，美日混血的草刈正雄颇能表现出幸村的公定形象，演技上完全不输北大路欣也（电视剧《风云！真田幸村》）、松方弘树（电影《真田幸村的谋略》）。

【与幸村有关的景点】

*真田本城：幸隆时期的真田家据点（长野县上田市）

*岩柜城：真田昌幸任郡代管理之城（群马县吾妻郡东吾妻町）

*沼田城：昌幸奉胜赖之命攻下之城（群马县沼田市）

*上田城：真田昌幸所筑之城，两次上田合战的主战场（长野县上田市大手一丁目）

*犬伏宿：昌幸、幸村父子与信幸分道扬镳、投靠各自阵营之地（栃木县佐野市）

*九度山：关原之役后昌幸、幸村父子被流放、蛰居之地（和歌山县伊都郡九度山町）

*安居神社：真田幸村战死之地（大阪府大阪市天王寺区逢阪）

079

日本在重炮之下开国

◇ 黑船来了！

1852 年 11 月 24 日（阳历），美国海军准将培理提督手持美国大总统美拉德·费尔摩尔致德川将军的国书，搭乘旗舰"萨斯魁哈那号"及军舰"密西西比号""萨拉托加号""普利茅斯号"共四艘蒸气船从美国东岸出航，横渡大西洋、印度洋，穿越马六甲海峡于 1853 年 5 月 26 日抵达琉球进行补给，6 月 14 到 18 日在江户南方小笠原群岛进行探测。

7 月 8 日（阴历六月三日），培理率领的四艘舰船通过浦贺水道，在浦贺（今横须贺市）下锚。浦贺奉行户田伊豆守氏荣派出与力（与同心一起辅佐奉行的次官）中岛三郎助和香山荣左卫门来到美方旗舰上询问培理来意，并要求舰队驶往长崎与该地奉行交涉。培理深知与锁国官员交涉，武力恫吓往往是达到目的的最快方法。中岛等人一听到培理不排除发炮攻击江户便一改强硬口气，要培理等待三日以向幕府请示。当时老中首座阿部正弘与其他老中讨论后，觉得为了不让日本步上中国后尘，应暂且接下美国大总统的国书才是。阴历六月九日这天，浦贺奉行户田氏荣、井户弘道在会见场所久里滨，正式从培理手中接下了美国总统国书，而培理临去前声明来年四五月间会率领更多船舰前来。

美国船舰与之前俄、英两国帆船不同，船体凭借蒸汽机关推进，有着巨大烟囱吐着烟雾，船身涂上黑色柏油以防生锈，整艘船远远看去仿如黑色怪物。当阿部老中与众商议接受国书与否时，培理舰队的"密西西比号"正在江户湾内进行探测，江户百姓未见过这种口吐黑烟的巨船，将蒸汽船称为"黑船"。培理率领四艘黑船前来日本要求解除锁国的大事，即称为"黑船事件"或"黑船来航"。四艘黑船到来让幕府上下乱成一团，当时有好事者写下一首狂歌讽刺幕府的狼狈："上喜撰❷唤醒泰平梦，只要四杯夜不成寐。"

6 月 22 日，十二代将军家庆病逝。家庆一生虽有十四子十三女，然只有四子家祥活到成年，于是三十岁的家祥成为幕府第十三代将军，就任后改名家定。

◈ 日美和亲条约

7月1日，阿部正弘在江户城内广召包括外样大名在内的各藩藩主、旗本、御家人，会上出示培理递交的美国大总统国书，向武士阶层征求对策。此可谓江户开府二百多年来未曾有过之事，本无发言权的外样大名回应格外踊跃。各藩藩主、旗本、御家人回复的意见不下十数种，大致简单分成攘夷、和亲及折中三种，而受幕府长期锁国加上东方传统华夷思想的影响，大多数藩主倾向攘夷。不过近期出没在日本外海的俄、英、美三国早非两

培理舰队在江户湾内巡探，引起日本百姓围观／三娃绘

培理（中间）与两位美国使节

个世纪前的西、葡之流，正由于锁国之故，当时全国上下能清楚意识到日本具有攘夷实力的仅有少数几人，岛津齐彬即是这凤毛麟角之一。齐彬的意见既非攘夷也非和亲，乃是采取"暂延决定期间，待军备修整后拒绝"的折中办法。

　　1854 年 1 月 16 日，培理再度抵达浦贺，这次他除率领上次舰队中的三艘外，又添"凡达利亚号"、"马其顿号"、旗舰"波哈坦号"、运输舰"南安普敦号"、补给舰"拉兴顿号"、"供应号"共九艘船舰。阿部老中派出大学头林复斋为首席代表，外加若干人来到培理下锚地武藏国横滨村，在这里设置临时招待所。培理态度一如去年强硬，但他不光只是摆出强硬态度，还拿出欧洲工业革命后的代表物品：电报机和蒸汽火车头。幕府官员为这两项玩意儿的便利感到讶异时，亦深感缺乏先进设备的日本根本不可能攘夷。

　　3 月 3 日（阳历三月三十一日），日、美双方在横滨签订日本近代第一个条约:**《日美和亲条约》**，也称为《神奈川条约》。条约要点简言如下：一是开放下田、箱馆二港，其次是提供美国船只柴薪、用水、粮食、煤炭，再者是保护受难船只及难民，最后是给予美国最惠国待遇。其中以给予最惠国待遇影响最大，英国、俄国、荷兰在之后一年多内跟着威迫日本签订内容相仿的和亲条约，自三代将军家光起维持二百一十五年的锁国政策至此遭到废弃。此外，阿部老中曾就接受美国国书一事向长久被排除在决策圈外的外样大名征询意见，虽说是大

敌当前下不得已之举，但外样各藩一旦参与就不易再置身事外，群以"雄藩"姿态参与幕政遂此成为常态。

⑫ "上喜撰"为产于宇治的高级绿茶，与蒸汽船同音。

080

幕藩体制出现动摇

◇ 哈里斯来日设领事

1856 年 7 月 21 日，美国人哈里斯（Townsend Harris）于伊豆下田登陆，下田奉行讶异他的到来。哈里斯引用《日美和亲条约》第十一条规定"两国之中任一方认为有必要，在本条约调印之日起经十八个月后，可由美国政府在下田设置领事"（日方将"两国之中任一方"译为"双方皆承认的状态"）。幕府派新上任的下田奉行井上信浓守清直与哈里斯交涉，井上以日本去年遭逢**"安政大地震"**致国内情势混乱为由，要哈里斯晚一两年再来，哈里斯仍坚持前往下田赴任。8 月 5 日，哈里斯以下田玉泉寺为领事馆，在这里初升起外国国旗，是美国首任驻日公使。他在日记中记述道，在领事馆升起美国国旗乃象征日本从锁国状态中觉醒的吉兆，代表埋葬了旧日本。观诸日后历史，哈里斯的感触的确是先见之明。

哈里斯上任后态度积极，致书幕府表明拜谒将军的意愿，并对前来的目付岩濑忠震和井上清直畅言国际局势，岩濑等人闻所未闻。哈里斯辩才无碍又条理清楚，打动了岩濑，但会谈结束前却也不忘以武力为后盾加以恫吓。岩濑返回后开始游说幕府要人赞同哈里斯来访，尽管御三家的水户"老公"（对年长贵人的敬称）德川齐昭坚决反对，继阿部上任的老中首座堀田正睦评估形势，决定史无前例邀哈里斯访江户。

1857 年 10 月 21 日，哈里斯登江户城谒见将军家定，这只是礼貌性会见，之后哈里斯与堀田进行《修好通商条约》的签订。新约却引来幕臣和大名更大反弹，堀田决定亲自走访京都，盼争取到朝廷敕许以杜绝反新约

豆知识 ▶▶ 安政大地震

安政年间（1854—1860 年）日本各地频频传出地震灾情，不过"安政大地震"一般指 1855 年 10 月 2 日晚间十点发生在关东南部、里氏规模七的江户地震。据事后调查，此次地震共有 4741 人罹难，包括水户藩大儒者藤田东湖，有 14346 户住宅毁坏，尤以旗本和御家人宅邸毁损最为严重。

势力。堀田为此于翌年3月让关白九条尚忠在朝廷提出新约议案使孝明天皇同意，九条关白提出前即先遭到以中山忠能为首共八十八名堂上（有升殿资格）公卿的反对，原就厌恶洋人的孝明天皇有这些人助拳（含括明治时期右大臣岩仓具视），公然拒绝下达敕许。得不到敕许的堀田无法说服幕臣和大名，纵使哈里斯不断搬出黑船恫吓，他对迟迟无法签约也束手无策。

◈ 日美修好通商条约调印

除却堀田老中得不到天皇敕许而无法签订新约，幕府内部亦有将军继嗣问题导致对立。堀田有意推荐以贤君著称的越前藩主松平庆永担任大老解决当下问题，不过亲藩大名出任大老在江户幕府并无前例，又与岛津齐彬、宇和岛藩主伊达宗城等外样大名过从甚密，恐会引进外样势力，家康立下的幕藩体制势将面临严重挑战。出身亲藩、谱代大名的老中松平忠固、新宫藩主水野忠央等拥护幕藩体制者，便趁堀田上京期间整合幕府意见兼拉拢**大奥**，决定由近江彦根藩主井伊直弼担任凌驾老中首座之上的大老。

彦根藩是谱代最大藩，该家族先前有四人担任大老，故就出身而言直弼出任大老可谓实至名归。堀田正睦失望地回到江户，向家定报告前往京都交涉的经过后，力荐松平庆永担任大老以打破僵局，只是幕府无意接受，翌日（4月23日）正式任命井伊为大老。

井伊直弼当上大老，有两件大事迫在眉睫，一是接手堀田老中日美修好通商条约的签订，另一件是决定家定的继任人选，哪边处理不恰当都有可能加速幕府瓦解。井伊认为日本已成列强入侵目标，即便讨厌外国势力，以当前国力实无能力驱逐，与其盲目攘夷步中国后尘，不如趁对方舰队尚未集结于日本外海，主动签订新约，牺牲部分权益总比割地赔款好。因此井伊无视尚未得到天皇敕许，径与哈里斯于6月19日签订日美修好通商条约，内容共十四条，要点为：除下田、箱馆外加开神奈川（神奈川开港六个月后下田封港）、长崎、新泻、

> **豆知识 ▷ 大奥**
>
> 江户城本丸为幕府政厅，此处称"表"，将军私邸称"大奥"。介于两者之间称"中奥"，是将军的正室（御台所）、子女以及奥女中（在大奥工作的女官）居住之场所。

兵库四港及江户、大阪开市；丧失关税自主权和承认领事裁判权；禁止输入鸦片；承认美国人有宗教自由，但美国人不得破坏日本境内的佛寺和神社。基于最惠国待遇，井伊 7 月到 9 月间先后与荷、俄、英、法签订同样内容的修好通商条约，连同先前的美国，统称"安政五国条约"。

堀田与松平忠固两位老中 6 月遭免职，补上与井伊互动良好的间部诠胜、松平乘全。由于井伊无视京都朝廷与哈里斯及其他四国签约，已引起朝廷不满，加之在人事布局上排除立场相左的堀田老中，再凸显井伊大老的独裁专断。直到今日，仍难以打破他对内独断专行、对外哈腰鞠躬的历史形象。

井伊大老排除异己

◇ 将军继嗣成难题

家定在祖父家齐死去那年（1841）被立为世子，既是未来将军人选，更是德川将军家唯一男嗣，幕府上上下下自然希望家定尽早成婚，诞下继承人。然而家定体质虚弱，据传罹患过脑性麻痹，与家定见面的哈里斯在日记里也有类似记载，应为事实；此外据说年幼时罹患天花，虽然痊愈却在脸上留下疤痕，除老中首座阿部正弘和奶妈歌桥外，甚少在人前出现。

家定被立为世子的次年娶前关白鹰司政熙之女任子为正室，这位御台所数年后罹患天花而逝，于是幕府又安排同为前关白一条忠良之女秀子为家定继室。这位公家之女无法融入武家社会，民间传闻她身形矮小（不到一百三十厘米，疑似骨骼变形），与家定的婚姻只维持半年便病逝。

两位御台所先后嫁入江户不久就辞世，都没能为家定生下继承人，家定本身在生理上的缺陷恐才是最主要原因。既然无法寄望家定生下继承人，只好着落在有继承资格的三家三卿身上，符合资格的人选有二：一为一桥家家督一桥庆喜，他是水户家德川齐昭之子，拥护他的有生父齐昭、水户藩主德川庆笃（庆喜之兄）、尾张藩主德川庆胜、越前藩主松平庆永、萨摩藩主岛津齐彬、宇和岛藩主伊达宗城、土佐藩主山内容堂等亲藩和外样大名，称为"一桥派"；另一为纪伊藩主德川庆福，他的生父是家齐之子，辈分上是家定堂弟，拥护他的有井伊大老、会津藩主松平容保、纪伊藩家老水野忠央等谱代势力以及大奥，称为"南纪派"。

从江户时代历史来看，大奥对于拥立谁为将军有着极大发言权，倾向南纪派不光是着眼于血统而已。德川齐昭就任藩主期间曾多次染指大奥女中，因此不但受到大奥厌恶，连带也厌恶齐昭之子庆喜，大奥的动向决定了将军继嗣问题最后由南纪派胜出。

岛津齐彬在将军继嗣问题之初，为确保一桥庆喜能够成为家定养子，

家定时产生继任者问题，分成拥护一桥庆喜的一桥派和拥护德川
庆福的南纪派／三娃绘

收叔父之女笃子为养女。笃子在 1856 年 11 月以五摄家笔头近卫家养女之
身份成为家定第三任御台所，即后来的天璋院笃姬。只是齐彬的努力不敌
齐昭恶劣形象，最终败北。

　　1858 年 7 月 6 日，《日美修好通商条约》签订后半个多月，家定脚气冲
心而逝，死时年仅三十五岁。10 月 25 日，十三岁的庆福成为第十四代将军，
改名家茂。

◇ 安政大狱牵连广

　　井伊直弼就任大老后，跳过年长的一桥庆喜而决定庆福为家定养子，
让寄望在庆喜身上的一桥派成员大感失望；此外又强行与哈里斯签订新约，
令朝廷对井伊的独断为之震怒。

　　井伊未得敕许就独断行事，岛津齐彬眼见幕府将再走回由谱代幕阁决

定一切的时代，据说曾有率精兵五千上洛接受朝廷差遣以对抗江户的计划。上洛计划是真或假不得而知，不过齐彬在领地内采用近代军团训练方式却属实。7月8日，齐彬在鹿儿岛城下的天保山训练场结束阅兵后突然倒下，藩内医生均束手无策。7月16日，齐彬将异母弟久光叫到床前交代后事，立久光之子茂久为继任藩主，久光作为茂久的监护人。当日齐彬这位江户时代最英明的藩主与世长辞，得年五十岁。齐彬死后，其父齐兴以茂久年幼为由代为掌政，尽废齐彬之政，并罢黜齐彬提拔的人才（如西乡隆盛）。一年后齐兴逝去，改由久光代茂久掌政，久光在萨摩藩虽有"国父"（藩主之父）美称，然保守程度与齐兴几无二致。

井伊直弼出生在谱代最大藩，所受的教育自然以维护幕府声望为优先，目睹开国后亲藩和外样有联合起来对抗谱代的倾向，身为大老的他当然无法坐视幕藩体制受到挑战。在将军继嗣问题和日美修好通商条约签订后，井伊指责尾张、水户、越前三藩藩主擅自登城 ⑬。井伊以将军名义，在7月初对三人作出"谨慎隐居"的惩处，亦即褫夺三人藩主之位并限制其行动。此时井伊应只着眼于惩处这三家亲藩，然而1859年8月8日孝明天皇向水户藩下达《戊午密敕》。为何朝廷会对御三家的水户下达密敕？因为水户家从二代藩主光圀提倡大义名分的"**水户学**"以来，成为江户三百藩中最为尊崇皇室的藩。

《戊午密敕》内容大致为致力于公武（朝廷和幕府）合作、实施攘夷，并无传言中有讨幕意图。但对幕府而言，朝廷越过幕府向藩下达密敕已违反幕府定例，另外天皇还免除了亲近幕府的关白九条尚忠"内览"权力。井伊还听说京都一带为下达密敕而沸腾，因此决定清除京都的潜在叛乱势力。在其耳目老中间部诠胜、京都所司代酒井忠义的追捕下，共有一百多人被捕，井伊对这些人毫不宽贷，包含皇室亲王、朝廷公卿、亲藩·外样

> **豆知识　水户学**
>
> 二代藩主德川光迎接亡明儒者朱舜水到日本，协助水户修史过程形成的学问。光不满林罗山以武家观点编纂的《本朝通鉴》，设修史局"彰考馆"另修史书。修史过程中秉持"大义名分"的精神完成《大日本史》，认为武士尽忠的对象不应是主君、将军，而是天皇。该书三大特色为：将神功皇后列入后妃传；将大友皇子列入本纪，承认其曾经即位的事实；以南朝为正统。影响所及，此后日本史书均师法《大日本史》的编排方式。

井伊直弼像

大名、幕臣、各藩家臣均予以严惩，此即有名的"安政大狱"。一桥派成员尽皆受到蛰居、隐居、辞官、谨慎处分，其中以对水户藩的惩处最重，埋下日后"樱田门外之变"的祸根。另外齐彬提拔的西乡隆盛、长州藩志士的导师吉田松阴也受到流放、处死不等处分，这是江户时代以来牵连最众的政治弹压行动。井伊先前作为虽引起不小争议，但仍有不少拥护声浪，但一说到"安政大狱"便几乎听不见为井伊辩解的声音。井伊之所以在历史上被定位成反派人物，关键在于"安政大狱"，可说是他一生中最大的污点。

⓭ 依《武家诸法度》，大名登江户城拜谒将军有固定日期，就算有突发事件也须事先安排时间。

天皇与幕府携手合作

◇ 公武合体论奏效？

井伊大老意图借由空前的"安政大狱"，以提振因开国、签订修好通商条约后受到影响的幕府声望，不过太高压的做法也招致始料未及的反弹。1860 年 3 月，十七名水户浪士与一名萨摩藩士共十八名（为了不连累主家均脱藩），在井伊大老从宅邸登江户城必经的樱田门外埋伏，待行列经过时予以袭击，结果地位只在将军之下的井伊大老毙命，此即"樱田门外之变"。

井伊死后，从寺院奉行受其提拔的安藤信正继任老中首座，与东山再起的久世广周成为最高权力者。安藤首先善后遇刺的是彦根藩井伊家，并对水户藩宽大处理。不过安藤老中最重要的使命是改弦更张井伊对朝廷的高压政策，他的调和之道为：让孝明天皇之皇妹和宫，下嫁同龄的将军家茂。通过这起公家与武家的婚姻缔结，促使朝廷与幕府能在攘夷与开港等事情上统一立场、达成共识并紧密合作，此即"公武合体论"。

家茂之前的历代将军虽不乏与皇室结亲，但对象仅限于**四世袭亲王家**，与今上天皇的姊妹结亲，家茂实为首例。当时和宫虽与有栖川宫炽仁亲王有婚约在先，不过在幕府提出保证重新锁国与攘夷的承诺下，获天皇首肯让和宫下嫁关东。

人物通 ▍ **四世袭亲王家**

江户时代制定的制度，不问与今上血缘的远近，代代都能得到亲王宣下而维持亲王身份的宫家共有四家，称为"四世袭亲王家"。分别为：伏见宫（成立于南北朝时代，是四世袭亲王家历史最悠久的一家）、桂宫、有栖川宫（以上两家成立于江户初期）、闲院宫（成立于江户中期）。现在的皇统为伏见宫的血缘，幕末时该宫人丁最旺，熟知的中川宫朝彦亲王、小松宫彰仁亲王、北白川宫能久亲王均出自伏见宫。四世袭亲王家中桂宫于 1881 年断绝，有栖川宫亦于 1913 年绝嗣，但由昭和天皇三弟高松宫继承。1947 年在盟军总部的压力下，伏见宫、闲院宫等十一个宫家宣布脱离皇籍，有栖川宫因由高松宫继承而得以保留。

樱田门外之变 / 月冈芳年画

　　1861 年 4 月，和宫内亲王宣下，赐名亲子内亲王。10 月 20 日，和宫的轿子从桂御所（桂离宫）出发，在岩仓具视、千种有文两名敕使及十二个藩的护卫下，行经中山道前往江户。由于盛传反对和宫下嫁的尊攘派成员会在半路袭击，幕府动员了二十九个藩的兵力警卫，11 月 15 日和宫一行进入江户城。两位敕使针对当时"幕府欲以和宫为人质胁迫天皇让位"的传闻诘问安藤、久世两位老中，老中的回复不能满足敕使，最后由家茂亲自写下誓书由敕使带回京都才让朝廷释怀，在江户初期根本不可能发生这种事。

　　不过，纵使有将军亲笔的誓书仍不能令尊攘派人士释怀。1862 年 1 月 15 日，六名水户藩脱藩浪人在江户城坂下门外刺伤安藤老中，负伤的安藤老中于 4 月去职，公武合体论在幕府逐渐失去支持者。从"樱田门外之变"到"坂下门外之变"，持续发生的袭击幕阁事件使幕府声望逐渐在朝廷、各藩、民众中急速下坠。

　　2 月 11 日，家茂与和宫亲子内亲王成亲。成亲后，和宫拒绝接受"御台样"称呼而沿用朝廷的"和宫样"，因此与名义上的婆婆天璋院笃姬对立甚深，不过在家茂面面俱到的应对下未出现实质冲突。

◈ 长井雅乐的航海远略策

　　1861 年，朝廷和幕府两方普遍沉浸在公武合体可将日本重归锁国时，长州藩士长井雅乐向藩主毛利庆亲提出"航海远略策"作为藩论。"航海远略策"不只受毛利庆亲重视，也受到京都朝廷及提倡公武合体论的幕臣们一致欢迎，该年 11 月长井雅乐甚至跟随藩主前往江户与安藤、久世两位老中会面。

简单来说，"航海远略策"主旨如下：在成为事实的开国及与外国修好通商的基础上，断不可能重回锁国状态，唯有积极加强与欧美列强航海通商，期能培育出凌驾世界五大洲的实力；在此目标达成前，朝廷需撤回早日回复锁国攘夷的命令，由幕府以"统一政局、安定国内"为国论。以今日来看，要完全实现"航海远略策"有一定难度，但并非全然不可行。唯对坚决实行攘夷的朝廷及尊攘派志士而言，"航海远略策"立场明显倾向幕府，甚且非仅不提攘夷，还积极鼓励与外国贸易往来，使尊攘派不满。

"坂下门外之变"导致安藤、久世两位老中先后去职，由更为保守者继任老中，尊王攘夷思想一时间弥漫整个京都。长州方面，在安政大狱中罹难的吉田松阴之门生成为尊攘派的主力，他们处处反对长井雅乐及其主张的"航海远略策"。在松阴门徒久坂玄瑞的游说下，主张"航海远略策"的长井雅乐反倒成为诽谤朝廷的罪人，察觉朝廷氛围出现变化的毛利庆亲将长井雅乐免职定罪，带回长州藩内谨慎闭居。1863年2月，长井雅乐被下令切腹，长州一变成为尊王攘夷的大本营。此后尊攘派甚嚣尘上，直至接二连三受到严重打击、赔上巨大代价后，长州才知道攘夷根本不可能实现。

德川家茂与和宫成亲，代表公家朝廷与武家幕府结合，盼能达成一致对外／三娃绘

文久幕政改革

◇ 岛津久光上洛

　　1859 年 9 月，齐彬死后执掌藩政的岛津齐兴去世，齐彬异母弟久光成为萨摩藩实际领导人。由于齐彬生前有率藩军上洛的意图，以继承齐彬遗志自诩的久光打算率军上洛，在朝幕之间斡旋仲裁，完成齐彬实现公武合体的遗志。不过当时萨摩只有在安政大狱中被流放奄美大岛的西乡吉之助熟悉京都公卿与各藩志士，久光若要上洛打响知名度，非得借重西乡的人脉为他打点一切，为此在久光谋士大久保一藏（利通）的建议下赦免并召回西乡。

　　由于久光并非世子，既无应有官位，在幕阁和其他大名之间也无相对人望，加上生性保守而格局不如齐彬宏大，深受齐彬影响的西乡断言久光上洛对时局于事无补。1862 年 3 月 16 日，久光率领千名藩军从鹿儿岛出发，西乡奉命在下关与久光的军队会合。西乡在下关听到传闻说各地尊攘志士动身前往京都追随久光，因为久光上洛后将从朝廷手中接下武力讨幕的密敕。

　　久光上洛固然属真，却不是为武力讨幕而来。由于萨摩人混在前往京都的尊攘志士中，西乡不愿他们牺牲，遂撇下久光自行前往京都。久光素来与西乡不睦，对西乡无视己命异常震怒，4 月 6 日抵达姬路后下达流放西乡至德之岛的命令（后来又迁至冲永良部岛），与西乡一同行动的村田新八则被流放至喜界岛。

　　4 月 16 日，久光一行抵达京都，立即联系岛津家深交的公卿近卫家，由近卫忠熙、忠房父子向朝廷活动，敦请朝廷派敕使向幕府施压进行幕政改革。另外，聚集京都的萨摩尊攘派有马新七等人，计划与各藩尊攘志士袭击与幕府关系良好的关白九条尚忠、京都所司代酒井忠义。久光得知这项与其主张背道而驰的消息后，旋派出奈良原喜八郎等九名萨摩示现流高手前往剿灭，于是 23 日在京都伏见寺田屋发生萨摩的内斗，此即"寺田屋骚动"。结果有马新七等九名尊攘派成员当场死亡，剩下的西乡信吾（从道）、大山弥助（岩）等二十一名年轻藩士放下武器，返回萨摩听候发落。"寺田屋骚动"后，萨摩放弃尊王攘夷，统一以公武合体作为藩论，清除藩内尊攘势力的久光得到天皇赞许，赏赐短刀，允许萨摩藩兵驻屯京都。

5月9日，久光向朝廷建议派遣敕使东下江户一事被接受，临行前敕使们曾草拟向幕府要求的三事策：一、将军德川家茂上洛；二、以沿海五大藩萨摩、长州、土佐、仙台、加贺为五大老；三、以一桥庆喜为将军后见职（监护人），以前福井藩主松平庆永为大老。在各大名间素无声望的久光从此打响知名度，跃上幕末政治舞台。

生麦事件中，外国商人因不懂日本礼俗而惨遭杀害／三娃绘

◈ 亲藩介入幕政

1862年5月21日，大原重德和岛津久光两位敕使在千名萨摩藩军的护卫下来到江户。江户时代的敕使向来由联络朝幕的**武家传奏**担任，朝廷径自派出敕使而不由时任武家传奏的广桥光成、坊城俊克兼任，亦可看出幕府声望衰落。

6月7日敕使抵达江户后旋即向板仓胜静、胁坂安宅两位老中传达朝廷要求的改革指示，历经近2个半月协商，幕府在朝廷威逼下进行一次较为彻底的改革，通称为"文久幕政改革"（之前有"安政幕政改革"，之后还有"庆应幕政改革"），重要的部分如下：一、解除安政大狱受处分的一桥派成员，恢复其原来的官职，已死去的齐昭则追赠官职；同时并处分安政大狱期间的老中，担任大老的彦根藩削减十万石。二、以一桥庆喜为将军后见职；以松平庆永为政事总裁职；在京都所司代之外另设京都守护职，由会津藩主松平容保担任，统辖指挥京都所司代、京都町奉行、京都见回役、大阪城代以及近国大名。三、缓和大名的**参勤交代**，改为每三年前往江户一次，停留江户的时间也从一年缩减为百日。四、将原来的外文翻译机构蕃书调所改名为洋书调所。五、新设近代陆军，传入步兵、炮兵、骑兵等西洋兵制。

朝廷提出的要求，幕府几乎照单全收，敕使东下目的显已达成，8月21日离开江户返回京都。途经武藏国橘树郡生麦村时，遇见英国籍贸易商理察逊等四人骑马，与久光的大名行列并排而行。按照规定理察逊四人应下马跪在路旁等候行列经过，然而理察逊一行不愿下跪，其中一人的马匹受到惊吓冲进久光行列中，久光的护卫奈良原喜八郎立刻拔刀砍伤理察逊等三人，三人在数日后皆伤重死去，此即"生麦事件"。"生麦事件"引发翌年7月的"萨英战争"，萨摩见识到英国海军的强大，战败后放弃攘夷想法，恐是事件当时久光一行人所想象不到的。

084

尊攘派全面溃败

◈ 家茂上洛与八一八政变

岛津久光和大原重德离去，经土佐藩策动，朝廷于该年 10 月再度派出三条实美和姊小路公知为敕使前往江户催促进行攘夷。在敕使咄咄逼人的态势下，幕府不得已作出 1863 年 5 月进行攘夷的承诺。为实现承诺，家茂是年 4 月 21 日上洛，这是自三代将军家光于 1634 年 7 月以来相隔二百三十年，德川将军再度上洛。

自前一年 7 月前关白九条尚忠的家臣岛田左近因遭暗杀（他当密使使不少人无辜被列入"安政大狱"名单），枭首于京都四条河原后，整个京都陷入"天诛"的恐怖氛围，尊攘派并视推动公武合体的岩仓具视等人为"四奸二嫔"，誓言除掉他们。这股风潮到家茂上洛达到最高点，长州的攘夷派、土佐藩士武市半平太成立的"**土佐勤王党**"及九州岛各地攘夷志士，与朝廷中的攘夷派公卿结合。此时期于公卿间居中穿线的武市与三条、姊小路敕使一同前往江户，是武市生涯最风光的时候。

家茂上洛时，天皇正前往贺茂神社（上贺茂神社、下鸭神社）、石清水八幡宫等京都有名的神社行幸，祈求攘夷成功。尊攘派原本策划家茂随侍在侧，让天皇在神前赐予家茂攘夷节刀，逼迫将军即刻进行攘夷，孰料计划外泄，家茂知悉后称病不去，改派将军后见职一桥庆喜随行。

尊攘派提出的攘夷期限已到，于是长州从 5 月 10 日起对通过下关海峡的外国船

人物通	土佐勤王党

1861 年，土佐藩士武市半平太（号瑞山）于江户成立以土佐乡士层为主的尊攘组织，全盛期成员共有二百多人，包括日后以"船中八策""大政奉还"在历史留名的坂本龙马。武市以这个组织暂时打倒长期以来在土佐主政的上士，发挥他的长才，代表土佐周旋于京都公卿间。然而"八一八政变"后，攘夷派变成过街老鼠，武市为掌政而暗杀家老吉田东洋一事成为被捕的罪证，接着整个土佐勤王党成员除龙马外几乎都遭到杀害，造成明治时代土佐人才的断层。

上贺茂神社

只进行炮击，受害的船只包括美、英、法、荷四国。长州不知炮击的是毫无武装的外国商船，竟对炮击成果沾沾自喜，认为欧美列强不过如此尔。气焰高涨的尊攘派再一步策划天皇于八月中行幸大和，天皇对尊攘派的盛气凌人、经常假天皇之名发出伪敕，渐生反感。另外，对长州亦感不满的会津藩、萨摩藩联合颇受天皇信任的狮子王院宫朝彦亲王，及近卫忠熙、忠房父子、松平容保等公武合体派成员会见天皇，秘密召集会津、萨摩等诸藩兵力包围御所，紧闭御所外围九个宫门，进行驱逐长州等尊攘派势力的军事政变。

8月18日天未明时，御所决定以下三件事：一、大和行幸无限延期；二、禁止三条实美等尊攘派公卿上朝；三、解除长州藩戍守堺町御门的任务。之后继续颁布处分毛利敬亲（庆亲）、定广（元德）父子，将三条实美等七位公卿逐出京都（七卿落）、长州藩兵离开京都等命令，称为"八、一八政变"。不只长州，所有尊攘派势力都遭到整肃，曾经主导土佐的尊攘势力土佐勤王党也被藩内"老公"山内容堂镇压，除坂本龙马、中冈慎太郎等数人外尽遭屠戮。

◇ 池田屋骚动与禁门之变

尊攘派的大和行幸遭到无限延期，约好一同起义的其他志士却不知情。8月17日，吉村寅太郎等三十余名土佐脱藩浪士拥急进尊攘派公卿中山忠

下鸭神社／刘恩绮提供

光（明治天皇生母中山庆子的同母弟）在大和袭击五条代官所举兵，世称
"天诛组之变"。9月27日主力遭到击溃，吉村等人战死，余党与福冈脱藩
浪士平野国臣会合；平野拥公卿泽宣嘉，于但马国生野银山继续起事，10
月13日旋被平定。

　　长州藩被萨摩、会津连手解除御所的护卫职务，与各地攘夷势力不得
不暂时离开京都。长州藩士无不视此为奇耻大辱，期待有一天能打倒萨摩、
会津，使攘夷势力重回京都，此后长州藩的所作所为都是为重回京都而努
力。1864年5月底，隶属京都守护职底下维持京都治安的组织新撰组，侦
查到一起计划：长州志士秘密潜入京都，欲在祇园祭前后对御所放火，趁
乱杀死一桥庆喜、松平容保，挟持天皇至长州。经过一番布局，新撰组局
长近藤勇、副长土方岁三分率队士，突袭位于三条木屋町长州、土佐攘夷
派志士密会的池田屋，混战中攘夷派志士战死近十人，伤重切腹和被捕死
于狱中的有十余人，其余束手就擒。长州不仅损失惨重，挟持天皇的计划
更因此外泄，长州在激进派来岛又兵卫等人力主下，打着"向天皇陈诉藩
主的冤情"名义，提前率领藩兵上洛。

　　于是长州藩家老益田右卫门介、藩士久坂玄瑞从山崎天王山，家老国
司信浓、藩士来岛又兵卫从洛北嵯峨天龙寺，家老福原越后从伏见的长州
屋敷，兵分三路朝御所进攻。7月19日，三路长州军于蛤御门前会合，集
中兵力猛攻。驻守该门的会津与桑名两藩不敌长州军败走。就在长州即将

攻入御所时，西乡吉之助率领的萨摩藩兵从干御门赶来，以优势火力击退长州，来岛又兵卫被枪弹击中战死，至今蛤御门仍留有当年双方激战时的弹痕。

久坂玄瑞、入江九一、寺岛忠三郎等松下村塾的俊材，退至鹰司邸，想要向当时的关白鹰司辅熙陈情，但鹰司关白早已不知去向，入江九一撤退时遭到杀害，绝望的久坂和寺岛互刺而亡。长州被迫退出京都，沿西国街道经播磨退回领国，坚持不肯撤退的顽固藩士聚集于天王山上，最后俱被消灭。

由于长州对御所开炮，朝议于7月23日决定对毛利敬亲父子发出追讨令，宣布长州为"朝敌"，准备动员全国各藩征讨长州（第一次征长之役）。长州除了防范幕府举全藩之力来犯外，先前在下关海峡遭受炮击的外国商船也组成舰队前来复仇，长州陷于困境之地。此外，1864年3月水户藩的激进攘夷派天狗党在筑波山举兵，兵败后沿中山道前往京都求助现任藩主之弟一桥庆喜，庆喜却下令讨伐，穷途末路的天狗党次年投降，首领武田耕云斋以下三百五十余名藩士尽被处斩，攘夷势力至此全面溃败。

禁门之变发生地——蛤御门／洪维扬提供

公武合体难逃破局

◎ 高杉晋作功山寺举兵

"禁门之变"全面败北的长州,尚未走出失败的阴霾,又遇上前来复仇的英、美、法、荷联合舰队炮击下关。早在四国舰队来犯前,在英国留学的伊藤俊辅(博文)和井上闻多(馨)听闻此事后,就放弃留学返回长州。6月10日,他们在横滨与英国首任驻日公使阿礼国会面,要求暂时中止攻击长州。阿礼国于是让伊藤、井上搭乘军舰前往长州。

孰料伊藤施展三寸不烂之舌也无法改变攘夷派的想法,甚至被斥为卖国贼。英国终决定对长州开战,四国舰队计英舰九艘、荷舰四艘、法舰三艘、美舰一艘共十七艘,以英国海军提督库柏中将为总司令,8月5日午后开始炮击下关岸边炮台,短短三小时,坛浦一带的炮台尽被毁坏。6日联军登陆,尽管长州有不论身份的军队 **奇兵队**,仍不敌近代陆军。7日长州力竭投降,8日高杉晋作冒家老宍户备前之子宍户刑部之名,由伊藤、井上两人为通译,在四国舰队旗舰"优利亚拉斯号"上与库柏中将展开谈判。向来主张攘夷的长州见识到欧美科技的进步及武力的强大,知道以日本目前的力量攘夷只是空谈,逐渐放弃攘夷。

"禁门之变"后朝议定调长州为"朝敌",夺其官位,任命前尾张藩主德川庆胜为征长总督,越前藩主松平茂昭为副总督,萨摩藩士西乡吉之助为参谋,传檄西国二十一藩出兵(后增至三十五藩共十五万大军),准备于11月18日进攻。

人物通　奇兵队

1863年6月7日,高杉晋作获豪商白石正一郎的资助,于下关白石宅邸成立由武士、町人、农民的混合编成之部队,因有别于当时以武士组成的正规军,故称"奇兵队"。"奇兵队"真正发挥武力是在高杉晋作的功山寺举兵,第二次征长之役击退幕府的兵力,之后的伏见、鸟羽之战、戊辰战争追随新政府转战各地。1869年12月新政府缩编长州诸队,引起由奇兵队带头的"脱队骚动",遭新政府派出的木户孝允(桂小五郎)镇压消灭。

1865年的奇兵队雄姿／三娃绘

　　事变后掌握长州实权的俗论派以椋梨藤太为首，主张对幕府恭顺，认为幕府之所以进攻长州应由引起"禁门之变"的激进派负起责任。为此长州下令改革有功的周布政之助及三位家老切腹以承担责任。11月16日，福原、益田、国司三位家老的首级送至广岛征长大本营检视无误，西乡参谋向长州支藩岩国藩主吉川经干传达接受长州投降的条件：一、毛利父子呈上谢罪书；二、三条实美等五卿（七卿中的锦小路赖德病逝，泽宣嘉在"生野之变"离开长州），移往筑前太宰府；三、毁坏未经幕府许可建造的山口城。自"八一八政变"以来经历一连串失败的长州只能照单全收，确认三条件都落实后，12月27日征长军拔营撤兵，第一次征长之役未实际作战就宣告结束。

　　以椋梨藤太为首的俗论派掌控长州藩政后，大举整肃敌对的激进派。

桂小五郎在"禁门之变"后潜伏京都，依靠艺妓几松的救济逃出京都滞留但马，因而躲过俗论派的清算。高杉晋作亦被迫辞去职务，他心有不甘，12月15日于下关长府（长州支藩）功山寺集结山县有朋、伊藤俊辅等奇兵队士八十余人举兵，得到长州藩士的响应支持，一举推翻俗论派，并迎回桂小五郎，从此左右长州藩政。

◈ 不欢而散的参预会议

八一八政变后，公武合体派重新取得政权，朝廷中的中川宫朝彦亲王（即前述的狮子王院宫）、鹰司辅熙关白都缺乏主导政局的能力，因此命公武合体派大名上洛共商国是，包括一桥庆喜、岛津久光、松平庆永、伊达宗城、山内容堂及松平容保。除岛津久光外其他成员兴趣缺缺，久光十月初便上洛，1863年年底才全员到齐，这段期间唯一成果是罢免亲近幕府的关白鹰司辅熙，改命二条齐敬为最后的关白。

在久光建议下，久光在内共六位被朝廷任命为"参预"，准备来年于二条城内召开参预会议。可是久光只是藩主之父，本身无官位，照朝廷规定不得参加朝议，为此朝廷紧急于1864年1月中旬叙久光为从四位下左近卫权少将。从1月8日起至2月26日前后进行多次参预会议，主要议题围绕在长州藩处置问题和横滨锁港问题。

幕末政治史中，参预会议的六位藩主是当代公认一流的政治人物，但聚集在一起不代表就能发挥能力相乘效果，反因彼此看法不一致而流于意气之争，连带使会议陷入僵局。松平容保和山内容堂从头到尾都没出席，庆喜不愿见萨摩崛起而在会议中与久光屡发冲突，庆永和宗城则消极抵制庆喜。2月16日庆喜在酒宴中对中川宫和其他三人破口大骂，参预会议至此形同破局。

2月25日会议尚未结束，山内容堂便早早离去。3月6日久光派家老小松带刀向朝彦亲王以病痛为由辞去参预及官位，返回萨摩，之后庆喜（3月25日辞去将军后见职）及其他参预也先后辞去。久光原想借参预会议参与幕府的改革，可是庆喜在会议中处处抵制，使久光在会议后立场倾向朝廷。失去外样雄藩支持的幕府，虽还能在参预会议后勉强撑起"**一会桑体**

制",但"一会桑"已无力统驭外样雄藩,就连要控制朝廷也深感吃力。这场参预会议让与会大名感到庆喜实无开放权力让外样参与的诚意,故此外样雄藩从支持公武合体急速转成建立雄藩联合阵营对抗幕府的路线。

豆知识 〉 一会桑体制

也称为"一会桑政权",最早由学习院大学教授井上勋提出,经大阪经济大学教授家近良树大力提倡后,逐渐为学界接受。"一会桑体制"指参预会议结束后至庆喜就任将军为止,以京都为中心由一会桑共同构成的体制,前后历时约两年九个月。"一"指一桥庆喜,时任禁里御守卫总督;"会"是会津藩主松平容保,时任京都守护职;"桑"是桑名藩主松平定敬(容保之弟),时任京都所司代。

086

尊王与倒幕汇流

◇ 萨长同盟促成

参预会议结束，一桥庆喜辞去参预和将军后见职，转任禁里御守卫总督兼摄海防御指挥，此后以职务之故长驻京都、大阪。高杉晋作取得长州领导权后，庆喜动作频频，1865 年闰五月让家茂第三次上洛（第二次上洛是在参预会议进行期间），策动将军向朝廷交涉再次征讨长州的敕许，然后动员西国诸藩，由将军亲自统率征讨长州，重征行动无疑欲消灭长州。

长州一旦灭亡，萨摩唇亡齿寒下自然成为幕府下一个目标，遂渐由家老小松带刀和藩士西乡吉之助、大久保一藏主导，倾向与长州结盟对幕府强硬。只是自八一八政变以来，两方结下深刻仇恨，禁门之变后长州志士更在脚穿的木屐上写下"萨贼会奸"表示对萨摩、会津两藩的仇恨。要与长州结盟，若由萨摩出面自无成功的可能，倘由长州出面则提出者也肯定不能见容于长州。因此缔结萨长同盟势必得由萨长之外的第三人来促成，这个人不能是萨摩或长州出身，然又必须与萨摩和长州的要人有深交，上天于是将此一历史任务交由土佐出身的坂本龙马、中冈慎太郎两人完成。

1865 年闰五月神户海军操练所解散，受萨摩藩资助于长崎成立龟山社中（后来的海援队），龙马以萨摩藩的名义向英商葛拉博购买武器、军舰，暗中廉价转售于长州。对萨、长而言，龙马不只是生意上的伙伴，也是绝佳的仲裁者。几经折冲，终在 1866 年 1 月 21 日于京都一条戾桥附近的小松带刀宅邸，在龙马和中冈斡旋下签订改变时代的秘密同盟。萨摩方面有小松带刀、西乡吉之助、大久保一藏、伊地知正治、奈良原繁等人，长州方面则有木户准一郎（桂小五郎）、品川弥二郎等人。

萨长同盟内容共六条，要点如下：一、幕府与长州开战时，萨摩急速派兵二千至京都与驻守京都的兵力会合，并派兵一千至大阪，固守京坂二地。二、战情若对长州有利，萨摩应奏请朝廷进行调停，使事态转向对长州有利的方向。三、如果是对长州不利长州也不至于在一年半载内覆灭，这段期间萨摩应视情况予以伸出援手。四、如果幕兵未战便东归，萨摩应竭尽其力奏请朝廷为长州赦免冤罪。五、如果萨摩的努力受到一会桑的阻碍，则萨摩拥戴朝廷为了正义与之周旋对抗。六、长州冤情若能昭雪，萨长双方应诚心合作以谋皇国，为恢复皇威而协心尽力。

　　萨长同盟虽使木户与萨摩握手言和，但不代表内心的芥蒂能够消除。2月5日，木户要求龙马在原稿上以朱笔具名保证，才算对同盟的认同。

◇ 第二次征长之役

　　1866年，幕府开始全面动员西国诸藩，准备再次征长。由于签订萨长同盟之故，萨摩断然拒绝幕府再次征召。先前参与讨伐长州的各藩则因耗

西乡隆盛和桂小五郎在坂本龙马帮忙下握手合作，达成萨长同盟／三娃绘

着剑道服的高杉晋作

费过大而导致兴趣全无，上次征讨长州过程中幕府展现出的专横作风尤引起更多藩的消极抵制，因此第二次征长，幕府几乎只能以谱代诸藩和外样小藩为主力。

1866 年 6 月 7 日，幕府舰队炮击周防大岛，兵力占优势的幕府分四路从艺州口（山阳道）、大岛口（濑户内海，以上十三日）、石州口（山阴道，十六日）、小仓口（北九州岛，十七日）进攻长州，因而又称为"四境战争"。

为打赢这场战争，木户准一郎一年前便任用福泽谕吉的适塾同窗村田藏六（大村益次郎）进行军事改革，加上龙马通过葛拉博购进的欧洲新式米尼步枪和盖贝尔步枪，有了新的军事制度和火力强大的新式武器。尽管兵力上不如幕府军，但是以奇兵队为首的诸队士气高昂、视死如归，加上先进武器在手，战力强大；反观各藩联军士气低落，不少藩只是派兵充场面，非真心为幕府而战。一与长州交手，联军几乎溃败，长州军甚至深入石州口攻下滨田城，并占领石见银山。

小仓口方面由抱病的高杉晋作亲自指挥。奇兵队军监山县有朋率领奇兵队士在龙马船只"Union 号"运输下，跨越关门海峡到小仓藩领地内作战。同样采用近代化军制的佐贺藩袖手旁观，小仓、肥后等藩苦战至 7 月底不敌长州的猛烈进攻，小仓城毁于兵火。此时家茂死于大阪城的消息传来（7 月 20 日脚气冲心而逝，得年二十一岁），小仓等诸藩失去战意，一桥庆喜透过朝廷向长州提出休兵协议，第二次征长之役在幕府丧尽颜面的情况下结束。

原本一桥庆喜盘算着借由征讨长州重振幕府声望，没想到堂堂幕府竟败给西南边陲的外样大名，原应统率大军讨伐朝敌的将军不仅未能出征讨贼，还因此送上性命！连与政治无缘的平民也能看出幕府日薄西山，垮台只是时间问题。而接二连三的战争使得米价翻番，以米维生的民众受不了居高不下的米价，纷在全国各地展开名为"**世直**"的一揆。

087

船中八策实现大政奉还

◇ 船中八策扭转乾坤

1867年年初，龙马与土佐藩参政（类似家老）后藤象二郎在长崎的清风亭会谈。后藤赦免龙马脱藩之罪，改龟山社中为"海援队"，由土佐藩出资赞助拓展业务，后藤以心腹岩崎弥太郎担任海援队经理，控管该组织的财政。

同年5月4日起京都越前藩邸召开"**四侯会议**"，结束后藤象二郎偕同龙马从长崎搭乘土佐藩船"夕颜丸"到兵库转往京都。6月9日，龙马在"夕颜丸"内提出堪称日后日本建立新国家体制基本方针的《船中八策》，该策由海援队士长冈谦吉记录。全文如下：

一、天下政权奉还朝廷，政令应出自朝廷。

二、设上下议政局，置议员以参赞万机，万机宜由公议决定。

三、备有才之公卿、诸侯及天下人才为顾问，赐以官爵，汰除自古以来有名无实之官。

四、与外国交际广采公议，应重新订定适当的规约。

五、折中古来律令，应新订无穷之大典。

六、应扩张海军。

七、置御亲兵以守卫帝都。

八、应制订金银物货与外国平均之法。

◇ 大政奉还为幕府解套

1867年6月26日，庆喜取得兵库开港敕许，加上法国公使罗许协助派出军事顾问团为幕府训练新式陆军，一时间幕府声势大振。素来被揶揄"醉时勤王，醒时佐幕"显示立场摇摆不定的山内容堂，待参政后藤递上《船中八策》后也逐渐被说服，改以将军庆喜交还政权的"大政奉还"，取代以往的佐幕作为藩论。

　　"大政奉还"成土佐藩论之前，萨摩曾于该年 5 月由西乡与土佐上士干退助（板垣退助）就武力讨幕取得共识，只要京都传出萨摩举兵消息，干退助亦立即率领土佐藩兵上洛，与萨摩并肩作战。可是"大政奉还"既作为藩论，武力讨幕也随之消失。10 月 3 日，土佐新藩主山内丰范（容堂养子）以藩主名义单独向幕府递交"大政奉还"建白书。庆喜回应前，萨长的武力讨幕派和土佐的大政奉还派仍暗中角力，西乡等人认为要让将军交出政权不凭借武力不可能做到，只要讨幕密敕到手，立即进行讨幕。

　　10 月 13 日，庆喜在二条城白书院召集上洛的四十余藩重臣，咨询是否应接受大政奉还。最终庆喜于次日决定接受，土佐的藩论奏效。正当龙马等人为日本免于内战额手称庆之际，西乡等人念兹在兹的讨幕密敕却也在不久后下达，但因庆喜已决定奉还政权，讨幕密敕失去大义名分，朝廷不得不于 21 日宣布讨幕延期。

　　对西乡等大多数萨长志士而言，讨幕不光是推翻幕府，尤是建立功勋从底层翻身的大好机会，纵使他们与幕府未有深仇大恨（长州志士除外），仍赞成武力讨幕。反之，如让庆喜大政奉还天皇，在未来以天皇为中心的新政府里，庆喜仍会因大功进入新政府核心，萨摩、长州依旧居于庆喜之下，这是他们反对大政奉还的原因，也连带憎恨提出大政奉还的龙马。

　　由于德川庆喜将军交还政权给天皇，不管未来建立何种政府，效命德川将军的大多数幕臣、旗本和御家人必然失去代代相传的俸禄。对这些人而言，他们的敌人不是接受大政奉还的庆喜，也不是对武力讨幕跃跃欲动的萨长志士，而是最早提出大政奉还的龙马。庆喜接纳大政奉还之策，不管是讨幕或佐幕阵营，皆已将龙马视为敌人，欲除之而后快。

◈ 谁暗杀了龙马？

龙马完成使命后，紧接于 10 月 16 日在萨摩二本松藩邸拟定新政府官员名单。凭着《船中八策》和"大政奉还"的功绩，龙马要成为新政府的核心官员绝非难事，不过龙马拒绝填入自己的名字，以"当世界的海援队"作为自己的心愿。八天后离开京都前往越前，龙马向松平庆永请求赦免该藩志士三冈八郎（由利公正）负责新政府财政，11 月 5 日返回京都迎接人生的最后一幕。

1867 年 11 月 15 日傍晚，中冈慎太郎拜访人在四条河原町近江屋的龙马。晚上八点多，六名自称是**十津川乡士**的访客前来拜访，登上二楼龙马所在的房间后即亮刀袭击。由于事发突然，身中三刀的龙马当场毙命，中冈在三日后伤重而亡。

暗杀龙马的执行者是谁，幕后主使者又是何人，百余年来始终是个谜！事发后一段期间，新撰组成员中的原田左之助被认为是暗杀龙马的执行者，该组局长近藤勇为此遭斩首下场。大正时代以降，普遍认为京都见回组局长佐佐木只三郎及组员今井信郎、渡边吉太郎（笃）、高桥安次郎、桂隼之助、土肥仲藏、樱井大三郎等七人是暗杀龙马的凶手。龙马早年是江户三大道场之一北辰一刀流的塾头，有免许皆传资格，应不会轻易被一般剑客暗杀，京都见回组名气或不如新撰组，但实力绝非龙蛇混杂的新撰组所能比拟。而除新撰组、京都见回组外，还有纪州藩士报复说、萨摩藩阴谋说、后藤象二郎说、外国阴谋说、讨幕派、幕府派共谋说等种种说法，不难窥出"大权"交接前后，龙马在政治上是多么孤立！

人物通　十津川乡士

居大和国南部十津川乡的乡士集团。幕府时期十津川乡虽属于幕府直辖的"天领"，但幕末时与萨摩、长州等藩一同担任护卫宫廷的任务。1863 年 8 月"天诛组之变"有众多十津川乡士参与，成为该事变的主力，与长州、土佐志士均建立深厚交情。

根据最新研究显示，会津藩士手代木胜任转达京都守护职松平容保的命令，要胞弟佐佐木只三郎实行暗杀龙马的任务。所以暗杀龙马，兴许是由会津藩下令、京都见回组执行的政治暗杀事件。

龙马毫无防备遭到袭击身亡，凶手成谜／三娃绘

王政复古

◇ 王政复古大号令

1866 年年底，主张攘夷却不愿倒幕的孝明天皇崩御，改由十五岁的第二皇子佑宫睦仁亲王即位。幼君即位，佐幕与倒幕势力在天皇周遭的公卿间角力竞逐，期能取得对己有利的地位。

再说龙马遭暗杀，大政奉还论失去了最重要拥护者，于是萨摩的西乡和大久保怂恿藩主岛津茂久前往周防三田尻，与长州世子毛利元德（定广）及木户、广泽真臣等人会面，缔结讨幕协议。11 月 23 日，岛津茂久率领三千萨摩军上洛，长州也派出二千五百藩军在备后待命上洛（此时未解除朝敌身份，不能进入京都）发动政变推翻大政奉还，萨摩、土佐、安艺、越前、尾张等藩决定 12 月 9 日实施王政复古。

12 月 8 日傍晚，关白二条齐敬主持朝议，作出以下结论：一、恢复三条实美等五卿的官位，允许返京；二、赦免公卿岩仓具视的蛰居（主张公武合体以致被罢官、落发）及还俗；三、撤去毛利父子朝敌身份，并恢复毛利父子及其三支藩（长府、德山、清末）的官位，准许入京。

此次朝议至翌晨方才结束，结束后刚获赦免的岩仓具视立即着朝服上朝，接着西乡指挥前述五藩藩兵包围御所各城门，免除会津、桑名二藩的警备任务。不久，**帅宫**有栖川宫炽仁亲王、山阶宫晃亲王、仁和寺宫嘉彰亲王三位亲王，加上其他赞同政变的公卿陆续进宫。

之后年轻的天皇于御学问所颁布《王政复古大号令》，这是岩仓与大久保一藏经过再三讨论后由国学者

> **人物通　帅宫**
>
> 律令时代太宰府长官称为"太宰帅"，规定必须是三品或四品亲王才能担任，与中务卿、兵部卿、式部卿、弹正尹相同。担任太宰帅的亲王俗称"帅宫"，担任弹正尹的卿王则俗称"尹宫"，著名的帅宫为尊治亲王（后醍醐天皇）。伏见、鸟羽之战时盛行的军歌"宫さん宫さん"，指的即是帅宫有栖川宫炽仁亲王。

玉松操起草，规定如下：一、敕许批准德川庆喜大政奉还及辞职将军；二、废止摄政关白及幕府；三、暂置总裁、议定、参与三职，万机亲裁。

施行千年的摄政关白，历时近七百年的幕府及武家政治，皆随《王政复古大号令》颁布而画下句点。新设的三职中，总裁一人，由有栖川宫炽仁亲王担任；议定数人，由山阶宫晃亲王、仁和寺宫嘉彰亲王及家格较高的公卿和上述五藩藩主担任；参与亦数人，由家格较低的公卿和五藩各三名藩士担任。

◇ 小御所会议暗潮汹涌

选出新政府官员后，傍晚时分这批官员以天皇为首，在清凉殿以东和紫宸殿东北的小御所召开首次会议（西乡担任警卫缺席），世称“小御所会议”。

山内容堂首先发言，认为应该邀请德川庆喜参加，德川庆胜、松平庆永附和，不过倒幕派公卿不赞同，当时公卿中最富权谋的岩仓具视认为德川氏上凌皇室、下抑公卿诸侯，庆喜非辞官（辞去内大臣）纳地不足以弥补其过。容堂与岩仓各执一词，双方僵持至深夜仍未达成共识，不得已天皇下令休息片刻。

大久保一藏与岩仓是与会成员中最坚持要庆喜辞官纳地的，只是大久保身为参与，在会上并无发言权，趁休息片刻偕西乡对岩仓说，处非常时刻只能用短刀解决，口舌无法解决问题。休息过后，岩仓依旧坚持己见，容堂与庆永沉默以对，小御所会议最终在萨摩与岩仓的坚持下，以庆喜辞官纳地作结。

消息透过德川庆胜、松平庆永的传话到人在二条城的庆喜，底下会津、桑名、津、大垣诸藩以至见回组、新撰组人人鼓噪，一致要求庆喜以清君侧名义向讨幕派宣战。此时二条城的幕府驻军约在一万上下，再加上大阪的幕军及巡弋摄海的幕府海军少说也有一万五六千，而倒幕派兵力不到五千，即便添上 12 月 10 日夜晚才进京的长州军也不满七千，倘此时庆喜宣战，萨长未必能胜。

不过庆喜却宣布 12 月 12 日退出二条城，集中兵力于大阪，并宴请包括英、法在内的各国公使，目的是向各国公使宣扬尽管已接受大政奉还，幕府依然拥有强大力量及和诸列强的交涉主导权。讨幕派政府虽通过王政复古，但该政府无权无势，财政基础薄弱，纵作出庆喜辞官纳地的决议也无法付诸实行。

各国公使几乎一致支持幕府，五藩中的尾张、越前、土佐三藩立场也倾向庆喜。公卿如岩仓等人起初站在倒幕立场，但千余年来公卿就像风向鸡，立场摇摆不定，看着倒幕派声势鼎沸便往倒幕派一面倒；如今庆喜有挟列强支持反扑的态势，与萨摩结为盟友的岩仓似乎有所动摇。

与和宫订过婚的有栖川宫炽仁亲王／三娃绘

坂本龙马 天保六年~庆应三年（1836—1867年）

　　幕府末期在人气与对日本的贡献上可与西乡一较高下的，应只有坂本龙马了。龙马不仅是幕末人气王，放诸整个日本历史也丝毫不逊色。日本杂志若是出现滞销情况，只要推出龙马专刊往往销路长红，由此可见龙马多么受到日本民众喜爱！

※ 司马辽太郎笔下的国民英雄

　　1962 年 6 月 21 日起在《产经新闻》晚报刊载司马辽太郎的巨作《龙马行》，连载将近四年，于 1966 年 5 月 19 日结束。连载期间的 1965 年 4 月，MBS テレビ（每日放送）已将《龙马行》改编成三十一集的连续剧。1968 年 NHK 大河连续剧敲定为《龙马行》，这是第二次改编，由当时东映小生北大路欣也主演。之后又于 1982 年、1997 年、2004 年三次改编成戏剧［分别于东京电视台（テレビ东京）、TBS 电视台、东京电视台播出］，总计五十年间就有五次改编的记录。

　　1962 年以前司马辽太郎已出版过数部长短篇历史小说，包括第八回讲谈俱乐部赏（1959 年）得奖作品《波斯的幻术师》以及第四十二回直木赏（1959 年下半年）得奖作品《枭之城》两部得奖作，此时辽太郎读者群不算多，也还谈不上对日本的影响力。

　　1966 年《龙马行》一连载完毕，文艺春秋立刻出版五卷单行本（1988 年发行新装版），1974 年 6 月文艺春秋推出《文春文库》，出版八卷文库版（1998 年重新发行新装版），1981 年收录在文艺春秋发行的《司马辽太郎全集》三到五卷中。

　　吉川英治笔下的宫本武藏达到禅剑合一境界，完美的剑豪形象深植日本人心中；山冈庄八笔下的德川家康是日本走出战败的心灵支柱，神格的形象也几乎在日本人心目中定型。自 1883 年自由民权运动家坂崎紫澜在《土阳新闻》（"立志社"机关报）连载《汗血千里驹》以降，百余年来以龙马为主角的传记、小说如过江之鲫，几乎每隔数年至十余年便会有作家从全新角度出发撰写以龙马为主人公的小说。

即便如此，司马辽太郎《龙马行》在日本人心目中的地位依旧无可动摇，不少日本人是透过《龙马行》认识坂本龙马的，堪称龙马传记的定本；不过也因为是透过《龙马行》认识坂本龙马，认识的并非真实的坂本龙马，而是司马辽太郎笔下的坂本龙马。《龙马行》让辽太郎尝到成名滋味，可以说没有《龙马行》就没有后来多产的司马辽太郎。此后出版社、杂志社相继向他邀稿，电视台节目或其他团体的演讲邀请也从未断过，之后每一部长篇或短篇历史小说连载结束后一两年内就会抱回一座奖项，单行本发行后几年内推出文库本，然后改编成电视戏剧或大河剧，再过几年后单行本和文库本推出新装版。

※ "小力敲就小声的响，大力敲就大声的响。"

1862 年年底遇上胜海舟前，龙马只是个在剑术修行上造诣深厚的剑客（有北辰一刀流免许皆传的资格），对于开国或佐幕并无深刻认识。从他加入武市半平太成立的"土佐勤王党"以及剑术修行期间写给土佐父兄的书信来看，他的思想与当时盛行的攘夷主张并无不同，事实上他与胜海舟初次相遇时正是他偕同千叶道场少主千叶重太郎要暗杀胜海舟，却反被巧舌如簧的胜海舟说服，进而与重太郎一同拜在胜海舟门下。

进入胜海舟门下龙马犹如置身山上向下俯瞰般视野开阔，借着胜海舟的人脉得以结识幕臣大久保一翁（忠宽）、老中板仓胜静、政事总裁职松平春岳、开国学者佐久间象山·横井小楠。龙马一生虽未能出国完成航行海上的凤愿，但是透过与这批当时日本最了解外国的

坂本龙马与中冈慎太郎
像／洪维扬提供

人士的交谈，也间接对外国有了基本的认识（如选举制）。

龙马进胜海舟门下之前已经脱藩，后虽在海舟斡旋之下赦免脱藩之罪，但是龙马的心已不在土佐藩，也不再对"土佐勤王党"抱持关心，专注于成立神户海军操练所（神户市中央区新港町）。由于龙马的心思都放在海军上，"八一八政变"后取得主导权的公武合体派开始追杀攘夷派，已经引退的土佐"老公"山内容堂架空养子山内丰范（最后的土佐藩主）的权力，配合幕府以涉嫌暗杀家老吉田东洋之罪缉捕"土佐勤王党"成员，龙马因吉田东洋暗杀时已脱藩得以除罪，最终再度走上脱藩之路。

1864年"禁门之变"后，龙马拿着胜海舟的介绍信前往京都二本松萨摩藩邸拜会西乡，龙马从头到尾都没有提及来访的目的，西乡也没有追问龙马与胜海舟的关系，净是拣些无关紧要的话题。返回神户后，胜海舟向龙马问及对西乡的观感，龙马的回答很有意思："真是深不可测啊！犹如敲钟一般，小力敲就小声的响，大力敲就大声的响。"胜海舟听后在日记上写下"评论者与被评者都是一流的人物"（胜海舟撰写的《氷川清话》亦有此段记载）。一般提到龙马和西乡，经常会提及这则逸话来作评论。

※ 超越时代的思想

龙马思想不仅前卫，而且先进，当维新志士还周旋于如何推翻幕府，龙马的思绪已飞跃到推翻幕府后应该建立怎样的政府上。龙马在建构新政府之同时，也正推动以广袤的世界五大洲为对象的海运与贸易。维新回天与推动海运及贸易这两件完全不着边际的事务却能并行不悖，放眼幕末应该也只有龙马有这等能耐！

龙马听到庆喜愿意接受以山内容堂名义上书的大政奉还案后，激动地道："余誓为此公舍上一命。"龙马未因此冲昏头，反而连夜草拟新政府要员名单。照理而言，新政府要员名单应由当时权势最大的萨摩藩承担统括才是，但当时萨摩藩的西乡和大久保对各藩志士缺乏像龙马那样深入的了解。

龙马不只将自己从新政府名单中删除，山内容堂的名字也从名单中消失，土佐的名额压缩到只剩后藤象二郎。容堂喜怒跃然纸上，缺乏圆融与妥协，经常因为个人情绪与他人起争执；做事三心二意，从他"醉时勤王，醒时佐幕"的谑称便可窥一二，若让容堂成为新政府高官恐怕政务推行多

坂本龙马之妻阿龙

半会搁浅在容堂身上。因此龙马决定土佐的名额只保留后藤一人，观后藤在日后自由民权运动的表现，担任新政府参议已是他能力的极限，既然龙马已决定不担任新政府官员，人才凋零的土佐藩分配一个名额实已足够。

西乡看到龙马的新政府名单自然讶异万分，遂问龙马为何不出仕，龙马答说不想当不自由的官员。西乡接着再问那龙马想当什么，龙马不急不徐地回答说要当世界的海援队。在场的西乡、大久保、小松带刀就像见到稀有物种般惊讶地直盯着龙马，古往今来凡是在推翻前政权过程中立下大功的人，几无例外无不在新政权担任要职成为开国元勋。就拿之后的太政官为例，大多数成员在维新回天立下的功勋都不足以与龙马相提并论，他们腐化的程度却比任何人都来得快。除去自己可鄙的私心，让心灵保持如白纸般的纯洁，不这样做就难以吸引他人汇聚在自己的身边，身边能聚集越多人就越能产生智慧与力量。龙马成立海援队时既无显赫地位也无可自由支配的金钱，却能吸引脱藩浪人的加入，就是因为龙马能保持无私的心。难怪海援队的秘书陆奥阳之助（维新后改名陆奥宗光）会说那时候的龙马是比西乡还要伟大的人物！龙马和西乡不是仅凭一件事情就能比出高下优劣的，陆奥的评语当然有他的主观意识。

据统计，全日本各地约有106个龙马会，日本国以外也有十一个（包括中国台湾龙马会），2003年高知县知事桥本大二郎（桥本龙太郎之弟）先生决定将位在南国市的高知空港（国内机场）之昵称命名"高知龙马空港"，这是日本唯一一个冠上人名的空港。日本史上有不少呼风唤雨的人物，但是死后还能让后人如此怀念的，舍龙马外再无第二人，足见龙马的魅力不受限于时代与国界！

※ 龙马的女性关系

幕末志士除了正妻之外通常还会有其他相好的恋人，极富个人魅力（不管对男性或女性）的龙马，他的异性关系自然也异常丰富。日本作家阿井景子曾写过一本《龙马与八名女性》的书籍，以下简单介绍几位龙马曾经喜爱过的女性。

第一位是青梅竹马平井加尾，她是土佐勤王党的干部平井收二郎之妹，小龙马三岁，和龙马的恋情因为加尾被派往公卿三条家当侍女而不得不含泪斩断情丝，不久土佐勤王党遭容堂清算，结束了加尾在三条家的使命。1866年加尾招小她四岁的同藩志士西山志澄为婿，会津战争时西山是板垣退助率领的迅冲队成员，在该役立下战功，维新后成为御亲兵一员，后来随板垣于明治六年政变下野。之后追随板垣为自由民权运动奔走，当选过四次众议院议员，1898年隈板内阁被板垣指派为警视总监。随着夫婿官运亨通，加尾算是摆脱早年为兄长操弄的不幸命运，1909年以七十二岁高龄辞世。

龙马生命中的第二位女性是在千叶道场剑术修行时邂逅的千叶佐奈子，她是千叶道场馆主千叶定吉之女，与龙马计划一同暗杀胜海舟的重太郎之妹。龙马剑术上的天赋很快就在千叶道场修行期间展现出来，成为仅次于重太郎的塾头，自幼对家学耳濡目染的佐奈子会被龙马吸引是很自然不过的事。随着龙马修行期满、不得不返回土佐，临别时龙马曾扯下身上和服的一只袖子赠予佐奈子，尽管龙马在池田屋事件后就不再踏上江户，佐奈子始终留着龙马给她的那只印有家纹的袖子。维新后佐奈子先是任职于学习院女子部舍监，后来转行以艾灸为生，1896年五十九岁辞世。佐奈子始终以龙马未婚妻自居，终生未嫁（近年发现佐奈子于1874年有过一段短暂的婚姻），墓碑位于山梨县甲府市清运寺。

龙马之妻阿龙全名楢崎龙，生父在安政大狱被捕，赦免后病逝，一家遂流落京都。龙马于池田屋事件后返回京都时与阿龙邂逅，将她安置在寺田屋女将登势底下工作。萨长同盟签订后翌日，龙马在宿处寺田屋遇袭，多亏阿龙夜奔至二本松萨摩藩邸搬救兵。事后龙马偕同阿龙前往萨摩的温泉地静养（有学者指出这是日本历史最初的蜜月旅行），这是龙马生涯中难得的闲暇时刻。之后龙马将阿龙安置在长崎、下关两地，龙马死后阿龙辗转流浪各地，也曾待过土佐龙马老家，不过阿龙在每一地点都待不久，一度回到京都灵山为龙马守墓。1875年成为小她五岁的近江商人西村松兵卫的小妾定居横须贺，1906年以六十六岁之龄辞世。

※《龙马传》里的坂本龙马

大河剧共有九部与龙马相关的戏剧，以龙马为主角的则有1968年的《龙马行》和2010年的《龙马传》，分别由北大路欣也及福山雅治饰演龙马。《龙马传》虽以龙马为主角，但以海援队经理、三菱财阀创办人岩崎弥太郎的观点论述，这种方式深具创意，为大河连续剧沿用。福山雅治或许是初次演出古装剧之故，戏分的掌握度功力不够，屡屡为饰演岩崎弥太郎的香川照之抢戏。香川照之是日本实力派演员，演好人、坏人、丑角、性情刚烈的、性格扭曲的在他诠释下栩栩如生，夸张的肢体动作加上丰富的脸部表情，使他在《龙马传》的表现成功超越福山雅治。福山雅治的龙马一如其他饰演过龙马的演员，充满亲和力及个人魅力，只是剑术上的造诣似乎差了些，拔刀动作远不如抱着吉他，反映在全剧中动刀的场景极其有限，笑容及表情也略显单调。

部分情节由于参考最新学界研究成果而有突破性的描写，比如说将执意大政奉还的龙马与力主武力讨幕的萨长造成的对立，刻画得相当成功。

寺田屋

观赏此剧可发现龙马在大政奉还前后，不管是在佐幕派或讨幕派面前都显得四面楚歌。

《龙马传》还有一点相当成功的就是戏里面没有真正的坏人，有的只是立场的不同，为着不同的利益产生不同的立场，不同的立场导致利益有所冲突，进而出现对立局面。新撰组、见回组、吉田东洋、武市半平太、平井收二郎、岩崎弥太郎、西乡隆盛、大久保利通、德川庆喜……在戏中都与龙马有立场

新撰组队员

上、利益上的对立，但严格来说他们都不是坏人，只是出发点不同而已。

【与坂本龙马有关的景点】

*坂本龙马诞生地之碑：龙马出生地（高知县高知市上町）

*才谷屋迹：龙马家的本家（高知市上町）

*桶町千叶道场：龙马在江户学习北辰一刀流的道场（东京都千代田区八重洲）

*江户土佐藩屋敷：龙马在江户剑道修行的住处（东京都中央区筑地）

*神户海军操练所迹碑：龙马学习操纵海军船舰之地（兵库县神户市中央区新港町）

*寺田屋：龙马在京都主要的下榻地（京都府京都市伏见区南滨町）

*龟山社中迹：后来的海援队，现为龟山社中纪念馆（长崎县长崎市伊良林）

*近江屋：龙马与中冈慎太郎的遇难地（京都市中京区盐屋町）

*京都灵山护国神社：龙马及中冈慎太郎的埋骨之地（京都市东山区清闲寺灵山町）

【纪念馆】

*坂本龙马纪念馆：以龙马为主题的博物馆（高知市浦户城山）

*北海道坂本龙马纪念馆：展示龙马及移居北海道的坂本家子孙之史料（函馆市末广町）

*龙马生まれたまち纪念馆：龙马出生地扩建而成的纪念馆（高知市上町）

*龙马历史馆：以龙马为首的土佐群像蜡像馆（高知县香南市野市町）

【铜像】

*桂滨坂本龙马铜像：日本最早的龙马铜像（高知市浦户）

*北海道坂本龙马纪念馆龙马铜像（函馆市末广町）

*灵山纪念馆龙马·中冈铜像（京都市东山区清闲寺灵山町）

*圆山公园龙马·中冈铜像（京都市东山区）

*龙马历史馆龙马铜像（高知县香南市野市町）

*才谷龙马公园龙马铜像（高知县南国市才谷）

*维新之门龙马铜像（高知县高冈郡梼原町）

*风头公园坂本龙马之像（长崎县长崎市伊良林）

笃姬 天保六年～明治十六年 (1836—1883年)

　　除却幕末时期倒幕派的豪杰西乡和龙马，本篇介绍幕府方面的逸才，她是位不让须眉的巾帼英雄——十三代将军的御台所天璋院笃姬。

※ 从今和泉岛津家到岛津宗家到近卫家

　　笃姬原名于一，成人后改名敬子，出自萨摩藩今和泉岛津家，属于岛津宗家的众多分家。今和泉家前身为和泉家，在岛津家第四代家督忠宗封其次男忠氏时成立，忠氏的子孙于室町初期战死，和泉家断绝。1744 年 5 月，第五代萨摩藩主岛津继丰命七弟忠卿继承已断绝三百余年的和泉家，以"今代之和泉家"称之，简称今和泉家，领有一万五百余石。

　　忠卿五传至忠刚，即是笃姬之生父。忠刚其实出自岛津宗家，是第九代萨摩藩主岛津齐宣七男，齐彬的生父齐兴是忠刚的大哥；换言之，忠刚是齐彬的叔父（忠刚大齐彬三岁），笃姬与齐彬是堂兄妹关系。1851 年齐彬成为萨摩藩第十一代藩主，1853 年 3 月齐彬收养十八岁的堂妹于一为养女，8 月从鹿儿岛出发，10 月进入江户三田萨摩藩邸。

　　齐彬收养笃姬为养女，目的在于让笃姬成为十三代将军家定第三任御台所，以御台所的身份左右家定，使他决定一桥刑部卿庆喜成为继任将军人选。齐彬的想法并非天马行空。齐彬的曾祖父，也就是有"兰癖大名"之称的第八代萨摩藩主岛津重豪，就把三女于笃（也叫笃姬）先让近卫家收为养女，再以近卫寔子之名成为第十一代将军家齐的御台所。

　　齐彬将笃姬带到江户藩邸后，开始在京都展开活动。在幕藩体制下，藩主活动区域只限于江户与自身领国，齐彬遂命令深得他信任的西乡吉之助（维新后改名西乡隆盛）在京都与堂上公卿联系，西乡的名字因而得以在京都公卿中流传。后来西乡成为"安政大狱"缉捕的名单固然拜此之赐，戊辰战争能成为辅佐东征大总督有栖川宫炽仁亲王的参谋也拜此之赐。

　　1856 年 7 月笃姬成为右大臣近卫忠熙（近卫文麿的曾祖父）的养女，改名藤原敬子，12 月正式进入江户城大奥成为第十三代将军的御台所。

※ 自御台所到回归平凡

家定是家庆唯一活到成年的子嗣，据说家定幼年曾罹患天花，在御医抢救下虽然痊愈，但在脸上留下疤痕的后遗症，因此家定尽量避免在公开场合露脸，平常除奶妈歌桥外谁也不见。家定的肖像画虽未将疤痕入画，不过东方国家君王肖像画的真实性多半令人存疑，家定的肖像画并不能作为认识其容貌的依据。

民间传说家定的资质低下，松平春岳亦有指家定是"凡庸之中最下等"的记载，但有幕臣为家定开脱说"说凡庸是与松平春岳、岛津齐彬比较之故，当时三百大名中应有不少比家定公逊色"。家定的资质之所以有如此悬殊评价，应与他几乎不在人前露脸有关。美国首位驻日公使哈里斯曾与家定照过面，据他日记记载，家定动作有脑性麻痹患者的典型症状。

在笃姬之前，家定有过两位御台所。这两位御台所皆出身五摄家（鹰司家与一条家），都在二十多岁去世，当然也未育有一子半女。齐彬要笃姬当御台所的目的是借由笃姬的影响力使家定立一桥庆喜为家定的后继者，而不是为家定生下男性继承人，可见齐彬早就知道家定无法生育。笃姬与家定的婚姻只有短暂的一年七个多月，家定死后十天，养父齐彬也跟着离去，8 月笃姬落发，戒名"天璋院殿从三位敬顺贞敬大"，简称天璋院。

齐彬要笃姬促成家定立一桥庆喜为继承人的计划，随着家定、齐彬的去世而终止，之后井伊直弼大老掀起安政大狱，10 月德川庆福就任将军（改名家茂），笃姬的使命可说完全失败。在个人情感上，笃姬对家茂的好感甚于庆喜，这种倾向或许受到大奥氛围的影响，毕竟庆喜的生父齐昭曾多次染指大奥女中而为大奥厌恶。家茂能够在将军继承人选中胜出，很大原因出在大奥支持井伊大老的缘故，统领大奥的笃姬很难不受到大奥内部的影响。

庆喜成为将军后的某些作为也强化笃姬对他的厌恶，像是庆喜驻足京都、大阪的时间远多过江户，对笃姬等大奥而言或是对幕臣而言，会有庆喜"看重京都更甚于江户""立场倾向公家"的看法。庆喜出身御三家之一的水户藩，深受该藩提倡的"水户学"（尊王大义名分）影响，对朝廷的尊崇置于幕府之上。"伏见、鸟羽之战"庆喜不愿与有"锦之御旗"（官军象

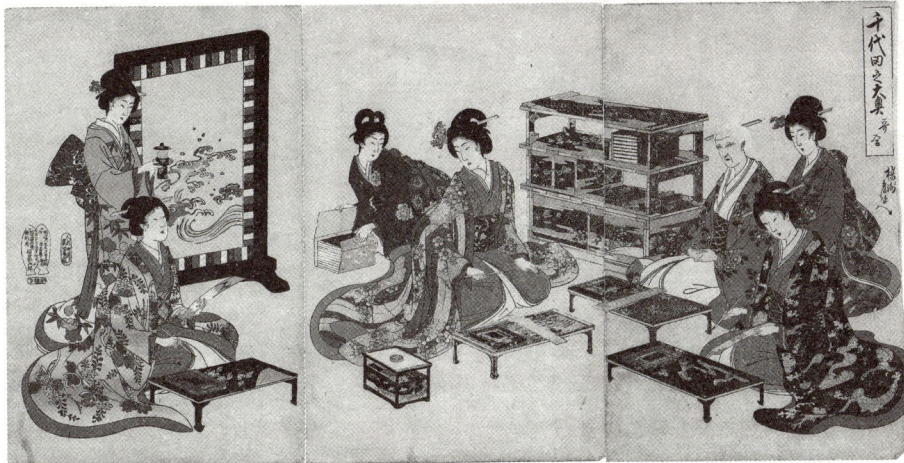
大奥内进行的歌咏竞赛／杨洲周延画

征）的萨长军作战，在得知被朝廷指定为"朝敌"后更是战意全消，不仅草草结束"伏见、鸟羽之战"，更直接放弃幕府在上方的重镇——大阪城。

之后庆喜连夜搭乘军舰返回江户城，恳求笃姬与静宽院宫（和宫）出面向朝廷斡旋撤销庆喜的朝敌恶名。不管幕府存亡，只在乎自己是否背负朝敌罪名，看在笃姬眼里当然会觉得庆喜是败掉德川江山的罪人。"伏见、鸟羽之战"前夕萨摩藩派出使者表示要迎接萨摩出身的笃姬回娘家，笃姬的态度影响着幕府士气，如果笃姬背弃幕府返回萨摩，不用等到"江户无血开城"，幕府士气早就垮掉，整个江户也就因而陷入大乱。笃姬知道自己的表态是关键，她认为自己嫁入江户就是德川的人了，江户和萨摩兵戎相见，自己唯有誓死保护大奥、保护江户。

维新回天之后，笃姬迁出江户城，负担起抚养继承德川宗家的田安龟之助（后来的贵族院议长德川家达）之责，拒绝接受岛津家金援。笃姬对幕臣窝囊的表现应该是极为愤慨吧！在官军兵临城下时只会新亭对泣、毫无作为，与官军作战动辄归附投降、毫无坚持，对比之下笃姬一心护持德川宗家及江户城，更显难得！

※ 大河剧里笃姬的形象

与笃姬相关的大河剧有三部：1990年的《宛如飞翔》、1998年的《德川庆喜》以及2008年的《笃姬》，分别由富司纯子、深津绘里、宫崎葵饰

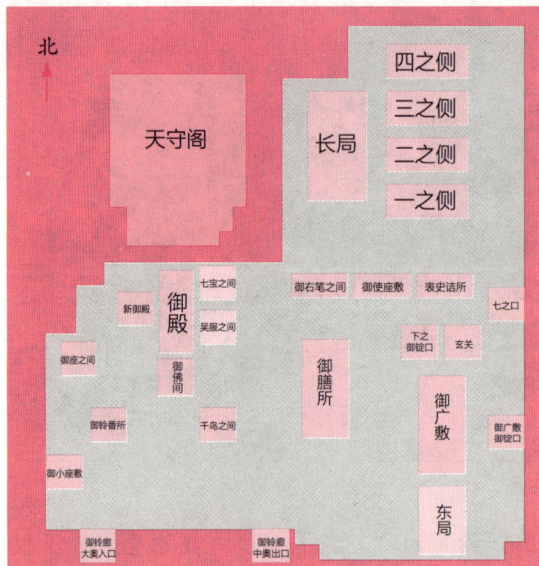

大奥平面图

演笃姬。《宛如飞翔》《德川庆喜》等剧的笃姬只是出场数集的一般角色，《笃姬》改编自已故作家宫尾登美子的《天璋院笃姬》，是第一部以笃姬为主人公的历史小说。改编小说的戏剧因载体不同颇难忠于原著小说，因此戏剧虚构了笃姬与萨摩藩家老小松带刀的情愫，虽与史实有所出入，却能增加收视率。

此外原著小说几乎围绕在笃姬周遭，很少从大环境去俯瞰幕末，但是戏剧如果只拘泥在笃姬周遭便难引起观众收看的兴致，因此戏剧不时也穿插幕末主要的事件，诸如"樱田门外之变""萨英战争""禁门之变""萨长同盟""龙马暗杀"等原著小说未提及之事件。

《笃姬》剧情丰富，观看此剧就像在阅读幕末历史，此外偶像明星宫崎葵引领观众几乎看尽笃姬的一生，加上超强卡司的加持，使得本剧收视长红，为近几年收视普遍不振的大河剧交出一张亮眼的成绩单。此剧在日本和中国台湾普遍获得好评，特别在中国台湾，不少年轻人对幕末日本的印象多半源自《笃姬》，足见此剧的影响之大。

【与笃姬有关的景点】

* 今和泉岛津家本邸迹：笃姬的出生地（鹿儿岛县鹿儿岛市大龙町）
* 今和泉岛津家别邸迹：今和泉岛津家领地住所（鹿儿岛县指宿市今和泉）
* 鹿儿岛城：别名"鹤丸城"，笃姬成为齐彬养女后，在此居住过两、三个月（鹿儿岛市城山麓）
* 江户城大奥：笃姬成为御台所后到"江户无血开城"后的居住地（东京都千代田区千代田）
* 笃姬之墓：位在东京上野宽永寺家定之墓旁（东京都台东区上野）

肆

维新回天推翻幕府，
效法奈良时代以前大权集中天皇的时代，
建立以天皇为中心的绝对主义，
相当于日本史上的明治、
大正时代。

王政复古篇

大正时代

1912 年，大正政变，随后掀起民主运动
1914 年，第一次世界大战
1915 年，对中国提出二十一条要求
1918 年，出兵西伯利亚
1919 年，参与凡尔赛议和
1924 年，护宪三派进行第二次护宪运动
1925 年，制定普选法

明治时代(战前)

1867 年，德川庆喜实现大政奉还
1868 年，戊辰战争爆发
1871 年，推行废藩置县，同年派出岩仓使节团
1874 年，提出《民选议院设立建白书》
1877 年，展开西南战争
1885 年，内阁制确立
1889 年，颁布《大日本帝国宪法》
1894 年，发生甲午战争
1895 年，下关签约后引起三国干涉
1904 年，日俄战争
1910 年，合并朝鲜

089

－战前－
维新回天

◇ 伏见、鸟羽之战

任由幕府继续存在，讨幕派成立的新政府最后必然被财政拖垮，西乡因此派出同藩志士在江户制造动乱，让讨幕派化被动为主动。幕府在西乡的挑衅下，以出羽庄内藩为主的数藩于 1867 年 12 月 25 日包围并烧毁萨摩在江户三田的藩邸。江户萨摩藩邸被烧毁的消息传到大阪城，城内的幕府主战派逼庆喜讨萨除贼。

1868 年 1 月 2 日，幕府陆军及会津、桑名二藩，连同新撰组从大阪城出兵，在鸭川与宇治川汇流处的淀小桥兵分两路沿鸟羽、伏见两街道而上，欲围攻御所。翌日下午五点左右，萨摩在鸟羽街道的小枝桥对幕军开炮，同时在伏见街道的伏见御香宫附近，萨、长、土三藩藩兵也与以会津藩兵为主力的幕府军交战，伏见、鸟羽之战正式开战，广义的戊辰战争揭开序幕。

伏见方面，幕府军战至半夜撤退。4 日天皇任命仁和寺宫嘉彰亲王为征讨大将军，授予象征官军的 **"锦之御旗"**，率领萨、长、艺（安艺）三藩兵力与原本军队会合。如此一来官军兵力达五千，虽只有幕府军力的三分之一，但因是官军之故，士气高昂；相对的，幕府军则因面对官军而士气低靡，原本想退入谱代大名稻叶氏的淀城，可是稻叶氏得知萨长军成为官军后紧闭城门，拒绝幕府军进入。

5 日又传来一起打击幕府士气的消息，将军庆喜在天皇侧近的怂恿下被指为朝敌，原本接受幕府动员令参

> **豆知识** ▷ **锦之御旗**
>
> 象征天皇军队（官军）的旗帜，通常有两面，底色均为赤锦，一面用金色线绣上象征皇室的十六瓣菊纹，另一面也用金色线绣上天照皇太神。通常由天皇将此两面旗授予率领官军的大将，由他讨伐朝敌。锦之御旗最早出现在"承久之乱"的后鸟羽上皇时期，镰仓末期后醍醐天皇撤至笠置山时也曾树立。

战、自藩祖藤堂高虎以来与幕府亲近的外样大藩津藩得知将军成为朝敌后，毫不客气地调转炮口对准幕府军。其他协同幕府参战诸藩除会津、桑名外，虽不至于像津藩倒戈，士气却低沉到无法作战，五六日间的淀、桥本、葛叶等战役几乎都是未战而退，幕府军只得放弃围攻御所的计划撤回大阪城，结束历时四天的鸟羽·伏见之战。

◎ 江户无血开城

幕府军在伏见、鸟羽之战尽管先后遭遇淀藩和津藩的倒戈，然也就只

德川庆喜找上来自萨摩的笃姬和来自皇族的和宫，帮忙向西乡说情让讨幕军停止攻击，协商达成江户无血开城／三娃绘

折损二百多名兵员，仍保有将近官军三倍的实力，若再加上江户的旗本、御家人以及关东、奥羽立场倾向佐幕之藩的兵力，实力远远大过新政府。只要庆喜一声令下，整军再战，鹿死谁手犹未可知。庆喜1月6日退回大阪城也是如此激励部下，孰料当夜他便带着松平容保、松平定敬及少数护卫，偷偷溜上幕府军舰"开阳丸"逃回江户。庆喜这种阵前逃亡的行为重挫大阪城士气，开阳丸船长兼海军副总裁榎本武扬对庆喜的举动非常生气，把停留在摄海上的幕府船只全部召集，将大阪城内的资金连同伤兵移到军舰上，放火烧掉大阪城，尾随庆喜返回江户。

幕府放弃大阪之举，无异壮大官军声势，朝廷7日发出庆喜追讨令，10日剥夺庆喜与松平容保等人的官位，同时决定出兵关东。有栖川宫炽仁亲王为东征大总督，另置参谋数人，实际参谋为西乡吉之助，兵分三路（北陆、东山、东海）进攻，每一路各置总督兼镇抚使及参谋。诸藩态度到此也有所改变，从原先的观望到投效朝廷，派出兵员加入讨伐幕府的行列；后来与萨、长、土并称"倒幕四大雄藩"的肥前（佐贺），便是一例。

庆喜搭乘开阳丸回到江户，即赴大奥委会见十三代将军御台所天璋院笃姬与十四代将军夫人静宽院宫（和宫），请她们分别向朝廷与萨摩哀求保留德川将军家血脉。这两位女性与新政府有深厚渊源，理应是当时幕府方最合适的人选。庆喜成为朝敌后的作为，似与当初一桥派欲拥立为将军继承人时的英明睿智有段差异，但若从庆喜出身水户藩、自幼受到水户学"大义名分"的影响来看，便不难理解他宁愿归顺也不想成为朝敌的心理。然而并非所有幕臣都像庆喜这样愿意归顺朝廷，当时的陆军奉行并小栗忠顺、海军副总裁榎本武扬、步兵头大鸟圭介等主战派，提出在箱根与官军作战，榎本率领船舰进入骏河湾炮击的计划。决心归顺的庆喜根本听不进去，将小栗等主战派成员一律免职，换上态度没那么强硬的胜海舟为陆军总裁。

2月12日庆喜进入上野宽永寺谨慎，将德川将军家（宗家）家督让给养子田安龟之助（德川家达，贵族院议长），江户城安危也就落在胜海舟身上。此时前线的状况是，近藤勇、土方岁三等新撰组员组成的甲阳镇抚队在幕府天领甲斐一带为官军击败，西乡往前推进至骏河，准备于3月15日向江户城发动总攻击。

3月9日，胜派遣山冈铁舟为使者前往骏府与西乡会面，山冈连同天璋院、和宫的请愿书与胜亲笔恳求西乡停止攻击江户城的书信一并递交西乡。西乡当场提出中止进攻江户的七项条件，但山冈对将庆喜引渡到冈山藩表示难以赞同，第一次和谈破局。3月13日，胜与幕府会计总裁大久保一翁（忠宽）在江户高轮萨摩藩邸进行为期两日的谈判，最后达成六项协议：一、庆喜前往故乡水户谨慎；二、帮助庆喜的诸侯一律宽大处理，不判死刑；三、幕府的武器、军舰在处置后一律转交官军；四、居住在江户城内者，移往城外谨慎处分；五、江户城让渡手续完成后即刻交还田安家；六、尽可能为平定士民暴动而努力。

　　以上即是俗称的"江户无血开城"。达成协议后不到一个月，4月11日官军接收江户城，21日东征大总督有栖川宫炽仁亲王进江户城。江户城虽免于官军炮火的洗礼，但并不表示所有江户居民都乐于接受官军到来，狭义的戊辰战争在无血开城后甫要开始。

090

戊辰战争

◇ 奥羽越列藩同盟结成

官军进入江户城后，部分幕府旗本和一桥家家臣组成"彰义队"往上野东叡山宽永寺集结，拥立日光轮王寺门迹公现**入道亲王**（后来的北白川宫能久亲王）与大村益次郎率领的长州军在上野作战。在大炮轰击下，5月15日彰义队被击溃，亲王和队员经陆海路往北逃去。

早在1月17日，新政府便命令东北第一大藩仙台藩征讨已成为朝敌的松平容保之会津藩，官军战情一路告捷，遂又派出奥羽镇抚总督公卿九条道孝及参谋，前往仙台藩催促征讨会津及庄内藩。仙台、米泽等东北大藩反而要求中止攻击会津，九条等人因新政府一连串胜利而坚拒，于是会津和庄内于4月10日结为同盟。5月3日，仙台、米泽、盛冈等二十五个奥羽大小不等的藩加入会津和庄内，结成"奥羽列藩同盟"；6日，越后的新发田、长冈等六藩也加入，演变为拥有三十三个藩的"奥羽越列藩同盟"。

奥羽越列藩同盟仿照新政府，以轮王寺宫（能久亲王）为东武皇帝，仙台藩主伊达庆邦、米泽藩主上杉齐宪为同盟总督，前幕

人物通　入道亲王

得到亲王宣下后以亲王身份出家称为"入道亲王"，先行出家然后才得到亲王宣下则称为"法亲王"，不管"入道亲王"或"法亲王"，只能在被称为"亲王门迹"的十三间寺院担任住持：日光的轮王寺，京都的青莲院、三千院、妙法院、圣护院、照高院、曼殊院、毘沙门堂、圆满院（以上属天台宗）、仁和寺、大觉寺、劝修寺（以上属真言宗）、知恩院（净土宗）。

任京都守护职时的松平容保

土方岁三占领五棱郭，进行最后对抗／三娃绘

府老中小笠原长行、板仓胜静为参谋。官军所在的越后先行开战，对象是七万四千石的越后长冈藩，在家老河井继之助的改革下，小藩越后长冈颇不易对付。山县有朋、黑田清隆（萨摩）指挥官军在此处鏖战超过三个月，死伤逾千人（包括西乡二弟吉二郎），越后长冈也付出含河井在内约四百人的伤亡代价。

另外，官军也在进入江户城的同时扫荡关东的幕府军，大鸟圭介及新撰组先后在下野日光、宇都宫及下总市川、船桥迎战官军，均不敌败北，新撰组近藤勇于4月25日在中山道板桥宿斩首。近藤被斩首，罪不在戊辰战争，而是幕末时奉松平容保之命诛杀尊攘派浪人任务，以及当时官军认为他是龙马暗杀执行者之故。

日光、宇都宫战争、市川、船桥战争及前述的上野战争结束后，官军大致已控制关东。8月中旬北越战争结束，越后全境尽入官军之手，面对誓死抵抗的会津藩，官军以东山道参谋板垣退助、伊地知正治（萨摩）为进攻会津的统帅。

◈ 会津战争、虾夷国覆灭

奥羽越列藩同盟甫结成时声势浩大，大有与新政府分庭抗礼之势，唯经北越战争的挫败，几个小藩陆续向新政府投降。板垣退助、伊地知正治指挥官军继续从宇都宫越过白河口推进，挡在前方的是京都守护职松平容保的会津藩。

8月21日，板垣突破会津藩境母成峠口，一路突进。此时会津藩上下充分表现出武士精神，除却藩士，连老人、村妇、幼童都拿起武器作战，但苦战多日后撤回居城若松城，准备笼城继续应战。面对四斤山炮这样的最强大炮的猛轰，尽管城内陷入火海，使饭盛山上二十名正值少年的白虎队士误以为城落而自尽（只有一名获救），会津仍不轻言投降。包含民众在内将近万名兵力战死三千，为保存藩的实力，家老西乡赖母力劝松平容保

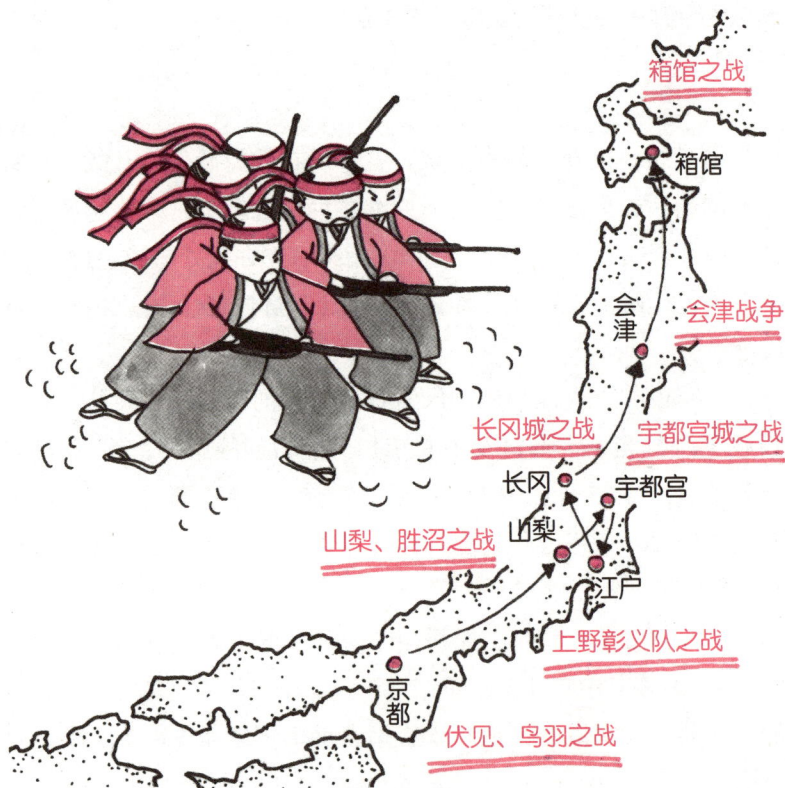

戊辰战争攻防路线图／三娃绘

箱馆之战
箱馆
会津
会津战争
长冈城之战
宇都宫城之战
长冈
宇都宫
山梨
山梨、胜沼之战
江户
上野彰义队之战
京都
伏见、鸟羽之战

戊辰战争中萨摩藩藩士

归顺新政府。9月22日会津开城向军监中村半次郎（桐野利秋）投降，田中土佐、神保内藏助两位家老已经战死，存活的家老萱野权兵卫一肩扛下藩主藩民对抗官军的所有责任，翌年5月切腹。

综观整场戊辰战争，新政府对会津藩的处置最为苛刻，松平容保虽在中村半次郎等人奔走下免于切腹，但终身禁锢。1880年被赦免后成为日光东照宫宫司，直至1893年病逝。二十三万石会津藩被撤销，连同藩民在内举藩移至青森县下北半岛，更名斗南藩，该藩名义上三万石，实收七千石。1986年长州藩城下町萩市欲与会津若松市缔结姊妹市仍遭会津若松市民拒绝，不难想象会津若松市民对会津战争的怨恨有多深刻。

会津战争结束后，仙台、米泽等大藩也归顺新政府，奥羽越列藩同盟名存实亡。不愿归顺的分子如榎本武扬、大鸟圭介、小笠原长行、板仓胜静、土方岁三驾着幕府船舰从松岛湾出发，10月20日登陆虾夷地。之后占领箱馆**五棱郭**、松前福山城，12月15日攻占整个虾夷地，榎本被推举为虾夷地总裁，建立榎本政权，或称为"虾夷共和国"。

> **豆知识　五棱郭**
>
> 1854年箱馆开港后幕府在此地建立的星形要塞，由任职箱馆奉行所的武田斐三郎在法国船舰副舰长的指导下设计，至1866年才竣工。原本是幕府作为开发虾夷地的要塞，未久却成为戊辰战争最后舞台，今日为函馆最具代表性的观光地。

1869年3月25日，政府军在今岩手县宫古湾进行戊辰战争中唯一的海战，幕府军战败，失去制海权。5月11日政府军登陆虾夷地，在山田显义（长州）、黑田清隆的指挥下，18日榎本武扬、松平定敬、大鸟圭介、小笠原长行、板仓胜静、永井尚志向政府军投降，土方岁三力竭战死。自伏见、鸟羽之战以来，历时一年半的戊辰战争至此全部结束，日本随即进入建设近代化国家的阶段。

明治天皇诞生

◇ 五条御誓文

当官军挟伏见、鸟羽之战胜利气势东下江户，1 月 17 日新政府发布《王政复古大号令》，同时制定总裁、议定、参与三职扩增名额（增加长州、肥后、宇和岛三藩），并增设神祇、内国、外国、海陆军、会计、刑法、制度七科。2 月 3 日将三职七科改为三职八局（海陆军更名军防，增设总裁局，科、局类似后来的省），从频繁更动官制，不难看出新政府对于该采取怎样的政体尚未有共识。

胜海舟和西乡达成无血开城的同时，十七岁的佑宫睦仁亲王在京都御所正殿紫宸殿，率领包含朝廷公卿、诸藩大名在内的百官群臣举行天神地祇御誓祭。时任议定兼副总裁的三条实美，代天皇宣读新国家五条基本方针，此即有名的《五条御誓文》（见左页）。并对群臣赐敕："为达成我国未曾有之变革，朕以躬先众，向天地神明立誓，大定国是，立万民保全之道，望众亦基此旨趣，协心努力！"

《五条御誓文》由肥后藩学者横井小楠的高徒越前藩士三冈八郎（由利公正），于伏见、鸟羽之战前夕起草。此战结束后，土佐藩上士福冈孝弟修改三冈的草案，在"万机决于公论"这条加上"兴列侯会议"，并将"士民一心"改成"上下一心"。木户孝允等新政府核心成员认为新国家体制应以天皇为中心，因此颁布前再将福冈的草案修饰改成三条宣读时的版本。《五条御誓文》是明治维新的基本纲领，明治维新的三大主张：富国强兵、殖产兴业、文明开化，都概括在内。此外在不同时期，《五条御誓文》也被赋予不同的解释，戊辰战争期间它是推翻代

明治天皇
摄于 1888 年（明治二十一年）

表保守、腐败之幕府的响亮口号；十多年后要求设立民选议院的声浪高涨，"万机决于公论"成为自由民权运动的主要诉求。

翌日，新政府颁布与《五条御誓文》的精神相违背、限制民众的《五榜揭示》，其要点见左页。除第四点外几乎完全沿袭幕府做法，如果说《五条御誓文》是推进时代进步的巨轮，那么《五榜揭示》便是在开时代的倒车。

◇ 改元明治

闰四月二十一日，新政府颁布《政体书》，序言说到"天下权力皆归太政官，不使政令有出于二途之患，分太政官之权为行

五条御誓文	一、广兴会议，万机决于公论。 二、上下一心，盛行经纶。 三、官武一途迄至庶民，各遂其志，要使人心不倦。 四、破旧来之陋习，基天地之公道。 五、求知识于世界，大振起皇基。
五榜揭示	一、遵守五伦道德。 二、禁止徒党、强诉、逃散。 三、严禁切支丹、邪宗门。 四、履行万国公法。 五、禁止离开乡村。

政、立法、司法，则偏重之患亦少"，正式以太政官作为国家权力的最高组织。为了符合《政体书》精神，制定太政官制，打散原先的三职八局，设置行政官、议政官、神祇官、会计官、军务官、外国官、民部官、刑法官等八官，当中的刑法官为司法机关，议政官设上下二局隶属立法机关，其余皆行政机关。既然要仿照西方三权分立，却又为了"祭政一致"设置神祇官，翌年再将神祇官独立出来凌驾太政官之上，足见此时日本人对三权分立认识不清，误以为传统的太政官制与三权分立可并行不悖。

7月14日，太政官下令改江户为"东京"。当时戊辰战争尚在如火如荼进行中，幕府在关东附近仍有深厚影响力，因此太政官于23日将在水户谨慎的庆喜移封至骏河宝台院，成为领有骏河、远江七十万石的大名，以缓和幕府方面的抵抗意志。

新天皇睦仁亲王于1月15日元服，式部卿伏见宫邦家亲王（山阶宫、仁和寺宫、中川宫、轮王寺宫的生父）为其加冕。3月18日册立准三宫九条夙子为皇太后（英照皇太后），值得一提的是她并非天皇生母，终孝明天

皇之世也未被立为皇后。

8月27日于京都御所举行即位式，根据《易经·说卦传》："圣人南面而听天下，向明而治"，决定以"明治"为年号。明治元年上溯至1868年1月1日，并规定从此以后"**一世一元**"，即便逢辛酉、甲子年也不更改年号。于是1868年1月1日（阴历）至1912年7月30日为日本史的明治时代，而以明治为年号的佑宫睦仁亲王即是有"东方大彼得"之称的明治大帝。

明治元年《武州六乡船渡图》（局部）／歌川芳年绘

奠都东京

◇ 东京江户，西京京都

　　早在 1868 年 1 月 23 日，大久保利通随侍天皇行幸大阪后就提出迁都大阪的构想。江户无血开城后，迁都大阪论转变成江藤新平、大木乔任等佐贺藩士提出的奠都东京论；之所以转变，主要出于政治上的考虑，毕竟幕府在关东还有深厚影响力，奠都东京有助于消弭幕府的影响力。

　　9 月 20 日在群臣建议下，明治天皇从京都出发，东下巡幸江户城。9 月 22 日，明治天皇欢度改元后的第一个天长节（即天皇诞辰，1873 年后改成阳历生日 11 月 3 日），10 月 13 日抵达江户城，以西丸作为皇居，以实际行动证实奠都东京并非谣传。天皇 12 月返回京都，在议定松平庆永的建议下废止"中宫"称呼，立已故左大臣一条忠香三女美子为皇后（昭宪皇后），12 月 28 日举行立后仪式。

　　此时戊辰战争最激烈的北越战争、会津战争都告结束，局势逐渐对新政府有利，政治考虑已不是左右奠都东京的主因，摆脱京都公卿气息更形重要。虽然奠都东京已成事实，但虑及不刺激京都民众，称京都为西京。1869 年 3 月 7 日，天皇车驾从京都出发，28 日抵东京定为首都，超过千年历史的古都京都画下句点，从此日本进入"东京时代"。昭宪皇后于该年 10 月 5 日始从京都出发，24 日抵达东京，其他机构诸如刑部、兵部、大藏各省迟至 1871 年才迁至东京。

◇ 版籍奉还与废藩置县

　　戊辰战争后，新政府将没收的幕府天领置八府十二县，此为新政府的直辖地，也是太政官税收来源，此外还有大大小小共二百七十三个"独立"的藩，于是出现府、县、藩三治制局面。太政官当务之急，是从二百七十三个藩主手中收回人民与土地。1868 年 11 月，姬路藩主酒井忠邦提出将藩改

明治天皇东京巡幸

为府县、诸大名将领地归还太政官的建议，但酒井仅是谱代身份，他的提议得不到大藩藩主的认同。

　　1869年年初，大久保利通和吉井幸辅（友实）劝说岛津久光，希望能由他带头奉还版（领地）籍（人民），得到久光首肯。1月20日，倒幕四大雄藩萨、长、土、肥四藩藩主联名向太政官提出《版籍奉还建白书》（建议书），倒幕功劳最大的四藩尚且如此，其他藩主无不跟进，到6月所有藩一律奉还版籍。就这样，太政官不费一兵一卒便从全国藩主手中收回户籍与土地。版籍奉还后，太政官改藩主为知藩事，以幕府时代俸禄的十分之一为家禄，将幕府时代朝廷公卿一百四十二家、诸藩藩主二百八十五家改称"华族"（藩主又称为"武家华族"）；各藩藩士不分身份统称"士族"，士族的俸禄由藩直接支付而非藩主，藩主与士族间也不再像幕府时代的上下主从关系。

　　7月8日，太政官再度进行官制改革，采用《大宝令》的官名，置神祇官于太政官之上，神祇官的长官为"伯"，下为"大副""少副""大佑"；太政官由左右大臣（左大臣始终空缺）、大纳言、参议构成内阁（此时的内阁不同于内阁制的内阁），下辖民部、大藏、兵部、刑部、宫内、外务六省，各省长官为卿，底下为大辅、少辅、大丞、少丞。陆海军方面设置大将、中将、少将等阶级，官吏则分为敕任官、奏任官、判任官。

不过，版籍奉还未能彻底铲除封建制度，只是差强人意的改革，与矢志建立近代国家的"**御一新**"并不相符，因此木户、大久保等人认为有必要再做一次积极的改革即"废藩置县"，以便让太政官彻底掌控人民与

土地。不过要让"废藩置县"实现，萨摩藩的动向，特别是岛津久光和西乡隆盛尤为重要。因此 1870 年 12 月，大纳言岩仓具视作为敕使，率大久保利通、山县有朋前往鹿儿岛，既要敦促岛津久光上京，也要促请在野的西乡隆盛出面。

1871 年 1 月，西乡得到久光允许，与大久保来到山口与木户商谈，之后再前往四国高知与板垣退助协商。三方咸认有必要进行比版籍奉还更进一步的改革，但必须在新政府拥有武力的前提下方能够进行，于是由三人各自在藩国中招募藩士。2 月 13 日萨、长、土共募集一万人（实际上只有

豪奢的东京华族会馆／摄于 1912 年

八千余）上京，这是新政府最初的军队，职责为护卫天皇和御所（皇居），称为"御亲兵"，翌年改称"近卫兵"。

有了御亲兵当后盾，太政官再次进行官制改革（到 7 月 29 日止）。这次的改革直到 1885 年内阁制实施为止都未再变动，此次官制改革的特色：一、将神祇官降格为神祇省；二、取消大纳言；三、加强参议的权力；四、亲王、公卿、藩主阶层退出权力核心；五、参议几为萨、长、土、肥四藩垄断。因此有学者认为这是继《王政复古大号令》后再一次的政变。

7 月 9 日，西乡、大久保、木户、山县、井上馨等萨长官员聚集木户私邸，定于十四日断然实行废藩置县。该日太政官召集在东京的知藩事，下达废藩置县诏书，有不从者西乡便以御亲兵恫吓，结果顺利完成废藩置县，尽废二百六十一藩改为三府三〇二县（同年 11 月合并成三府七十二县，到 1893 年成为一厅、三府、四十三县）。英国驻日公使巴夏礼对日本只以一纸敕书尽收二百七十藩实权，认为是"神佑，非人力可及也"！

1871 年太政官组织如下

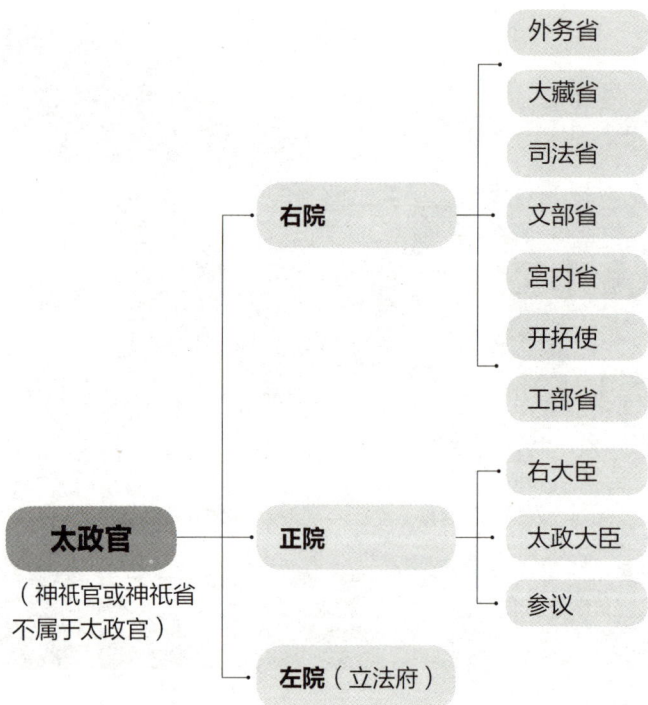

太政官
（神祇官或神祇省
不属于太政官）

- 右院
  - 外务省
  - 大藏省
  - 司法省
  - 文部省
  - 宫内省
  - 开拓使
  - 工部省
- 正院
  - 右大臣
  - 太政大臣
  - 参议
- 左院（立法府）

岩仓使节团出访

◇ 岩仓使节团任务成败

完成废藩置县和修改太政官制使新政府政权更加强化，此时太政官派遣一庞大使节团出使欧美。由于使节团以右大臣岩仓具视为特命全权大使，因而习惯上称为"岩仓使节团"。岩仓使节团的使命有三：一、自安政年间（1854—1860年）以来与西方各国缔结的不平等条约表明修正态度；二、访问当时有缔结条约的国家，向该国元首进呈国书；三、考察了解西洋各国先进的文物制度。尤以摆脱不平等条约的束缚、订定平等新约是使节团出访最主要的目的，也是建立明治新国家的终极目标。

使节团成员主要由使节、留学生、随员构成，共107人，岩仓大使以下由大久保利通（大藏卿）、木户孝允（参议）、伊藤博文（工部大辅）、山口尚芳（佐贺出身，时任外务少辅）四人担任副使。副使底下有不少书记官、随行，他们负责考察欧美先进国家的制度，随行之一的久米邦武著有《特命全权大使米欧回览实记》记载岩仓使节团出访始末。随团有多达四十三名留学生，大多数是旧日藩主或维新元勋的第二代（如大久保利通次子牧野伸显），但亦有像中江兆民这样的平民，值得注意的是包含津田梅子、山川舍松、永井繁子等五位日本最早的女留学生（最后只有津田、山川、永井三人留学）。

使节团于1871年11月12日于横滨搭乘美国蒸汽船"亚美利加号"，横渡太平洋，12月6日抵达加州旧金山。在美国停留时间长达八个多月，倒非使节团成员醉心美国的文化制度，而是进行谈判时，被美方刁难使节团未取得全权委任状而不肯与之交涉谈判。为此大久保与伊藤只得暂时离团，回国取得全权委任状再渡海前往美国，此时已是1872年6月17日，美国却以时机尚早为由拒绝交涉谈判。

7月3日使节团于波士顿搭乘英国船只"奥林匹斯号"前往欧洲，14日于英国利物浦上岸。由于在英国交涉条约改正同样受到阻碍，料想在其

岩仓使节团由岩仓具视领军，率大久保利通、木户孝允、伊藤博文、山口尚芳等人参访欧美／三娃绘

他国家也会碰壁，遂将重心转移至考察各国文化制度上，停留英国的四个月期间主要进行政治制度、工业、贸易的考察。

11月16日使节团离开英国渡过多佛海峡，于加莱港登上欧陆，陆续拜访法、比、荷、德、俄、丹麦、瑞典、义、奥、瑞士十国（原定的西、葡二国因故未能成行），当中以1873年3月15日（此时已采用阳历）接受完成统一的德意志帝国宰相俾斯麦之邀宴，最令使节团成员印象深刻。

俾斯麦一席言论让在场聆听的大久保、伊藤等人动容，同样是小国，普鲁士统一的过程与日本极为相似，当然比英、法等大国更值得日本借鉴，日后伊藤自称"东方俾斯麦"应与此次出访有直接关系。

1873年3月28日使节团结束德国行程前往俄都圣彼得堡，不过对大久保而言他的行程已经结束，遂从柏林前往马赛搭船经苏伊士运河绕过印度洋，悄悄于5月26日在横滨上陆；4月木户亦中途脱队，于7月23日返回日本。使节团最重要的两位副使为何竟不能跟完全程，选择中途离席呢？因为东京的太政官出现意见分歧，严重到可能造成分裂局面。

◈ 太政官分裂

太政官未跟随岩仓出访的成员以三条实美太政大臣为首，称为"留守政府"。三条以下的成员为西乡隆盛、板垣退助、大隈重信（以上为参议）、副岛种臣（外务卿）、大木乔任（文部卿）、德大寺实则（宫内卿）、后藤象二郎（左院议长）、江藤新平（左院副议长）、井上馨（大藏大辅）、山县有朋（兵部大辅）。临去前，岩仓、大久保等与留守政府之间有十二条约定，包括中外重大事项要互相报告、出访期间留守政府勿进行重大改革、不可任意增加官员名额……等等。

　　然在使节团出访期间，留守政府实施许多民生相关政策，诸如户籍法实施（壬申户籍）、地租改正、征兵令颁布、制定学制、开通铁道、采用阳历。这并非留守政府成员齐心一致之故，毋宁说留守政府成员之间互有心结，特别是伏见、鸟羽之战后才加入官军的佐贺藩（江藤、大隈、副岛、大木），在维新功勋上矮萨长一截，对西乡、山县、井上有着强烈的排斥意识，尤以江藤新平为最。

　　1872 年 4 月底江藤转任司法卿，向井上馨要求拨出预算建立裁判制度与律法修整，井上以缺钱为由拒绝，但却接受同为长州出身的山县有朋的预算要求，明显偏袒的作风令江藤忿忿不已，以司法卿职权挖掘长州的弊案、丑闻。在江藤锲而不舍的追查下，1872 年 7 月查出与山县有关的贪渎事件"山城屋事件"。这起事件不仅江藤在查，萨摩的陆军将领桐野利秋也在查，两人目的尽管不同，却因共同利益联手合作，最后因西乡看中山县有组织才干，要山县辞去陆军大辅和近卫都督（继任者为西乡）后不予追究；事实上也是因为陆军省内没有可以取代山县的人才，不得不在其短暂去职后予以复职。但关系人之一的山城屋和助难逃切腹命运。

豆知识　左院

1871 年太政官改制后与正院、右院（各省）成为太政官的主体，由正副议长及一到三等的议员和书记构成。左院的任务为制定国宪，因此诸如 1874 年《民选议院设立建白书》等成立议院的建议均是向左院请愿，1875 年成立元老院后与右院一起废止。

　　江藤不因整倒山县就罢休，继续将矛头对准图利同藩商人冈田平藏接手尾去泽铜山（秋田县）的井上馨。西乡对井上素无好感，经常骂他是"三井的掌柜"，没有西乡的庇护，井上于 1873 年 5 月中旬黯然下台，与他一起下台的有日后被称为"日本资本主义之父"的大藏少辅涩泽荣一。

　　大久保正是在井上去职后不久返回国内，摆在他面前的难题不光是大闹留守政府的江藤新平而已，还有更为棘手的征韩论争。

094

武士特权的取消

◇ 四民平等

江户时代阶级森严，不同阶级之间除不能通婚，连服饰、起居、用语也都有严格的区分。自江户中期起，通过贫穷武士收为养子的关系让町人拥有武士身份、苗字和配刀权利已成为普遍现象，但对大多数平民而言，看到武士要退至路旁跪地礼让通过，应是印象更深刻。

明治后，太政官力推废止武士特权、四民平等的目标。1870 年 9 月准许平民拥有苗字，长久以来只有公卿、武士拥有苗字，町人则连同屋号和名字并称（如纪伊国屋文左卫门，纪伊国屋是店名，文左卫门是名字），至于平民只有名字。以往武士的全名相当复杂，包含氏、姓、苗字、官名、名讳，有时还会加上通称和法名。以武田信玄为例，其全名为"源（氏）朝臣（姓）武田（苗字）大膳大夫（官名）晴信（名讳）入道（出家的身份）德荣轩信玄（法名全称）"，明治以后武士的全名简化为苗字加上名讳，"姓"和"苗字"几乎成为同义词。

平民长期不能冠上苗字，故对于苗字的重要性不怎么认真看待，多半就地取材，例如住在稻田附近的就以田中、田边为苗字；住在河流附近的就以川边、川中、川上为苗字；甚至有的取旧日藩主之姓做为自己的苗字，造成今日日本苗字众多，据估计超过十五万之谱！

1871 年 4 月准许平民骑马，8 月下令散发、废刀（非强制实行），废止存在超过千年以上的**秽多、非人**等贱民阶级称呼，自今以后身份、职业与平民同等；同时准许平民穿着幕府时代禁穿的羽织和袴，并有选择职业的自由。来年 1 月 29 日制定皇族、华族、士族、平民等身份，除皇族外各阶级间可以通婚。

1873 年 2 月，废止幕府时代武士"试刀"特权，武士的"仇讨"美德（为主君报仇）也遭禁止。1876 年 3 月颁布《废刀令》，明文规定禁止穿大礼服、军人、警察以外的人佩刀，自此幕府时代武士阶级的特权几乎完全被取消，加上武士阶层难以适应幕藩体制终结后的新时代，因此屡屡发生士族叛乱，但另外也促成士农工商进一步的四民平等。

◇ 实施征兵制

《王政复古大号令》初颁布时，在三职七科中设置海陆军务科作为新政府的军务机关，之后陆续改制为军防

人物通　秽多、非人

"秽多""非人"之称呼始于平安时代，江户时代甫被归为贱民。"秽多"指从事死牛马的处理（江户时代禁止屠宰）、兽皮加工、皮革制品制造和贩卖、下级刑史和捕吏。"非人"则是以看守墓园为业、街道的清扫者、在街头卖艺的行乞者或游民。一般来说非人的地位比秽多更低，是江户时代身份最低的，关东的贱民受浅草弹左卫门（官名）管理（西国则不清楚）。四民平等只是名义上的解放，实际上他们仍受到鄙视，被称为"部落民"，住所与一般民众隔离，且不得与其他阶级通婚。

事务局和军务官，1869年7月改制为兵部省，任命大村益次郎为兵部大辅。大村从"奇兵队"经验中体会到打破身份制的重要，着手实施废刀令、制定征兵令、设置镇台（日本陆军的最大编成单位，后为师团取代）、成立兵学校等朝全民皆兵制迈进。只是大村的改革严重剥夺士族特权，引发反弹，同年9月4日大村于京都三条木屋町的旅馆遭到同藩七名士族刺伤，两个月后伤重不治，留下一连串未能实施的计划。

大村的遗愿由同藩的山县有朋继承。山县与高杉晋作、久坂玄瑞同样出自吉田松阴的松下村塾，高杉成立奇兵队后任命山县为军监，这是山县与军队结缘之始。大村遭难时，山县与西乡从道（西乡隆盛之弟）赴欧考察各国军制，翌年8月归国后就任兵部少辅，之后升任兵部大辅继承大村遗志致力于征兵制的确立，同时并决定海军采用英吉利式、陆军采用法兰西式的制度（后因普鲁士于普法战争获胜，转而采用德国制度）。

1872年2月底废止兵部省，因应世界趋势于5月设置陆军省、海军省，山县有朋和胜海舟分别为首任陆军大辅、海军大辅（陆军省、海军省初设时最高长官为大辅）。1872年11月底先是由天皇发布征兵令，接着太政官发布告谕，说明基于四民平等立场，平民亦有尽心报国的义务，在西方将征兵称为"血税"，以其生血报国也。没想到"血税"两字竟遭民众误解为抽取生血以缴纳赋税，致使接下来的两年以西日本为中心出现暴动，称为

明治时代推行四民平等,高高在上的武士禁止带刀,平民不用再跪路边行礼让路,也不存在贱民阶级／三娃绘

"血税一揆"。

1873 年 1 月 10 日正式实行征兵令,从此作战不再是武士特权,依规定军种分为海军和陆军,其征兵办法如下:一、海军置横须贺、室兰、舞鹤、吴、佐世保等五镇守府,兵员一万,军舰三十余艘。二、陆军分为,满二十岁的男性服三年兵役的常备役,常备兵役服完后接下来四年为后备役,以及常备和后备之外年满 17 岁到 40 岁之间的国民三军(1889 年后增加预备军),兵种有步、骑、炮、工、辎重五种。全国置仙台、东京、名古屋、大阪、广岛、熊本等六镇台,平时维持 31680 员的常备兵力,战时则扩增至 46350 员的军队。

对长久不曾当兵的平民而言,他们不会因为天皇或太政官的一纸征兵令而改变,小说或电影中日本人踊跃从军的形象是在甲午战争前夕才建立起来的。制定征兵令的同时也制定《常备兵免役概则》定出免役条件，符合以下十二种情况者可免除兵役：（一）身高不满五尺一寸（约一五五公分）；（二）身体虚弱有宿疾或残障者；（三）于官省府县奉职者；（四）海陆军生徒或于兵学寮就读者；（五）于文部、工部、开拓及其他公塾就学的专门生徒及于洋行修业者，另外学医及兽医还有教师证明者；（六）一家之主（户长）；（七）嗣子；（八）独子独孙；（九）被判处徒刑以上的罪犯；（十）父兄俱在但罹患疾病或事故而代父兄治家者；（十一）养子或以有养子的约定却未前往养父之家者；（十二）有其他兄弟正在服役当中。

　　除却上述十二种情况，若能缴纳二百七十圆找人代替自己服兵役，即可免除常备和后备的兵役，此外户籍设在北海道及冲绳（1879 年以后）亦可不用服兵役。寻常农家多半活用（六）、（七）、（八）、（十）、（十一）等项规定规避兵役。总之，征兵令颁布初期，民间并没有太大的响应，随着太政官逐渐巩固政权、提高声望后对征兵规定逐渐紧缩（废除户长、嗣子以及户籍在北海道、冲绳免除兵役的规定）后，才彻底实施全民皆兵制。

征韩论下的复杂牵扯

◇ 征韩论

"征韩论"被认为是近代日本对外侵略之始,这一点毫无疑义。但"征韩论"究竟是什么,为了不引起误解,特别是近代受日本侵略最深的中、韩两国,故有必要就"征韩论"的起源及演变略作说明。

江户时代幕府将与朝鲜的交涉和贸易,委托给距朝鲜最近的对马藩处理,对马由此三年才参勤交代一次。对马在朝鲜釜山设置"草梁倭馆",作为与朝鲜进行交涉的窗口。御一新后,太政官将日本建立天皇亲政的国家之通告、与希望与朝鲜建立国交之事委托对马藩和朝鲜交涉,朝鲜却以日本外交文书格式与江户时代迥异为由拒绝。消息传回日本,引起一小部分武士的反感,提倡征韩。木户孝允是太政官中最早提议征韩的人,然而木户的征韩与其说是军事行动,倒不如说是书生之见。

版籍奉还后,太政官将与朝鲜的交涉从对马藩手中收回,派出佐田白茅、森山茂两位外务省官员当代表前往交涉,将"草梁倭馆"改名"大日本公馆",仍被朝鲜拒绝。之后日本先后派出泽宣嘉、副岛种臣两位外务卿前往朝鲜交涉均不得其门而入,于是逐渐萌生挟武力为后盾与朝鲜交涉的"征韩论",不过这做法很难保证不会演变为动用武力迫使朝鲜交涉的情况。

西乡的征韩论与挟武力为后盾的征韩论微有些不同,历经明治初年政治上的改革(如版籍奉还、废藩置县)和社会上的改革(如四民平等),武士特权几乎被剥夺殆尽,与平民无异。而武士受到的教育又使他们大多数无法从商,身为维新元勋的西乡眼见幕府时代四民之首的武士竟沦落到举债度日的困境,难免会思考倒幕行动究竟是否正确。另外,西乡在版籍奉还、废藩置县扮演终结幕藩体制、断送旧日主君地位的角色,让**岛津久光对西乡和大久保极度不谅解**,久光屡次形容西乡是"日本的安禄山"。

武士的惨状、主君的批评令西乡感到痛苦,征韩论的出现正好让西乡觉得可以找到武士的出路,使士族的气节和勇气跃动起来。不过西乡专注的部分不在于以国内失意的武士为先锋来攻打尚处于锁国状态的朝鲜，这是西乡与同时期支持征韩的板垣退助、江藤新平最大的不同处；西乡的征韩论是派遣自己为使节前往朝鲜劝说开国，让朝鲜敞开国门与世界交流。

由此看来，西乡的"征韩论"不仅与十多年后造成朝鲜动荡的壬午、甲申两事变大不相同，与同时期的木

户、板垣、江藤等人以失意武士为先锋的侵略主张也有所不同，非如中、韩学者所言是近代侵略朝鲜的元凶。不过西乡出使朝鲜确有遭杀害的风险，他本人认为倘若在出使过程中死去，正是死得其所，既可从主君的批评中解脱，又能让太政官与失意武士达到一定程度的和解。

◈ 明治六年政变

1873年6月12日西乡首度在庙堂上提出派遣自己为使节出使朝鲜的提议，留守政府虽以太政大臣三条实美为首，但西乡在留守政府的分量却是无人可比。尽管三条劝西乡等岩仓、大久保等人归国后再于庙堂提出，最后仍慑于西乡的威严，于8月19日向天皇奏请得到同意，附带条件为必须等到使节团成员归国后才能行动，正是这个附带条件造成后来的翻盘。

留守政府中公开反对派遣西乡为使节的大隈重信，虽与西乡同为太政官核心的参议，但论声望与功勋皆不能与西乡相比。大久保利通虽已于5月26日返回日本，然而按兵不动，透过大隈的报告掌握留守政府成员的动向。

9月13日所有使节团成员归国后，开始密谈如何否决留守政府通过的征韩主张。他们一致认为应该让大久保成为参议，只有大久保成为参议，才够格在庙堂上与西乡就征韩议题进行辩论（此时大久保为大藏卿）。大久

征韩议论图

保不愿与西乡（幼时好友，一起倒幕）翻脸，只是出于建立近代国家的使命，10月13日他同意就任参议。

翌日双方于庙堂上召开阁议，实际上是西乡与大久保的对决。大久保认为当今之计应优先充实内政，待国力强盛后再行打算。西乡则以天皇早已同意派遣自己为使节出使朝鲜，今日之议只是要告知使节团的成员，召开阁议纯属多余。此后数日双方僵持己见。10月17日大久保、木户辞去参议；隔日三条病倒，改由岩仓代理太政大臣。在大久保的建议下，10月23日岩仓直接向天皇奏请无限延期派遣朝鲜使节，西乡因而败阵。24日，西乡辞去参议以及近卫都督和陆军大将（当时日本唯一的陆军大将），与大久保简短交谈后返回故乡鹿儿岛，此后两人再也未见面。

太政官只准许西乡辞去参议和近卫都督，为他保留陆军大将的官阶，板垣退助、后藤象二郎、江藤新平、副岛种臣四位在征韩论与西乡意见相合的参议于25日一起辞职。庙堂一下子少了五位参议（当时参议只有九人），补上伊藤博文、寺岛宗则（萨摩）、胜海舟三人为参议。另外由于西乡辞去近卫都督，近卫兵中萨摩出身的将校桐野利秋、筱原国干（皆为陆军少将）等近六百人与西乡共进退，他们此后成为太政官的噩梦！

西乡等五位参议和近六百名近卫将校辞职称为"明治六年政变"（或"征韩论政变"），从这次政变后的参议成员不难看出土佐势力已经退出庙堂，即便之后板垣和后藤曾短暂被召回政府任官，但土佐再也不复政变前的势力。此后的土佐以在野姿态为民选议院的设立奔走，得到"自由是出自土佐的山间"（自由は土佐の山间より出づ）之赞赏。

有司专制

◈ 内务省成立

1873 年 11 月 10 日，明治六年政变后不到一个月，新成立内务省，参议大久保利通转任内务卿，原职大藏卿改由心腹大隈重信担任，另一心腹伊藤则担任工部卿，整个庙堂除大隈、大木及胜海舟外几为萨长垄断。内务省在近代日本政治握有极大权力，底下设置劝业、警保、户籍、驿递、土木、地理六寮及测量司，内务省的设置象征大久保独裁政权的确立。其主要任务之一为：一手掌控全国警察权，使内务卿成为全国行政警察之长。翌年 1 月于东京设置由内务省直辖的警视厅，以萨摩藩士川路利良为首任大警视，将先前的"逻卒"改名"巡查"；至于各府县警察则受府县长官的指挥。为提高警察的地位，规定为少数可佩刀的职业之一。

大久保考察欧美时曾目击欧美国家富裕进步，深感殖产兴业的重要，因此内务省的另一任务为：快速推动日本走向资本主义道路。

◈ 政权独归有司

1874 年 1 月 12 日，因征韩论下野除西乡外的板垣、后藤、江藤、副岛四位参议，与由利公正、冈本健三郎、小室信夫、古泽滋八人成立"爱国公党"，爱国公党是否可视为日本最早的政党，至今仍有争议。1 月 17 日，八人联名向左院递交《民选议院设立建白书》，以争取成立民选议院为目标。

建白书开宗明义提到"臣等伏察方今政权之所归，上不在帝室，下不在人民，而独归有司"，明确指出大久保的独裁政权即为"有司专制"。江藤新平于 1 月 13 日署名完《民选议院设立建白书》后便赶回故乡佐贺，与同样辞官返回故乡的前秋田县权令（县令）岛义勇受失意士族拥戴，2 月 1 日分别率领失意士族成立的征韩党、忧国党袭击御用商人小野组，掀起"佐

大久保独揽政权，内政外交上以强硬手腕推动日本走向强盛／三娃绘

贺之乱"。

江藤掀起"佐贺之乱"无非希望身在萨摩的西乡起而响应，只要西乡也举兵，天下不平士族就会跟着响应，进而一举打倒大久保政权。孰料，尽管江藤于2月15日攻下佐贺城，西乡却未如他所愿跟着举兵，因此各地士族也未能造成蜂起之势；大久保政权不只没被打倒，大久保本人还于2月9日取得在佐贺拥有行政、军事、司法全权处理的委任状，调度指挥东京、大阪两镇台兵力（后来加入广岛镇台）扑灭叛军。

大久保于2月中旬登陆九州岛后即刻率军与佐贺军交战，佐贺士族意外败给征兵制的镇台兵。2月23日征讨总督小松宫嘉彰亲王抵九州岛时，佐贺军已被大久保率领的镇台军击溃，同日江藤逃往鹿儿岛向西乡要求协助被拒，接着前往土佐与板垣会面亦遭拒绝。

3月岛义勇与江藤先后被捕，江藤认为自己应会被押回东京审判，比照在虾夷地对抗官军到最后的榎本武扬下狱关个几年就能获释。未料大久保竟直接在佐贺设置裁判所审判，4月13日将江藤与岛二人斩立决并枭首示众，消息传回东京太政官，其他参议无不骇然。

"佐贺之乱"的处置可看出大久保不凡的手腕及其冷酷的一面，连下野的西乡也称赞"庙堂上只要有大久保在就能安心"。然而他不仅在内政方面有一套，在外交上也让邻近的大清国为其无知付出代价。

◇ 出兵中国台湾

1871 年 10 月，一艘由琉求宫古岛出航的琉求船只遇台风漂流到中国台湾南部八瑶湾，船上六十九名岛民除三名溺死外，登陆的六十六人有五十四人遭到中国台湾高山族杀害。生还的十二人在汉人帮助下逃到中国台湾府，由清廷官员辗转助其返回宫古岛。原本应是琉球和中国台湾之间的冲突，却因为日本废藩置县时将琉球隶属鹿儿岛县（翌年脱离鹿儿岛县改置琉球藩），使得原该是清廷内政问题，顿时升高为日本与清廷间的国际问题。

1873 年 5 月，外务卿副岛种臣前往北京就中国台湾问题进行交涉。面对副岛外务卿不断追问，清廷吏部尚书、总理各国事务衙门行走的毛昶熙答以"生番（指中国台湾）系我化外之民，问罪与否，听凭贵国办理"，让副岛外务卿抓到语病，种下日后无穷后患。毛昶熙是道光年间进士，太平天国起义期间是规划全局的指挥人物，见识在当时清廷中屈指可数。就连这样的人也昧于时势说出不得体的话，足见向来以天朝自比的清朝在世界上是多么自大无知！清朝知识分子在外国官员面前又是多么愚昧！

尔后副便因征韩论下野，但是"中国台湾乃一化外之地"却从此深植太政官脑海中。当大久保为西乡下野后各地不平士族的暴动而焦头烂额时，他立即于 1874 年 2 月作出向中国台湾出兵的决定，明显是让不平士族有发泄的机会。这时江藤新平和岛义勇已在佐贺掀起叛乱。

问斩江藤和岛之前，大久保成立"中国台湾番地事务局"，由大藏卿大隈重信兼任局长，任命陆军大辅西乡从道为陆军中将兼中国台湾蛮地事务都督，前美国驻厦门领事李仙得为顾问，准备随时出征。大久保的出征中国台湾行动几乎得到多数太政官支持，唯长州藩龙头木户孝允反对，主张内治论的木户 4 月 18 日递出辞呈。在西乡已辞职的当下，若再让木户去职太政官恐有旦夕不保之虞，加上英、美两国不愿提供船只搭载日军，大久保不得不中止出征中国台湾计划。但西乡从道不愿放弃这一立功的机会，透过大隈重信的引介，**三菱商会**社长岩崎弥太郎动员旗下船只一肩扛起运送兵员的任务，才没让出征中国台湾的军事行动灰头土脸。

于是西乡从道率领三千六百名不平士族，乘着"日进""孟春"两艘军舰及三菱商会的十三艘船只，浩浩荡荡于5月4日从长崎出发，22日就在中国台湾琅峤湾社寮（屏东县车城乡）登陆。6月1日兵分三路向当地高山族排湾人进攻，由于双方兵器、战术的差距，对日军而言犹如摧枯拉朽，一个月下来仅仅以战死十二人的代价获胜，不过死于疟疾者却多达五百二十五人。

> **豆知识 》》 三菱商会**
>
> 前身可追溯至幕末时期土佐藩成立的"商贸组织土佐商会"，维新后土佐商会迁移至大阪，改称"大阪商会"，1869年改名"九十九商会"。废藩置县后，后藤象二郎要弥太郎担起土佐的藩债，代价是让予九十九商会及其船只，奠定弥太郎在海运业发展的基础。1873年，弥太郎将九十九商会改名"三菱商会"，融合土佐藩主山内家和岩崎家的家纹作为三菱商会商标。

清廷5月下旬派船政大臣沈葆桢来台，同时李鸿章的嫡系军队淮军亦不断来台，清、日双方势力呈现消长之势；加上昂贵的军费已让国力弱小的日本难以为继，因此大久保继任日本驻清公使柳原前光为全权大使，于9月前往北京总理衙门与清廷官员交涉。

10月清廷与大久保签订北京专约，承认此次日本出征中国台湾实为保民义举，必须支付日本五十万两。连同购船费用在内，日本此次出征中国台湾耗费超过千万两，却只取得五十万两的赔款，然而日本最大的收获不只是此次军事行动的合法化，而是数年后吞并琉球。最大获益者则是三菱商会的主人岩崎弥太郎。

新时代下的士族反乱

◇ 士族造反三场乱事

太政官 1871 年 8 月下令准许废发散刀，数年下来成效不彰，1876 年 3 月底再颁布强制执行的《废刀令》。同年八月实施 **"秩禄处分"**，自明治政府建立以来，颁布一连串政策将士族逼上造反之路。10 月起，"西南"地区的不平士族陆续发生叛乱，最先揭起反乱序幕的是敬神党于 10 月 24 日在九州岛熊本起事。

熊本士族太田黑伴雄率领其成立的狂热攘夷士族团体"敬神党"（也称"神风连"）近二百名成员，进攻熊本镇台司令官种田政明陆军少将（萨摩）及熊本县令安冈良亮（土佐），两人遭突袭后逃逸，数日后伤重死去。由于敬神党人坚持使用传统刀剑武器作战，让熊本镇台兵有反击机会，事发次日在熊本镇台参谋副长儿玉源太郎陆军少佐等将领的指挥下当天迅速平定，敬神党战死和切腹达一百二十余人，其余尽被逮捕。

九州岛北部方面，旧秋月士族宫崎车之助等约二百多人（一说为近四百人）呼应敬神党之乱，于 10 月 27 日杀害福冈县警察在旧秋月藩所在地起事。隶属熊本镇台的步兵第十四联队（在小仓）之联队长乃木希典陆军少佐率军迎击，31 日击溃秋月党，秋月之乱平定。

倒幕主力长州藩城下萩也发生士族反乱，曾是庙堂参议一员的前原一诚（他还是松下村塾出身），因病辞职返乡。长州幕末主力奇兵队在维新后被丢到一旁，愤而起义的奇兵队员惨遭木户等人镇压（脱队骚动），对失意士族抱持同情，因而被长州失意士族拥为领袖。10 月 28 日，前原指挥成立的殉国军袭击县厅，与政府军在市街激战，长州出身的陆军少将三

"秩禄"分为依家格等级而支付的"家禄"和支付维新功臣的"赏典禄"。太政官在版籍奉还、废藩置县，以承担华族、士族的秩禄为条件达成和平改革，然而这笔金额严重压迫国家的财政，于 1876 年 8 月全部废除。

浦梧栖率领广岛、大阪两镇台部分兵力费时约一星期将其平定，前原一诚搭乘小船逃往岛根县被捕，押回萩斩首；主持松下村塾的吉田松阴叔父玉木文之进因门下参与乱事者众，引咎切腹。值得一提的是，后来的政友会总裁、陆军大将田中义一亦是乱事成员之一，唯因年幼未被究责。

从敬神党、秋月到萩的三场乱事，不平士族付出生命，以实际行动向太政官做出最大的抗议，未死于这三场士族反乱的不平士族纷纷涌向九州岛南部的鹿儿岛，将最后希望寄托在天下士族崇敬的对象西乡隆盛身上。对东京太政官，特别是大久保利通而言，只要西乡和萨摩士族不起事便无须担心，然而随着不平士族一场又一场的反乱被镇压，西乡和萨摩士族的动态成为朝廷关注的焦点。进入 1877 年，警视厅派出二十余名警察以返乡为名（被称为"东京狮子"）监视西乡等人的行动，结果引起大久保等人最不想见到的结果，也就是敲响了西南 ⑭ 之役的战鼓。

◇ 西南之役

西乡辞官后，以倒幕维新时立下功勋赏赐的"赏典禄"二千石（包含鹿儿岛县令大山纲良的八百石和桐野利秋的二百石）成立"私学校"，这是后来西南战役萨摩军的主力。虽名为"私学校"，却与当时教授西方知识的学校大异其趣，重现幕府时代汉文为主的教材，并重视剑术修练。简言之，私学校的教育着重文武合一、重视道德更甚于知识。

1877 年 1 月底，二十余名"东京狮子"未得鹿儿岛县令允许便擅自搬走弹药，被捕拷打下供出此行目的在于刺杀西乡（是真有其事或是拷打后作出的假证词则不得而知），私学校生徒获知后群情激动，经校内干部讨论，决定拥戴西乡前往东京向太政官问明事情真相。

2 月 14 日，西乡领七大队约一万三千名萨摩武士冒雪出发，主帅西乡穿着当时日本唯一一件陆军大将军服，两旁民众高举"新政厚德"旗帜为远行的萨摩武士送行。西乡此去，与使出权谋术数的伏见、鸟羽之战大不相同，几乎没有为这支一万多人部队定出任何战略或战术，是西乡沉湎在那次战役的胜利以致高估萨摩战力或从一开始便将胜败置之度外，则不得而知。

2月19日太政大臣三条实美下达讨贼令，以有栖川宫炽仁亲王为征讨总督，实际司令官为陆军中将山县有朋和海军中将川村纯义。25日褫夺西乡陆军大将及桐野利秋、筱原国干陆军少将的官位，定调萨摩军为贼军。

萨军出发后，九州岛不平士族纷纷前来投靠，人数膨胀至三万，照这样一路前进，追随的士族应有可能突破十万，如此看来推翻太政官并非难事。萨军却执着于要攻下熊本镇台所在的熊本城（司令官为陆军少将谷干城），在这里发动熊本和田原坂两场激战，耗时近两个月不说，还导致筱原国干、西乡小兵卫（西乡么弟）、永山弥一郎等将领的牺牲。熊本镇台两个月血战为政府军争取到充裕的时间，透过三菱商会船只的运输，运送将近六万官军到九州岛，萨摩军对熊本城过度坚持终于导致最后的失败。

受官军包围，萨军势力范围逐渐缩小，9月困守在鹿儿岛城山，西乡及萨军败局已定。9月24日官军发动总攻击，中弹的西乡切腹，维新第一元勋兼日本唯一陆军大将结束性命，为数不多的萨军跟随切腹，几无向官军投降。历时七个多月的西南之役画下句点，这是日本最后一场内战。

◈ 暗杀大久保利通

1877年5月26日，西南之役如火如荼进行的同时，人在京都养病的内阁顾问木户孝允（因出征中国台湾而辞职的木户，后来拒绝复职参议）在京都病逝，临终前仍对辛苦建立的日本抱持关心。

西南之役落幕，除代表不平士族以武力作为反抗手段方式的失败外，还象征大久保独裁政权的稳固。但尽管不平士族不再发起武装反乱，也不代表他们默认大久保的独裁政权。

1878年5月14日清晨，大久保与前来私邸求教的福岛县令山吉盛典谈及："要贯彻实现维新需要三十年，明治元年到十年是战乱纷扰的创业时期；明治十一年到二十年是整顿内治、殖产兴业的时期，我在这个时期会以内务卿之职全力以赴；明治二十一年到三十年就交由后进来做。"此话可看出大久保到1887年（明治二十年）才打算退出第一线。大久保说完后离开自宅，乘坐马车前往千代田区太政官府上班，途经纪尾井坂（今有清水谷公园）时遭到石川县士族岛田一良等六人袭击，大久保当场毙命。自此"维新三杰"全部殒命，日本政坛提前世代交替。

接替大久保成为内务卿的是伊藤博文，此后太政官为萨长垄断。伊藤博文能力固然不输大久保，用人也尚能做到打破门阀的藩篱，但他不像大久保那样律己甚严，在建立近代国家方面亦不如大久保严谨。

大久保严禁军人干政，山县有朋虽是陆军卿也不例外，后来兼职参议也没有发言权。伊藤晋身内务卿，山县开始培植势力。大久保死后的 12 月，山县接受从德国考察陆军归国的手下陆军少将桂太郎的建议，将原本隶属陆军省的参谋局独立为参谋本部，变成不受太政官控制的军令机关。他将统帅权独立出来，只对天皇负责，内阁制实施后亦不受内阁监督，之后以"陆军的大御所"之姿君临政坛，成为明治、大正时期最具权势的人物。

❶❹ 针对东京而言，指今日本州岛最西部和九州岛。

自由民权运动

◎ 国会期成同盟

西南战争失败后，不平士族意识到不能再以武力向太政官抗争，改以设立民选议院作为抗争手段。西乡死后，能够领导他们以设立民选议院为目标向太政官抗争的，只有土佐出身的前参议板垣退助。

1878年4月，板垣恢复先前成立的政治社团"爱国社"（1875年2月成立，西南战争期间废除），以爱国社作为全国性国会开设运动的中心。同年9月在大阪召开第一次爱国社大会，此后每半年于大阪召开一次。

1879年11月7日第三次爱国社大会鉴于已有九十余名社团代表与会，足见成立民选议院已是大势所趋，太政官再不能以"人民仍处蒙昧状态"拒绝成立民选议院。虽然三次大会还有讨论条约改正等其他议题，但仍以民选议院和国会为主，1880年3月15日举办的第四次爱国社大会决定更名"国会期成同盟"以符合大会内容，召开地点也移至东京。

大会推选片冈健吉为议长、西山志澄为副议长，两人皆是土佐士族，在戊辰战争时皆为板垣退助的下属，明治六年政变与板垣同进退。4月，片冈与福岛县豪农河野广中赴东京向太政官递交国会期成同盟的二府二十二县九十七名代表制定、共八万七千人联署请愿的《允可国会上设上愿书》，请求立即开设国会。

爱国社大会改组"国会期成同盟"到递交《允可国会上设上愿书》前后，可说是开设国会、设立民选议院最高峰

推动自由民权运动时期的板垣退助

时期，太政官屡屡拒绝政治社团请愿，但感受到民心难以抑止，除动用警察机关加以弹压外，也制定修改诸如《集会条例》《新闻纸条例》《谗谤律》等法规限制人民的集会请愿、出版等自由。

◈ 明治十四年政变

大久保倒下后，在未立接班人的情况下，大久保引为左右心腹的伊藤和大隈互视为竞争对手而暗自角力，角力的范围反映在开设国会的立场上。民间因请愿设立国会而群情沸腾，太政官诸位参议在1879年以降纷纷发表自身对于设立国会及宪法的意见书，从意见书中对国会的权限和宪法赋予天皇的角色存同舍异，达成共识。大隈参议直到1881年3月才在左大臣有栖川宫炽仁亲王的催促下，以密奏方式上呈左大臣。

实际上大隈的意见书由智囊大藏省书记官矢野文雄起草，矢野毕业于民间人士福泽谕吉创办的庆应义塾大学，经福泽推荐到大隈底下工作。大隈的意见书被认为受福泽谕吉代表的在野势力左右，对国会和宪法的看法比其他参议激进（不过比板垣等国会期成同盟温和），因而与伊藤、井上馨产生隔阂，连带受到其他参议排挤。

8月发生"**北海道开拓使官有物事件**"，引起舆论挞伐，各家报纸对内情所知有限，唯有福泽谕吉创办的《时事新报》刊载最为详尽。基于先前大隈与福泽的关系，庙堂参议咸认是大隈将事件内幕泄露给《时事新报》，目的在借舆论力量掀起民愤，整垮萨长把持的太政官。

大隈除外其他九位参议（除

> **豆知识** 〉 **北海道开拓使官有物事件**
>
> 1869年5月结束戊辰战争后，改虾夷地为"北海道"，设置开拓使开发该地，前后任命锅岛直正（号闲叟）、东久世通禧为开拓长官。不过锅岛为佐贺藩主，东久世为公卿，两人皆不谙事务，实权遂操控在开拓副使黑田清隆（萨摩）手里。1874年8月黑田扶正为开拓使，北海道在黑田主政下全力开发，特别在1875年与俄国签订《桦太、千岛交换条约》后成为日本防堵俄国南下的最前线，政府挹注大量资金。1882年2月政府决定废止开拓使，改置府县，事先得到消息的黑田遂将属于开拓使的产业以大约三十九万元的价格，分三十年无息贱卖给同藩武士五代友厚，这是典型的官商勾结。

大木乔任外皆萨长出身）趁大隈随侍天皇巡幸东北（1881 年 7 月 30 日到 10 月 11 日）返回的当晚，连夜召开会议，决定免除大隈所有职务，连同底下智囊团一同逐出政府，此即"明治十四年政变"。为平息驱逐大隈等思想先进成员所引起的民怨，太政官决定以天皇名义颁布《开设国会诏敕》，明确指出政府将于 1890 年成立议会。

下野后的大隈，以任职大藏卿的班底为主成立"立宪改进党"。1882 年 10 月在岩崎弥太郎的资助下，买下幕府时代高松藩主的武家屋敷成立学校，校名为"东京专门学校"。该校虽有高田早苗、坪内逍遥等一流师资，但政府上下皆视大隈为谋叛之人，视大隈成立的学校为西乡的私学校第二，动辄以政府力量横加干预，威胁家长不得将弟子送往该校就学，或是胁迫学校教职员。即使条件如此不利，大隈依旧排除万难将校务办得有声有色，创校伊始成立政治科、法科、文科、商科、理工科，1900 年获准成立大学部，1902 年改校名为早稻田大学，与福泽谕吉的庆应义塾大学并称"私立大学中的双璧"。

◇ 自由党与立宪改进党

1880 年 11 月 10 日，在东京召开第二次国会期成同盟大会，此次大会出现不少私人性质的宪法草案。土佐出身的植木枝盛认为每次大会都是重复向太政官递交民众署名的议会请愿书、不断被拒绝的过程，觉得这样过于被动软弱，遂提出组织政党并命名为"自由党"的提议。

这次大会众议仍倾向向太政官请愿，植木的提议并未受到重视。不过大会结束后的 12 月 15 日，与会代表达成共识，制定自由党盟约四条，政党的成立只是时间问题。参与制定自由党盟约的成员主要包含嘤鸣社、东北有志会、东洋自由新闻社、立志社四个派系，除嘤鸣社后来琵琶别抱投向立宪改进党外，其他三个派系成为翌年成立的自由党基本班底。

1881 年 10 月 18 日，也就是明治十四年政变后七日，在东京举行第三次国会期成同盟大会。这一次大会主要内容为成立自由党，长年耕耘自由民权的板垣退助不负众望被推举为总理，幕末坂本龙马海援队出身的中岛信行为副总理，后藤象二郎、竹内纲（战后首相吉田茂生父）等人为常议员。从党章和党规来看，自由党与先前的爱国公党相比，更有资格被视为日本最初的政党。

1882 年 4 月 16 日，在野的大隈重信亦在三菱商会的资助下成立"立宪改进党"，曾为庙堂参议一员的大隈是最合适的总理人选，与大隈一同下野的前农商务卿河野敏镰为副总理。值得一提的是土佐出身的河野，曾是幕府末期土佐勤王党的一员，与自由党不少成员是故旧，却拒绝加入自由党。立宪改进党成立之前一个月，《东京日日新闻》社长福地源一郎（号樱痴，旧幕臣出身）、《明治日报》的丸山作乐接受伊藤博文、井上馨成立"立宪帝政党"。这个政党缺乏自己的理念，只一味地仰政府鼻息，沦为政令宣传的传声筒。

自由党与立宪改进党同算是明治时期日本最早的政党，在坚持民选议院、颁布宪法上有共通目标，然而对于议院应师法哪个国家、赋予议院的权限以及天皇在宪法享有何种地位等问题上，两党明显对立。这些问题导致两党不仅无法合作，甚至互相攻讦，最后为政府分化，于 1884 年 10 月 29 日解散（改进党虽未解散，但大隈辞去总理，与解散无异）。

实施内阁制

◇ 颁布《华族令》

自由党和立宪改进党互相攻讦之际，伊藤博文于 1882 年 3 月初奉天皇之命赴欧考察欧洲宪法作为未来之准备。3 月 14 日，伊藤带着参事院议官西园寺公望（公卿）、平田东助、岩仓具定（具视次子）、伊东巳代治，赴欧考察德、奥、英三个君主立宪国家的宪法制度。

5 月 16 日抵达柏林，伊藤再次会晤铁血宰相俾斯麦，在俾氏安排下请柏林大学教授顾奈斯特每周讲解三次宪法制度，让伊藤对欧洲各国宪法有深入的认识。9 月底伊藤一行前往奥国首都维也纳，之后转往英国，他在德国期间已了解国家组织、确立巩固皇室的基础、不使皇权旁落的方法，并掌握对自由民权运动致胜的理论和手段，因此奥国和英国的议会制已无法吸引他的兴趣。

1883 年 6 月 26 日伊藤一行于意大利拿坡里乘船返国，7 月在上海收到岩仓右大臣的讣闻电报。鉴于公卿和维新元勋中无人能够递补此职，三条实美太政大臣和有栖川宫炽仁亲王左大臣空有家世而不具备议决国事的才能，伊藤萌生改太政官制为内阁制的想法。实施内阁制后无可避免出现议会，为了不让议会凌驾皇室之上，有必要成立像德、奥两国拥护皇室的贵族，让他们进入议会成为抑制内阁的力量。

因此伊藤于 1884 年 3 月 17 日成立不受太政官管辖的制度取调局，用意即在制定宪法及与议会有关的法则。伊藤自任该局长官。至于设置皇室屏藩的任务则另由赏勋局负责，该局将四民平等时定位为华族的往昔封建时代的公卿、大名称为"旧华族"，倒幕维新时立下功勋的诸藩藩士称为"新华族"，两者统称"华族"，分为公、侯、伯、子、男五等爵位。

是年 7 月 7 日颁布《华族令》，总计共授出爵位五百零九家，爵位为公爵的未必对维新回天有重大贡献，但是在旧日公家、武家社会中家世最为显赫，共计十一家：近卫、九条、一条、二条、鹰司、德川宗家（将军家）、三条、岩仓、岛津宗家（茂久的后裔）、玉里岛津家（久光之后裔）、毛利家。

侯爵为公卿中仅次于摄家的清华家（三条除外）、旧幕府时代奥羽地方以外（佐竹家为唯一例外）二十万石以上的亲藩（御三家）和外样各藩，以及新华族中大久保利通、木户孝允的子孙（西乡隆盛此时尚名列朝敌，故不对其子孙授予爵位）。

皇族、公爵和侯爵成员是后来帝国议会贵族院的当然成员，底下的伯爵、子爵、男爵则是互选产生，名额不超过五分之一。

《华族令》之后又陆续追加数次，连自由民权运动成员的板垣、后藤、大隈等人都被授予伯爵爵位。《华族令》的颁布让皇室在议会成立后有所屏障，因此一年半后政府敢于实施内阁制。

◈ 内阁制取代太政官制

1885 年 12 月 22 日，太政官达第六十九号（也是最后一号）发布，明令废止由太政大臣、左大臣、右大臣、参议主政的太政官制，改以内阁制取代；各省长官名称也从"卿"改为"大臣"。同时废止工部省、参事院及制度取调局，创设递信省及内阁法制局。

三条太政大臣改任专门掌管御玺、国玺（天皇印和国印）的内大臣，其实就是不管事大臣，但为尊重长年担任太政大臣的三条实美，特旨中规定内大臣地位高过总理大臣。有栖川宫左大臣转任参谋本部长（1889 年 3 月改称参谋总长），此外还设置十五名以内的荣誉职、宫

| 人物通 | 敕任官 |

战前日本高等官可分为亲任官、敕任官、奏任官三等级。亲任官乃天皇直接任命或以天皇署名加印形式任用的官职，是三等级中最高的一种，内阁总理大臣、国务大臣、特命全权大臣、枢密院议长、朝鲜和中国台湾总督、陆海军大将属之。亲任官以下的高等官分为一等到八等，一等和二等属于敕任官，敕任官只需总理大臣的署名及御玺章即可，内阁书记官长、法制局长官、帝国大学总长、特命全权公使、警视总监、各府县知事、陆海军中、少将属之（亲任官和敕任官使用"阁下"作敬称）。三等官到八等官属于奏任官，总理大臣得天皇的裁可以口头任命形式任用，执掌国家部门的二级事务官以及大佐到少尉的军官均属此类。

中顾问官作为内阁制实施后对失去官职者的酬佣，给予**敕任官**待遇。

妥善安置好昔日太政官要员的出路，日本进入内阁制时代，长州出身的伊藤博文理所当然为第一任内阁总理大臣，代替公卿出身的三条太政大臣成为日本国政的最高负责人。第一任伊藤博文内阁其他成员如下：

外务大臣	井上馨	长州出身
内务大臣	山县有朋	
司法大臣	山田显义	
大藏大臣	松方正义	萨摩出身
陆军大臣	大山岩	
海军大臣	西乡从道	
文部大臣	森有礼	
农商务大臣	谷干城	土佐
递信大臣	榎本武扬	幕臣

幕末条约改正

◇ 井上馨的鹿鸣馆外交

自幕府末期幕府大老井伊直弼与欧美列强签订《安政五国条约》以来，日本先后与十一个国家签订友好通商条约。明治政府也继承这些所谓的"不平等条约"，故明治一代日本历任外务卿皆以完成改正条约为己任。

1871年出使欧美的岩仓使节团将条约改正列为使命之一，只是出访的欧美各国均以时候尚早拒绝进行改正。1879年9月井上馨担任外务卿，条约改正进入另一个新阶段。1880年3月太政官进行官制改革，参议不得兼任各省长官，不过井上是例外的三人之一（另两人为黑田清隆兼任开拓长官和山县有朋兼任参谋本部长）。

井上外务卿在与欧美各国进行交涉过程中，最常听到的指责是日本还是未进入文明的国家，为让欧美外交使节改观，井上于1880年延请英国建筑师康德尔设计一幢欧式建筑。1883年7月竣工，取《诗经·小雅·鹿鸣篇》命名"鹿鸣馆"，借由与欧美外交使节举办通宵达旦的化妆舞会让外国使节与本国人相信日本已跻身文明国家之伍，此即井上外务卿有名的"鹿鸣馆外交"。

欧美使节玩乐过后，与井上外务大臣交涉时态度依旧强硬不让，于1887年4月达成交涉，要点为：（一）本约批准后两年内日本全国开放；（二）给予外国人与日本国民同样的权利以及裁判特权；（三）日本以"泰西主义"为准则，制定司法组织及刑法、治罪法、民法、商法、诉讼法；（四）任用外籍法官和检察官；（五）遇到外国人和日本人的诉讼时必须有数名外籍法官。这等于承认外国在日本享有治外法权，然而井上外相却照单全收。

井上的外交政策引起朝野一致抨击，沉寂已久的民权运动先后在片冈健吉和后藤象二郎领导**"三大事件建白"**和**"大同团结运动"**后又活络起来，逼得伊藤内阁不得不祭出《保安条例》防止民权人士暴动。井上外相也在外有民权人士、内有鸟尾小弥太和三浦梧栖等长州系陆军将领的反对

日本积极与西洋国家展开外交，欧式建筑鹿鸣馆作为欧洲使节与日本上层社会交流场所／三娃绘

下黯然下台，改由已辞职下野的大隈重信伯爵于 1888 年 2 月接替外相。

◇ 大隈功败垂成

1888 年 4 月底，伊藤首相为了专心研拟帝国宪法和皇室典范而辞去首相，转任新成立的枢密院担任议长，改由萨摩出身的前开拓长官黑田清隆继任首相，大隈外相获得留任继续为改正条约而努力。

大隈外相放弃井上外相召开列国会议、与各国外交使节一起在谈判桌上谈判的

> **豆知识　三大事件建白、大同团结运动**
>
> 鉴于井上外相条约改正的丧权辱国，曾为国会期成同盟议长的土佐士族片冈健吉向元老院提出包含"减轻地租、言论集会自由、挽回外交失策"三项事情建言的三大事件建白。然随着伊藤内阁抛出《保安条例》驱逐五百多名民权人士（片冈健吉亦在其中），为了不使三大事件建白的声势中挫，后藤象二郎起身领导并倡言"舍小异就大同"的大同团结运动。当时宪法颁布与成立议会在即，许多民权人士无不将大同团结运动视为议员选举的开胃菜，他后来被黑田首相延揽入内阁当递信大臣，大同团结运动跟着无疾而终。

方式，采取与各国个别谈判的方式，而且优先从国力与日本相当的非列强国家着手。1888 年 11 月底日本和墨西哥达成协议，以服从日本的法律为条件向墨西哥开放日本内地，允许该国人民居住日本并进行商业活动，和墨西哥成功签订了对等条约。

有了和墨西哥成功的前例，大隈信心大增，接着和美国提前进行条约改正，美国几乎未加考虑便于 1889 年 2 月在改正条约上签字。不过在与英国谈判时，却被英国反过来要求日本必须将给予墨西哥的优惠均沾给英国，大隈不愿顺从要挟，跳过英国直接与德、俄交涉，两国很干脆地签字，英国立场顿时变得尴尬。

大隈外相在条约改正过程中允许外国人居住日本并拥有土地所有权，幕府时代划定的租借地治外法权以及一定程度上最高法院聘用外籍法官和检察官的情况依旧存在，只是比例较井上外相轻微而已。这些外交谈判细节原本不对国人公开，竟被国粹主义者陆羯南创办的报纸《日本》揭露，一时之间大隈成为众矢之的，不少保守主义者上书要求大隈外相停止条约改正的谈判。

1889 年 10 月 18 日，大隈外相正要返回霞关外务省外相官邸时，右翼团体**玄洋社**成员来岛恒喜对大隈的马车丢出一枚炸弹，大隈外相右脚被炸伤，自膝盖以下切除，来岛以为得手当场切腹。黑田首相率领内阁成员当日总辞，大隈因伤延至该年 12 月下旬才辞职，条约改正功亏一篑。之后青木周藏、榎本武扬、陆奥宗光等外相持续进行，直至 1911 年 4 月（第二次桂太郎内阁）《日美通商航海条约》签订后，束缚日本半世纪的不平等条约才完全废除。由此观之，日本废除不平等条约的过程，其艰辛程度实不亚于中国！

人物通　玄洋社

成立于 1881 年以福冈为中心的右翼团体，黑龙会（内田良平创立）是玄洋社在海外（特别是中国）的窗口，创立者平冈浩太郎是自由民权运动成员之一，但该社并不主张民权，反而以强化国权为诉求，是明治中期后民权人士受国际环境对日本不利而从民权主义转变为国权主义的典型。日俄战争后成为明治政府对外侵略（特别是中国）的帮凶，极力赞助孙文革命事业的头山满、萱野长知皆是该社成员。孙文病逝后在中国投入大批大陆浪人，昭和初期日本全面侵华时这些浪人发挥极大的助力，1946 年为盟军总部（GHQ）取缔解散。

成为君主立宪制国家

◇ 颁布大日本帝国宪法

1887 年 6 月起伊藤与伊东巳代治、金子坚太郎、井上毅等人于横须贺的夏岛草拟帝国宪法，先前赴欧考察宪法之行，成为伊藤等人最主要的依据。该次考察已认定欧洲各君主国家与日本国情最为相似的是德国，因此帝国宪法的制定遂以德国为师法对象。

历时十个月无数次的修改，定出两个草案，到 1888 年 4 月下旬完成最后的修改案，伊藤将最后修改案上奏天皇，一同上奏的还有攸关皇位继承的《皇室典范》。另成立供天皇最高咨询的顾问机构枢密院，该院置议长、副议长各一人，顾问官二十余人。4 月底伊藤辞去总理一职，转任枢密院首任议长（副议长为萨摩出身的寺岛宗则）。

1889 年 2 月 11 日纪元节（1966 年改称"建国纪念日"），明治天皇在东京皇居中的贤所及皇灵殿（与神殿并称"**宫中三殿**"）向历代皇祖皇宗神令奏上告文。结束后换上军服，在《君之代》乐声中走进颁布宪法的式场玉座，接着三条内大臣捧呈《大日本帝国宪法》，由天皇亲手授予黑田首相，象征"钦定宪法"的形式。《皇室典范》《议院法》《众议院议员选举法》《贵族院令》《会计法》都在同一天颁布。

此外追赠对王政复古有功的维新志士：岩仓具视赠太政大臣，岛津久光、大久保利通赠右大臣，木户孝允赠从一位，藤田东湖、佐久间象山、吉田松阴赠正三位，而最振奋人心的莫过于解除西乡隆盛朝敌之贼名、追赠正三位之事（坂本龙马直到 1891 年才追赠正四位）。由于解除朝敌之故，西乡嫡子寅太郎后来亦授予侯爵

> **豆知识 ▷ 宫中三殿**
>
> 指贤所、皇灵殿、神殿，位于东京都千代田区皇居内今上天皇、皇后居住的吹上御苑东南边。贤所是皇居内祭祀天照大御神之处，其御灵代（神体）为八咫镜的复制品神镜；皇灵殿供奉历代天皇及皇族之英灵，由天皇于每年春分之日和秋分之日主持祭祀历代天皇、皇后、皇族的皇灵祭；神殿供奉皇族之外的天神地祇，亦按时祭祀。

1889 年宪法颁布略图／杨洲周延绘

之位。

不仅追赠死去的志士，更大赦身陷囹圄的民权人士，河野广中、大井宪太郎、片冈健吉、西山志澄、坂本南海男、星亨全部获释，连因《保安条例》被逐出皇居十二公里以外且三年内不得返回的尾崎行雄、中江兆民、竹内纲也都解禁。

《大日本帝国宪法》（简称《明治宪法》）共分为七章七十六条，第二章《臣民权利义务》罗列臣民拥有的种种自由，然而每一条都加上法律规定范围内的但书，只要通过天皇制定新的法律条文便能抹杀宪法赋予人民的权利；然而第一章却赋予天皇庞大权力，如此的不对等，难怪有"东洋卢索"之称的中江兆民"通读一遍唯苦笑而已"，讽刺当时日本国民是"未见及其实，便已先沉醉其名"。

◇ 帝国议会成立

1890 年 7 月 1 日，日本举行史上首次众议员选举，自由党系、改进党系、官僚及其党系、保守分子与中立分子共同角逐 300 个议会名额。当时选举资格为年满二十五岁以上、缴纳直接国税十五元以上的成年男子有选举权，年满三十岁以上的男子有被选举权。直接国税指地租和所得税，缴纳直接国税十五元约等于拥有二町步（约一百九十八公亩）以上的地主，在当时只有豪农以上阶层才具备这等财力，因此当时日本 3930 万人口中仅约 45 万人享有选举权与被选举权，只占总人口 1.14%，可以说大多数日本人是被排挤在外的。

　　选举结果，自由党系、改进党系加起来占一百七十余席，以多数党姿态君临议会。11 月 29 日帝国议会启动，同日《大日本帝国宪法》正式生效。帝国议会仿照英国议会分上、下两院，上院称"贵族院"，该院议员的构成可分为以下三部分：

皇族议员	满十八岁的皇太子、皇太孙以及满二十岁的皇族其他男性成员。
华族议员	1. 满二十五岁（后来改为三十岁）的公爵、侯爵全员。 2. 满二十五岁（后来亦改为三十岁）伯爵、子爵、男爵互选选出者。唯，各爵位当选者不得超过该爵位全员的五分之一（后来规定伯爵、子爵、男爵三爵位席次为一百五十名），任期七年。
敕任议员	1. 敕选议员：对国家有贡献或是拥有学识的人经内阁提出，由天皇任命，任期终身，名额不超过一百二十五名。 2. 帝国学士院会员议员：帝国学士院会员中满三十岁以上的男性互选选出，任期七年，名额四名。 3. 多额纳税者议员：缴纳地租和工商业所得税等直接国税的三十岁以上男子中互选，任期七年。 4. 朝鲜·中国台湾敕选议员（日本面临战败之际，于 1945 年初开放给两处殖民地的名额）：居住朝鲜或中国台湾，满三十岁以上，拥有名望而给予敕任的名额，任期七年，名额十名以内。

　　与现在日本两院制不同，帝国议会的贵族院可以否决众议院议决的决议案，众议院的权限据宪法规定只有"国家的岁出岁入，须每年依预算经帝国议会的协赞"（第六十四条）。所谓的"协赞"，在枢密院审议宪法《最终草案》时认定为"承认"之意。可是宪法同时也规定"帝国议会未能议定预算或预算不成立时，政府得施行前年度之预算"（第七十一条），等于说众议院的"审核预算权"不见得能在审核预算时发挥效用。

　　尽管《大日本帝国宪法》下的帝国议会权限极为有限，但政党人士充分运用有限的权限与藩阀政府对抗，出现不少可歌可泣的故事。

甲午战争后侵占中国台湾

◇ 夹在甲午战争中的朝鲜

西乡主张的"征韩论"虽因个人下野之故被搁置，萨长藩阀主政下的大日本帝国则未放弃对外扩张，这可从 1871 年出兵中国台湾、1879 年并吞琉球、1882 年和 1884 年两次在朝鲜境内制造事变（壬午、甲申事变）得到证明。

随着日本对朝鲜内政干涉逐渐加剧，清、日之间的战争无可避免，此即"甲午战争"（中日甲午战争）。1894 年 1 月，朝鲜的本土宗教"东学教"（也称"天道教"）第二任领袖崔时亨于全罗道起义叛乱，5 月底（阳历）占领整个全罗道。朝鲜国王李熙（高宗）向北京求援，并依 1885 年签订的中日《天津条约》知会日本，在清、日两国同时出兵的情形下，东学党不战而溃。

东学党既已溃败，清、日失去驻留朝鲜的理由，然而日本已在六月五日于广岛成立大本营，陆海军的统率部长（参谋总长、军令部总长）、次长（参谋次长、军令部次长）等指挥作战的将领纷纷移往广岛，建立起战时体制。天皇与皇太子嘉仁亲王分别在清、日两国交战后的 9 月 15 日和 11 月 17 日进驻。议会中处处杯葛内阁的政党也与主张国权的分子组成"**硬六派**"，择广岛进行第七回帝国议会（唯一一次在东京以外召开的议会），历经五日议决（10 月 18 日到 22 日），罕见地通过内阁提出的军事预算。

7 月 25 日，日舰"吉野""秋津洲""浪速"三舰与清北洋海军"济远""操江"于朝鲜半岛西侧丰岛冲发生海战，清军不敌两舰败走，运送清兵的英舰"高升号"为浪速舰长东乡平八郎下令击沉。之后的成欢（牙山）之战，清军亦败。8 月 1 日，清、日两国正式宣战，日本因丰岛冲和成欢两次战役得胜正士气高昂，清军则由于北洋舰队经费遭挪用，再加上将领不和及冗兵太多致士气低沉，未战几乎先败。9 月的平壤（陆战）、黄海（海战）两役，10 月的鸭绿江，11 月的旅顺口等役，清军溃不成军，败局已定。

旅顺口之役后，清廷眼见取胜无望，遂透过美、英、俄等国斡旋，着手进行谈和。恭亲王奕䜣指派外交官张荫桓及前任中国台湾巡抚邵友濂为全权大使赴广岛谈和，日方对这两人并不满意，最后清廷改派李鸿章于下关（中国方面称为"马关"）进行谈和。

日本举国上下投入战争；清朝虽在面积和人口方面大上日本数倍，然投入战局的始终只有直隶总督兼北洋通商大臣李鸿章及其成立的北洋舰队，以一人之力对日本一国，任凭有通天本领，失败也不令人意外。

◇ 《马头条约》与日军入侵中国台湾

1895年3月19日（阳历），清廷全权大臣李鸿章与养子李经方抵达下关春帆楼进行谈判，此时日本犹未停战，正从关外步步进逼山海关，欲以战逼和，迫使李鸿章签订对日本更有利的和约。李鸿章对这种恫吓不为所动，硬是不理。3月24日，李鸿章从春帆楼返回途中遭自由党徒小山丰太郎近距离狙击，脸部受创，李虽保住一命，谈判过程却因此暂时搁置。

李鸿章是当时清朝最具国际知名度的人物，他在日本受到狙击的消息让欧美列强有了介入机会。日本在欧美干预下不得不妥协，同意除中国台湾、澎湖以外在清朝盛京、直隶、山东等地的日军部队进入停战状态，原本提出三亿两白银的赔款也减为二亿两。

几经折冲，1895年4月17日（清历为光绪二十一年三月二十三日）《马关条约》（日方称《下关条约》，清方称《马关条约》）调印，全文共十一条，主要内容为：（一）确认朝鲜为一独立国家；

> **人物通　硬六派**
>
> 帝国议会成立后，由于议会权力薄弱，因此先前的自由党、立宪改进党及附属在两大党的其他派系纷纷结合起来，手握预算审议权以对抗内阁。但是随着条约改正的失利，加上日清之间关系紧张，议会中主张国权优先的派系于是联合要求内阁对外强硬，这样的派系共有六个，被称为"对外硬"或是"硬六派"。"硬六派"的组成除国粹成员佐佐友房成立的"国民协会"外，还有自由党系的立宪革新党、立宪改进党系的立宪改进党、中国进步党、帝国财政革新会以及无所属的大手俱乐部。"硬六派"除对外强硬这点外，彼此间政治理念并不全然相同，日清战争结束后逐渐分裂，最后甚至互相对立。

签订《马关条约》之地春帆楼／三月雪摄

（二）辽东半岛、中国台湾及其附近岛屿和澎湖列岛永久让与日本；（三）赔款二亿两白银；（四）开放苏州、杭州、沙市、重庆为通商口岸，认可日本有最惠国待遇，允可日本在中国通商口岸设立领事馆和工厂及输入各种机器；（五）日本在三个月内撤出在中国领地内的军队；（六）条约批准日开始方停止交战；（七）条约由日、清两国批准，于1895年5月8日（清历为光绪二十一年四月十四日）生效。

5月10日，萨摩出身的海军中将桦山资纪任命为首任中国台湾总督，同时擢升为第二个海军大将（西乡从道为第一个）。5月24日，桦山自广岛宇品港出发，准备接收中国台湾。翌日，部分中国台湾官员与当地士绅成立"中国台湾民主国"，推当时中国台湾巡抚唐景崧为民主国总统，年号"永清"，以刘永福为民主国大将军，丘逢甲为义勇统领。

桦山见状连忙调动原本派驻于旅顺、大连的近卫师团，5月29日于三貂角附近登陆。沿途虽有台人抵抗，日军仍于6月14日进入台北城，唐景崧在6月4日基隆沦陷后内渡返回厦门，丘逢甲尽管留下"宰相有权能割地，孤臣无力可回天"的诗句，亦跟着内渡广东。近卫军接着在新竹、苗栗一带遭遇客家将领吴汤兴、徐骧、姜绍祖组客家义勇军与之对抗，激战两个多月，姜绍祖阵亡，苗栗为日军占领。吴汤兴、徐骧之后随义勇军南下，继续与日军抗争。

8月27日，义勇军将领吴汤兴、吴彭年、徐骧戍守八卦山和彰化城，与日军于八卦山激战一昼夜，吴汤兴、吴彭年阵亡，徐骧南下斗六。

义勇军虽屡屡战败，中国台湾人民顽强的抵抗给日军带来极大压力，桦山总督有感中国台湾人民不屈的意志，于是再向军方请求支持。10月10日混成第四旅团于嘉义布袋登陆（旅团长为陆军大佐伏见宫贞爱亲王，能久亲王为其异母兄），11日第二师团亦在枋寮登陆（师团长为陆军中将乃木希典），欲南北夹击，于台南城包围义勇军。

10月21日台南城为乃木的第二师团攻陷，28日北白川宫能久亲王（前述的轮王寺门迹公现入道亲王）病逝，亦有说是遇袭而死。11月18日桦山总督通过中国台湾总督府向日本发出中国台湾全岛底定的电报，不过实际上中国台湾武装抗争持续二十年才真正沉寂下来。乙未抗日虽最后为日军平定，但中国台湾人民在训练与武装均不如日军的情形下，竟能以肉身抵抗长达二十年之久，对比清军在朝鲜半岛战溃，中国台湾人民的抵抗精神实在令人佩服！

◇ 开战背景与经过

甲午战争后，俄国以破坏远东地区和平为由，联合法、德二国向日本施压，要日本让清国出钱赎回辽东半岛。俄国对成为独立国家的朝鲜亦心存觊觎，凡此种种皆种下日、俄两国交恶开战的原因。

1902年1月30日，第一次桂太郎内阁的外相小村寿太郎成功与标榜"光荣孤立"为外交政策的英国签订"日英同盟"，该同盟规定当缔结国因其他国（一国）对中国、朝鲜有侵略性行动致引发战争时，另一同盟国必须严守中立并防止其他国参战；若缔结国与两国以上进行战争时，则同盟国有协助缔结国参战的义务。亦即日本若因为中国、朝鲜的问题与两个以上欧洲国家进行战争，英国便有义务与日本并肩作战。

尽管有英国这当世强国为援，内阁依旧不愿对俄国轻启战端。1904年2月4日，据说明治天皇写下一首和歌："よもの海みなはらからと思ふ世に　など波风のたちさわぐらん。（四海之内皆兄弟也，缘何世间起波涛？）"2月6日，日本向俄国发出最后通牒并宣布日俄断交，同日联合舰队从九州岛佐世保出发，8日集结旅顺后向停泊在港内的俄国舰队进攻。日军以爆破船只的方式封闭狭窄的旅顺口，将俄国的旅顺舰队封闭在港口内，为此发动数次堵塞旅顺口的作战计划，日后被奉为"军神"的广濑武夫海军中佐于3月27日的指挥进攻当中战死。

旅顺港内的俄国舰队并不积极出战，只想等波罗的海舰队抵旅顺港外再内外包夹，一举歼灭联合舰队。早在2月11日日本已在皇居成立大本营，内阁和议会虽全力配合大本营，却不能过问作战细节，军队将领借口统帅权依附于天皇不受内阁指挥及议会监督逐渐成为常态。

6月20日设置满州军总司令部，陆军元帅大山岩任总司令，儿玉源太郎为总参谋长，分四路进军（见下表）。不过俄军在旅顺要塞展现超乎意料的韧性，乃木强攻三次均被击退，总计旅顺攻防战长达四个半月（1904年

第一军	黑木为桢（萨摩）陆军大将率领，从仁川进入京城，强渡鸭绿江。
第二军	奥保巩（小仓）陆军大将率领，从辽东半岛北部的金州登陆，攻克位在南山的俄军阵地。
第三军	由乃木希典（长州）陆军大将率领，进攻旅顺要塞所在地二〇三高地。
第四军	野津道贯（萨摩）陆军大将成立，负责支持其他三军，最终目标是赶在波罗的海舰队到来之前攻下旅顺。

8月19日至1905年1月1日），日军战死一万两千四百余人（包括乃木大将的次子胜典）、负伤四万四千余人，死伤几达参战人数（约十三万人）之半数。

攻下旅顺后，日、俄迅速集结大军准备进行决战。1905年3月1日起双方共约六十万大军于奉天（沈阳）进行大会战，迄至十日日军击退俄军占领奉天城结束会战，这日成为日本皇军的"陆军纪念日"。5月27日，航行七个多月的波罗的海舰队来到远东，一如联合舰队司令官东乡平八郎的预测出现在对马海峡。东乡长官于旗舰"三笠号"发表"皇国兴废在此一战"的激励演说后，采用参谋秋山真之提议的"敌前回头"战术，缔造世界海军史上罕见几近全歼的胜利，重创俄国海军，此日成为日本皇军的"海军纪念日"。

奉天会战挫败俄国，但俄国陆军仍有能力再战，待日本海海战歼灭波罗的海舰队，才使沙皇尼古拉二世顾虑国内反对势力下停战。只是纵有奉天和日本海两次空前胜利，也无法掩盖日本国力枯竭的事实，和谈对日本来说亦是最好的选项。

◇ 日比谷烧打事件

在当时美国总统老罗斯福斡旋下，日、俄两国代表1905年7月8日于美国缅因州朴茨茅斯海军基地谈判交涉，日本全权代表为第一次桂太郎内阁的外务大臣小村寿太郎及驻美大使高平小五郎，俄国全权代表为时任俄罗斯帝国大臣委员会议长的维德与新任驻美大使罗全。

对日本而言，日俄战争战死人数近九万、负伤十五万余，光是伤亡将士遗族抚恤金就是一笔沉重开销；况且开战前后还通过日本银行副总裁高桥是清多次向英、美发行战争公债，这也需仰赖从俄国取得的赔款支付。全国民众无不寄望小村全权代表在谈和时能够从俄国代表手中取得巨额赔款，因此自发性的前来送行。小村见状惨笑说："回国时若还能有一半的热情，便已足矣！"然而维德动身出发前即已得到沙皇"一寸土地、一个卢布都不能赔给日本"的训示，俄国虽为战败之身，态度却甚强硬，坚决不割地赔款，只让步于清朝得到的利益。

眼见谈判触礁，小村只得拍电报请示内阁，经**元老**在御前会议开会结果，有鉴于日本已无力再战，最终作出不向俄国索赔割地的决议。9 月 5 日双方签订和约，内容包括以下六项：一、俄国承认日本对朝鲜拥有政治、军事、经济的优先权，以及行使保护、指导和监理的权力；二、日俄两国军队除铁道警备队外，在十八个月内撤出中国东北（辽东半岛租借地除外）；三、在得到清朝同意后，俄国将中东铁道旅顺到长春之间的南满州支线之权利、财产和煤矿让与日本；四、在得到清朝同意后，俄国将关东州（包含旅顺、大连在内的辽东半岛南部）之租借权让与日本；五、俄国将北纬五十度以南的桦太（库页岛）及附近岛屿永久让与日本；六、俄国将面临日本海、鄂霍茨克海、白令海之间的渔业权让与日本。

10 月 10 日日本批准该约，14 日俄国批准，至此日俄战争全面结束。然在谈和期间，《朝日新闻》9 月 1 日率先披露"小村全权代表要不到赔款"、"桂太郎内阁出卖民众与军队"等报道，9 月 5 日签订和约的消息传回日本，前众议院议长河野广中便率领群众到东京日比谷公园示威，反对媾和。

抗议群众与维持治安的警察发生冲突，失控的群众捣毁在公园附近的内相官邸（芳川显正）、外相官邸以及政府的御用报社国民新闻社（社长德富苏峰），日比谷公园一带有不少建筑物为愤怒的群众纵火烧毁。政府不得不出动军队镇压，翌日更颁布戒严令，对报纸、杂志进行管制，将长年批评政府的《万朝报》（黑岩泪香创刊兼主笔）《二六新报》（铃木天眼为主笔）处以停刊的处分。"日比谷烧打事件"造成十七人死亡、五百余人负伤的惨剧，总计有两间警察署、六间分署、二百多间派出所遭到破坏，为警察逮捕的滋事群众超过一千七百人，最终有三百余人被判刑。

"日比谷烧打事件"发生原因在于军方对日俄战争消息的封锁，即便连曾经当过众议院议长的河野广中对战争真相亦不知情，以为日俄战争就和甲午战争一样摧枯拉朽，而有对战败国索赔的想法。日本民众倘知日本在这场战争是耗尽国力的惨胜，对于无力要求索赔的结果或许不致于如此愤怒。

明治时代落幕

◇ 吞并朝鲜

1904 年 8 月 22 日，日俄战争方酣，日本派出全权特使林权助，与大韩帝国（李氏朝鲜于 1897 年以后使用的国号）外部大臣尹致昊签订《第一次日韩协约》，该约内容只有三条，规定韩国必须在财政、外交方面聘用日本政府推荐的顾问以咨询；另外韩国与外国签订条约或是重大外交案件必须先征求日本政府的同意。

与俄国的日本海海战结束后，日本胜利在望，1905 年 7 月 29 日首相兼外务大臣桂太郎与作为美国总统特使的陆军部长塔夫特有秘密协定：日本承认美国对菲律宾的支配权，美国承认日本对朝鲜的支配权。这份《桂、

李氏王朝纯宗

朝鲜在武力逼迫下，遭日本兼并 / 三娃绘

塔夫特协定》虽只是备忘录性质，但签订后罗斯福总统立即承认并通告日本。8月12日在伦敦签署"第二次日英同盟"，两国互相承认各自的支配地方。

11月17日，林权助与亲日派韩国外部大臣朴齐纯签订《第二次日韩协约》（又称《乙巳保护条约》），日本依该约设置一名统监作为日本国政府的代表驻在韩国首都汉城。统监可以直接谒见韩国皇帝，专司外交，并在汉城设置韩国统监府，元老伊藤博文为首任韩国统监。《第二次日韩协约》剥夺韩国的外交权，否定韩国为一主权独立的国家，在外交上成为日本的保护国。韩国在1907年6月15日于荷兰海牙举办的第二次万国和平会议，派出三位密使向各国首席代表陈述日本在韩国的镇压手段。然而各国列强已认定日本在韩国有特殊权利，把密使抗议视为日本国内事务，不打算干涉。

伊藤博文反而利用海牙密使事件于7月20日逼迫韩国皇帝高宗让位，立高宗七子英亲王李垠为帝，是为李氏朝鲜末代国王纯宗。7月24日伊藤博文与韩国首相李完用签署《第三次日韩协约》，规定：（一）韩国最高法院院长必须由日本人担任；（二）高等法院和地方法院半数以上的法官由日本人担任；（三）只保留陆军一大队兵力保护皇宫，其余均予以解散；（四）高等官吏的任用必须得到统监同意；（五）未经统监同意，韩国政府不得任意聘用外国人。

根据《第三次日韩协约》，统监府于1907年8月1日解散韩国军队，韩国名存实亡。韩国人固然视签署第三次协约的李完用为国贼，然更痛恨步步进逼的伊藤统监。1909年6月伊藤辞去统监之职（继任者为副统监曾祢荒助），10月前往中国东北视察，10月26日于哈尔滨车站迎接俄国藏相科科夫佐夫，韩国爱国志士安重根突从人群中冲出狙击伊藤，伊藤当场死去。

1910年5月曾祢统监因健康问题辞职，第二次桂太郎内阁的陆军大臣寺内正毅陆军大将在5月30日兼任统监。寺内统监于8月22日与李完用首相签订《日韩合并条约》，29日生效，日、韩两国正式合并，汉城改名京城，韩国统监府改名朝鲜总督府，寺内正毅成为首任朝鲜总督，此后韩国被日本统治到1945年日本战败为止。

◇ 明治天皇崩御

政党发展在帝国议会成立后飞跃性成长，萨长元勋组成的内阁经常延揽重要政党人士入阁以换取政党在议会的支持。尽管政党进入 20 世纪前只有在 1898 年 6 月组阁的记录（**隈板内阁**），但是藩阀政府对待政党再不能视而不见。不过萨长元勋对待政党的方法因人而异，终生厌恶政党的山县有朋祭出《军部大臣现役武官制》防止政党内阁的出现。萨长元勋中最开明的伊藤深知藩阀或许能一时胜过政党，终会因抗拒民意而为政党取代，他认为对付政党唯有同样成立政党，然而伊藤成立的是性质相近立场却迥然相异的政党。

伊藤认为成立新政党不能解燃眉之急，适逢当时宪政党以星亨为首的派系向山县提出合作的要求（猎官）不成，星亨得知伊藤有意成立政党，遂率旗下议员无条件向伊藤靠拢。1900 年 9 月 15 日，伊藤以宪政党星亨系为主干，加上伊藤底下官僚、御用政党于东京成立新政党，名为"立宪政友会"（简称"政友会"），伊藤自任总裁，重要成员有西园寺公望、原敬、尾崎行雄、伊东巳代治、金子坚太郎、片冈健吉，集保守官僚与民权人士于一身。

人物通	隈板内阁

即 1898 年 6 月 30 日至同年 11 月 8 日的第一次大隈重信内阁，该内阁由自由民权运动两大健将大隈及板垣退助合作组成，广义而言是日本最初的政党内阁。然而这个内阁存在两个致命点：一为尽管标榜政党内阁，陆相和海相仍不得不对军部低头，而向军部妥协允诺不删减陆军和海军的预算，因此被陆相桂太郎讥讽为"半身不遂的内阁"。其次为大隈兼任外相，改进党因而比自由党多出一个阁员名额，对此自由党耿耿于怀，内阁成立之初便种下双方无法推心置腹的阴影，最后内阁因而解散。解散后自由党改名宪政党，改进党改名宪政本党。

10 月 19 日成立的第四次伊藤博文内阁，除外相、陆相、海相外，其余阁员皆为政友会成员，比先前隈板内阁更具备政党内阁的要素。1910 年 5 月 2 日，伊藤首相辞职，当时元老协商后向天皇推荐同为元老的井上馨组阁，但井上以无法驾驭政友会为由推辞，之后元老改推长州出身的陆军大将桂太郎为继任人选。

当时桂太郎尚不具元老

身份，没有自己的班底可入阁，只得向同藩元老山县有朋借调底下官僚入阁，因而被舆论揶揄为过渡性质的"二流内阁"。然而第一次桂太郎内阁却成功与英国签订"日英同盟"，而且历经一年多的时间辛苦打赢日俄战争，完成了元老组阁也做不到的事情。第一次桂太郎内阁到1906年1月7日功成身退，这是日本史上最长寿的内阁，之后由第二任政友会总裁西园寺公望（1903年7月14日接任）接替桂太郎组阁；1908年7月14日第一次西园寺公望内阁总辞，再由桂太郎接手，直到1913年2月20日为止首相宝座皆由两人轮替，将近十二年时间在日本政治史上称为"桂园交替"或"桂园时代"（期间桂太郎组阁三次，西园寺两次）。

"桂园时代"后期明治天皇玉体明显恶化，1912年7月10日缺席例行的东京帝国大学毕业典礼。7月20日在宿疾糖尿病外又并发尿毒症，各报章媒体纷纷发出天皇玉体欠佳的号外新闻，伊势神宫及东京、京都各重要城市的神社纷纷出现为天皇病愈祈祷的民众。7月30日凌晨零点四十三分，一代英主明治大帝崩御，享年六十一岁。

三十三岁的皇太子嘉仁亲王根据《皇室典范》于凌晨一点践祚，同时发布改元诏书，依《易经·地泽临卦·象传》内文"大亨以正，天之道也"决定作为新君年号，从此日本进入大正时代。9月13日晚上八点，明治天皇大葬式举行完毕后，时任学习院院长的陆军大将乃木希典夫妇切腹殉死。

西乡隆盛 文政十年~明治十年（1828—1877年）

　　到过东京上野恩赐公园的人多少会被东京文化会馆附近一座显眼的铜像吸引，这座铜像双目炯炯有神，有着壮硕身材，身着简便浴衣、腰插太刀、脚穿草鞋，手里牵一只猎犬，正是有着"维新第一元勋"之称的西乡隆盛。这座铜像于1898年12月18日正式揭幕，铜像出自东京美术学校雕刻科教授高村光云之手，他是诗集《智惠子抄》作者高村光太郎生父，皇居前广场楠木正成骑马铜像亦是高村的作品。

　　著名的西乡铜像约有五座（一座在山形县酒田市南洲神社、一座在上野恩赐公园、一座在鹿儿岛县雾岛市西乡公园、两座在鹿儿岛市）。上野恩赐公园的西乡铜像，据其后妻系子证实与西乡容貌并无类似之处，但这座铜像却最能传达西乡淡泊名利的一面，几乎成为西乡的代言者。

※ 吉之助与一藏

　　西乡生于萨摩国鹿儿岛城下加治屋町，幕末时期此地能人辈出，明治以后与他在政治上反目成仇的大久保利通也出身于这儿，此外西乡从道、大山岩、东乡平八郎、山本权兵卫、井上良馨、黑木为桢、桦山资纪等明治初期陆海军核心要员多数皆是，乃前往鹿儿岛县探访幕末史迹不可遗漏的景点。

　　西乡隆盛原名吉之助，与大久保利通（原名一藏）是幼时玩伴。岛津齐彬成为藩主后破格提拔仅为郡方书役助（类似地方图书馆馆员）的西乡，随着"一桥派"的崛起，西乡代表齐彬本人在京都与朝廷公卿及他藩藩主往来不绝，这是大多数藩士没有过的历练，奠定了西乡的地位。齐彬死后西乡受到萨摩藩主监护人岛津久光排挤，但大久保借围棋之艺接近久光，渐为久光重用。久光扼杀藩内攘夷势力，确定"公武合体"藩论，成为幕府推行"公武合体论"的坚强后盾，并实现齐彬遗愿率兵上洛。久光作出这些决策的背后，应当有来自大久保的建言。

一般在戏剧上常看到西乡、大久保、小松带刀三人主导萨摩藩政，这种情况在"禁门之变"前夕才成形，而明治以后小松带刀英年早逝，萨摩领袖就落在西乡和大久保身上。西乡在戊辰战争结束后接受维新功臣最高的赏典禄二千石（永世），可只接受此禄但不任官，他担心自己的官位超过主君（不管是超越久光或久光之子忠义）所以辞官返回鹿儿岛。

　　大久保则在戊辰战争后进入太政官担任参议，为彻底打破幕藩体制、建立中央集权先后推动"版籍奉还""废藩置县"。为防过程中有些藩不听从指示太政官，必须拥有自己的武力；由于当时尚未实施征兵制，兵源只能从萨、长、土等倒幕主力中征召，而要征召萨摩必须仰仗西乡出面，因此太政官派出岩仓具视和大久保为使者前往鹿儿岛劝请西乡出面。西乡不只完成御亲兵的建立，连带也完成"废藩置县"。

　　废除幕藩体制后，西乡似已完成历史赋予他的使命，与大久保在政治上的主张渐行渐远，演变为围绕在"征韩论"的对立，最终下野。已故作家司马辽太郎与已取得日本籍的美国日本文学家唐纳金（Donald Keene）对谈说道："……大久保利通也是相当伟大的政治家，日本人却偏爱稚儿气的西乡隆盛。也就是说，政治原本是男人的世界，但是日本人却喜欢女性的特质。譬如，西乡隆盛有时会写写诗，发表几句名言，结果比大久保更得人缘。"这段话套用在源赖朝、义经兄弟上，也能说明何以义经比赖朝更得日本民众的喜爱。

※ 昔之陆军大将，今之乱臣贼子

　　"征韩论"最终结果是西乡败北，西乡愤而辞去参议、近卫都督及陆军大将（太政官为西乡保留陆军大将头衔），与大久保利通诀别后孑然一身返回鹿儿岛。近卫兵（前身为御亲兵）将校多达六百余人追随西乡辞官。

　　西乡辞官返回鹿儿岛，最初镇日牵着猎犬在旧萨摩藩领内打猎、泡汤，随着更多辞官返回鹿儿岛的将校，如何安置这些在政治上失意但仍保

上野公园内的西乡隆盛像

有武士血气方刚个性的将校，使他们不跟进各地失意士族的武装叛乱，成为西乡与鹿儿岛县令大山纲良头痛的问题。于是西乡与大山县令、桐野利秋各自捐出赏典禄成立"私学校"，以传统汉学作为私学校教材，读书之余也不忘锻炼武艺。

"私学校"生徒与返回鹿儿岛的警视厅警察爆发冲突实非西乡所能预料，西乡也料不到"私学校"生徒在愤怒之余要起兵前往东京向太政官问清事情真相。西乡被簇拥为萨军主帅后，并未像幕末时期"小御所会议"以降规划出一连串对抗幕府的策略，既不热衷，但也没有明确拒绝，整体而言毫无缜密的计划，完全看不出是带领一万三千多人（加上九州岛各地归附的豪族超过三万人）的将领，倒像是被一万多人绑架的贵人。

不过太政官不这么看，三条实美太政大臣先是下达讨贼令，将萨军定调为贼军，接着剥夺西乡陆军大将及桐野利秋、筱原国干陆军少将的官位。十年前西乡是维新第一元勋，建立御亲兵、"废藩置县"缺了他就不可能完成，数年后却成为太政官口中"昔之陆军大将，今之乱臣贼子"，到底该说"昨是今非"，或是"今是昨非"？

※ 西乡的几则传说

历史上的明君能臣、悲剧英雄会大抵留下各种传说，之所以留下传说，代表的是民众、后人对这一历史人物的怀念、敬爱及不舍。据说西南战争末期的9月3日是火星最接近地球的时刻，不少民众看见身着陆军大将官服的西乡出现在绯红的火星中，认为西乡已升天成神而将火星称为"西乡星"。将维新第一元勋神格化，正代表民众对西乡无限的敬爱，另外还有桐野利秋的桐野星（土星）。

相对于西乡的高人气，内务卿大久保利通被视为逼迫西乡走上绝路的"凶手"，不仅在西南之役结束后翌年于纪尾井坂遭到失意士族的暗杀，他在萨摩及日本的人气比西乡矮上一大截。西乡最早的铜像就是上野恩赐公园内出自高村光云的那座，是西乡死后二十一年的事；大久保利通铜像的出现要晚许多，迟至1979年9月26日才在鹿儿岛市西千石町（旧加治屋町甲突川旁）完成揭幕，铜像出自当代名家中村晋也先生之手，此时距离大久保利通暗杀事件已101年之久！

据说齐彬当上萨摩藩主不久后，首度返回藩国交付西乡前往中国台湾秘密探勘的任务，西乡原本择基隆登陆，后为躲避驻守的清军改于南方澳上岸。西乡在台期间据传曾与一平埔族少女相恋，生下一子，不过西乡来台时间只有短短半年，之后不曾再踏上中国台湾，终其一生都未曾与中国台湾的私生子会面。

西乡长子名为菊次郎，是"安政大狱"后流放奄美大岛时与岛上女子所生，之所以取名菊次郎是因为非正妻所生、不具备继承权之故（非因已有一子在中国台湾的关系）。菊次郎在西南战争曾参军，为官军射伤右脚（自膝盖以下切断）而向叔父西乡从道投降。西南战争结束后菊次郎进入外务省，之后随日军前来中国台湾，曾担任台北支厅长和宜兰厅长（任期四年多），返国后任职京都市长。

※ 西乡汉诗赏析:《偶感》

1873年（月分不明，推测应是下野之前）西乡应山形庄内藩士之请，写下一首汉诗作为墨宝相赠，这首七绝汉诗题为《偶感》（或《偶成》），是西乡流传最广的汉诗之一。全文如下："几历辛酸志始坚，丈夫玉碎愧砖全。一家遗事人知否，不为儿孙买美田。"部分文字或有出入，但大抵意思如上。

京都御所正门——建礼门／洪维扬提供

西乡目睹不少萨长志士在维新回天后接受政府赏赐的名位及财富，迷失自我，竞逐富贵，丧失维新的精神。有感于此，他写下《偶感》，借以砥砺自己以及上门求墨宝的庄内藩士，莫因推翻了幕府就志得意满，忘记身份低贱时坚持的初衷。

※ 大河剧《宛如飞翔》

大河剧共有十二部与西乡相关的戏剧，几乎只要是以幕末为题材就会出现西乡，然而西乡戏分较重的只有1990年的《宛如飞翔》（《翔ぶが如く》）和2008年的《笃姬》，分别由西田敏行、小泽征悦饰演西乡。所有饰演过西乡的角色中大概没有比西田敏行在"吨位"上更相衬了，即便在身高上有点落差，实力派演员西田敏行仍被不少观众认定是最佳的西乡诠释人。

大河剧《宛如飞翔》改编自司马辽太郎的同名小说，不过辽太郎的原著为文库本十册，小说内容历时却不到六年，所以小说里故事进程非常缓慢。辽太郎以将近三册的篇幅从各个角度谈西南战争，不时安插该役相关人物的回忆、书信，犹如以解说者身份为读者讲解。对该段历史感兴趣的读者阅读起来会感到无比畅快，不过这种书写方式不大适合搬上银幕，故此编剧在改编时除原有的《宛如飞翔》，还连同辽太郎以幕末为背景的几部长短篇小说《最后の军》《龙马行》《狐狸马》《醉了》《花神》《岁月》一起加入戏剧的剧本。如此一来大河剧《宛如飞翔》分为两部分，第一部分讲幕末，由《最后の军》等六部小说构成；第二部分为明治初期，由《宛如飞翔》构成。

【 与西乡有关的景点 】

*西乡隆盛诞生地：西乡的出生地（鹿儿岛县鹿儿岛市加治屋町）

*奄美大岛："安政大狱"后西乡的流放地，西乡庶长子菊次郎的出生地

*冲永良部岛：奄美大岛西南方，西乡的第二次流放地

*京都小松带刀邸：萨长同盟的签订地（京都府京都市上京区松之下町）

*京都御所："王政复古大号令"及小御所会议召开地（京都市上京区，地铁乌丸
  线今出川站徒步五分钟）

*西乡南洲与胜海舟会见之地纪念碑：奠下江户无血开城之局（东京都港区芝）

*私学校迹：西乡下野后成立的学校，西南战争时成为萨军主力（鹿儿岛县鹿儿岛
  市城山町）

*南洲翁终焉之地碑：西乡切腹之地（鹿儿岛市城山町）

*上野恩赐公园西乡隆盛铜像：最早的西乡铜像（东京都台东区）

【 纪念馆 】

*西乡南洲显彰馆（鹿儿岛市上龙尾町）

*维新ふるさと馆（鹿儿岛市加治屋町）

*尚古集成馆（鹿儿岛市吉野町）

参与第一次世界大战

◇ 向中国提出"二十一条"

1914 年 7 月底奥地利对塞尔维亚宣战，开启第一次世界大战。

元老井上馨认为这是对步入大正时代日本国运的"天佑"，可以一扫欧美近年来孤立日本的趋势。8 月 23 日，日本基于日英同盟之谊对德宣战，不过并非开拔军队前往欧洲，而是针对德国在中国的势力范围山东省胶州湾以及德国位在南洋诸岛的殖民地发动攻击。在欧陆同时进行东西两线作战的德国已经左支右绌，自然不可能增派兵力前来东亚保护胶州湾及南洋诸岛，这两地遂为日军占领。

1915 年 1 月，中华民国政府要求已经结束战争的日军撤兵，日军不但拒绝撤兵，当时第二次大隈重信内阁外相加藤高明反向有称帝野心的中华民国大总统袁世凯提出《二十一条要求》。此时的袁世凯与幕府末期的井伊直弼面临同样抉择，若不同意就必须与强国开战，只要开战几乎毫无胜算，一旦落败势必丧失更多重大权益；但若是同意强国的要求，自己必然成为千古罪人永受唾骂。由于当时欧洲各国无力顾及东亚，任由日本予取予求，在三个半月的谈判期间，袁世凯让日本同意保留对影响中国最深的第五号，于 1915 年 5 月 9 日宣布接受《二十一条要求》一至四号及第五号若干部分，把日本对中国的伤害减至最低，事后袁下令各级学校定 5 月 9 日为"国耻纪念日"。

井上馨像

第一次世界大战主要参战国和战场皆在欧洲，由于战争惨烈使军需用品严重不足，日本的制造业、重工业、造船业得以快速成长，欧洲国家在亚洲殖民地市场也一时为日本接手，造就不少一夕致富的"暴发户"。大战带来的景气不仅使日本成为亚洲第一工业大国，更带来产业升级，成为亚洲唯一的资本主义国家。

袁世凯屈从日本外相提出的二十一条要求／三娃绘

◇ 入侵西伯利亚

1917 年 3 月（俄历为二月），俄罗斯国内在不断罢工与游行示威之下发生革命（二月革命），罗曼诺夫王朝被推翻，成立的临时政权不堪财政负荷而决定退出第一次世界大战。不过二月革命后，自由主义者和社会主义者成立的临时政权无法解决国家面临的财政问题，俄国革命领袖之一的列宁见状，领导俄国社会民主工党布尔什维克派于 11 月 7 日推翻临时政府（十月革命），建立全世界第一个无产阶级专政的政权，以"俄罗斯苏维埃联邦社会主义共和国"为国号（1922 年后才改为"苏维埃社会主义共和国联盟"，简称"苏联"）。

1918 年 3 月俄国与德国单独媾和，退出第一次世界大战，德国得以抽调东线兵力全力进攻西线的英、法等国。于是英、美、法、日、意大利、加拿大等资本主义国家决定动用武力出兵干涉，希望协助俄国境内的捷克军团推翻远东地区的布尔什维克政权，并且帮助俄国白军重新取得政权，执政后俄国重返东线战场。

1918 年 8 月，联军各国达成协议，纷派兵登陆海参崴。唯英、法等国深陷欧洲战场泥沼，实际派出的军队非常有限，日本却派出多达七万二千余名兵力，令联军各国质疑其背后用意。至该年 11 月日军已占领俄国在远东所有港口及西伯利亚铁路沿线城市，并扶植白军将领谢苗诺夫控制贝加尔湖到满州里一带，成立"外贝加尔地方临时政府"。

正当日军在西伯利亚看似节节胜利的同时，第一次世界大战也在这时结束，各国以大战结束再无必要留在俄国境内为由撤军，到1920年6月只剩日本军别有用心的留在西伯利亚。另外，大战结束使布尔什维克红军能全力对付反动势力白军，随着白军溃败，日军在西伯利亚亦渐居于不利局面。同年11月，谢苗诺夫的白军政权垮台，日军不愿如打败仗似的撤兵，继续扶植亲日的白军政权。随着红军不断进攻，加上已撤军的英、美等国开始质疑日军出兵的真正目的，以及日本国内政党在议会的指责，日本于1922年6月23日作出撤兵的决议，到该年10月完全撤出西伯利亚。历时四年又两个月、历经四个内阁（寺内正毅、原敬、高桥是清、加藤友三郎）、耗费将近九亿日元、牺牲五千士兵的西伯利亚出兵，最终毫无所获。

日本拜第一次世界大战之赐，为国内带来持续四年的好景气，同时也带动通货膨胀，出兵西伯利亚使商家出现投机性的囤积米粮，米价攀向前所未有的高峰。这种预期性的投机心理造成"大正**米骚动**"，使得出兵西伯利亚的决议寺内正毅首相一个月后为"米骚动"进行内阁总辞。

豆知识 ▷ **米骚动**

1918年7月23日，富山县新川郡鱼津町四十余名妇女聚集港口试图阻止码头工人将米运上船舶，双方拉扯中出现冲突，在出动警察后骚动立即弭平。8月6日，骚动扩及新川郡邻近几个町，不过也还局限于富山县新川郡内。到8月10日抢米风潮扩大到京都市和名古屋市，渐遍及至全国一道三府三十七县，总计超过百万人参与。原本认为只要出动警察便能镇压下来，到后来却出动十万以上的军队才在9月12日以后逐渐平息，前后历时超过五十日，寺内正毅首相因此辞去首相职位。

大正民主时代降临

◇ 第一次护宪运动

1912 年 12 月西园寺公望首相以紧缩财政为由，拒绝陆军因应辛亥革命增设两个师团的提议，第二次西园寺公望内阁的陆相上原勇作陆军大将运用"帷幄上奏权"向天皇请辞陆相，军方拒绝提供继任人选。根据《军部大臣现役武官制》规定，陆海军大臣必须由现役中、大将担任，军方拒绝提供人选形同阻断西园寺内阁。知道军方故意刁难的政友会总裁西园寺，于 12 月 21 日率领由政友会组成的内阁总辞。

桂太郎第三次组织内阁，有过两次组阁经验的他信心满满，为对抗政友会在议会的势力，他也萌生组织政党的念头。有别于前两次，此次桂太郎以内大臣兼侍从长身份组阁；内大臣和侍从长都是皇宫内的职务，首相则是内阁职务，同时周旋于皇宫与内阁不仅难以保持公正立场，而且违宪。因此 1912 年 12 月 21 日，桂太郎的第三次组阁刚成立便遭到政党以护宪（宪政拥护）为由要求下台。

于是政友会与对立政党立宪国民党携手成立"宪政拥护会"，以政友会尾崎行雄和立宪国民党犬养毅为首，提出"打破阀族，拥护宪政"的诉求，得到国会议员、报社记者、学者、学生热烈支持。"宪政拥护会"共召开三次大会，参与人数一次比一次多。1913 年 2 月 9 日第三次大会已有两万人参与，桂太郎见状犹想做困兽之斗，试图解散议会重新改选，但在元老和众议院议长劝阻下，内阁于 2 月 20 日总辞。第三次桂太郎组阁只维持六十二日，是日本宪政史上最短命的内阁之一。

桂太郎第三次组阁虽短暂，却非毫无建树。桂太郎组织政党的心愿在这次内阁开始运作，桂内阁总辞结束护宪运动，政友会与立宪国民党又恢复敌对状态，桂趁机向势力相对弱小的立宪国民党招手，再辅以贵族院若干成员成立新党作为重返政坛的资本。

1913 年 12 月 23 日新政党结成，定名为"立宪同志会"，选出桂太郎第三次组阁的外相加藤高明（岩崎弥太郎女婿）为总裁，桂太郎却在 10 月 10 日辞世，未能亲睹新政党成立，"立宪同志会"日后几经更名改为"立宪民政党"，是战前日本两大政党之一。

桂太郎内阁总辞后，元老选出奠定海军根基的海军大将山本权兵卫（萨摩）为继任首相。山本本人亦是藩阀成员之一，为博取政党的好感，上任后修改《军部大臣现役武官制》，将军部大臣的任命范围扩大到预备役和后备役，为大正民族的出现提供了有利条件。

◇ 平民宰相登场

山本权兵卫是海军元老，在陆海军都有一定声望，被外界看好有望长期执政。然而 1914 年 1 月发生海军高官向德国西门子公司索贿的"**西门子事件**"，重创山本内阁形象，政党立即与之划清界线，愤怒的民众包围国会议事堂，山本权兵卫不得不于 3 月 24 日负起责任辞去首相。

西园寺公望于 1913 年辞去政友会总裁，选出极富行政能力的原敬担任第三任总裁。在原敬的领导下，政友会在接下来的大隈重信（第二次）与寺内正毅两内阁，充当在野监督的角色。1918 年 9 月寺内正毅因米骚动而内阁总辞，元老山县有朋虽属意从听命阀藩的官僚中指定继任人选，偏偏这群官僚均不孚人望而作罢。山县有朋继续推荐同为元老的西园寺公望，西园寺坚辞不受命，山县有朋无奈只得接受西园寺推荐的原敬组阁。原敬之前的首相人选即便如大隈重信或西园寺公望都是拥有爵位的华族成员，原敬是第一个没有爵位的首相，故被称为"平民宰相"。

9 月 27 日原敬正式组阁，除陆相（田中义一）、海相（加藤友三郎）、外相（内田康哉）外，其余均为政友会成员，日本正式进入政党政治时代。原敬内阁面临许多难题，对外既要为

豆知识	西门子事件

自明治末期陆海军分别向德国西门子（Siemens）公司采购军需用品，海军甚至连部分军舰也向西门子采购，由于海军采购的金额庞大，负责采购的军官因而出现向西门子索取回扣的情形。一位被西门子解雇的员工盗走日本海军军官向西门子公司索贿的文件，德国报纸率先于 1914 年 1 月 22 日披露。消息传到日本后被政党大肆宣传，致山本权兵卫内阁总辞。

西伯利亚出兵善后，还要派代表参加巴黎和会商议《凡尔赛和约》；对内则有宪政会（立宪国民党改组后的名称）等在野势力提出废除财产限制以制定《成年男子普通选举法》的诉求。

日本自 1890 年帝国议会成立以来存在严格的财产限制，缴纳直接国税十五元以上才能享有选举权和被选举权（1900 年降为十元），参与政治始终只是少数有钱人的特权。随着日本在"一战"期间的好景气，有越来越多人自视为中产阶级，对政治参与产生浓厚兴趣，要求废除财产的限制以便参与政治。

照理讲政友会应感同身受，全力促成《成年男子普通选举法》的产生，然而原敬无意废除财产限制，仅将缴纳直接国税十元的门坎调降为三元，在野政党对原敬的做法不满，原敬则以解散众议院作为反击。1920 年 5 月举行众议院改选，有选举权的人数激增至三百零七万，政友会依旧取得过半席次。

1921 年 11 月 4 日，原敬欲前往关西参加政友会大会，在国铁大冢站为该站职员中冈艮一以短刀刺杀，当场毙命，享年六十五岁。

◇ 二次护宪运动推普选法

原敬死后，藏相高桥是清同年 11 月 13 日受命组阁并兼任藏相，原敬内阁阁员全部留任，翌日高桥被推选为政友会第四任总裁。高桥长于财政，对政治并不在行，无法调解政友会内部对立而于 1922 年 6 月 12 日总辞。之后历经加藤友三郎、山本权兵卫（第二次）两任短命海军内阁，西园寺于 1924 年 1 月推荐时任枢密院议长的贵族院议员清浦奎吾组阁，清浦无视政党存在，除陆海相外的阁员全部来自贵族院。

众议院第一大党政友会认为清浦首相的做法违反"宪政常道"（政权转移给在众议院占多数席次的政党），打算对内阁投下不信任案。孰料政友会内部反对派领袖床次竹二郎率一百余名议员出走，另组政友本党支持清浦内阁，政友会一下子从第一大党变成少数党。在枢密顾问官三浦梧栖的斡旋下，政友会总裁高桥是清、宪政会总裁加藤高明、革新俱乐部总裁犬养毅组成"护宪三派"，号召民众打倒清浦内阁、维持宪政常道、确立政党内阁制。

1924 年 5 月 10 日进行第十五回众议员选举，护宪三派取得二百八十六席（宪政会一百五十一、政友会一百〇五、革新俱乐部三十）过半席次成立护宪三派联合内阁，由席次最多的宪政会总裁加藤高明于 6 月 11 日组阁。

加藤高明内阁立即针对现有的《众议院议员选举法》作出修正，制定新的《普通选举法》：只要年满二十五岁以上的男子，不分社会地位一律拥有选举权（但不包含成年女性）。《普通选举法》翌年 3 月先后在众议院和贵族院通过，1928 年 2 月 20 日实施《普通选举法》通过后的第一次选举（第十六回众议员选举），有选举权的人数激增至一千二百四十万人（占总人口百分之二十强），《普通选举法》的制定与实施可说是大正民主的成果。不过，加藤高明内阁同时也表现出保守、反动的一面，为了防止以"变更国体"或"否定私有财产制度"为诉求的左派政党进行社会运动，加藤高明内阁在《普通选举法》通过前先行通过《治安维持法》。

裕仁亲王摄政

◇ 关东大震灾

明治天皇和皇后一条美子（昭宪皇太后）没生下任何皇子，与侧室共育有五位皇子及十位皇女，长大成人的只有一位皇子和四位皇女。皇子是明宫嘉仁亲王，即大正天皇。

通说大正天皇幼时曾患脑膜炎，中年又罹患脑血栓，有精神方面的疾病，曾在出席帝国议会开院式阅读诏敕后，将诏敕卷成圆筒状观察各议员。

1920年大正天皇身体恶化，内大臣松方正义依照《皇室典范》建议原敬首相设置摄政，《皇室典范》规定担任摄政的第一顺位为成年的皇太子或皇太孙，天皇第一皇子迪宫裕仁亲王于1916年被立为皇太子。

1921年，满二十岁的皇太子结束半年访欧归国，11月25日起就任摄政（高桥是清内阁），称为"摄政宫"。

1923年9月1日接近中午的十一点五十八分，神奈川县相模湾西北方约八十公里处发生里氏规模七点九级的地震，此即有名的"关东大震灾"。

大地震造成神奈川县、东京府（战后才改制为东京都）、千叶县、埼玉县、静冈县等地共超过105000人死亡或下落不明；建筑物全毁超过十万九千栋，因震灾引起大火烧毁的建筑物多达2102000余栋，估计造成超过十亿美元的损失，灾情之惨重堪与"二战"末期美军空袭相提并论。当时临时代理总理内田康哉（首相加藤友三郎于8月24日病逝）9月2日下令东京府灾区进行戒严，3日戒严令及于东京府和神奈川县。

前所未有的震灾造成民众恐慌和混乱，根据谣言，在日的朝鲜人将趁震灾四处劫掠和纵火。虽是毫无根据的指控，日本军、警、宪兵却以此为由大肆逮捕在日的朝鲜人，造成数千名在日朝鲜人丧命；同时趁机逮捕、杀害扰乱治安者，如日本有名的无政府主义领袖大杉荣、伊藤野枝夫妇于9月16日为陆军宪兵部杀害。而由于震灾的巨额损失导致失业者众，加上之后内阁处置不当，酿成1927年昭和金融恐慌。

关东大震后，浅草凌云阁倾倒，东京周遭一片狼藉 / 三娃绘

◈ 皇太子大婚及践祚

　　摄政宫被立为皇太子时，便已决定大婚对象为久迩宫邦彦王第一王女良子女王（后来的香淳皇后），原定 1920 年 6 月皇太子元服后举行大婚，未料 1921 年发生的"**宫中某重大事件**"跌宕起伏成政坛派系斗争。之后数年皇太子成为贵族院皇族议员，加上东宫御学问所学习课业的结束以及就任摄政宫后政务上繁忙之故，皇太子大婚一再延后。

　　关东大地震举国哀悼，摄政宫认为此时氛围不宜举行大婚而主动延期。同年 12 月 27 日，摄政宫出席帝国议会开院式后，在皇居南边虎之门（东京都港区虎之门町）坐上皇室专用礼车准备前往下一个目的地，此时混在群众中的社会主义者难波大助以散弹枪朝摄政宫座车开枪，命中随侍在旁的东宫侍从长入江为守。误以为得逞的难波大助逃走过程中为警察逮捕，翌年11月因"大逆罪"⑮被判处死刑。当时的首相山本权兵卫当日立即请辞，警视总监汤浅仓平与警视厅警务部长正力松太郎也受波及，遭到惩处免职处分（正力松太郎丢官后收购《读卖新闻》，成为该社社长）。

1924年1月26日，皇太子迪宫裕仁亲王终于完成大婚。1926年12月25日，体弱多病的大正天皇于叶山御用邸（天皇或皇族的别墅）崩御，得年四十七岁。随侍在侧的摄政宫当日于叶山御用邸践祚，成为日本第一百二十四代天皇，依《尚书·虞书·尧典》内文"百姓昭明，协和万邦"，决定以"昭和"为新年号，日本史上在位最久的天皇正式登基。

豆知识 ▶ 宫中某重大事件

元老山县有朋施压胁迫皇太子辞退与良子女王婚约的事件。良子女王生母为岛津宗家家督岛津忠义（岛津久光长子，成为岛津齐彬养子继承岛津宗家）之女俔子。岛津家素有色盲基因，山县以此为由拒绝，认为皇太子若与良子女王大婚会将色盲基因带进皇室。然而山县真正用意是不愿意见皇室与萨摩的血统结合，不过关系人之一的裕仁皇太子拒绝退婚，立场倾向山县的贞明皇后也支持皇太子，最终向内阁及媒体发表不会退婚的回复。此举令山县的声望大跌，山县归还元老及爵位的行动虽被慰留，却从此失去影响力，翌年病逝。

1928年11月10日，继位近两年的昭和天皇前往京都御所举行即位大礼，同时举行只有一次的"大尝祭"（天皇即位后的初次新尝祭），11月21日前往伊势神宫亲自朝拜天照大御神。尽管天皇如此虔诚，昭和初期却是多事之秋，国内面临几波金融危机，第一次世界大战期间累积的资本消耗殆尽，国内不管是政治人物、官僚、财界巨子、军人或一般民众都将矛头对准国外，认为唯有放眼国外（特别指中国）才能解决国内矛盾。

⑮ 战前针对天皇、皇后、皇太子有加害的犯罪行为，是战前最严重的罪名，唯一死刑且不得特赦。

◇ 近世文学转型近代文学

明治维新之后，尽管政治上"破旧来之陋习，求知识于世界"，文学创作方面却未能与时俱进，依旧停留在江户时代劝善惩恶的窠臼中。进入明治时代后虽有假名垣鲁文仿照"化政文化"时十返舍一九的《东海道中膝粟毛》写成《西洋道中膝粟毛》《安愚乐锅》等作，此外还有翻译西洋文学的翻译小说及自由民权运动时期以鼓吹特定政治思想为目的的政治小说，前者如川岛忠之助翻译的《环游世界八十日》，后者如东海散士的《佳人之奇遇》、矢野龙溪（文雄）的《经国美谈》，不过这并不能归类为近代文学，只能算是启蒙文学。

1885 年任教东京专门学校的讲师坪内逍遥发表近代文学评论《小说神髓》，该书指出小说的主体在于人情，其次才是世事风俗，主张打破"劝善惩恶"的教条式道德劝说，提倡文学的目的重人情和心理的描写，为文学而文学。

二叶亭四迷响应坪内的写实精神主张，翌年发表《小说总论》，主张书写的文字必须与口语一致，亦即言文一致的新文体，并以身作则，以言文一致文体发表新作品《浮云》。

经过十余年的摸索，到 1897 年日本终于进入近代文学的绽放期。成立日本最初文学社团"砚友社"的尾崎红叶发表《金色夜叉》可视为日本近代文学先声，《金色夜叉》以才子佳人之间的爱情故事为主题，是明治中期最受欢迎的小说之一。《金色夜叉》的初试啼声，为有志创作的文学青年带来激励效果，于是各种题材如雨后春笋般不断被创作出来，如继承红叶浪漫主义的国木田独步的《武藏野》、德富芦花的《不如归》、泉镜花的《高野圣》、樋口一叶的《比身高》以及岛崎藤村的诗集《若菜集》。

1906 年岛崎藤村发表《破戒》轰动文坛，翌年田山花袋发表《蒲团》亦受好评，之后还有石川啄木的诗集《一握之砂》，自此日本文坛吹起自然主义风潮。不过自然主义后来却流为作家自身体验的"私小说"，如岛崎藤村的《春》《家》《新生》，走进了死胡同，于是出现反自然主义文学。

掀起反自然主义文学的是明治末期并称的文坛巨匠夏目漱石和森鸥外。漱石于 1905 年发表《我是猫》一书，幽默的文笔博得好评，之后笔锋转为探讨人性，著有《三四郎》《从此以后》《门》等三部曲。

◇ 大众文学及推理小说潮

1913 年 9 月 12 日，中里介山于《都新闻》上连载长篇时代小说《大菩萨岭》，"大众文学"

热海海边的金色夜叉塑像 / 刘恩绮提供

一词开始被广泛使用。所谓的"大众文学"乃有别于单纯追求文学艺术性的"纯文学"，代之以社会大众为对象的娱乐性，历史小说、时代小说、推理小说（战前称为"侦探小说"）、科幻小说皆属此类。《大菩萨岭》的成功使得大众文学在销售量良好的报纸或杂志上连载成为常态，为作者和报纸杂志创造双赢。

1923 年 4 月，平井太郎以"江户川乱步"为笔名在《新青年》上发表《两钱铜货》，使得刚创刊的《新青年》一时间洛阳纸贵，江户川乱步名声也扶摇直上。受到鼓励的乱步于翌年发表《D 坂杀人事件》和《心理试验》两篇小说，创造日本史上第一位名侦探明智小五郎，奠定了日本推理小说史上无人可出其右的地位。乱步的登场，证明日本人也有撰写推理小说的能力，不少作家依循乱步的行径投稿《新青年》，《新青年》遂成为日本推理小说重镇，与历史小说、时代小说鼎足而立，确立了在大众文学无可动摇的地位。

乱步之后，名家辈出，像甲贺三郎、大下宇陀儿、木木高太郎、小酒井不木、海野十三、小栗虫太郎、梦野久作、横沟正史（笔下有名侦探金田一耕助）等名家。随着推理小说作品增加，也逐渐衍生了分类，甲贺三郎将"纯粹追求解谜的乐趣"称为"本格"，不符合本格定义的归类为"**变格**"，乱步虽坚持本格创作，却也写了不少变格作品。时至今日，日本推理小说（也包含深受影响的中国台湾推理小说）依旧沿用"本格""变格"的用语。

不过，随着昭和初年（1931年）日本发动全面侵华战争，与英、美关系日益紧张。由于推理小说是从英美引介进入日本，故为日本政府所忌，1939年全面禁止推理作家创作，乱步、正史等当时一线推理作家不是配合政策撰写当局容忍的类型如《捕物帐》等时代推理小说，就是封笔以示抗议，这是令人感到甚为可惜之事。

豆知识　变格

以诡谲气氛的营造和异于常人的心理为主轴，注重阴森恐怖氛围的描写或人物变态心理的刻画，逻辑推理的过程反而不是那么重要。变格推理的情节通常构筑在怪诞诡异的乡野传说、科学幻想上，因此诡异铺陈往往比最后的情节来得重要。